女孩，青春期你要懂的事儿

|身体篇|

苏星宁——著

北京理工大学出版社
BEIJING INSTITUTE OF TECHNOLOGY PRESS

图书在版编目(CIP)数据

女孩，青春期你要懂的事儿. 身体篇 / 苏星宁著. — 北京：北京理工大学出版社, 2024.4

ISBN 978-7-5763-3383-1

Ⅰ. ①女… Ⅱ. ①苏… Ⅲ. ①女性—青春期—健康教育 Ⅳ. ①G479

中国国家版本馆 CIP 数据核字（2024）第032044号

责任编辑：徐艳君　　文案编辑：徐艳君
责任校对：刘亚男　　责任印制：施胜娟

出版发行 / 北京理工大学出版社有限责任公司
社　　址 / 北京市丰台区四合庄路6号
邮　　编 / 100070
电　　话 /（010）68944451（大众售后服务热线）
（010）68912824（大众售后服务热线）
网　　址 / http://www.bitpress.com.cn

版 印 次 / 2024年4月第1版第1次印刷
印　　刷 / 唐山富达印务有限公司
开　　本 / 880 mm × 1230 mm　1 / 32
印　　张 / 5.25
字　　数 / 95千字
定　　价 / 168.00元（全6册）

第 1 部分
悄悄变化的身体

第 2 部分
在意自己的形象

第3部分
含苞待放的花蕾

第4部分
懵懵懂懂的萌动

第 5 部分

健康是最好的储蓄

第1部分

CHAPTER 1

悄悄变化的身体

1 身上长出了绒毛毛，有点慌怎么办？

我今年13岁，最近洗澡的时候发现自己的腋下长出了绒毛，这让我感到有些慌张。

虽然以前看过的书籍中提到女孩在青春期会长出一些毛发，但我从未想过自己会有这种变化。突然间，我感觉自己仿佛变成了一个男孩子，这让我心里很不舒服。

我试着用剃刀刮掉那些绒毛，可很快它们又长出来了。我不知道该怎么办，我不想让别人看到我的腋下绒毛，但同时我也不确定应该如何处理它们。

上次洗澡时，我发现身体其他部位也长出了黑黑的绒毛，我觉得很不好看。

有一天，我和好朋友一起逛街，我们路过了一个化妆品店，我看到了一些脱毛膏和脱毛器。我向朋友询问，她告诉我可以使用这些产品来处理腋下的绒毛。

然而，当我回到家后，我开始犹豫了。我不确定这些产品是否安全，我也担心它们会不会对我的皮肤造成伤害。我感到很困惑，不知道该怎么选择。

我不知道该向谁寻求帮助，也不知道如何处理我身上的绒毛，我感到恐慌和无助。

——13岁女孩小雪

一 了解阴毛、腋毛的作用

进入青春发育期后，女孩由于内分泌激素的作用，身材开始长高，生殖器也逐渐发育成熟，这时会出现阴毛、腋毛等第二性征。有些女孩不能接受这一身体上的变化，对阴部出现阴毛感到厌恶，甚至感到羞耻。其实这一部位之所以被称为“耻部”，是因为人们羞于将其示人。在欧美文化中，这一部位被称为“维纳斯丘”。

阴毛并非毫无用处，而是为了保护女性的身体而生长出来的。阴毛能够吸收阴部分泌出来的汗液和黏液，并向周围扩散，有利于身体的健康。它可以防止外界异物进入阴部，并提供了某种隔离和缓冲作用。此外，阴毛还具有保暖的作用，可以保持卵子正常发育所需的温度。另外，人体的阴部汗腺管较粗大且丰富，出汗量较大，加上该区域隐蔽，容易导致透气不良，阴毛的存在可以起到“通风换气”的作用。

腋毛的作用主要包括以下几点：

帮助汗液蒸发：腋毛可以自然地将汗水或其他水分从皮肤上吸走，有助于空气流通。同时，减少腋下潮湿，也能帮助将产生气味的细菌排出。

减少摩擦：在进行某些运动，如跑步、走路时，双臂的摆动会导致手臂与躯干之间的摩擦，腋毛可以阻止皮肤的直接接触，减小腋窝处的摩擦感。

预防某些健康问题：自然生长的腋毛对人体有一定的保护作用，就像睫毛、头发、鼻毛等其他毛发一样，可以保护皮肤表面，阻挡灰尘和微生物的侵袭。

女孩阴毛开始生长的年龄在 12 岁左右，一般是在乳房发育之后。腋毛的生长也是第二性征发育的标志。由于个体差异的存在，不同女孩体内雄性激素的含量各不相同，因此腋毛和阴毛的浓密程度也会有所不同。

无论是阴毛还是腋毛，对于女性来说都是正常而自然的生理变化。了解这些毛发的作用有助于我们更好地理解和接受自己的身体，同时也能帮助我们做出适合自己的护理和美容决策。

二 了解阴毛的发育阶段

阴毛的发育过程可以分为以下几个阶段，让我们逐一了解：

幼稚型：在 12 岁前，女孩的阴阜上只有细小的绒毛分布，还没有真正的阴毛生长。

初期发育：在 12 岁左右，女孩的大阴唇和阴阜开始生长出浅色、稀疏的阴毛。

中期发育：12 岁以后，随着年龄增长，阴毛的颜色逐渐加深，阴毛变得更粗、更长，并且开始呈现卷曲状。

成熟期发育：20 岁左右时，阴毛的生长范围局限在阴唇之上，不再向上扩展。

成年期发育：阴毛生长更多，呈卷曲状，覆盖了外阴表面，形成了类似倒三角形的分布，底边沿着耻骨向下并掩盖大阴唇，最后汇合于肛门。这是典型的成年女性阴毛。

阴毛的发育与女性体内的内分泌功能息息相关。通过观察阴毛的生长时间、数量和分布等现象，可以了解女孩的垂体、肾上腺和卵巢等功能情况。

阴毛的有无和密度主要取决于两个因素：一是体内肾上腺皮质产生的雄性激素水平；二是阴部毛囊对雄激素的敏感程度。如果女孩阴毛发育期间，由于某种原因导致肾上腺皮质产生的雄激素水平低下，或者阴部毛囊对雄激素不敏感，就可能导致阴毛稀疏或者不长阴毛。如果出现这种情况，建议在母亲的陪同下去医院进行相关检查。

阴毛的生长周期为3~6年，每天的生长速度是0.3~0.4毫米。不同个体的生长速度可能会有所差异。

阴毛的颜色通常与个体的头发颜色相近，但也可能略微不同。阴毛通常比头发更粗、更卷曲，这是由于毛囊的特殊结构和分泌物的影响导致的。

三 正确对待腋毛

“我总是害怕夏天来临，即便是最炎热的时候也穿长袖长裤。”

“本来对一件事挺有兴趣的，联想到自己汗毛重就不敢站在大家面前了。”

“别的女生都在嬉水乐园快乐地玩水，而我却在担心别人会不会看到我的腋毛。”

“坐公交车时，穿短袖的我总是不敢把胳膊抬高。”

……

许多人认为女性应该拥有光滑白皙的肌肤，没有任何毛发，四肢上的毛发都需要除去，腋下的毛发更是必须剔除的。然而，也有人认为腋毛代表了性感。在我国古代，明清画师在描绘女性时常常会特意描绘腋下的毛发。即使到了20世纪80年代，女明星们也不会特意剃除腋毛。

女孩在进入青春期后都开始长出腋毛，但很多人觉得这非常尴尬和讨厌。因此，很多人选择进行脱毛处理，有些人选择剃毛，有些人则尝试服用一些药物。然而，剃毛的人会发现腋毛变得越来越粗，长得越来越快。而服用药物可能导致内分泌紊乱，进而促进腋毛的生长。

对于从事舞蹈或其他表演专业的女孩来说，腋毛的显露会对舞台形象产生一定的影响。夏天来临时，许多女孩喜欢穿清爽的吊带衫，但抬臂或提肘时腋下的腋毛显露出来会不雅观。此外，汗水沾在腋毛上容易滋生细菌，导致异味或引发局部皮肤感染。从这个角度来看，修剪腋毛也有一定好处。

因此，我们可以根据自身情况、季节和环境来选择是否保留腋毛。如果要剪除腋毛，可以使用剪刀或刀片，同时要注意不损伤皮肤，避免使用会损伤毛囊的脱毛剂。此外，在脱毛后，特别是在多汗的夏季，腋下皮肤在较长时间的摩擦下容易受伤，女孩最好经常洗澡，并在家时使用清凉的爽身粉来保护皮肤。

综上，在处理这个问题时我们需要谨慎。我们可以选择脱毛的光滑轻盈感，也可以选择保留腋毛作为一种保护措施，重要的是，尊重个人的选择和自信地面对自己的身体。

2 内裤上出现白色分泌物，怎么办？

我是一个13岁的女孩，跟班上的其他女孩一样，三个月前我也迎来了人生中的第一次月经，爸爸妈妈买了蛋糕来庆祝我“长大成人”。幸运的是，我没有经历痛经或其他不适，似乎月经对我的影响并不大。

然而，最近一个月，我突然发现自己的身体出现了一些奇怪的变化。记得那是在月经结束后的十天左右，有一天在上厕所时，我发现内裤上有一些白色的分泌物。我感到非常困惑，不知道为什么会出现这种情况。当时我愣在原地，直到耳边响起上课铃声，才用纸巾擦拭干净，然后匆匆回教室上课。

放学回到家，我赶紧去洗手间检查内裤，没想到白色分泌物又出现了。接下来的几天，每天都会有这种分泌物。我开始反思自己，是不是因为没有正确清洁私处？或者是因为在月经期间没有注意卫生？我想找妈妈商量一下，但又感到非常害羞和尴尬，只能自己一直默默承受着。

这个月在来完月经后不久，我的内裤上又出现了大量的白色分泌物。我感到害怕，担心自己是否得了某种疾病……但我又不知道该如何向妈妈倾诉。我开始回想自己的身体变化，发现似乎每次都是在月经结束后才出现这种情况。于是，我对月经产生了反感，觉得它给我带来了麻烦。

现在，我每天都被这个问题困扰着，我渴望知道这些白色分泌物是什么，也想知道自己是否生病了。可是，我不知道该怎么办，不知道该如何解决这个问题。

——13岁女孩青梅

一 了解生理性白带

作为青春期女孩，可能注意到自己内裤上出现了白色分泌物，这就是我们常说的白带。

白带是由阴道黏膜渗出物、宫颈管以及子宫内膜腺体分泌物等混合而成的。作为女性，白带基本上每天都会有，因此你可能经常感到阴道潮湿和不舒服。

正常的白带通常是白色稀糊状或类似蛋清的质地，没有臭味，量较少，并且对身体没有任何损害，相反，它对阴道的清洁起着积极作用。白带还有助于保持阴道的酸碱平衡，从而防止病菌滋生。

你可能会问，为什么女性会产生白带？这是因为阴道是一个由黏膜组织构成的通道，具有分泌功能。白带主要有三个作用：清洁、保湿润滑和防御。

首先，白带起到清洁作用，它帮助将阴道壁上的老旧细胞排出体外，保持阴道内部的清洁。

其次，白带具有保湿润滑的作用，它可以使阴道内部的皮肤常保持湿润。如果阴道过于干燥，可能会导致皮肤瘙痒和疼痛。

最后，白带还有防御作用。阴道分泌物中的成分有助于维持阴道的酸碱平衡，从而防止致病菌的繁殖。

总结一下，内裤上出现分泌物是正常现象。白带的存

在有利于阴道的清洁、湿润，并起到防御作用。但是，如果我们对自己的分泌物有任何疑虑或不适，最好咨询专业医生。

二 排卵期分泌物

排卵期是指卵泡发育成熟并释放卵子的阶段，对于正常生育年龄的女性来说，每个月会有一次排卵。在月经周期正常（通常为28~30天）的情况下，排卵期具有一定的规律性。

白带是女性阴道中的分泌物，在不同的生理时期，白带的分泌量也会有所不同。许多人对此并不了解，认为只要出现白带就意味着进入了排卵期。

然而，白带不仅仅出现在排卵期，因为在排卵后也会有相应的白带出现。但是在排卵期，受雌激素的影响，宫颈的分泌物会增加，导致白带量较多。

在这个时期，白带呈现稀薄的状态，可以拉丝，可作为判断排卵期的指标之一。这种白带增多的症状通常持续2天至3天，除了白带的变化，有些人可能还会出现体温升高、腰腹部不适，有时还伴有轻微的腹痛和出血。

那么，如何判断排卵期的白带症状呢？

1. 增多的白带量：当女性进入排卵期后，雌激素分泌达到高峰，这会刺激宫颈产生更多的黏液，导致白带量明显增多。

2. 清亮且富有弹性的白带：在排卵期，白带通常变得清亮、滑润且富有弹性，类似鸡蛋清。这时的白带可拉丝度较高，不容易断裂。在出现这种黏液的最后一天和 48 小时内，是排卵日，受孕机会相对较高。

3. 感觉下身潮湿：由于排卵期白带的分泌量较多，流出后会导致一种滑腻的感觉，持续时间为 2 天至 3 天，让女性感觉下身特别潮湿。

需要注意的是，以上描述的白带症状在每个女性身上可能会有所不同，因此不能单凭白带症状来准确判断是否处于排卵期。

说到排卵期分泌物，还有一些与之相关的知识我们可以了解一下：

标记排卵期的方法：除了观察白带症状，还可以通过其他方法来标记排卵期。

例如，测量基础体温，在排卵后体温会略微升高；使用排卵试纸，检测尿液中的黄体生成素水平等。这些方法可以结合使用，增加判断排卵期的准确性。

排卵期的时间：在正常的月经周期中，排卵通常发生在月经开始的第 14 天左右。然而，每个女性的月经周期长度可能有所不同，因此需要根据个人的周期长度和排卵指标来确定具体的排卵日。

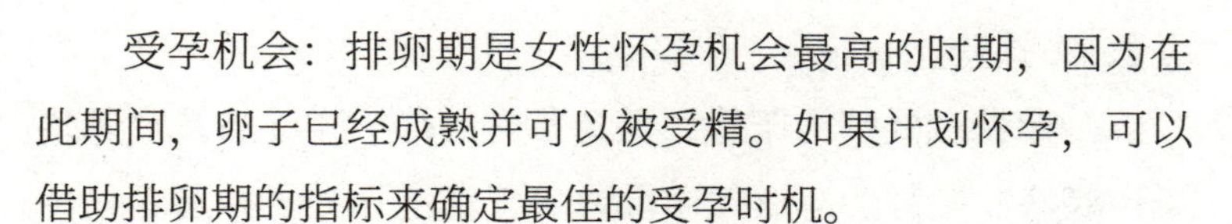

受孕机会：排卵期是女性怀孕机会最高的时期，因为在此期间，卵子已经成熟并可以被受精。如果计划怀孕，可以借助排卵期的指标来确定最佳的受孕时机。

避孕措施：对于不想怀孕的女性来说，了解自己的排卵期很重要。在排卵期，避孕措施的效果可能会降低，因此需要采取额外的预防措施，如使用避孕套或口服避孕药等。

白带的其他变化：除了排卵期的白带症状，白带在月经周期的其他阶段也会有一些规律性的变化。例如，在月经结束后的几天内，白带通常较少；在排卵前的几天，白带可能呈现较为浑浊的状态。对于女性来说，了解自己的白带变化可以更好地了解自身的生理状态。

这些相关的知识可以帮助我们更深入地理解排卵期分泌物及其在女性生理周期中的作用。

三 保持内裤干净

保持女性私处的清洁和健康是非常重要的，因为它容易受到感染和疾病的侵袭。以下是对保持私处健康的五个建议，帮助你更好地了解如何正确护理私处。

1. 了解自己的私处：了解自己的私处的位置、形状和功能非常重要，这样可以更好地发现并解决问题。了解阴道、阴唇和尿道的基本知识，能够及时发现任何异常情况，并采取适当的措施。

2. 保持私处清洁干燥：保持私处的清洁和干燥是预防感染和疾病的关键。建议使用温水每天清洗私处，并避免使用含有化学成分的肥皂和清洁剂，因为这些产品可能会破坏私处的自然保护屏障。同时，应避免穿紧身衣裤，以保持私处的干燥和通风，预防感染和湿疹。

3. 使用合适的卫生产品：选择合适的卫生产品对于保护私处健康非常重要。选择透气性好的卫生巾和棉质内裤，避免使用含有过多化学成分的卫生巾和内裤。此外，在使用卫生巾和内裤时，要及时更换，并保持干燥清洁，以预防感染疾病。

4. 穿透气棉质衣物：穿透气的衣物有助于保持私处的干燥和通风，预防感染疾病。避免穿紧身衣裤和合成材料制成的衣物，因为这些衣物可能会刺激私处，导致感染和湿疹。此外，在洗衣服时，也应选择温和的清洁剂，并彻底冲洗，以避免残留物对私处的刺激。

5. 特别关注排卵期：在排卵期，身体的抵抗力可能会下降，同时白带的分泌会明显增多。因此，在这个时期要特别注意个人卫生，勤换内裤，保持外阴清洁，并准备一条专用的毛巾，以防感染病菌。

希望这些建议能帮助你更好地了解如何保持私处的健康。

3 第一次来月经，不小心沾到裤子上被同学嘲笑，怎么办？

当我第一次来月经时，我没有想到会发生这样尴尬的场面。由于父母在我很小的时候就分开了，我一直跟着外婆生活。或许是因为这个原因，或者是我天生喜欢独处，我不太喜欢和别人交流，甚至会害怕与他人互动。

因为我的性格，我与班级里的同学并没有很亲近的关系。有时，即使他们主动找我说话，我也会感到紧张和害怕。就在昨天的语文课上，当我站起来回答问题后，准备坐下时，我发现凳子上有一个血点。我非常害怕，努力回想自己吃了什么、做了什么，脑海中出现了无数种可能性……紧张和不安充斥着我的内心，我不断地思考着该怎么办。

下课后，我去找老师请假。然而，我的裤子上的血点被班级里的男生看到了，他们大声嘲笑："你流血啦！"一瞬间，整个班级的目光都投向了我，我简直就想找个地洞钻进去。我的内心充满了羞耻感和紧张感，我慌张地跑回了家。

整晚，我查阅资料，得知这是女孩子的"月经"，每个女孩都会有，代表着我正在成长。虽然之前也听说过这件事，但没有人告诉我该如何处理……

于是，我按照网上的指引购买了卫生巾，但我不确定是否使用正确。我现在非常紧张和害怕，不知道该向谁请教，也不知道该如何开口。经历了这样的尴尬，我也不知道如何面对同学们。对于月经这件事，我内心感到困惑和迷茫……

此刻，我情绪复杂，不知该怎么办。

——13岁女孩玉玉

一 从女孩到女人，探索女性身体的变化之旅

女孩首次经历月经被称为月经初潮，这是每个女孩都会经历的过程，也可以看作是一个女孩的“成人礼”。

也许对于你来说，关于这方面的知识还不是很了解，因此你可能感到困惑、焦虑、不知所措……别担心，让我们一起来探索这些有关“女人的秘密”。

每个女性的小腹正中间都有一个特殊的器官，叫作子宫。子宫是一个伟大的器官，是孕育宝宝、创造新生命的地方，是每个女性的骄傲。只有当女性成熟后，子宫才能发挥孕育宝宝的功能。在此之前，女性需要好好照顾它，以便将来能够生下健康的宝宝。

子宫内膜可以理解为宝宝入住的“床单”，每个月女性都会更换这张“床单”，以便更好地迎接宝宝的到来。因此，子宫内膜会定期脱落并伴随着血液排出体外，这就是我们所说的“月经”。

那么月经是通过哪个通道排出体外的呢？

答案是阴道。子宫下方连接着一个通道，称为阴道。

孕育了九个月之久的宝宝就是通过阴道离开母体的子宫，来到这个世界的。之前每个月脱落的子宫内膜也是通过阴道排出体外的。

阴道位于尿道和肛门之间，你不能像控制大小便一样控制它，因此当第一次经期来临时，你可能察觉不到，只有在突然发现椅子上或内裤有血迹时才会意识到。但这没关系，你将会每个月都经历这个时刻，所以提前准备好卫生巾等物品很重要。

现在的你已经从女孩变成女人了，这标志着你身体的成熟。除了月经，你可能还会经历其他身体的变化，例如胸部的发育等，这些都是正常的现象。

如果你不知道如何使用卫生巾，可以向妈妈或有经验的长辈请教，她们一定会耐心地为你演示使用方法，并告诉你未来应该如何购买卫生用品。

面对第一次月经，你往往需要勇气。正是在这个特殊的时刻，你会有意想不到的收获。“月经初潮”同样也是你人生中的“第一次”，它象征着你身体的成长，未来也将给你带来更多的惊喜。

二 用积极的心态面对身体的成长

在女孩的成长道路上，身体的变化是必然的，其中之一就是女孩面对的“月经”这个变化。这个变化可能会给女孩带来一些焦虑和困惑，但是女孩需要知道，月经是女性正常的生理现象。如果女孩能够用积极的心态去面对这个问题，就能更轻松地度过这个时期。

首因效应告诉我们，初次印象非常重要。当你发现自己出现了月经，可能会感到惊慌、疑惑、恐惧和羞耻，这是非常正常的反应。但是，如果你能够在第一时间了解月经的知识，就能避免这些负面情绪的影响。除此之外，你还可以通过更多的知识来帮助他人了解月经，消除关于月经的误解和偏见。

如果有男同学嘲笑你裤子上或者椅子上的血迹，你应该勇敢地站出来制止他们，并向他们传授正确的月经知识。因为男孩子不会经历这个过程，所以他们可能会缺乏相关的知识。我们应该让他们更好地了解月经和女性身体的变化，这种正面的交流有助于让这一话题摆脱社会的偏见和压抑，让人们更加关注女性生理与心理的需求。

面对身体的变化，女孩要保持积极的心态，因为这是女孩成长的证明。

女孩来月经，是一件值得庆贺的事情，这意味着女孩已经进入了成熟阶段。持积极的态度去迎接这个生理变化，可以使女孩更快地适应它。同时，在这个时期，女孩也需要注意休息和营养，以保证身体的健康和精神的愉悦。

亚历山大·格雷厄姆·贝尔曾说："我们的身体是我们的良友，我们要善待它，照顾它，从而更好地照顾自己的心灵。"

三 祝贺自己告别童年，未来把握好底线很重要

祝贺你已经告别了童年，迎来了人生的新阶段。月经的到来，成为你身体健康和成熟的标志。

这个时候，你开始探索人生的新领域。但是，在探索未知的同时，也要更加爱惜自己的身体和保护自己的健康。在人生的道路上，切记守住底线，保护好自己。

很多女孩到了青春期都会遭遇一些困扰和压力，但是，这并不代表你需要放弃对生命和身体的尊重和保护。守住身体底线和生命底线，是非常重要的。

就像一个女孩在酒吧中醉倒，父亲留下了一封信，提醒她记住自己的底线。这既是对女孩的关怀，也是提醒她必须懂得如何保护自己。

无论是否拥有成为妈妈的权利，你都应该意识到，守住自己的身体底线是必需的。

同时，你所处的这个世界充满了不确定性和挑战。你无法改变这个事实，也无法让所有人都像父母一样无私地保护你。

因此，你必须学会如何守护自己，不要出卖和伤害自己的身体和利益。只有守住底线，才能为未来的幸福奠定坚实的基础。

在每一个关键时刻，保护好自己，你才能拥有更好的未来。

4 痛经，吃止痛片又怕副作用，怎么办？

去年年底，我开始来月经，妈妈告诉我这是女孩子成长的标志，虽然我不确定她说的是否准确，但月经给我带来了很多痛苦。

刚开始的一个月，我并没有感到不适，甚至暗自庆幸自己没有像班上其他女生那样肚子疼。然而，第二个月，来月经前我的肚子突然开始感到胀痛，一开始我并没有在意，以为是自己吃得太多。但是两天后月经来了，我的肚子疼到了无法直立行走的地步。那种感觉就像有人用小刀在割我的肚皮，让我感到无助和痛苦，就像一个巨大的铁球把我压得无法呼吸。

幸运的是，第二天这种疼痛感突然消失了。但是痛经的经历给我留下了心理阴影，因为每个月的月经期间，我都是在痛苦中度过的。有时候，我甚至会对自己身为女生感到不满和烦躁。

昨天，我的同桌小樱告诉我可以吃止痛片来缓解痛经，听到有解决办法让我兴奋不已。

晚上回家后，我迫不及待地上网搜索了止痛片的信息，没想到弹出了很多关于其副作用的消息，比如产生依赖性、食欲不振等。

这让我吓了一跳，赶紧关掉页面。虽然下个月的月经马上就要来了，但是我对是否吃止痛片还是有些犹豫，我担心网上所说的副作用对身体会有严重影响。我真的不知道该怎么办了。

——14 岁女孩洛洛

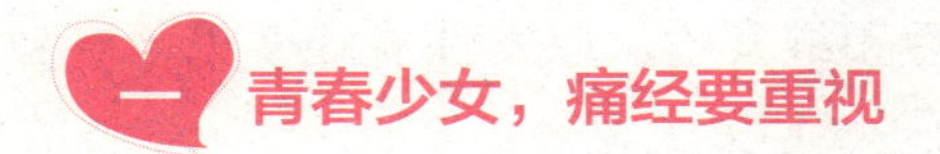

一 青春少女，痛经要重视

青春少女的月经规律与“下丘脑—垂体—卵巢—子宫”内分泌平衡息息相关。

在最初几年来月经时，由于性腺轴尚未完全成熟，生理周期通常不太规律，有些女孩可能每十几天或20天就会来一次，而有些女孩可能要等30多天甚至40多天才来一次。

虽然这种情况很常见，但是如果月经长期不调会对女性的身体健康产生影响。例如，经期贫血可能导致头晕，影响学习，并可能引起体质下降等问题。

从表面上看，月经期是阴道排血的过程，但实际上处于这个阶段的女性，体内的激素（如前列腺素、雌激素等）会发生巨大变化。

适量的激素对身体有益处，比如前列腺素可以帮助子宫收缩，更好地排出经血。然而，如果激素分泌过多，超过身体负荷，就会导致子宫持续性收缩，造成子宫缺血和缺氧状态，从而引发痉挛性疼痛。

痛经通常指行经前后或月经期出现下腹部疼痛、坠胀，并可能伴有腰酸以及其他不适症状，如头晕、乏力、恶心、呕吐和腹泻等。

《2021女性健康白皮书》中的数据显示，每10个经期中的女性中就有6个会遇到痛经问题。

痛经可分为原发性和继发性。原发性痛经多见于青春期，妇科检查未发现异常情况。

继发性痛经指的是在先天情况下没有痛经，而是由生活方式等不良行为导致的月经期疼痛，且大多数情况下是由疾病引起的。

针对原发性痛经，我们可以采取以下措施来缓解疼痛：

1. 在月经前、月经期和月经后要注意保暖，保护好脚部、下肢和腹部，避免受凉，并避免食用寒凉食物。

2. 放松心情，消除紧张和焦虑，这有助于缓解疼痛。

3. 保证足够的休息和睡眠，以及进行有规律且适度的锻炼，对缓解疼痛有一定帮助。

对于继发性痛经，如由盆腔疾病引起的痛经，就需要前往正规医院的妇科进行就诊，并接受治疗。一般情况下，当妇科疾病治愈后，痛经也会自然消失。

二 哪些药物和方法可以缓解痛经

痛经是一种肝郁气滞、瘀血阻滞的表现，中医认为可以通过疏肝理气、活血化瘀来缓解症状。除了调整饮食，如多吃红衣花生、红枣、猪肝、猪血等补血食物，中医中药也可以作为辅助调理的方式，例如八珍汤加减法等。

八珍汤加减法是用来缓解痛经的一种方剂调理方法。八珍汤是一种具有补益气血、调和气血运行的古老方剂，由八味药物组成。

使用八珍汤加减法时，建议在专业医生的指导下进行配方调整和用药。因为每个人的体质和症状不同，加减药物的配比需要根据个体情况确定。合理用药和持续调理对于缓解痛经至关重要。

除此之外，以下方法也可帮助你缓解痛经：

1. 使用暖宝宝贴在骨盆区域。
2. 进行背部或下腹部按摩。
3. 运动，特别是快来月经时进行适量运动。
4. 采用低脂素食饮食。
5. 补充维生素 B_1（每天 100 毫克）。
6. 补充钙（每天 1200 毫克）。

对于严重的痛经，止痛药是一种有效的缓解方法。一些非甾体类抗炎药，如布洛芬、甲芬那酸、萘普生等，并不会上瘾，可以缓解原发性痛经带来的痛感。服用止痛药，可以选择在月经前开始，并根据需要继续使用，这样服用效果更好。

如果一种药物没有效果，可以尝试另一种，因为每个人对不同药物的反应有所不同。注意，某些抗炎药可能对胃造成刺激，如果有肾脏或胃的问题，请先咨询医生，并在饭后服用以减轻不适症状。

除了上述缓解方法和药物选择，你还可以采取以下预防痛经的措施：

1. 保持正常体重，规律作息，避免暴饮暴食。

2. 不吸烟、不饮酒，保持健康饮食。

3. 经常锻炼。

三 温热型体质不容易痛经

有些女孩在月经期间不容易痛经，这可能是因为她们具有温热型体质。这种体质与遗传有关，如果她们的母亲、祖母或外祖母是温热型体质，那么她们很可能也会拥有相同的体质。相对来说，温热型体质的女性往往身体素质更好，更加不容易痛经。

然而，我们不必因为自己的体质不属于温热型就感到沮丧，通过后天改善身体情况，我们仍然可以减少痛经的发生率。

首先，避免贪吃冷食和穿过于单薄的衣服，以保持腰腹部和臀部的温暖，从而保护子宫。

其次，增加对以下食物的摄入可以帮助暖宫：

1. 红枣：红枣既可以生吃也可以泡水，能够补气血，缓解痛经和月经期的烦躁情绪。

2. 龙眼：龙眼含有丰富的铁质，可以滋补气血，保证身

体循环正常，加强各个器官的营养供应。对于子宫来说，龙眼肉是一种温补食物，可以减轻宫寒的症状。

3. 蜂蜜：蜂蜜中的多糖成分能够滋补身体，促进子宫细胞自我修复。

4. 黑枸杞：每天吃一把黑枸杞可以帮助子宫快速排出瘀血和毒素，从而减轻痛经。

再次，保证充足的睡眠也是保护子宫的重要步骤。夜间睡眠是身体各项功能休息和修复的关键时期，如果我们经常熬夜或者睡眠不足，就容易导致内分泌功能紊乱，从而对子宫造成伤害。因此，平时要保持充足的睡眠时间和规律的睡眠习惯。

从次，每天泡脚也可以帮助舒筋活血，促进身体排毒。在泡脚的时候，可以添加艾草，这种温热性的草药可以缓解血虚，同时也为身体带来了阳气。

最后，我们还需要学会控制个人情绪。身体健康与情绪密不可分，如果我们的情绪总是波动不定，那么内分泌水平的波动就难以避免，进而对卵巢、子宫等重要器官产生影响。

总之，每天控制好自己的情绪，保持良好的心态，饮食起居规律，不贪吃冷食，注重保暖，这些都是有效减少痛经发生率的重要保障。

5 青春痘长了一脸，怎么办？

不知从什么时候开始，我的脸上突然冒出了无数的痘痘，那些尖尖的白点就像是利刃一样扎在我的脸上，也刺痛着我的内心。

过去，我是一个阳光开朗的女孩，不论是老师、同学还是长辈，都赞美我漂亮和性格好。

但自从长了青春痘，我逐渐变得自卑起来。很久不见的同学和亲戚，他们见到我的第一句话总少不了提到“痘痘”，久而久之，我也开始对自己产生怀疑，甚至和别人交流时都不敢正视对方的目光。

上周，妈妈带我去见了她的小学同学，那位阿姨非常热心，她整晚都在和我妈妈谈论关于“痘痘”的事情。虽然我明白她是好心，但听到这些话，我仍然感觉她在伤害我。尴尬、自卑和羞耻感涌上心头……我还特别愤怒她们对我的外貌评头论足，完全不顾及我的感受。于是我没有向任何人打声招呼，就匆匆回了家。

回到家后，妈妈训斥了我不礼貌的行为，我一脸委屈地看着妈妈：“难道我愿意长痘痘吗？”我哭了起来，伤心地跑回自己的房间。

在房间里，我看着镜子中的自己，心情难以言表。我不知道为什么会变成现在这个样子，我感到困惑不解，也不知道怎样才能消除这些痘痘，甚至担心自己永远都会是这个丑陋的样子！我讨厌痘痘，讨厌我现在的模样，我感到难过、无助和绝望……

现在我不再喜欢上学，也不想出门。我不知道如何面对自己，也不知道如何应对大家对我的评论。我该怎么办呢？

——13岁女孩晓月

一 大家眼中的“青春痘”

青春痘，又被称为痤疮，是青少年时期常见的问题。随着我们的成长，身体开始分泌荷尔蒙，拉响了青春期的号角，导致更多的油脂分泌。这些多余的油脂通常与汗液和污垢混合在一起，堵塞毛孔，从而形成青春痘和黑头。

青春期的我们正在经历情感的初次绽放，然而一脸的痘痘却可能带来痛苦。有些人因为脸上的青春痘而产生抑郁的情绪，有些人因为痘痘而不敢在公众场合讲话，甚至有些人的学业受到了影响。

然而，青春痘一般在青春期过后会减轻或消失。青春痘产生的主要原因有以下几个方面：

第一，激素水平不稳定，尤其是雄激素水平增高。

第二，油脂分泌旺盛。

第三，不当使用护肤品导致毛囊堵塞。

研究表明，和晓月一样，在我们周围有 30% ～ 50% 的同学也面临着青春痘的困扰，而大部分有青春痘烦恼的同学在青春痘得到缓解后，烦恼也会逐渐减轻。

青春痘是青春的标志。虽然上天赐予我们美好的年华，却总有那么一些人成为它特别关注的对象，在他们身上播下“青春”的种子。

张爱玲这位女作家的脸上也曾有过许多青春痘，然而这并未阻止她成为一代才女作家，拥有众多的粉丝喜爱。

所以，尽管青春痘给我们带来了困扰，但我们不应该让它定义我们的价值。我们应该努力成为更出色的人，展现我们独特的魅力。记住，外表并不是决定我们命运的唯一因素。

据记载，文艺复兴时期的伟大画家达·芬奇在年轻时也遭受过青春痘的困扰，但他并没有因此自卑，而是坚持不懈地追求艺术，最终成为全球公认的艺术巨匠，他的作品《蒙娜丽莎》更是被誉为人类艺术史上的杰作之一。

尽管青春痘可能会给我们带来一时的困扰，但它并不能决定我们的命运，我们应该以积极的态度面对它，想办法消除它，并努力摆脱它给我们带来的困扰。

二 赶走“满天星”，让微笑更美

有人说：“外表可以改变，但真正的美丽源于内心的善良与自信。”

梅根·马克尔是英国皇室成员，她在公众场合展示了她的自然美。她强调内外兼修，追求健康的生活方式，包括均衡饮食、适当锻炼和保持身心平衡。她还倡导积极面对心理压力，这种积极态度有助于她保持自信和美丽。

为了有效消除青春痘，我们可以在日常生活中做出以下改变，让我们的肌肤更加清爽、光滑，摆脱青春痘的困扰：

1. 保持清洁：细菌是青春痘滋生的元凶，所以我们需要保持脸部清洁，并避免频繁触摸脸部。同时，被子、床单、枕头、洗脸毛巾等物品也需要经常清洗。为了避免青春痘发炎恶化，切记不要用手触摸或挤压它。如果有需要，可以使用带有三棱针的消毒棉球轻轻清除青春痘的白头，但务必事先用碘伏进行消毒。此外，控制饮食中糖分和刺激性食物的摄入量，有助于减少皮脂分泌。

2. 均衡饮食：现代人普遍喜欢食用辛辣刺激、重口味的食物，然而对于长青春痘的人来说，应该以清淡饮食为主，多喝水，保持饮食规律，这样有助于减轻和预防青春痘的症状。

3. 温和护肤：选择温和的洁面产品，避免使用带有香料和防腐剂的护肤品，以免对敏感肌肤造成刺激。最好不要使用自制的护肤面膜等可能对肌肤造成刺激的产品。

此外，我们应该避免挤压青春痘。挤掉的青春痘看似消失了，但实际上会在挤压处留下一个小孔，为细菌进入提供了便利。伤口和空气中的细菌进入这些小孔后，就会导致面部皮肤感染。这不仅不能达到祛痘的效果，还会使青春痘变得更红、更肿，严重时甚至会化脓。即使伤口恢复后，通常也会留下褐色疤痕。

例如，15 岁的女孩红红发现她脸上布满了青春痘，非常苦恼，她决定动手调理，轻轻一挤，发现有一种白色的东西像豆腐渣一样被挤出来，接着还有透明液体流出。不幸的是，这种方法并未奏效，因为她脸上出现了与青春痘大小相同的疤痕，依旧难看。

三 保持心情开朗，告别压力

精神上的压力会导致激素分泌异常，进而引发皮脂分泌过剩，这也是青春痘产生或加重的原因之一。许多同学在学业压力增加、考试前期可能会发生青春痘加重的现象，因此出现了“压力痘”这个名词。

不良的作息时间或长时间熬夜会导致脸部出现青春痘，这是因为睡眠不足会引起新陈代谢失调，使皮肤从健康的弱酸性变为碱性，从而丧失杀菌作用。

我们要在日常生活中学会管理自己的情绪，让自己保持愉快的心情。“身是菩提树，心如明镜台；时时勤拂拭，莫使惹尘埃。”当我们感到焦虑或愤怒时，可以按以下步骤冷静下来，以稳定体内激素水平。

首先，意识到自己受到“焦虑”或“愤怒”的情绪影响。

其次，对自己的“焦虑”或“愤怒”情绪打分，比如8分。

然后，坐在椅子上，意识到自己的呼吸，并通过调整呼

吸来放松身体。

接下来，用右手轻轻敲击眉心位置，一边敲击一边对自己说："我深深地爱并接受自己，尽管我感到'焦虑'或'愤怒'……"

然后，将手指分别移到人中、下巴窝和膻中，继续边敲边说："我深深地爱并接受自己，尽管我感到失望……"

几分钟后，保持呼吸，再次评估"焦虑"或"愤怒"情绪的程度，看看分数降低了多少。

保持良好的心情和健康的生活方式，才能远离压力的困扰，并拥有美丽的皮肤。希望每一个青春期的女孩都能展现出自信美丽的容颜！

第2部分

CHAPTER 2

在意自己的形象

6 买化妆品，被爸爸发现了，怎么办?

最近，我对化妆品产生了浓厚的兴趣，想要尝试一下。然而，我却遇到了一个尴尬的问题：爸爸发现了我买的化妆品，我真的不知道该如何应对了。

事情是这样的，为了在学校里化妆，我偷偷地购买了一些口红、眼影和粉底液，并将它们藏在了书包中。但没料到，在回家的路上，爸爸突然出现了。

“你书包里装了什么？”爸爸严肃地问道。

我顿时有些措手不及，只能回答：“没什么，只是一些书和笔。”然而，我知道他已经发现了其中的秘密。

他接过我的书包，打开了它，发现了我购买的化妆品。

“为什么要买这些东西？”他不满和失望的情绪溢于言表。

我试图解释：“只是想尝试一下，看看自己化妆后会是什么样子。”

然而，他的态度很坚决：“你还太小了，不应该这样做。”说完，他把化妆品放回了我的书包。

这让我感到非常尴尬和难过。我知道自己犯了错误，但内心对化妆的渴望却无法消退。

现在，我感到非常困惑和矛盾。我不知道是该听从爸爸的话，还是继续做自己想做的事情。我该如何抉择呢？

——14岁女孩乐乐

一 爱美之心，人皆有之

爱美之心，人皆有之。事实上，爱美不仅仅是对自身外貌的追求，更是个体展现诸多价值的一个重要方面。心理学家指出，爱美意味着希望表达自我、建立自尊、增强自信、获得认可。

当然，爱美不是一种特殊的行为，它贯穿了整个人类历史。在古代，许多文化也存在不同的美学标准，如东汉末年以蓄须为美。

《三国演义》第二十五回就还原了关公“带妆上班”的场面：（汉献）帝见关公一纱锦囊垂于胸次，帝问之。关公奏曰：“臣髯颇长，丞相赐囊贮之。”帝令当殿披拂，过于其腹。帝曰：“真美髯公也！”因此人皆呼为“美髯公”。

时过境迁，仍有人刨根问底：这么长的胡须，吃饭时粘上米粒怎么办？殊不知，关公将曹操赠予他的金银财宝悉数退回，唯独留下了保护胡须的囊袋。

美是永不过时的优雅气质。有些人会投入大量的时间和金钱去追求自己的美丽，法国皇帝拿破仑每月消耗60瓶香水，德国皇帝威廉二世钟情于收集礼服……无论是国王还是平民百姓，每个人都有对美的追求。

青少年尝试化妆也是对美的一种追求。乐乐想要探索自己的外貌，展现不同的美丽。然而，她应该清楚，过度追求美会占据太多时间和精力，甚至会干扰正常的学习生活，成为负担。因此，对于爱美，一个人需要把握好度。

在心理学上，爱美是一种非常普遍的心理需求。当一个人对自己的外貌更加自信时，他会感觉更加快乐和满足。乐乐的好奇心是值得鼓励的，她可以和爸爸分享自己的想法，相信爸爸能够理解她的想法和感受。

一些名人对美也有自己的理解。比如，李清照说过“瘦金体佳人微笑，朱唇点点暗香浮”，表示女人应该注重自己的美丽，把握好度并持之以恒，从而展现出最好的自己。

当然，在追求美丽的同时，我们也要保持自我，不失去自己独特的个性和价值。因为每个人都有自己的美丽，而这种美丽远胜过所有的化妆品和装饰品。

综上所述，爱美之心人皆有之，爱美也是一种健康的心理需求。然而，在爱美中，需要把握好度，并且保持自己的价值和个性。

二 重新理解何为美

美，是一个广泛而深刻的话题。我们经常将美与外貌联系起来，然而内在的美又该如何衡量呢？

实际上，外貌美和内心美是相互关联的。古人说过“相由心生”，这句话指出了人类追求美的本质。只有内心美的人才能真正感知和发现美。外表美只是短暂的，而内在美在时间的洗礼中才能让人心动。

莱蒙托夫在他的名著《当代英雄》中写道："有些人的外表乍一看并不使人感到愉快，但等你的眼睛从他们不端正的五官上窥见一颗饱经沧桑的崇高心灵时，你就会喜欢他们了。"

这段话告诉我们，内心美不仅能弥补外表美的不足，还能引起我们深刻的情感共鸣。

因此，我们可以看出，美不仅仅是外表形态，更是一种内在的精神气质和心理状态，美具有持久的价值和意义。同时，美是一种感性的东西，是一种对生命的直接回应，而不是基于理性。

那么，在实际生活中，我们如何保持美呢？

除了外在的锻炼和规律作息，一个快乐、健康和富足的内心能够带给人们更多积极向上的情绪和态度。"腹有诗书气自华"，通过学习和修炼自我，我们能更好地展现自己的美丽。

1. 心中有光，感受美好。一个内心富足、健康快乐的人，就像一株向日葵一样向阳而生，总是能发现生活中的"小确幸"，脸上总是洋溢着美好的笑容。

2. 身体力行，规律作息。一个精力充沛干练清爽的人，就像夏日中一缕明媚的阳光，和煦温暖，身上散发着若有似无的幽香。

3. 生活有度，坚持锻炼。一个体态匀称姿态万千的人，就像一阵清风温柔地拂面而过，爱行走爱运动一日三餐有节有度，就似一道风景，活力满满沁人心脾。

有这样一句话："用美丽的东西装饰精神，就像用珍珠装饰面容一样。"因此，让我们用美丽的东西来装饰自己的精神，展现更好的自己。

三 化妆这件小事，应该怎么看待

乐乐因为偷买化妆品被爸爸发现后感到非常困惑和矛盾。其实，当乐乐对化妆有了新的认识，也就不会再那么困惑了。

有人曾说过："艺术不能改变世界，但是能够改变人的思想，而人会改变这个世界。"化妆，就是一门艺术。它不仅可以带来美丽的外表，更重要的是，化妆能够唤醒我们对自身的审美意识和自我关爱。

传统故事中也有关于化妆的。据说中国古代四大美女的貂蝉，就有精湛的化妆技艺。

化妆对于女性自信的影响也不可小觑。

一位名叫玛丽的女孩，长期因为自身的皮肤问题而缺乏自信。然而，当她学会化妆并且学会如何突出自己的优点时，她的自信蓬勃而来，她开始积极面对生活，并在人们面前散发出迷人的魅力。这个故事告诉我们，化妆可以是一种工具，帮助我们重拾自信，重新发现自己的美丽。

所以，化妆这件小事其实就是一件让自己开心的事情。它并不特别，但确实能够为我们带来一份喜悦和自我关怀。

然而，在中学阶段，我们还是应该把精力放在学习上，因为学习才是我们当前的主要任务。

化妆可以是一种逐渐建立自我认识和展示审美能力的方式，但不应该成为我们生活的全部。因为，"美丽不在于脸上的妆容，而在于心灵的光华。"化妆带来的自信是短暂的，真正的美丽和自信都来自我们的内心。

7 肥胖，每天越看自己越丑，怎么办？

夏天是我最喜欢的季节，然而，今年夏天却让我越来越苦恼。我的身体开始变得越来越肥胖了，仅有152厘米的身高，却重达129斤，这样的身材真是令人崩溃。

每次走在大街上，汗水都会不断地从我的额头上滑落，而站在镜子前看自己更是成了一种噩梦。每次看自己在镜子里的样子，都会觉得自己又增加了几斤体重。看着自己油腻的脸和肥胖的身体，我心里又急又恨，只能用宽松的衣服掩盖自己的身材。

我尝试过减肥，但始终坚持不下去。上周，好朋友小薇拉着我去逛街，她是一个充满活力、穿着时尚的女孩，让我羡慕不已。看着她挑选各种漂亮的衣服，我心里有一丝伤感，因为这些漂亮的衣服，我都穿不上。

我开始思考，为什么我会胖成这样呢？我越看自己越丑，怎么办？

——15岁女孩流星

一 闪耀青春，悦纳自我

在这个物质生活越来越丰富的现代社会，我们很容易被大鱼大肉、奶茶和零食所诱惑，然而，肥胖问题却成为困扰许多人的难题，就连好莱坞十项全能的女强人奥普拉也不例外，她以媒体人、企业家、制片人、主持人和演员等多重身份而闻名，是当今最具影响力的女性之一。

或许我们会认为像奥普拉这样的人应该拥有钢铁般的意志力吧？然而，她也和很多人一样，深受减肥问题困扰，感受到了减肥的挫败和青春期的困顿。

那么，回顾一下青春期发胖的原因，我们可以找到哪些方面呢？

首先，内分泌失调是一个常见的因素。青春期的内分泌系统发生变化，性激素分泌旺盛，然而，过量分泌性激素会导致脂肪滞留于体内，从而增加了肥胖的概率。

其次，营养过剩也是一个重要的因素。许多青少年在青春期补充过多的营养物质，却很少运动，导致能量代谢不平衡，自然而然地引发了肥胖问题。

最后，遗传因素也可能对青春期的肥胖产生影响。如果父母本身就有肥胖问题，那么子女也很可能面临着相同的困扰。

当然，肥胖问题的根源可能非常复杂，每个人的情况也会有所不同，我们需要理性地分析问题，逐步了解自己的身体状况，并深入探究自己肥胖的原因。

但我们要明白，长期的自卑和焦虑只会让我们更加疲惫不堪。你如何看待自我，远比他人如何看待你重要得多。只有悦纳自己，才能健康地、长期地维持减肥效果，而不会冒险采用极端的减肥方法。

因此，让我们拥有一颗宽容和坚定的心，积极面对自己的身体，用科学的方法和健康的生活方式来实现我们的减肥目标。

二 超越外貌标签，塑造内在品质

自我标签会对一个人的思维和行为产生重要的影响。当我们将自己贴上负面标签，比如“丑”，我们往往会对自己的能力和价值感到怀疑。

这种自我标签的形成往往源于社会压力和比较，我们会过分关注自己的外貌而忽视了其他更重要的品质。因此，我们需要摆脱这种负面自我标签，以更全面、积极的方式看待自己。

事实上，每个人都具备优点和特长，身材的胖瘦只是外在的一方面，内在的品德、才华才是更重要的方面。尽管身体暂时肥胖，但如果拥有乐观的性格和优秀的能力，仍会得

到周围人的肯定。

董静是一个微胖的女孩，从小到大一直保持着肉乎乎的状态。然而，她总是面带春风般的笑容，给同学们留下了非常好的印象。她认为胖并没有什么不好，自己整个中学生涯过得充实且美好，人缘也特别好。她表示："上大学后，我将努力减肥，让自己焕然一新。"

她言出必行，成功地考入了重点大学后便开始默默减肥。一次初中同学聚会上，瘦了25斤的董静惊艳了大家！

董静以自身的努力赢得了他人的尊重和认可。这个故事告诉我们，不应局限于外在的评价，而应注重塑造内在品质和素养。只有悦纳自己，全面发展自己，我们才能真正得到他人的认可和赞赏。

三 意志坚定者勇往直前，超越常人

如何科学、合理地减肥呢？下面将介绍一些方法，帮助你取得理想的减肥效果。

首先是饮食调整。选用健康的食物，保证营养均衡，避免摄入过量的卡路里。

在心理学上，我们可以通过意志力训练和行为干预，养成良好而健康的饮食习惯。英国著名歌手阿黛尔通过调整饮食，戒去了不健康的饮食习惯，并成功减掉了多余的体重，展现了她坚定的意志和顽强的毅力。

其次是运动减肥。科学证明，运动可以帮助我们消耗多余的脂肪，增强身体素质。根据个人身体状况，选择适合自己的运动方式，并始终坚持锻炼。

中国古代有句谚语：“只要功夫深，铁杵磨成针。”这句话告诉我们，只要我们坚持下去，就能够超越自我，取得成功。就像好莱坞女星凯特·温斯莱特，她通过坚持每天跑步锻炼，成功减掉了体重，并保持了健美的身材。

另外，对于特殊情况，除了饮食和运动，我们还可以寻求医生的帮助，采取医学减肥的措施。但需要注意的是，这种减肥方法必须在专业医生的指导下进行。

肥胖不仅给我们带来身体上的困扰，还可能让我们感到孤独、无助和不安。因此，我们可以寻找支持和帮助，加入减肥小组、健身俱乐部等，与志同道合的人交流和分享。无论是线上还是线下，都能让我们感受到身处温暖群体的力量，增强自我认同感。

减肥并不是一场快速赛跑，而是一个需要耐心和毅力的长期过程。正所谓：“锲而舍之，朽木不折；锲而不舍，金石可镂。”只要我们有坚定的信念和满满的行动力，就一定能够成功！

8 班里男生说我腿有点粗，又是O型腿，怎么办？

体育课结束后，当我回到教室门口时，听到一群男生在议论着什么，突然班里的头头大声说："我觉得小西的腿又粗又歪！是O型腿。"

这句话就像一把刀子，直接刺进我的内心。我非常想哭，但我不想让他们看到我的脆弱。

我慢慢地远离教室门口，然后等到大多数人回到教室后，我才装作一切正常地走进教室。

我暗中观察着那些男生，他们一边和同桌聊天，一边整理书桌，准备下一节课。他们不知道，有一个人，因为他们的话语，受到了伤害。

那天回家后，我站在镜子前仔细审视自己的腿，发现它们确实有些丰满，而且两条腿还有一些弯曲，明显呈O形。

随后的日子里，我不再穿裙子，也不敢穿七分裤，生怕别人会注意到我的缺陷。我不断责备自己，为什么不注意走路的姿势，甚至渴望将外翻的骨头往回推。

如今，我每天都心事重重，不知该如何面对这个问题。

——14岁女孩小西

一　O 型腿的辨别和形成原因

在生活中，我们经常遇到两种常见的腿型问题，即 O 型腿和 X 型腿。下面我们探讨 O 型腿的形成原因和辨别方法，并提供一些治疗改善的建议，以帮助受困扰者重塑自身形象。

第一部分：O 型腿的定义与辨别

O 型腿指的是站立时两足内踝紧靠在一起，但两膝无法靠拢的腿型。这种腿型常常是由于膝关节内侧软骨磨损或膝内侧股骨外侧凸起等引起的。相比之下，X 型腿则是指站立时两膝并拢，但是两足内踝无法靠拢的腿型，通常是由于髋关节内旋或膝关节外侧软骨磨损引起的。

第二部分：O 型腿的成因分析

生长发育不足：在生长发育期，腿部骨骼尚未完全成熟，长期保持不良的站姿、坐姿，或过度运动等行为可能导致骨骼变形。

营养不良：长期不均衡的饮食习惯，缺乏足够的钙质、维生素 D 等营养物质，使骨骼组织无法正常发育和成熟。

遗传因素：O 型腿也可以是遗传所致。如果父母或祖父母等近亲患有 O 型腿，后代也有可能继承这种先天因素。

姿势不良：习惯性驼背、双腿交叉、过度弯腰等不良姿势会导致骨盆倾斜，从而引发 O 型腿。

外伤：一旦发生膝关节损伤，就有可能引发O型腿。

第三部分：改善O型腿的治疗建议

对于那些对自己的腿型深感困扰、穿衣效果不佳的人来说，可以在父母的陪同下到医院进行专业观察。如果确诊为O型腿，及早采取治疗措施，改善腿部曲线，缓解不适感，提升形象。

在医生的指导下，可以通过以下方法改善O型腿：

1. 运动锻炼：选择适合的运动，如游泳、瑜伽等，有助于增强肌肉力量和韧带弹性，改善腿部线条。

2. 合理营养：保持均衡的饮食，摄入足够的钙质、维生素D等营养物质，促进骨骼发育和修复。

3. 矫正姿势：培养良好的站姿、坐姿习惯，避免久坐或久站造成的腿部变形。

4. 佩戴矫形器材：医生会根据个人情况推荐适当的矫形器材，如腿部支撑器、矫形鞋垫等。

二 挑战自我，跃动如不倒翁的生命弹性

生活如同一道绚烂多彩的彩虹，红橙黄绿蓝靛紫，每种颜色都有其独特的魅力和特质。是那些不同的经历和感受，塑造了我们丰富多样的青春岁月。

生活宛如一条从山间流淌的小溪，奔腾而过，被错落有

致、形态各异的石头所阻挡。这些阻碍使得小溪充满了生命的跳跃，注入了欢愉的灵魂。

就像音符汇聚成美妙的乐章一样，生活亦是一首旋律多变的音乐，其中蕴含着欢乐与忧伤、喜悦与困惑，然而这些音符交织在一起，构成了一曲完美的乐章。

随着时间的推移，我们迈入了青春期，身心开始急速发展，也面临着前所未有的问题和挑战。

来自外界的各种声音，即使是讽刺之辞，也是我们生命中不可或缺的点缀，它们使得我们的青春岁月更加多彩纷呈、充实而厚重。

我们不应当抱怨或排斥这些声音，更不能因为别人的评判而失去自我。

正如不倒翁一般，物体的稳定性随着重心降低而增强。在静止时，重心与接触点的距离最小，即重心最低。同样，在生活中，只有当我们内心越趋稳定，才能更坚强地面对挫折和困难；只有在平衡的状态下，我们才能拥有稳固的人生。

让我们学习不倒翁，无论是哪个方向的拳击来袭，我们都不会被击倒，而是拥有巨大的反弹力，回到最初的位置。

小西面对男生的恶意可以毫不畏惧地闯入教室，彰显自己的态度，这展现出她有勇气面对恶意的一面。或者她也可以选择漠视，但这种漠视并不是将痛苦和不适藏于内心默默承受，而是将自己的内心作为一个垃圾桶，接收垃圾，然后将其扔出。

在面对外界的挑战时，积极心态和适应能力对于保持心理健康至关重要。通过寻找支持、保持自信和学习应对策略，我们能更好地处理困难和压力，塑造积极的生活态度。

青春期是人生的起点，我们之后将会遇到各种各样的人和事。我们需要学会及时清理那些垃圾，以免它们伤害我们的内心。

三 拥抱变化，相信改变的发生

在青春的旅程中，我们不免要忍受痛苦和挑战自我。无论是学业还是生活，如果我们渴望变得更加出色，就必须付出努力。

针对如何改善自己的 O 型腿，我提供以下几个建议，小西可以利用碎片时间加以练习。

1. 夹紧膝盖站军姿：每天随时随地进行锻炼，例如等公交车或者等电梯时，夹紧膝盖，你会感到大腿内侧肌肉酸痛、腿部发抖以及臀部胀痛，这意味着你的努力正在产生效果。

2. 避免不良习惯：平时应避免低头、驼背、翘腿等不良习惯，尽量减少对膝盖造成过多压力。同时，在行走时，要力求脚跟内侧先着地，避免膝盖向外分开。

3. 增加腿部运动量：登山、骑车、跳绳、慢跑、游泳和爬楼梯等有氧运动，可以促进身体新陈代谢，有助于消耗多余脂肪并改善体型，进而塑造美腿。此外，在锻炼前或睡觉前进行适当的腿部拉伸训练，可以有效舒缓和放松肌肉，改善腿型。

4. 合理增加营养摄入：摄入适量的蛋白质和维生素，有助于支持肌肉的生长和修复，并提高身体的代谢率。

但请记住，不要盲目使用束腿方法来追求完美腿部线条，以免对身体造成重压、损伤神经和阻碍血液循环等伤害。

我们应该相信，通过合理的锻炼方法和正确的生活习惯，经过长期的坚持和努力，我们是可以明显改善O型腿的！

有时候，他人的嘲笑并不会阻挠我们前行，反而是推动我们追求梦想的动力。如果没有他们的提醒，我们又如何下定决心获得全新的自我呢？无论何时，坚守自己的信念，勇敢追逐青春和梦想，让自己变得越来越优秀，这才是最重要的！

9 头发太油了，每天早晨都需要匆忙洗头，怎么办？

作为一个15岁的女孩，每天早晨起床后的第一件事就是匆忙地洗头发。因为我的头发总是过于油腻，如果不洗的话，看起来就会显得很脏，给我带来极大的不舒服感。

然而，我又被妈妈告知早晨不能洗头，晚上不能洗头，甚至连经期也不能洗头，这些讲究让我感到厌烦，我真的不想再听下去了。

头发油腻问题一直让我困扰不已。记得有一次，我和好朋友一起去逛街，她突然说："你的头发好油啊，你怎么不洗一下？"

我尴尬地回答："我昨天刚洗的，难道真的那么油吗？"她指着我的刘海，继续说："你看，这里多油啊！"当时，我真的感到非常难堪，因为我的头发就是容易变油。

每天早晨，我都需要花费大量的时间在洗头上。我使用大量的洗发水和护发素，才能勉强让我的头发看起来稍微干净一些。

由于这个原因，我不得不比其他人更早起床，但即使这样做了，我的头发还是很容易变油。因此，我不得不频繁洗头，但可悲的是，每天的头发依然油腻不堪，我真的不知道该怎么办了。

——15岁女孩乔珊

一 了解头发油腻的原因

生活中常常存在许多令我们困惑的问题，其中之一就是关于头发油腻的烦恼。头发油腻的原因有多个，以下是其中四个主要原因：

生活中常常存在许多令我们困惑的问题，其中之一就是关于头发油腻的烦恼。头发油腻的原因有多个，以下是其中的四个主要原因：

1. 遗传因素。头皮也是皮肤的一部分，但是相比身体其他部位，头皮上的皮脂腺密度和皮脂分泌量更高。皮脂腺的功能之一就是分泌皮脂，如果分泌过旺，就会导致头皮特别容易出油。

油脂的分泌受到遗传因素的影响，如果一个人天生就有油性皮肤，那么他的基因决定了他的皮脂腺产油能力。

此外，头皮上的皮脂腺密度在不同部位也有所差异，前半部分头皮上的皮脂腺数量要远远超过后半部分。这就是为什么头发最先在刘海处变得油腻，并且一旦开始出油，头发会贴在脸两侧，头顶看起来也塌塌的。

2. 年龄因素。年龄和皮脂腺的功能密切相关。比如在青春期或者青年阶段，头皮更容易出油。

在青春期，与激素水平的升高相伴随，皮脂腺逐渐发育成熟，开始大量分泌油脂，头皮变得更加油腻。直到中年之后，随着激素水平的逐渐下降，皮脂分泌水平也会相应降低。不过偶尔也会遇到雄激素水平异常的情况，这种情况可能会导致各种与雄激素有关的疾病，头发油腻也就难以避免。

3. 性别因素。由于受到雄激素的影响，男性普遍比女性更容易头皮出油。不过女性在一些特殊阶段会有激素波动，比如孕期和经期，这时皮脂的产量可能会增加。

4. 发质状态。发量较多或者是卷曲的头发，出油后油脂不容易附着在头发表面，所以看起来没有那么油腻。相反，头发比较细软且直的人容易显得油腻。

此外，出油的程度也与压力和精神状态等有关，还可能与某些疾病有关，比如脂溢性皮炎。

脂溢性皮炎是一种常见于成年人的疾病，其症状包括头皮出现红斑或小丘疹，有油腻的鳞屑和小颗粒，有瘙痒感，头发油腻干燥甚至脱发。

通过了解头发油的原因，我们可以更好地管理头皮和头发的健康。由于遗传、年龄或发质都会对头发油腻的程度产生影响，因此，在应对头发油腻的问题时，我们可以采取适当的护理措施，如选择适合自己发质的洗发产品、保持头皮清洁、调整饮食和心态等。

二 多个有效方法应对油性发质的头发

头发如同我们的形象之窗，如何应对头发油腻，展现出最佳状态，关键在于掌握正确的方法。那么，对于油性发质的乔珊来说，具体有哪些方法可以应对头发油腻呢？请看下面几点建议：

1. 把握洗头次数。油性发质的人，可以适当减少洗发的频率，每两天或三天洗一次头发。过于频繁洗头会刺激头皮的皮脂腺分泌更多油脂，加重头发油腻的情况。

2. 减少梳头次数。尽管梳头有助于头部保健，但频繁梳头对于油性发质的人来说并不适宜。可以将梳头的次数减少，改为按摩头部，这样能在一定程度上减少油脂的分泌。

3. 尝试倒吹头发。在洗完头后，可以尝试倒着吹干头发，这样做可以减少油脂的产生和分泌。

4. 饮食调整。建议增加摄入富含维生素 B_2、B_6 的食物，如蛋黄、奶类和蔬菜等，有助于调节头皮油脂分泌。同时，要避免食用油腻刺激性食物，保持情绪稳定并确保充足的睡眠。此外，山楂和草莓这两种食物也具有一定的控油作用，适量摄入能减少头皮油脂的分泌。

油性发质这个问题普遍存在，但是正确的护理方法将帮我们找到问题的钥匙。与此同时，学会正确的洗发对我们的帮助也会很大。一般来说，正确洗发包含这几步：

1. 洗发水的选择。头皮喜欢弱酸性的环境，所以不要用碱性的制剂去洗头，如肥皂和洗衣粉。一般应选用中性或偏弱酸性的洗发水。

2. 水温控制。水温一般控制在 40℃左右比较合适，水温过高可能会伤及头皮毛囊和皮脂腺，水温过低则去油和去屑

的功能会下降。

3. 搓揉方法。在洗头的过程中，注意不要直接用指甲去挠头皮，尤其是女孩子指甲比较长，会对头皮和头发造成伤害。在搓揉的时候，用指腹对头发进行螺旋式摩擦，同样能达到清洁头皮、改善头皮微循环和保护头发的目的。

如果使用护发素，注意尽量将其涂抹在距离发根 1~2 厘米处。如果觉得护发素也比较油或者担心洗不干净，建议洗发后，在头发快干的时候使用护发精油。可以将适量护发精油（不要太多）置于手掌，双手轻搓一两下，然后用手抓发梢部分即可。

4. 头发自然干更好。时间允许的情况下，让头发自然干更好；时间紧张，可以用吹风机。在使用吹风机的时候要注意，吹风机出风口要和头发保持一定的距离，不要离得太近，太近会导致发内水分快速蒸发，破坏头发的正常结构。吹风的温度不要过热，因为头发内含有大量的蛋白质，如果吹风机过热会导致蛋白质变性对头发造成伤害。

此外，女孩洗发还有几点需要注意：

1. 洗头的时间不要太早。最好选择有阳光的白天。如果非得晚上洗头，也不要太晚，至少要在洗完后坐 30 分钟再睡觉。

2. 一定要吹干头发再出门，以温和的暖风为宜，摸摸头皮一定要是干的！每次吹干头发后，可以顺便用电吹风吹一下脖子后面的大椎穴 3 ～ 5 分钟，有助于驱散体内的湿气和寒气。

3. 洗头前、中、后都要避免受风。如果淋了雨或者受了寒，或者在月经期洗头后，可以喝点姜枣茶。

还有些女孩因为白天上学忙，选择晚上洗头。对于这种情况，我们需要确保有足够的时间把头发吹干。因为如果头发湿着就直接入睡，会降低身体抵御风寒的能力，容易引发头痛和感冒。此外，湿漉漉的头皮容易滋生细菌，导致湿疹、皮炎、头屑和痘痘的产生，长期下去，水分逐渐渗入身体，同样会增加湿气。

头发健康人清爽。对待头发油腻问题，我们需要寻找适合自己的独特方式。只要掌握了适合自己的应对方法，拥有清爽飘逸的头发便不再是梦。

10 13岁只有135厘米，我很担心自己长不高，怎么办？

作为一个13岁的女孩，我的身高仅有135厘米。这让我非常担心自己未来的身高发育，我感到困惑不知如何应对。

记得有一次，我和朋友们一起逛街，我们来到一家服装店。我的朋友们都能够轻松地尝试各种时尚的衣服，而我却只能看向童装。店员看我时，询问我是否还在上小学，这一幕让我感到尴尬和难过。

我明白身高是一个敏感的话题，但我真的很忧虑自己是否会长高。听说女孩在13岁左右可能经历一次生长高峰，然而我并没有感觉到自己的身高发生变化。

看着身边的小伙伴经过一个暑假又长高了一截，我的情绪变得非常低落，渴望自己也能像她们一样身材高挑。我开始思考，是否还有机会在身高上迎头赶上？

——13岁女孩孙子涵

一 决定我们最终能长多高的因素是什么？

人的身高增长是一个有规律的过程，通过研究可以总结出以下规律：

0~1 岁，身高每年增长 25 厘米。

1~2 岁，身高每年增长 10 厘米。

2~3 岁，身高每年增长 7.5 厘米。

4 岁之后，也就是青春期前，身高每年增长 5~7 厘米。

在青春期时，身高每年增长 7~12 厘米。

那么，我们最终能长多高呢？这取决于骨骺线。

那什么是骨骺线呢？当一个人还是婴幼儿的时候，长骨的骨干和骨骺之间存在一条软骨带。

通过 X 光片可以看到这个软骨带，它展示为分离间隙，这个间隙为骨骼伸长提供了空间。一般来说，在青春期结束后，这条软骨带会钙化成一道白色线，也被称为“成长线”，这标志着骨干和骨骺的彻底融合，长骨的增长结束，我们的个子也就不会再长高了。

男孩在 10~12 岁开始发育，发育期间可以增高 25~30 厘米。女孩一般在 9~11 岁开始发育，在青春期发育阶段，女孩可以增高 25~28 厘米。女孩月经初潮的时期是整个青春期生长速度的顶峰，之后生长速度会减缓，直至骨骺闭合。

那么骨龄和年龄是一样的吗？

一般来说，女孩的骨龄在 14 岁左右停止生长，而男孩则在 16 岁左右停止生长。但是在生活中，我们常见到一些人在十八九岁甚至 23 岁左右还能继续长高，这是为什么呢？

原因在于很多人将骨龄和年龄混淆了。那些在 20 岁左右仍然能够长高的人，是因为他们的骨骺线并没有完全闭合，所以仍有生长空间！

想要知道自己到底几岁停止长高，可以每年在父母的陪同下进行骨龄拍片检查，通过骨龄的检测结果了解自己还有多少生长空间。

为什么说是每年呢？

因为年龄增加 1 岁，并不意味着骨龄也会随之增加 1 岁。有可能年龄增加了 1 岁，而骨龄增加了 1.5 岁或者 0.8 岁。因此，我们应该定期监测自己的骨龄，以便了解自己的身高还能继续增长多少。

而且我们最终能长多高取决于骨骺线的闭合，这是个体发育差异较大的一个方面，需要结合个人的生长情况、性别和骨龄等因素进行综合判断。

了解这些规律和知识，可以帮助我们更好地认识自己的身体发育过程，做出适当的生活和锻炼调整，以促进身高的健康增长。

二 保持乐观，成功无关身高

在追求身高增长的过程中，我们常常忽视了心理因素的重要性；但实际上，心理因素对身高的影响是不可忽视的。

美国儿童心理学家丹尼尔·派思研究发现，长期处于焦虑状态的女孩，身高平均会比情绪稳定的女孩矮 5.08 厘米，并且更难长到 157 厘米以上。这表明，焦虑等负面情绪可能会对身高增长产生负面影响。

此外，英国的一项调查也得出了类似的结论。该调查对于 1958 年同一星期内出生的 6574 名儿童进行了长达 40 年的追踪随访，结果显示：在家庭冲突较多的孩子中，矮小者占 31.7%；而在没有家庭冲突的孩子中，矮小者只有 20.2%。这说明，家庭环境的稳定与和谐对身高增长也有积极的影响。

因此，保持良好的乐观情绪对于身高的增长也是有益的。我们要认识到，每个人都有自己的美丽之处，无论是身材高大还是娇小玲珑。

我们应该积极追求自己的兴趣和爱好，即使个子不高，也可以通过其他方面展现自己的才华。

爱因斯坦就是一个很好的例子，尽管他的身高只有 164 厘米，但他的学术研究对整个世界产生了重大影响。他在青春期全身心投入到他的兴趣和追求中，正因为如此，他在 15 岁时就被瑞士联邦理工学院录取，为后来的学术成就打下了坚实基础。

画家毕加索的身高只有 163 厘米，但他创造了众多艺术力作，展示了他的艺术才华和灵魂的独特魅力。他曾经说过："好的艺术家模仿皮毛，伟大的艺术家窃取灵魂。"

作曲家贝多芬身高只有162厘米。他童年时生活困苦，但他内心深处的音乐才华和对艺术的热爱让他克服了一切困难。他将苦难转化为创作力量的源泉，以巨大的毅力登上了古典和浪漫主义音乐的巅峰，成为无人可比拟的音乐巨人。

小小身体中也有无限能量！我们需要认识到自身的潜力和机会，并用积极乐观的心态面对生活中的各种挑战，从而更好地实现自己的人生目标。

三 长高的秘诀：饮食均衡、良好睡眠、多运动

中国儿童少年基金会发布的《中国儿童身高管理现状调研报告》揭示出令人担忧的问题：近80%的孩子未达到父母的预期身高，甚至有超过50%的孩子未达到遗传身高。

父母的身高遗传对孩子的身高有60%~70%的影响，外界因素占30%~40%的比重。因此，我们可以认为身高"七分天注定"，但仍有"三分可打拼"，只要充分干预后天因素，我们的身高仍有8~15厘米的增长空间！

下面就是长高的重要做法：饮食均衡、良好睡眠、多运动。

1. 保证饮食营养均衡。简而言之，就是应尽量不挑食，摄入适量的各类食物。这样才能提供身体所需的蛋白质、脂

肪、淀粉、糖、维生素和矿物质等各种营养物质。

骨骼的生长需要生长激素以及从食物中摄取的蛋白质和营养物质。没有任何一种食物能全面满足我们的成长需求，只有摄取丰富多样的食物才能保证营养充足，从而促进身高增长。

2. 保证良好睡眠质量。睡眠与生长激素的分泌密切相关。人体产生生长激素的高峰期有两个时间段：晚上 10 点至凌晨 2 点以及早上 5 点至 7 点。为了促进身高增长，我们应在这两个时间段内进入深度睡眠。因为在特定时间段进入深度睡眠，生长激素的分泌量可达到其他时段的 3 倍。

3. 多运动。身高的增长是由生长板的生长、分化和钙化而来，而生长板主要依赖生长激素提供营养。研究表明，进行 15 分钟适宜强度的运动后，体内血浆生长激素显著增加。

大量研究证明，有运动习惯的青少年的身高普遍比不运动的青少年要高出 2~3 厘米。跳绳是一种推荐的运动方式，它容易上手，同时可以促进手脚协调，有助于大脑发育。此外，还可以参与其他全身性的有氧运动，如快走、慢跑、游泳等。每周运动 4~5 天，每天 30 分钟左右即可。运动后记得进行拉伸活动。

总之，通过保持饮食均衡、良好睡眠和多运动，我们可以最大限度地促进身高的增长。

无论身高是否超过父母的预期，只要拥有自信和健康的体魄，你的身上就会闪耀光芒。不要忘记，真正的优越感来自内心的力量和对自我价值的肯定。

第3部分

CHAPTER 3

含苞待放的花蕾

11 为什么有的女孩胸部大小不一样?

我是红阳，一个普通的14岁中学生。最近，我一直被一个问题困扰，让我感到有些焦虑：为什么我的胸部大小不一样呢？

不久前，我和几个同学在游泳池玩水，其中一个女生看着我，突然问道：“红阳，你的左边胸部是不是比右边大？”我当时感到尴尬，脸上火辣辣的。我低头看着自己的胸部，想知道她们是否能解答我的疑惑，于是在好奇心驱使下回答道：“是的，我也注意到了。”

接着她说：“琪琪的胸部大小也好像有点不一样！”大家这才发现，我们几个女生都面临着类似的问题，即两侧胸部大小不一样。

于是，我们开始交流这个问题，但我却听得云里雾里。她们讲了许多关于“激素分泌”“遗传因素”和“穿戴不当”等专业术语，但我并不太理解。

回到家后，我仔细检查了自己的乳房，确实发现右侧的比左侧的大一些。我很想知道这是怎么回事。

——14岁女孩红阳

一 乳房发育不对称的原因及解读

随着女孩年龄的增长，在内分泌的作用下，乳腺开始发育，胸部和臀部的脂肪也逐渐均匀分布，展现出少女的身材。这种现象被医学界称为“第二性征”。

一般来说，女孩进入青春期后，乳房的发育可能会存在差异，例如一侧较早发育，这属于正常现象，无须过于紧张，随着时间的推移，乳房会逐渐均匀发育。

然而，存在一些情况，即使随着时间的推移，乳房发育仍然不对称，甚至越来越明显。

那么，造成这种现象的原因有哪些呢？从医学角度看，乳房发育不对称的原因可以分为生理性和病理性两个方面。

生理性原因包括以下两点：

1. 青春期女生乳房大小不对称通常是由于乳房中一种叫作“乳芽”的物质对体内雌激素和孕激素的敏感性不同所致。敏感性较强的一侧乳芽会先发育并且生长较快，因此显得相对丰满；而敏感性较弱的一侧乳芽发育较慢，因此看起来相对较小。

2. 肢体不对称的活动会影响局部血液循环。例如，长期单侧上肢或胸肌运动会导致单侧乳房发育较快。此外，习惯性倾向于一侧睡觉也可能导致乳房发育不对称。

值得注意的是，女孩在乳房发育成熟时，如果不及时穿戴文胸提供支撑，乳腺的负担就无法均匀分配。

乳房主要由腺体和脂肪组织构成，而支撑它们的是结缔组织，结缔组织类似于张紧的纤维网，起到支撑作用。

然而，与肌肉组织不同的是，结缔组织缺乏弹性。因此，如果女孩在乳房发育过程中没有适时佩戴文胸，可能会导致乳房发育不均匀。

病理性原因包括以下两点：

1. 一侧乳房的发育受先天因素影响而不完全，或者是后天损伤导致一侧乳房发育不良。

2. 一侧乳房遭受外伤或患上炎症，或者存在肿瘤或其他疾病时，也可能出现两侧乳房发育不对称的情况。

总之，在青春期的女生中，乳房大小的不均匀属于正常现象，只要没有肿块或疼痛等异常症状，无须过于担忧。

然而，如果超过青春期后乳房仍明显不对称，建议还是到正规医院进行检查以作进一步诊断。同时，女性在乳房发育过程中应该养成适时佩戴文胸的良好习惯，以保持乳腺的均匀发育。

二 乳房不对称怎么办

乳房之美如莲花开放，经历了萌芽、发育和定型的过程。对于青春期的女孩来说，乳房的大小差异是常见现象，但也有少数人可能会出现明显不对称的情况，比如像红阳一样，她的左侧乳房较小。

那么，应该如何矫正呢？

事实上，可以通过加强左侧胸肌的锻炼来进行矫正。平时，有意识地多使用左手提重物或进行捧物动作，这样不仅可以增强左侧胸肌的力量，促进乳房发育，还可以通过多使用左臂来促进大脑右半球的发育，提高智力。

另外，还可以用右手轻压左侧乳房，顺时针方向按摩，每天进行三次，每次 30 下，这也有助于增大乳房。这些方法可作为一种辅助手段，但结果因人而异。

令人放心的是，大部分女孩的乳房不对称属于青春期生理性差异，随着身体的发育成熟，乳房和性腺之间的联系将逐渐稳定，两侧乳房也会趋于对称，我们只需耐心等待自己的完全成熟。

但如果乳房发育明显不对称且引发了身体或心理的不适，建议咨询专业医生进行进一步评估和诊断。

让我们以积极的心态面对身体的变化，并且善待自己的身体，它是我们追求完美与健康的伟大艺术品。

三 青春期做好乳房保健

青春期是一个女性身体发育的关键时期，乳房健康也是其中非常重要的一部分。虽然乳房发育不对称在青春期很常

见，但正确的保健习惯对乳房健康有着积极的影响。以下是一些乳房保健小窍门：

1. 注意姿势。保持好的站姿和行走姿态有利于乳房的健康，抬头挺胸、收腹站直可以有效避免乳房下垂或变形。

2. 穿戴合适的内衣。束胸是一种对乳房健康有非常大的负面影响的行为。在乳房发育期，应该选择松紧适度的文胸，以保证乳房发育的合理性和匀称度。

3. 避免外伤，保持清洁。乳房是非常娇嫩的组织，稍有不慎就会受到刺激甚至出现疼痛或出血。因此，保持乳房清洁十分重要，一定要定期用温水清洗。

4. 增加营养。青春期的女孩子会开始注意自己的体型和饮食，但盲目节食对乳房发育是非常不利的。保持适度的脂肪摄入，才能使乳房保持丰满。

5. 增加运动量。适当地参加体育锻炼，特别是游泳，有助于促进乳房均匀发育。水对乳房的按摩作用也十分有效，可以增加乳房的弹性。

对于大小胸的问题，可以选择有插垫的薄杯内衣，通过加插垫来平衡大小胸，以免因为小胸乳量不足造成单侧空杯现象。同时，需要认识到每个人的身体都是独一无二的，大小胸并不影响健康和美丽。

总之，对于乳房发育不平衡的情况，女孩不需要过度焦虑，要以平和心态面对。

12 晚自习感觉到胸隐隐的痛和痒，怎么办？

自从进入初中以后，我发现自己的身体每天都在经历着一些变化，这让我有些不知所措。

先是最近第一次来月经，当时我吓得以为自己生病了，好在妈妈及时向我解释并做了周全的准备，我才平稳地度过了那个阶段。

近期，我开始注意到我的胸部似乎在发育，我明显感觉到走路时的不同。以前，我的胸部是平平的，但现在走路时有些起伏感。

上次体育课后，我跑完800米感觉到胸部有些痒，由于在公共场合，我忍住了不去挠。此后，这样的痒又几次出现，不过我并没有太在意。

前几天晚自习，教室里静悄悄的，我正在专心写数学作业，突然间胸部的痒感再度袭来，我轻轻用手碰了一下，竟然感到疼痛，这让我十分恐慌，整节课我都在想着这个问题，我真的很想知道到底发生了什么。

——13岁女孩黎平

一 青春期乳房痛痒的原因大揭秘

作为青春期的少女，当进入发育期后，身体会发生很多变化，这是下丘脑、垂体、肾上腺和性腺之间相互作用的结果。下丘脑会分泌促性腺释放激素，刺激垂体分泌促性腺激素，从而促进卵巢发育并分泌雌激素，这导致了乳房的发育。

黎平感到乳房痛痒，这与她正处于青春期有关。很多女孩在乳房发痒或胀痛的情况下会非常担心，认为自己的身体出了问题，实际上，这是正常现象。

青春期女孩会在9~13岁出现乳房胀痛，造成乳房胀痛的原因有以下几种：

1. 生理性乳房胀痛。这个时期在乳头和乳晕下方可以摸到较硬的块物，边界不清晰，并且有一些轻微的疼痛感。这种块物约为蚕豆至花生米大小，随着年龄增长，它会逐渐长大并变得较软。

在乳房发育过程中，很多女孩都会感到乳房有轻度的胀痛，这种胀痛通常是可以忍受的，而且一般会在月经初潮后逐渐缓解。

对于那些尚未建立规律月经周期的女孩来说，每次月经来临前乳房仍然可能出现轻微的胀痛，不必恐惧，这种乳房胀痛属于生理现象，无须治疗。绝大多数女孩在乳房发育过程中都会经历这种情况。

为了消除恐惧心理，我们可以通过与母亲沟通，了解乳房发育过程中出现这种情况是很正常的。

2. 体内激素作用。女孩在青春期发育后期，已经建立了正常的月经周期，仍有一部分女孩会在经前期感到乳房胀痛。

这是因为在经前期，体内的雌激素和孕激素水平升高，导致乳房内发生周期性腺体增生和钠、水潴留。有时候乳房胀痛可能较为严重，但是这种乳房胀痛仍然属于生理现象，只是因为每个人的雌激素和孕激素水平不同，所以乳房胀痛的感觉轻重也会有所不同。

此外，每个女孩对疼痛的耐受性不同，对乳房胀痛的感受也会有所差异。

3. 乳腺增生导致的疼痛。如果在经前期乳房胀痛越来越严重，并且持续时间较长（如 2~3 年以上），那么就需要引起重视，应该去医院检查是否存在乳腺增生等病变，并及时进行调理和治疗。

一般来说，在女孩的成长过程中，乳房内会不断堆积脂肪，这些脂肪会沉积在乳房导管中，导致乳房发痒。但是这种情况只是暂时的，一段时间后就会缓解。不过，女孩仍需要注意保持乳房的清洁和健康卫生。

“健康是人生的第一财富”，女孩要珍视并保持良好的健康习惯。

二 青春期乳房疼怎么办

当女孩进入青春期时，经常会感到乳房胀痛，特别是在月经期，这是因为体内的雌激素含量增加，导致内分泌失衡。

一般情况下，这种不适感会随着月经的结束而逐渐消退，恢复正常。

那么青春期乳房胀痛应该如何缓解呢？下面是一些方法，仅供参考：

1. 轻柔按摩。青春期的女孩可以轻轻地按摩乳房，这有助于过多的体液回流到淋巴系统中。可以在乳房上涂些肥皂液，然后轻柔地按摩，这对缓解乳房不适非常有效。

2. 控制盐摄入。青春期女孩在月经前最好减少盐的摄入，因为高盐饮食会导致乳房肿胀。避免食用高盐食物可以减轻乳房胀痛的症状。

3. 热敷和冷敷。可以使用热水袋或热敷袋等进行热敷，有助于缓解乳房胀痛。另外，也可以尝试冷热敷交替法，这种方法对消除乳房不适的效果更好。多尝试一些方法，才能找到对自己有效的方式并坚持使用。

总之，青春期是女性身体发育的一个阶段，乳房疼痛是正常的生理现象。无论面对什么问题，我们都要保持乐观积极的态度，坚信自己能够克服困难，迎接更美好的未来。

三 保持乐观情绪，用觉察之眼看待乳房痛痒

现代医学研究证明，良好的心情可以维持内分泌功能的正常发挥，促使身体分泌大量有益的激素、酶和乙酰胆碱等物质。这不仅有利于神经细胞、血液循环、消化系统和免疫功能的最佳调节，还有助于保持卵巢功能的充分发挥。

特别是黄体酮等性激素的分泌增多，对乳房的正常发育和健美起着重要作用。此外，良好的心情能增强机体的免疫力和抵抗力，对保护乳房健康并预防病菌侵害也非常有益。

了解了青春期乳房发育带来的这些困扰后，黎平可以有意识地进行缓解。当下次乳房痛痒时，可以调整呼吸，专注地观察自己的乳房，并在内心告诉自己：我很好，我的身体正在健康发育，此刻，我的乳房正在成长，我觉察到它们的变化，我接受这些痛痒，与其一同成长。

然后，继续保持呼吸，将注意力重新集中在学习上。这样，我们不仅能够避免被痛痒分散注意力，也不会抗拒痛痒的存在。随着时间的推移，我们会发现乳房的痛痒逐渐减轻。

明霞是一名高中生，最近注意到自己的乳房开始有些痛痒和不适。她感到有些困惑和担忧，不知道这种变化是否正常，于是她决定向医生咨询。医生告诉她，这是青春期乳房在发育，是正常的生理现象。

医生说，青春期是激素水平剧变的时期，体内雌激素的分泌增加会促使乳房组织发育，因此出现乳房痛痒是很正常的。

了解了这一点后，明霞感到宽慰，她知道自己并没有什么大问题。她决定保持乐观的心情，采取一些措施来缓解乳房的不适感。她每天都会选择舒适的内衣，避免穿紧身衣物，使乳房能够得到适当的支撑。她还学会了进行简单的乳房按摩，以促进血液循环和乳房组织的健康发育。

通过这些努力，明霞逐渐减轻了乳房的痛痒感。她意识到，青春期是身体发育的关键阶段，她要学会接受和关注自己身体的变化。她开始对自己的身体充满信心，相信自己正在健康地成长。

所以，尝试一下，保持乐观情绪，以觉察之眼看待乳房痛痒吧！一切都会越来越好！

13 穿了内衣还是会有“凸”点，该怎么选内衣呢？

自从我注意到我的身体发生了变化，我就陷入了困惑和不安之中。每当洗澡时，我发现胸部像小山丘一样鼓胀、硬实，让我感到烦恼不已。

因为胸部的凸起，我开始不敢坚定地挺胸走路，总是像小偷一样不自信地掩饰着，生怕别人看到这个“尴尬”的地方。

上个月，我的同学告诉我我们已经到了该穿内衣的年龄了。我心里默默想着：“难道是那种带硬铁丝的内衣？”我摸过妈妈的内衣材质后觉得它又硬又丑，于是对“内衣”产生了畏惧感。

走在放学的路上，我刚好看到一家内衣店正在进行清仓甩卖。我硬着头皮走了进去，便被一位店员姐姐拦住：“小美女，你想买些什么？”“……内衣……”我结结巴巴地回答，感觉就像在受到公众审视一样的尴尬。

经过店员姐姐的耐心推荐，我最终买下了三件价值100元的内衣背心。回到家后，我拿起其中一件内衣，触摸着那薄薄的一层，不禁怀疑它是否能遮住我凸起的胸部。

试穿了第一件内衣，身上的凸点仍然在向我“示威”。然后，我换上了第二件，再换上了第三件……无论怎么换，情况都一模一样，这让我感到手足无措，于是我只能无奈地将这些没用的东西都扔进了垃圾桶。

我依然像以前一样，穿着厚重的衣服，走路时遮遮掩掩……

在体育课上，看着同班女生自信地在操场上蹦蹦跳跳，我满脸羡慕之情：她们穿的是什么样的内衣呢？

对于“内衣”，我充满了期待和恐惧，希望它能解决我目前身体上的尴尬情况，但同时也害怕再次买到无用的内衣。我该怎么办？应该选择什么样的内衣才是正确的呢？

——14岁女孩小鱼

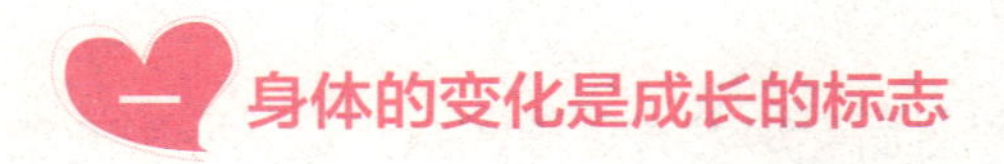

一 身体的变化是成长的标志

青春期少女走向成熟的标志之一便是乳房的发育，这是属于女孩的独特魅力。然而，面对突如其来的身体变化，女孩可能会感到迷茫和不知所措。

其实胸部发育是一个正常的生长过程，也是任何一个健康的女孩身体发育的必经之路。

青春期是儿童到成人的转变期，也是生殖器官、内分泌和身材逐渐发育成熟的阶段。在这个阶段，女孩会经历两个主要变化，即第一性征和第二性征。

第一性征的变化包括卵巢增大，卵泡开始发育和分泌雌激素，同时，生殖器官也从幼稚型变为成人型，还会迎来“月经初潮”。

第二性征的变化包括声音的改变、乳房的发育以及腋毛等毛发的生长。在此期间，骨盆也会发生改变，胸部和肩部的皮下脂肪也开始增多。

女孩乳房的变化，可以大致分为三个阶段：

第一阶段：8~12 岁，这是乳房发育的初期。女孩的乳房如同含苞待放的花朵，非常娇嫩。在这个阶段，发育不会太过明显，所以通常不需要穿戴内衣。

第二阶段：14~16 岁，乳房的增大速度明显加快，乳头和乳晕会向前凸出，乳房逐渐形成半球状。这个阶段是选择穿戴内衣的最佳时机。

第三阶段：17 岁之后乳房发育逐渐成熟，这是乳房的塑形时期。这时可以选择穿戴文胸，以更好地托住乳房，让其形态更饱满。

了解乳房发育的知识后，女孩就可以在合适的时间选择合适的内衣。对于女孩来说，乳房的发育是非常重要的，这是身体成熟的标志。选择合适的内衣可以让女孩更加自信，也有助于保护乳房的健康发育。

当然，内衣的选择要根据个人的身体特点和需求来定。

所以，在购买内衣时，可以根据乳房的大小、形状和舒适度来选择不同款式和材质的内衣。同时，要注意保持内衣的清洁，定期更换，以确保乳房的健康。

记住，每个女孩都是独一无二的，应该以自信和喜悦的心态面对自己的身体变化，因为我们的成长之路正在绽放出美丽的花朵。

愿每位青春期少女都能健康成长，展现出自信和美丽的笑容。

二 用积极的心态迎接身体的发育

拿破仑曾经说过：“心态决定成败，无论情况好坏，都要抱着积极的心态，莫让沮丧取代热心。生命的价值可以是很高的，也可以一无是处，这取决于你的选择。”这句话深刻地诠释了积极心态对人生的重要性。

就像著名篮球运动员姚明，在成长的过程中，也曾面临身高的困惑。从 4 岁上幼儿园时的 1.2 米到 9 岁上三年级时的 1.7 米，再到 13 岁时已经达到 1.97 米的身高，他的家人和同学都对他引人注目的身高感到惊讶。然而，这个身高成为他在篮球界取得成就的优势。

事实上，我们应该以积极的心态迎接青春期带来的身体变化，无论是曲线隆起的胸部还是堆积脂肪的臀部，都是女孩独有的魅力所在。

正如著名作家爱默生曾经说过：“自信是成功的第一秘诀。”我们要对自己的美感到自信。

那么，针对胸部发育这一问题，我们可以调整自己的心态，从“自卑”走向“自信”，这其实并不难，以下是几点建议：

1. 顺其自然。青春期带来的身体变化是正常的，包括胸部发育。我们应该顺应身体的成长变化，保持一种顺其自然的心态，慢慢适应身体的改变。

2. 调整心态。面对身体的变化，如果我们以自卑的情绪去对待，会影响到学习和社交。因此，我们需要调整心态，积极地接受身体的变化。例如，在每天洗漱之后，可以花一分钟照镜子，注视着镜中的自己展示身材，并大胆地对自己说："我的身材很美。"每天的积极心理暗示会帮助我们快速调整心态。

3. 生活注意。一旦开始接受身体的改变，我们也需要做一些准备。内衣的功能不仅仅局限于保持身体的健康发育，还能塑造更好的胸部曲线，因此，我们应该正确看待内衣的重要性。

三 拓展健康知识，助力身体成长

对于青少年来说，学习胸部发育的相关知识不仅能帮助我们更好地成长，还有助于保持健康的身体状态。

晓婷是一位青春期女孩，她曾经因为错误选择内衣导致背部酸痛不适。通过更换合适的内衣，她改善了症状，并更加注重内衣的质量和舒适度。

在青春期，选择合适的内衣尤为重要。若穿着不当，可能会导致胸部韧带受损、驼背或发育不全等问题。以下是几种适合青春期女孩的内衣款式：

1. 肩带较细有弹力的内衣。细肩带的内衣没有过多束缚，给予身体舒适的空间，非常适合青春期女孩穿。

2. 背心式胸衣。初次穿胸衣的女孩可能需要一段时间适应，因此背心式胸衣是一个很好的过渡选择，它轻便且贴身，让你感到舒适柔软。

3. 透气性好的内衣。在选择内衣时，轻薄是关键词，太厚的胸衣会给身体增加负担，尤其是在夏天。因此，我们应该选择透气性好且舒适度高的内衣。注意查看内衣标签上注明的成分，纯棉面料最适合青春期女孩。

如果对内衣选择感到困惑，可以寻求妈妈或更有经验、更专业的女性的帮助，她们的指导会让选择合适的内衣变得更简单。

青春期女孩在发育时，乳腺脂肪含量较高，缺乏肌肉组织，因此需要妥善保护。除了选择舒适的内衣，以下两点也非常重要：

1. 多补充营养。发育期间应加强营养摄入，这是因为胸部发育与整体营养状态息息相关。因此，我们要确保每天摄取适量的蛋白质、脂肪，多吃鱼类、肉类、蛋类、蔬菜、水果等。

2. 加强体育锻炼。在身体生长发育的第二个高峰期，加强体育锻炼非常重要。除了进行全身锻炼，还可以加强胸部的健美运动，如伸展运动、扩胸运动和引体向上等，同时辅以乳房按摩。

青春期女孩应该拓展自己关于健康的知识，以健康的方式迎接身体的发育，这将有助于女孩更好地成长。记住，关注身体健康不仅是对自己负责，也是追求更高境界的一种修养。

14 胸部凸起了，体育课不敢在男生面前跑步怎么办？

我的胸部好像比班上其他女孩要丰满一些，从六年级开始，它逐渐凸出，并且变得越来越大，这让我有时候觉得自己与众不同。

因为这样的身体，我感觉我的生活好像被胸部这座“牢笼”束缚住了，给我带来了很多烦恼：我不敢穿紧身的衣服，也不敢挺直身板走路……我总是担心别人会注意到我凸起的胸部。

每当我在走廊上或者操场上看到那些胸部平平的女生，我总是羡慕她们。在心里，我无数次地问自己：“为什么只有我的胸部这么大，让我感到那么碍事呢？”

体育课成了我最头疼的课。无论是跑步还是做其他运动，我的身体形态总是过于显眼，仿佛我在当众接受审判，这让我感到难堪和羞愧。

昨天，我们要进行800米测试。我真的不敢用力奔跑，因为胸部的颤动让我感到不安。

我只能将双手象征性地放在胸前，就像一只乌龟一样慢慢挪动步伐。考试不及格让我感到非常沮丧，但当听说需要进行补跑的时候，我的内心彻底崩溃了。

我不得不放下我之前的遮掩，勇敢去面对……当我开始跑步的时候，我感觉所有男生的目光都聚焦在我身上，仿佛他们在审视一个罪犯。我感到迷茫、无助，仿佛身心俱疲。

我担心听到男生们议论我的声音，所以800米测试结束后我直接跑回了教室。

这种尴尬的感觉真的让我很困扰……现在，我越来越讨厌体育课，也不再喜欢跑步或者其他令我感到尴尬的运动。我对自己的胸部感到非常苦恼，不知道该怎么办。

——*14岁女孩小贝*

一 正确了解身体的发育

青春期到来后，我们的身体发育速度加快，女孩开始展现出女性特征，如月经、胸部变大等，这些都是正常的生理现象，也是我们成长的信号。

在这个时期，我们要了解身体发育的知识，这是正视自己身体变化的前提。简单来说，青春期带来了身体上的三个重大变化：

1. 全身迅速发育。随着青春期的到来，我们的全身迅速发育并逐渐成熟。从大约11岁开始，乳头的直径开始增大，乳房也开始凸出。直到大约15岁，乳头的直径会增至7毫米以上，我们的胸部得以发育成熟。

2. 生殖器官的发育。性腺发育，性激素分泌逐渐增加，女孩的子宫也开始发育。

3. 第二性征的出现。在这个阶段，女孩的乳房会丰满起来，形成半球形状。同时，胸部和肩部的皮下脂肪也逐渐增多，呈现出女性特有的形态。

女孩胸部开始发育是完全正常的，不应该感到尴尬或羞愧。如果胸部发育过大影响了正常的运动和生活，我们可以考虑肥胖和内衣不合适这两个原因。

首先，青春期的身体激素变化可能导致体重增加。如果我们超重，胸部可能会过度发育。在这种情况下，通过合理饮食和锻炼结合来减肥是可行的方法，例如多摄入蔬菜、水果和粗粮，进行有氧运动等。

其次，选择合适的内衣也是关键。乳房发育较好的女孩应该选择适合自己的内衣，特别是在运动时。运动内衣注重胸部的稳定性，减少对软组织的损伤，可以更好地保护胸部，避免变形和不适。

在青春期，我们要学会接受自己身体的变化，摒弃焦虑和自卑的心理。我们应该珍视自己身体的每一个细节，相信自己的能力，勇敢地面对未来的挑战。

女性的身体是一种神圣的、美妙的力量，正如美国女权运动先驱伊丽莎白·斯坦顿所提醒我们的那样。让我们以积极健康的心态迎接青春期的到来，展现自信与美丽！

二 不必过分在意别人的眼光

随着我们进入青春期，自我意识逐渐增强，我们开始关注自己的形象以及别人对我们的看法。然而，这种对外界评价的过度关注往往使我们失去了真实的自我，我们变得无法准确评估自己，缺乏安全感，并渴望获得他人的认可和喜爱。虽然这是正常的心理变化，但调整好心态却至关重要。

研究表明，在青春期，女孩比男孩更容易察觉他人情绪

的变化，因此更具有感性和同理心。但因为思维尚未成熟，她们经常会因他人的言论而怀疑自己。

过分在意别人的眼光会在心理和身体层面产生多方面的危害和影响。

1. 心理层面：过分在意他人的眼光对个人的心理健康有负面影响。当我们过于关注他人的评价和期待时，往往会失去自我，迷失在他人眼中的形象中。这种情况下，我们容易产生自卑、焦虑和压力等负面情绪。

例如，小月是一个高中生，她非常注重自己的外貌，因为她担心别人会嘲笑她。她每天花费大量时间在化妆和选择服装上，但还是经常感到紧张和不安。她过度在意他人的眼光，导致她对自己没有足够的自信，情绪经常起伏不定。

2. 身体层面：过分在意他人的眼光也可能对身体健康造成一定的影响。当我们为了取悦他人而忽视自己的身体需求时，容易选择不健康的生活方式。过分关注外貌和体态可能导致饮食失调、过度节食或暴饮暴食等不良习惯，进而对身体健康产生负面影响。

例如，小华是一位大学生，她过于在意别人对她体重的看法，为了追求瘦而拼命减肥，导致她出现了严重的饮食紊乱和营养不良的问题。她经常感到疲倦和虚弱，对正常的生活和学习造成了影响。

因此，我们需要认识到过分在意他人的眼光所带来的危害和影响。它会损害我们的心理健康，带来负面情绪和压力；同时，也可能影响到我们的身体健康，导致不健康的生活方式和营养失衡。

因此，我们需要树立自信，关注自己的内在价值和需求，以更健康的态度对待他人的眼光，保持良好的心理和身体状态。

感性可以转化为积极的能量，帮助我们前进，关键在于我们如何对待他人的目光。

正如史蒂夫·乔布斯所说："时间有限，不要为别人而活，不要被教条束缚，不要活在别人的观念中，不要让他人意见左右内心声音。最重要的是勇敢追随内心和直觉，只有自己的内心和直觉才明白自己的真实想法，其他都是次要的。是否厌倦了为别人而活？不要犹豫，这是你的生活，你有绝对自主权决定如何生活，不要被别人所限制。给自己培养创造力的机会，不要恐惧，不要担心，过自己选择的生活，成为自己的主宰！"

我们无须因他人的眼光否定自己，因为每个人与众不同，展现真实的自己才是最重要的。我们无法满足所有人的期望，但可以满足内心的需求，理性地对待他人的意见。

那么，如何理性对待他人的意见呢？

别人的看法或意见并不一定是正确的。因此，当有人对我们的体型发表意见时，如果这意见出于善意且对我们有帮助，我们可以积极倾听；然而，如果对方带着嘲讽，我们又何必为了别人的话而为难自己呢？

三 拒绝外貌焦虑，自信的女孩才会闪闪发光

演员陈小纭曾经因为胸部过大而感到烦恼。学习芭蕾时，由于穿着紧身舞蹈服，只有平胸的女孩才不会引起注意，但是她的胸部很大，同学嘲笑她，令她陷入自卑。然而，她通过自己的努力，以专业第一名的成绩考入中央戏剧学院。随着年龄的增长，她也不再为突出的胸部感到自卑。

胸部发育是正常的现象，我们无须因此自卑焦虑。展现出真实的自我，自信的女孩才会闪闪发光。

在青春期，我们会经历身体变化，如果过分在意他人的眼光，很容易产生自卑的情绪。此外，我们也不应该过分关注外貌，而应将注意力转移到自己擅长的事情上。

多元智能理论提出了人类智能的多样性和多元性。我们不应只通过外在的容貌来评价自己，而是应该意识到自己在其他领域具有的优势和才能。这个理论可以帮助我们更全面地认识自己的价值，并减少对外貌的过度关注。

我们应该对自己树立正确的认知，了解自己是什么样的人，拥有什么样的才能。如果我们是勤奋努力的女孩，拥有许多优点和擅长的事情，为什么要单纯因为外貌而焦虑呢？

心理学研究表明，当人在某种暗示下，他的行为和动机会朝着暗示的方向发展。因此，我们应该多给自己积极的心理暗示。

每天早上起床或晚上入睡前，我们可以面对镜子，告诉自己："我是最棒的！我的胸部发育是正常的现象，顺其自然就好！"在这种积极的暗示下，我们的内心会产生微妙的变化，更容易坦然面对身体的变化。

美是多样的，无论我们的身体如何变化，自信地面对并接受自己是我们正确的选择！

让我们拒绝外貌焦虑，树立自信，散发出内在的光辉。相信自己的价值和才能，追求内心真正的满足和成长。只有这样，我们才能以积极的态度面对自身的变化，并在青春的道路上闪闪发光！

15 长相装扮都像男生，胸部发育了我想束胸，怎么办？

虽然我是一个女孩，但我从小就保持着男孩子的发型，不喜欢女孩们玩的芭比娃娃，也不像小女生那样容易流泪。

我喜欢和男孩一起玩，打篮球，踢足球，说话直来直去，出去玩时也喜欢像男孩一样和朋友们亲密相依。所有人都知道我是个女孩，但同时也没有把我当作一个女孩看待，包括我自己在内。

我喜欢扮演一个男孩的角色，但最近我发现我的胸部开始发育了。我不愿意让我的兄弟们知道，生怕被他们嘲笑，也不想面对我是女孩这个事实。

我上网查了很多资料，了解到有一种叫作束胸的东西。我在想，如果我穿了束胸，我的发育是不是就不会被人察觉，甚至能阻止胸部继续发育，让我看起来更像一个男孩呢？在我找资料的过程中，我看到了很多关于性别歧视的新闻，原来女孩真的受到这么多不公平的对待！

有一次，我试着和我的兄弟们谈起这件事情，但他们都是典型的大男人，大大咧咧地回答说：“雨哥，如果你发育了，那不就变回女生了吗？我们可不想把女生当作我们的大哥！”我可不想和那群柔弱的女孩们打交道，现在做兄弟们的大哥，过得很开心。

所以我非常不想因为身体的发育而被兄弟们嘲笑，甚至无法和他们一起玩耍。我真的很想尝试束胸，但我不知道是否该告诉妈妈，我应该怎么办呢？

——14 岁女孩徐雨

一 正确对待男女生的性别差异

当我们来到这个世界的第一时刻，护士会告诉父母他们迎接的是一个男孩还是一个女孩。

接下来的日子里，父母会根据孩子的性别来添置衣物和玩具，很多父母会默认粉色是女孩的专属颜色，男孩则以蓝色和黑色居多。虽然这种现象在我们的日常生活中看起来很普遍，但常见并不代表就是正确的。

我们无须拘泥于性别的刻板定义，没有人能够规定哪些事情是女孩该做的，哪些是男孩该做的。只要你做的事情是健康、正向的，不违反法律和道德准则，那么就完全无须考虑性别。

例如，男孩和女孩都可以踢足球、喜欢粉色，这与他们的生理构造并没有任何冲突。

当然，在日常生活中，我们也应该了解男女之间存在的一些差异，这不是为了限制我们只能做一些性别限定的事情，而是为了更好地保护自己，并为建立正确的异性观提供基础。

在健康领域，男女之间存在着差异。因为女孩有月经、怀孕和生育等生理特征，所以需要进行相应的保健和卫生措施。男孩则需要注意性器官健康，预防疾病。

在心理方面，男女之间也存在一些差异。男孩往往喜欢

独立和竞争，女孩则更加倾向于团队合作和沟通交流。但这并不意味着这些特点适用于所有男孩和女孩。每个人都有自己独特的个性和兴趣爱好，对此我们应该尊重和包容。

我们应该摒弃传统性别观念，以正确的态度看待男女之间的差异，才能共同创造一个更加美好的世界。

二 正确了解生理知识

在青春期，了解相关的生理知识对于男女都是非常重要的。对于女孩来说，乳房的发育是最早显现出的青春期信号之一。

乳房对女孩来说非常重要，它是女性身体构造中不可或缺的一部分。无论你是否想以女性身份生活，你都应该直面并接受自己是女性的身体。

曾经在深圳发生过一个11岁的女孩穿束胸衣在上体育课时晕倒的事故。这个小女孩刚刚发育，因为被几个男生嘲笑而感到害羞，于是穿上了束胸衣，结果在体育课上晕倒了。

我们要正确认识束胸衣，记住医生的建议：穿束胸衣只是暂时解决问题，但会对乳房的发展造成威胁，甚至影响呼吸功能，更可怕的是还会影响内脏器官的发育。这对我们的身体健康有着极大的危害，尤其是在刚刚发育的阶段，此时我们的身体最为脆弱。

因此，即使因为发育而感到害羞，也不能随意穿束胸衣，我们要对自己的身体负责。别人的闲言碎语不值得我们牺牲自己的身体健康，更何况这是我们成长的一个标志，无须感到羞耻。

我们可以更好地面对青春期的变化，并保持身体健康与自信。青春期是我们成长过程中的一部分，让我们以积极的心态迎接并享受这段特殊的时光。

三 学会接纳与欣赏自己

在我们成长的过程中，我们可能会受到他人的嘲笑，仅仅因为我们身体的发育情况不同。然而，这又有什么关系呢?

每个人都会经历这个阶段。无论你现在的发育是否明显，是否会遭受别人的嘲笑，你都无法改变每个人都会发育这个事实。与其为这个既定事实而苦恼，不如坦然接受它，毕竟，发育并不是什么坏事。

一个人真正的强大是悦纳自己。我们要学会接纳自己的特殊情况，尽管与他人有所不同，但这并不影响我们独一无二的价值。

勇敢地接受自己，并以积极的态度面对挑战，这是我们人生中的必修课。

青春期的我们要学会接受发育时带来的困扰，正如中高考期间的我们要学会接受比我们更聪明更努力的人存在。我们不能盲目地将自己和他人进行比较，而要学会接纳自己，并且欣赏自己。

德国心理学家伯特·海灵格的诗《我允许》可以指导我们学会接纳和欣赏自己。

第一，我接纳一切事情的发生，因为存在即合理，所以我接纳自己是一名女生，会有着发育的烦恼。

第二，接纳他人的评判和言语，因为每个人的角度不同，我们要学会换位思考，所以我接纳他人的嘲讽，那只是从他们的角度出发，我应该直面并且无须畏惧。

第三，允许自己出现这样或那样的念头，并且不给念头贴上好与坏的标签，所以我接纳自己想成为男生的想法，并且不做任何对错的评价。

第四，接纳自己现有的样子，因为外在的样子只是自我积淀的一部分。我们要学会全然地享受现在的自己，享受当下，所以我接纳当前因正在发育而带来的成长困扰，这只是成长过程的一部分，说明我正在不断积淀自己，我应该享受这个过程。

在意别人的闲言碎语很容易，在意自己真实的感受需要勇气。我们的人生掌握在自己的手中，很久以后你一定会明白，所谓成长，就是越来越接受自己本来的样子，也能更好地与孤单的自己、失落的自己相处，并且接受它们，积极面对它们。

世界很大，你是独一无二的，无论想要以什么样的方式生活，都取决于你自己的选择。接纳自己、欣赏自己，将使你变得更加完整和出色。

接纳自己，才能改变自己。接纳自己是旅程的开始，而不是终点。无论何时何地，只要你勇敢地接纳自己，用积极的态度面对生活，你将发现自己的价值和快乐。

第 4 部分

CHAPTER 4

懵懵懂懂的萌动

16 和男生一说话就脸红，怎么办？

我最近一直困扰于一个问题，每次和男生交谈时，我的脸都会变得通红，就像个成熟的小萝卜一样。这让我感觉好像在表演一样，可这并不是我想要展现的自己。

例如，在教室里，当我的同桌向我询问作业问题时，我本能地用双手捂住脸，把头埋得更深。我的同桌看起来有点奇怪，仿佛在问："你到底在干吗呢？"

当男生走过来向我问路或寻求帮助时，还没等开口，我就已经变成了一个红扑扑、滴溜溜的番茄。我的心跳开始加快，感觉自己无法呼吸，好像被困在展示舞台上。我心里充满焦虑和不安，试图找到方法让自己变得镇定和从容。

我真的很渴望变得自信和冷静，像那些经常与男生交流的女孩一样。我希望能够自然地与人交流，不再因为面对异性而感到紧张和不自在。

但是，每当遇到这种情况，我就觉得自己完全失去了控制，好像整个人都无法自主。这让我感到很糟糕，我想改变自己，变得更加自信和从容。

有一天，在我和表姐一起去聚餐的路上，我向她诉说了我的困扰。

"为什么每次与男生说话时我都会脸红呢？"我问表姐。

"其实并不是因为你太害羞，而是因为你太想好好表现了，你担心男生会注意到你的缺点。"表姐笑着告诉我。

我一下子意识到了什么，但是接下来该怎么办呢？

——14岁女孩小萱

一 希望认可，是美丽青春的普遍特点

青春期是生理和心理敏感的阶段，因此见到异性脸红是一种常见状态，小萱无须过于焦虑。

正如小萱的表姐所言："你太想好好表现了"。在青春期，我们特别关注自己在异性眼中的形象。

小红和小明就经历了类似的情况。有一天，在学校的运动会上，小红开始表现出了紧张和不安，她的脸红了起来，手心出汗，声音也微微颤抖。看到小红这样，小明走过去轻轻地说："小红，你放松一点，只要尽力就好，没人非要你得第一。"小红听后稍微放松了些，她告诉自己："嗯，我愿意接受自己的紧张感，这只是暂时的状态，我会尽力发挥。"于是，她在比赛中全身心地投入，最终表现出色。

这种情况下，我们可以试着接受自己的内心状态，告诉自己："脸红了，那就更红一点吧，我允许你更红更红更红……"通过接受自己的紧张，我们能够减轻压力，找到平衡。

在我们思考自己在他人眼中的形象时，我们是否真正了解自己呢？我们所担忧的那些想法和评价，是否能百分之百确定是真实的？当我们持有这样的想法时，我们会如何反应？如果没有这样的想法，我们会是怎样的人？

爱脸红的人在与异性交流时，可能会被对方视为天真、

可爱、呆萌，而且，有些人可能正是因为我们的真诚和可爱才会喜欢我们。

要成为你自己，并且只有成为你自己，才能得到别人的喜欢。勇敢展现真实的自我，正是吸引他人的关键。

如孔子所言："君子坦荡荡，小人长戚戚。"坦然接受自己的不完美，勇敢展现真实的自我，才能找到属于自己的自信和从容。

愿你拥有自信的微笑，向世界敞开怀抱。

二 善于沟通，学会听与被听的艺术

在与异性交流时，除了接纳自己，我们还可以通过以下方式改善沟通技巧。

1. 认真倾听。我们要仔细聆听对方说话的内容，并在脑海里记录下来，这样做可以显示我们的关注和尊重。

2. 理解对方。努力理解对方的言辞，分析其中需要我们回应和采取行动的部分，这有助于更好地回应对方的需求。"人类的行为是由欲望驱动的，通过正确理解对方的欲望，我们能更好地满足彼此的需求。"

3. 捕捉非语言信息。留意对方的肢体语言等非语言信息，这些信息能够帮助我们更好地理解对方的情感和意图。"真正的沟通不仅仅是传达信息，更是建立连接的桥梁。"

4. 关注对方的反应。观察对方是否表现出伤心、愤怒、难过或其他情绪，这样我们可以适时调整自己的表达方式。“价值是主观的，通过理解对方的需求和期望，我们才能更好地满足他们的价值观。”

5. 转移关注点能够减少尴尬和脸红的发生。

以上均是从沟通技巧方面给出的建议，但我更想告诉女孩的是——读万卷书，行万里路。认知的提升将会从根本上提升沟通的能力。人们通过沟通、交流，表达自己的所知、所想、所感，我们可以互相学习、借鉴，进一步提升自己的沟通能力。

愿我们善于沟通，掌握听与被听的艺术！

三 有恐惧，就用积极的行动去化解它

在电影《奇异博士》中，我们可以学到很多博士面对恐惧的勇气和智慧。博士没有退缩，没有逃避，而是勇敢地对抗黑暗势力，并通过不断的尝试和实践，最终克服了自己的恐惧。

在现实生活中，我们也可以通过一些积极的行动来化解自己的恐惧。比如，如果我们害怕上台演讲，可以反复练习，提高自己的表现能力，减少紧张和害怕的情绪；还可以通过阅读、学习和开放心态来扩大自己的视野和认知，从而

更好地面对未知和不确定的事物。

我们来分享一则新闻，华盛顿特区一名14岁的女孩贝拉·伊利斯在一项比赛中摔伤了腿，但她并没有就此放弃比赛，而是用拐杖坚持比赛，并最终获得了第三名的好成绩。这个故事告诉我们，无论面对怎样的困难和痛苦，只要我们有勇气和毅力，总能找到化解恐惧的方法，并获得成功和成长的机会。

在面对恐惧的同时，我们还可能遇到一些特定的挑战，比如脸红。当我们和异性交流时，脸红可能表现了我们内心的一种不安和困扰。但是，我们可以通过一些方法来克服脸红的问题。

1. 把能引起自己脸红的异性交流场景写在卡片上。将自己感到脸红的情景写在小卡片上，每个情景一张卡片，这样做可以帮助我们更清晰地认识到自己的脸红触发点。

2. 进行松弛训练。找一个舒适的椅子坐下来，闭上眼睛深呼吸，放松自己的身心。然后，想象那些写在卡片上的情景，并努力让想象尽可能真实和生动。如果你感到有些不安和脸红，就停下来，再进行深呼吸，使自己重新松弛下来。完成松弛训练后，重新想象之前触发不安和脸红的情景，如果再次感到不安和脸红，就再次停下来进行松弛呼吸。通过反复练习，直到卡片上的情景不再引起不安和脸红。

这样的方法可以增强我们内心的力量和自信。正如尼采曾经说过:“你必须有深渊方能触及星辰。”只有通过面对恐惧和努力克服，我们才能够真正变得强大。

不论是面对恐惧还是克服脸红，积极的行动都是关键。我们唯一应当恐惧的，就是恐惧本身。只有勇敢地去迎接恐惧，并用积极的行动去化解它，我们才能够真正实现个人成长。

我们要相信自己，敢于面对恐惧，勇往直前，你一定能够战胜一切困难，成为更好的自己！让我们用积极的行动去化解恐惧，真正掌握自己的命运！

17 有男生给我写了一封情书，怎么办？

作为一个平凡的女孩，从小到大很少有人赞美我的外貌，学习成绩也一般，没有特别擅长的事情……我想我可能永远都不会成为别人眼中的出类拔萃之人。

然而，我却意外地被一个男孩所喜欢……

小鹏是我们班的新同学，他坐在我旁边，是个非常活泼可爱的男孩。他经常不写作业、不记笔记，总是有各种事情找我帮忙，我从来不会拒绝他的请求，几乎全盘接受，也因此让小鹏感到开心和满足。

随着时间的推移，我觉得小鹏对我的感情有些“特殊”。最近一个月，他每天都会给我买我喜欢吃的烤肠，尽管我多次拒绝并试图付钱，但他总是坚持说不要紧，因为平时我总是借东西给他。而且，他会等我一起上课、一起放学……即使晚上回家后，他还会通过微信与我聊天，每天都要说晚安。

我不确定小鹏是否喜欢我，因为我觉得自己很普通，所以不敢去想……然而，昨天当我打开小鹏还回来的笔记本时，发现里面多了一页纸。我小心翼翼地打开：“亲爱的小诗，在我喜欢你的第25天，我经历了许多思想斗争，最终还是忍不住将这份心中的感情告诉你……”

我不敢继续往下看，我的脸“唰”的一下红了起来……这是小鹏写给我的情书，这是我从小到大第一次收到这样的东西。我很困惑，我这么平凡，小鹏到底喜欢我哪里呢？

同时，我也不知道应该如何回应他，我并不喜欢他，也不想谈恋爱……但我们俩还得继续做同桌啊，我该怎么办呢？

——14岁女孩小诗

一 落落大方，建立自我意识

在青春期，我们正处于生理和心理上的发展阶段，性格尚未定型，情感也不太稳定，所以时常会出现今天喜欢某人，过几天可能就不喜欢了的情况。

而正是在这个阶段，建立自我意识变得尤为重要。自我意识是指我们对自己的认知、理解和评价，它决定着我们对待自身和他人的方式。拥有健康的自我意识能帮助我们更好地应对挑战、制定目标并实现潜力的发掘。

在现实生活中也存在许多案例可以作为借鉴。比如，著名的爵士乐音乐家路易斯·阿姆斯特朗，在年轻时发现自己对音乐有着强烈的热情，并勇敢地追求了自己的音乐梦想，他坚信自己的才华和独特的风格能够让他成功，最终他成为一代音乐巨星。

一位刚刚高中毕业的学生因担心自己的未来而苦恼，经过一番思考，他决定利用自己喜欢的摄影技巧开设一个小工作室，用于拍摄本地风景和人物。这个小工作室不仅给他带来了经济上的收益，更重要的是让他重新建立起对自己的自信和自我认同。

一位 15 岁的学生阿明通过自己的努力，成功获得了全国书法比赛的冠军。阿明在参赛前并不自信，但通过深入思考自己的兴趣和才华，他决定展现自己独特的创作风格，最终获得成功。这次成功不仅让他建立了自我意识，也为他未来的学习和职业道路打下了坚实基础。

以上这些故事让我们看到了自我意识在个人成长中的重要性。只有真正了解自己的兴趣和能力，我们才能找到适合自己的方向，并以自信和决心去追求成功。

建立自我意识不仅能够帮助我们更好地面对挑战和机遇，还能够促使我们发现自身的潜力和价值，并在实现个人目标的道路上不断成长和进步。

无论是对于青少年还是成年人来说，建立自我意识都是关键，因为它能够引导我们走向更加充实和有意义的人生。

二 每个人都值得他人的喜爱

青春期是男女之间相互表示好感的自然阶段，有些人勇敢表达，而有些人则将这些情感埋藏在内心。无论怎样，我们应该高兴地看待这一切，因为这意味着我们已经长大了，能够吸引异性的目光。

我们可以坦然地想：“哇，原来我这么有魅力！”接下来，让我们分析一下自己的魅力所在，以及如何改善自己的不足，变得更加自信！

首先，我们需要了解自己的魅力点和短板。如果我们具备良好的品行，那么就要继续保持热心善良、乐于助人的品质。

如果我们学习成绩优秀，那就要继续努力学习，争取在考试中取得更好的成绩。

如果我们拥有好身材，那就要更加注重保持身形，定期参加锻炼。

如果我们气质出众，那就要继续广泛阅读，最好找一个兴趣爱好，提高自己的修养，例如学习绘画或古筝等。

此外，如果我们性格好，就要继续提升自己管理情绪的能力，保持微笑，即使面对困难也能保持平静。

如果我们外貌出众，就要保持整洁得体，并且让周围环境也整洁，例如保持书桌、寝室桌位和床位的整洁。

此外，可以利用学习之余做做眼保健操，注意适时放松眼睛，以预防近视。

这些优点都值得我们去挖掘和珍视，它们是我们自信面对世界、应对他人表白的重要支持。

在花季雨季，我们不需要纠结，而是应该着眼于美丽的四季，绽放属于自己的美丽花朵！只要我们相信自己，发现自己的优点并加以培养，我们一定能够成长为自信而迷人的个体。我们值得他人的喜爱！

三 妥善拒绝，维护好同学关系

喜剧大师卓别林曾经说过：“学会说‘不’吧，那样你的生活将会好很多。”这句名言深刻地指出了拒绝的重要性。

例如：对于刚考上重点大学的小武来说，他有一种更加简单和直接的方法来表达自己的想法。当他需要拒绝某人时，他会格外恭敬地款待对方，比如请他吃点心或午餐。他的老师这样描述他：“每次他必须拒绝别人时，他都非常真诚，以至于被拒绝的人都成了他的好朋友。”

然而，拒绝别人并不是一件容易的事情。合适的拒绝方式可以让彼此感到舒服，而不合适的方式可能会搞僵彼此的关系，甚至伤害对方。在拒绝别人时，我们应该注意以下几点原则：

首先，要保持态度坚决。我们不能犹豫不决，时而可以时而不可以，拖泥带水，这会让对方摸不着头脑，而且反复无常会对彼此造成更大的伤害。因此，在拒绝时，我们要坚定地表达自己的立场，不给对方任何模糊的信号。

其次，我们要提供有理有据的理由。最好能够提供实际的例子来支持拒绝的理由，这样可以使对方更容易接受。

例如，当拒绝某人的表白时，我们可以诚实地说出拒绝自己的原因，并给出合理的解释。比如说：“我很感谢你的欣赏，但是我父母不建议我现在谈恋爱，而且我个人也觉得目前要以学业为重。我们可以一起努力学习，在学习上互相帮助和进步。”通过这样的方式，我们可以让对方更加理解我们的立场，并且减少尴尬和伤害。

此外，选择合适的方式进行拒绝也是非常重要的。有时候，书面形式可能更加合适。比如可以选择写信的方式回绝对方，这样可以避免当面拒绝带来的尴尬和不适。但无论采取何种方式，我们都应该尽量避免通过他人转告或在公共场合谈论拒绝的事情，以免给对方带来不必要的困扰和尴尬。

此外，我们还可以通过协商换座位等方式，以拉开距离的方式让彼此释怀，保持良好的关系。

在生活中，每个人都会面临拒绝别人的问题。然而，拒绝别人是一门应变的艺术，我们必须牢记的核心原则是：绝对不能伤害对方的自尊心。我们要了解自己的底线和立场，并坚定地站在自己的立场上，同时也要尊重、理解并保护他人的感受。

通过学会拒绝，我们可以更好地处理人际关系，维护好彼此的友谊。正如历史故事中的贝多芬和亚里士多德一样，他们通过坚持自己的信念和追求，赢得了人们的喜爱和尊重，展现出耀眼的光芒。

每个人都有自己独特的魅力点，只要我们相信并发掘自己的优点，坚持追求自己的梦想，并对自己充满自信，我们就能在人生舞台上展现出耀眼的光芒，赢得他人的喜爱和尊重。

18 与异性朋友交往，如何注意边界？

我是小玲，一个对学习充满热情的高中生。在班级里，我与同学们相处得很好，而且我也很喜欢参加各种社团活动。然而，最近我却遇到了一些问题，让我感到困扰不已。

上学期，学校组织了一次户外活动。在这次活动中，我认识了其他班一个叫小凡的男生。小凡聪明、幽默且风趣，他总是能在适当的时候给大家带来欢笑。我们迅速成了好朋友，一有时间就一起讨论学习、一起运动，度过了许多快乐的时光。

然而，随着时间的推移，我渐渐发现我对小凡的感觉似乎超出了普通友谊的范畴，每当他靠近我，我就会心跳加速，脸颊泛起红晕。尽管我试图控制自己的情感，却感到无法抗拒。

日复一日，我在内心中与自己的情感进行着激烈的斗争。我在朋友面前保持沉默，因为我害怕他们嘲笑我单相思。我试图逃避与小凡单独相处的机会，生怕自己无法抵挡住对他的感情。这种内心的挣扎让我感到疲惫不堪。

每天放学后，我独自一人坐在教室里，看着窗外的夕阳渐渐西沉。我在思考一个问题，与异性朋友交往，到底怎么做才是合适的呢？

——16岁女孩小玲

一 了解脑身心的发育特点，觉察自己的内心，并保持理智

处于青春期的我们，大脑就像是情感的乐园。这段时期，大脑的情绪调节中心得到了更多的锻炼，与社交联系相关的神经回路也在不断强化和扩展。这些变化使得我们对他人的情感和情绪更加敏感，就像一座共鸣之桥，更加容易将彼此的心灵联结。

青春期是人格和自我认知形成的关键时期，仿佛每个青春少年少女都在探寻自己心灵的星辰和角色。我们开始更深入地认识自己和他人的情感，就像是勇敢探险家，探索着内心的迷宫。这种自我探索和情感认知的旅程将会促进与异性朋友之间更多的交流和互动，也容易在心灵的田园里培育出情感。

我们可以把与异性朋友的关系比作一对优雅的舞者，保持着适当的距离，避免过于激情四溢的肢体接触，在舞池上相互尊重，彼此呼吸的空间不被侵犯。

在这段友谊的旋律中，我们需要保持清晰的认知和边界。只有通过理性思考和积极控制情感，我们才能保持健康、平衡的友谊关系。不要过早地沉醉其中，不要试图将彼此困在感情的迷宫之中，彼此间应坦诚而透明。只有在这样的基础上，我们才能共同编织出一段健康而稳定的友谊旋律。

二 注意友谊的边界，建立互利共赢的友谊

在青春期，与异性朋友交往是一件十分常见的事情，然而，如何保持友谊的边界，让感情不至于超出了友谊的范畴，却是一个需要认真思考和探索的问题。

友谊是一座桥梁，它能穿越距离，连结你我。在与异性朋友相处时，我们需要建立良好的人际关系，互相尊重、信任与支持，以此来维护友谊的稳定和健康。然而，我们也需要注意到，友谊中的边界是必须要有的，应防范任何可能让感情超出友谊范畴的行为或言语。

我们能看到，小玲在与小凡的相处中，边界从开始就是模糊的。与异性交往，建议从以下几点来保持适当的边界：

1. 自我反省和意识。要认识到与异性朋友交往时应该保持适当的边界，尊重对方的感受和需求。进行自我反省，思考自己的行为和言语是否合适，是否考虑到了对方的感受。

2. 沟通与理解。与异性朋友进行诚实的沟通是非常重要的。分享彼此的想法、感受和期望，倾听对方的观点和需求。通过有效的沟通，可以更好地理解对方，避免误解和猜测。

3. 尊重个人空间。每个人都有自己的个人空间和隐私，不要过度干涉对方的事务或私人生活，给予彼此足够的自由和空间。

4. 保持适当的距离。在与异性交往过程中，保持适当的身体距离和社交距离是必需的。避免过于亲密的接触和行为，保持一定的独立性和自主性。我们要维护自己的边界，委婉地拒绝他人也是为了维护我们自己的边界和利益。我们有权利拒绝不适合我们的请求，这是保护自己的重要方式。

5. 避免过度依赖。要学会独立处理自己的情感问题，不要过度依赖异性朋友。建立健康的自我认同和情感支持系统，保持独立和自信。

三 明确目标与理想，提升自己的人生追求

李娜，一个在中国家喻户晓的网球明星，在青少年时期就展现出了非凡的网球天赋。在李娜十几岁的时候，她拒绝了许多异性的追求，专注于发展自己的网球事业。

“我那时候太专注于网球了，根本没有想过要谈恋爱。”李娜回忆道，“我拒绝了很多男生，但我没有后悔，因为我知道我在做什么。”

李娜的坚持和努力带来了回报，她在全球范围内赢得了众多比赛，并最终在一次国际网球比赛中遇到了她的丈夫，一位优秀的网球教练。他们在共同的兴趣和目标中找到了彼此，并建立了深厚的感情。

“我很感激我在青少年时期做出的决定。”李娜说，“如果我当时没有专注于网球，多年后，我就不会遇到我的丈

夫，也不会有我现在的生活。”

李娜的故事是一个鼓舞人心的例子。而且你看，在青少年时期拒绝异性并不意味着失去爱情；相反，这可能意味着你在追求自己的梦想，发展自己的兴趣，并最终在更高层次上找到真爱。

真切地希望青春期的孩子们，都能够将注意力全部放到学业和兴趣爱好上，同时确定自己的理想，培养自己的精神追求，让热血和激情都汇集到恰当的轨道上。

青春期的我们有自己的思想，也正处于理想确立期。将来想要成为什么样的人？想要取得什么样的成就？想要过什么样的生活？清楚了这些问题，我们的内心就不会产生混乱了。有了目标和理想，我们学习起来也更有动力，更为专注，会将自己的热情和创造力注入其中。因为，在你的内心清楚地知道，现在付出的所有努力，都是为实现将来的理想生活所打的基础。

同时，我们也需要关注自己的精神追求，就像修行一样，我们可以从内心深处追求更高的境界。比如阅读经典文学作品、哲学著作或心灵成长类书籍，深入思考其中的人生哲理和道德准则，以启发自己的内心成长。

青春期的孩子有着热切的向上成长的力量和蓬勃的生命力，希望你勇敢地面对生活中的种种可能性，把握好当下的青春年华，追求内心真正的愿望和梦想，创造出充满希望的美好未来。

19 喜欢偷偷看言情小说，没有办法停下来，怎么办？

去年偶然的一次机会，我接触到了网络小说。其中一本名为《那一年，我爱上了他》的小说引起了我的好奇心，我点进去阅读，从此开启了我的言情小说之旅。

最初，我只是在休息日的时候看上几小时，但不知不觉中，我变得越来越着迷。

上个月，我阅读了一篇男主穿越到现代追求女主的爱情故事，深深地被感动。由于这个故事每天都有更新，我迫切期待着下一章的推出。

每当放学回家，我第一时间打开手机看小说，因为每天的更新都很短，所以半小时就能阅读完毕。

然而，每次读完后都觉得兴趣未尽，我脑海里会不断预测男主和女主的感情发展。因此，即使我想专心写作业，也无法集中注意力。

这个月以来，我因为沉溺于小说而被老师多次批评。我虽然知道这是沉迷于言情小说所带来的后果，却无法割舍，甚至愈发上瘾。

昨天我追的这本穿越言情小说大结局，一下子更新了三章。由于我购买了网站的VIP会员，可以提前两小时阅读。尽管还没放学，但我的内心像一只猛兽突破了笼子般不受控制，我渴望知道故事的结局。

在思想斗争的片刻中，我在地理课上悄悄打开手机开始阅读，正当我陷入其中时，老师走了过来……

由于被没收手机、受到老师的批评，以及父母的训斥，我意识到我对言情小说的沉迷已经过分离谱。

然而，我却无法控制自己，沉浸在小说中男女主人公的爱恨情仇之中，好像这是唯一能给我带来快乐的方式。

现在我的手机被没收了，我也受到了警告不再阅读言情小说。但我真的很喜欢看啊，我应该怎么办呢？

——15岁女孩小鱼

一 沉迷小说的危害知多少

随着网络的迅猛发展，越来越多的青少年深陷网络小说的狂热之中。

有些初中生们，像小鱼一样，虽然明白小说是虚构的，却无法自拔。一旦沉迷其中，他们便废寝忘食，对学业漠不关心。

在青少年时期，大部分人都怀揣着文艺青年的梦想，热衷于阅读小说是可以理解的。适当地阅读小说并没有错，然而，任何事情过度都可能带来危害。对于缺乏自制力的青少年而言，沉迷网络小说的危害尤为严重，主要体现在以下几个方面：

1. 影响正常生活。青少年过度沉迷网络小说，就如同过度沉迷网络游戏一样，严重影响日常生活。许多青少年在上课、进食、上厕所甚至过马路时都不能自拔，这对正常生活造成了干扰。

2. 精神恍惚和神经衰弱。对于许多青少年来说，通宵阅读小说是很常见的现象，他们会窝在被窝里彻夜不眠。这样做一方面导致第二天上课精力不足，另一方面睡眠不足也对身体健康造成巨大危害。

夜晚是人恢复体力的时间，充足的睡眠至关重要。长期熬夜加上白天的学业压力会导致许多青少年精神恍惚和神经衰弱。

3. 学业成绩下降。像小鱼一样沉迷小说会让青少年对学习毫无兴趣，对学业的危害巨大。

因为一旦青少年看到小说中精彩的情节，无论做什么都无法让他们停下来。即使在写作业时，他们也会不断想着小说的情节更新，这会让他们焦虑不安，时刻想要拿出手机来看一眼，根本无法集中注意力完成作业。

4. 自控能力下降。自控力对青少年来说至关重要，它关系到青少年的未来。一个具备自控能力的人懂得什么时候应该做什么，什么时候不应该做什么，懂得合理利用时间和精力，思维也更为成熟。而如今，小鱼很难控制自己不去阅读小说，长期下去，对于自控能力的培养是不利的。

二 拓宽阅读领域，认识现实

一个人的阅读史就是他的精神发育史，读什么将最终决定他可能成为什么样的人。

阅读就像一粒神奇的种子，探望在灵魂之下，只要等到某一天破土而生，让种子暴露于空气之中，它就会迅速地萌芽，并长成参天大树。

言情小说对爱情的描写正好暗合了我们青春期初开的情窦，所以小鱼深陷其中。在中国，言情小说拥有悠久的历史，古代的文人们创作了一系列凄美、荡气回肠或惹人艳羡的爱情故事，《红楼梦》作为四大名著之一，就是最好的例子。

言情小说实际上是对爱情的升华和憧憬，旨在勾勒出人们心中对爱情的渴望和幻想。

小鱼沉迷于爱情小说中，或许也是借助小说来幻想自己的未来，这当然可以，但我们需要认识到想象与现实永远都有差距。

曾有人说过，读书就像吃饭，从小到大，一日三餐，什么都要吃，萝卜白菜、山珍海味，吃下去，消化了，吸收了，就是营养。

然而，读书和吃饭一样，也分主食、辅食和零食。主食是什么标准呢？比如一些经典名著，它们可以滋养我们的心灵，而言情小说则像零食一样，偶尔吃点可以，但不能贪多。

为何不拓宽阅读面，让自己阅读的主食和辅食更丰富，以滋养我们的身体和心灵呢？

三 戒除言情小说瘾，拥抱现实的美好

为了摆脱对言情小说的瘾，我们需要了解人体产生上瘾的机制。多巴胺作为一种愉悦物质，是瘾头的根源。我们可以通过以下四个步骤，逐渐戒除对言情小说的瘾，并把注意力转向现实世界的美好。

第一步：接受并规划阅读时间。

小鱼，首先要接受自己喜欢看小说的事实，同时放下内心的负罪感。允许自己阅读小说，但要设定合理的时间限制。例如，每次设定半小时或一小时的阅读时间，超过该时间后便切换到其他活动。

第二步：改变阅读环境。

改变环境有助于改变习惯。选择使用专业阅读器保护眼睛，或者移除手机上关于小说更新的提示，甚至删除手机中的阅读软件，转而使用专门的阅读设备，这样的改变会让“不读小说”变得容易，而让“读小说”变得不便。

第三步：给予阅读时间限制。

为自己设定固定的阅读时间，培养遵守时间限制的习惯。

第四步：提升自我意识能力。

通过关注呼吸来提高自我意识能力。我们可以通过关注呼吸，将注意力从杂念中带回呼吸上来，这种练习有助于意识到放松和紧张状态，并提升我们的觉察能力。

除此之外，还可以寻找其他方法。例如寻找替代品，用其他兴趣爱好或活动填补空出来的时间，这样可以转移注意力，并提供新的满足感。

还可以设立目标和奖励机制：为了更好地控制阅读时间，可以设立具体的目标，例如每周只读一本小说或者每月阅读不超过特定数量的章节。同时，设立奖励机制，当自己达到目标时给予自己一些小奖励，这样可以增强意志力和积极性。

学会放松和减压：通过学习放松技巧，如冥想、瑜伽、呼吸练习等，帮助缓解紧张和焦虑情绪，培养更健康的心理状态。

生命、时间，尤其是青春，是最珍贵的财富，一旦失去，便无法挽回。如果因沉迷言情小说而错过现实中的美好，错失了提升自己的机会，你是否认为这样值得呢？

20 处女膜是什么，女孩第一次都会流血吗？

13岁的小宣进入青春期，对自己的身体充满了好奇。月经初潮的到来，让她感觉仿佛进入了另一个世界。

她不禁思考：究竟是什么让女性变得成熟有魅力？什么时候遇到自己的那个他？将来我们会发生亲密接触吗？

小宣曾读过一本网络小说，在书中，女主跟男友发生了第一次，但没有流血，男友质问她是否是处女，女主百口莫辩。

在一些古代电视剧中，也经常出现女孩第一次发生性行为时"落红不见"的情节。

对此，小宣很想知道：处女膜是什么？女孩第一次都会流血吗？

——13岁女孩小宣

一 每个女生是否都有处女膜

处女膜，也被称为阴道瓣或阴道冠，是覆盖在女性阴道外口的一层薄膜组织。

它在胎儿 3~4 个月时开始出现并发育成形，到了青春期时，处女膜的形态和厚度各不相同。通常青少年的处女膜较小而厚，随着身体的成熟，处女膜会逐渐变得较大且薄，并具备一定的韧性。

在青春期之前，处女膜扮演着防止细菌进入阴道的角色。然而，随着卵巢的发育，阴道的自我抵抗能力增强，处女膜的作用逐渐减弱。

当女性进行第一次性行为时，处女膜通常会被撕裂。但由于处女膜的形态各异，破裂的程度也会有很大的差别，并不一定伴随出血。据美国妇科医师的调查，约有 30% 的女性在第一次性行为时没有出血或者仅有轻微的出血。

值得一提的是，在日常生活中，一些不当的行为也有可能导致处女膜破裂。例如参加跳高、骑马、武术或骑自行车等剧烈运动时，都有可能使处女膜破裂。

处女膜并非每个女生都有，并且它的存在与否不应该成为评判女性的标准。每个女性都应该以自身的身体和感受为重，并在合适的时候做出符合自己价值观的选择。

二 青少年时期拒绝发生性行为是对自己最好的保护

曾经有一则令人心痛的新闻，一个漂亮的女高中生来到医院做检查，结果发现她患有宫颈炎、慢性盆腔炎、滴虫性阴道炎等多种妇科疾病。医生询问她的性行为经历时，女孩毫不在意地说自己早早就开始了性行为，平时也没有注意生殖卫生，并从未采取过任何避孕措施，甚至还做过两次人流。女孩对身体健康的漠然态度令人感到痛心。

在青春期，女孩受荷尔蒙的影响容易陷入情感纠葛，但由于缺乏人生经验和对性知识的理解，某些女孩会在懵懂无知的状态下放纵自己的身体。

然而，这种放纵对自身带来的伤害是巨大的。事实上，毫无节制的性行为最终伤害的一定是女孩自己，因为女性的生殖构造决定了她们在生理上的脆弱，容易感染疾病。

许多女孩不了解这方面的知识，在性行为中没有采取任何避孕措施，从而极大地增加了怀孕的可能性。此时，如果选择流产手术，不仅会伤害正在成长的新生命，也会对自身身体造成巨大伤害，甚至可能导致不孕不育问题。另外，还有一种情况是女孩并非正常怀孕，而是出现了宫外孕，这无疑给她们带来了更大的生命危险。

过于冲动的情感发展可能会给女孩带来严重的后果，第一次性行为甚至可能对她们的学业产生影响，导致上课注意力不集中、记忆力下降等问题。

同时，来自他人的议论也会给女孩带来巨大的精神压力，甚至有些人因此辍学。因此，女孩务必懂得掌握时机，不要在性行为的开关打开之前贸然行动。

青春期的女孩身体尚未完全发育成熟，过早的性行为或怀孕都可能给女孩的身体带来无法挽回的伤害。

就像一杯美酒，尽管它醇厚诱人，但现在并不是我们品尝它的时候。不如静心等待自身的成熟，与其匆匆步入爱河，还不如保护好自己。

总之，青少年时期选择拒绝发生性行为，是对自己最好的保护。女孩应该珍惜自己的身体，保护自己的未来。

同时，女孩也应该培养正确的价值观念和道德观念，成为一个独立、自信、有责任心的青少年。让我们耐心等待时机的成熟，并在人生的道路上选择正确的方向。

三 经济与人格独立更能呵护爱的小苗

爱情的成熟需要一定的条件，就像树木的生长需要浇水、施肥、修剪和除虫一样，这需要时间和精力。我们年轻的心灵虽然充满了赤诚，却很难冷静地承担这些责任。

有些人对爱情非常单纯，认为爱就是爱，不需要考虑社会因素，对真正的爱情以及爱情所带来的责任和义务了解甚少。

在青春期，人格发展还不够独立，我们很容易因为小事争吵和分手，情绪变化也很快，今天开心的事情可能明天就变得悲伤了。同时，我们还是学生，没有经济独立。两个人在一起，除了快乐和美好，还需要承担责任和面对困难。

当我们还不够成熟，没有经济能力时，一方生病了可能对方无法提供照顾所需的费用，只能向父母借钱，这样会让我们感到窘迫。

恋爱，需要经济支持，负责任的恋爱需要一定的经济基础。感情不一定要建立在经济基础之上，但经济基础在很大程度上影响着我们对爱情的看法。因为生活中的方方面面都需要经济支出，比如食物、水、电等，生活的各个方面都离不开金钱。当双方经济不独立时，可能无法买礼物庆祝、看最新的电影或去远方旅行，这难免会让人失落。

此外，作为学生，我们有自己的学习任务和目标。我们现在的努力决定了未来人生的走向，一步错步步错。我们没有那么多时间和精力去尝试禁忌的事情，为什么不等到成熟后再去追求爱情呢?

正如花会有盛开和凋零，太阳会有升起和落下，月亮会有圆缺，季节会有更迭，春去秋来，寒来暑往，大自然中的一切都有自己的时机。人也是如此，在不同的年龄阶段，我们有不同的追求和期待，在适合的年龄做合适的事情，这才是顺应自然的规律。

认识自己，是指我们应该深入了解自己，包括我们的感情、需求和梦想，这样才能更好地面对爱情。

总之，只有在经济和人格独立的基础上，我们才能更好地呵护爱情的小苗，让它茁壮成长。同时，理解自己和对爱情的认知也非常重要。与其急于追求禁忌的爱情，不如等到成熟后再去开启一段健康、稳定的恋爱关系。

21 受精卵是什么，它是怎么变成婴儿的？

“你小姨怀上宝宝了！”妈妈兴奋地向我传达这个消息，脸上洋溢着喜悦的笑容。

她告诉我：“你小姨结婚已经三年了，之前曾经怀孕过一次，但可惜没有能够保住宝宝。所以这次小姨格外小心，现在怀孕才8周，她每天都躺在床上尽量保持安静，希望宝宝能够安稳地成长，度过前三个月的关键时期。”

听到这个消息，我既为小姨感到高兴，又对一个我尚未完全理解的问题产生了好奇。我好奇地问妈妈：“妈妈，我听说宝宝一开始就是一个受精卵，是真的吗？”

妈妈有些惊讶地问：“你是哪里听来的？”我笑着回答：“我在书上看到过，书上说受精卵是一个新生命的起点。”妈妈点点头，表示同意。

然后，我迫不及待地继续问道：“妈妈，那受精卵到底是什么呢？它是如何变成婴儿的呢？”

“我还记得在幼儿园的时候，曾经问过爷爷奶奶我是怎么来到这个世界的，奶奶说我是在后院的水池边捡来的，而爷爷则说我从石头缝里蹦出来的。那时候，我什么都不懂，还真的相信了呢，哈哈！”我开心地笑着，妈妈也被逗乐了。

妈妈抚摸着我的头发，展开了详细的解释：“宝贝，受精卵是指男性的精子和女性的卵子结合后形成的一种细胞。”我听得稀里糊涂的，妈妈含含糊糊地简单又说了几句后，就去忙了，可是我还是没弄懂。我还是会忍不住去想：“受精卵到底是什么？它是如何变成婴儿的呢？”

——12岁女孩王容

一 从受精卵到婴儿出生，一段奇迹般的旅程

生命的起源一直是人们关注的焦点，特别对于年轻的小容来说，探索生命最初的秘密是一种对自我认知的充实，值得我们鼓励！

我们的生命始于一个微小的受精卵，仅有0.1~0.15毫米大小。当我们用高倍显微镜观察它时，会发现它是如此可爱与动人。尽管它微小，但它储存着伴随我们一生的遗传程序，这个程序决定了我们体内每个细胞的身份、特性和功能。

那么，受精卵是如何形成的呢？

据说，成千上万颗勇士般的精子经历了一场艰苦卓绝的马拉松，他们以每分钟2毫米的速度努力地摇摆着尾巴向前奔跑，最终只有200个精英成功抵达卵子的附近。当最为强壮的精子钻入卵子的质膜时，其他的精子被淘汰，并在72小时内被女性排出体外，最终走向了自己的命运。

接着，受精卵开始不断地进行细胞分裂，一分为二、两分为四、四分为八……同时，它持续不停地游动。大约在受精后的7~11天，受精卵会抵达子宫内膜，并将自己植入这片肥沃的土地中，以获得妈妈整个孕期的营养滋养。

小容的小姨已经怀孕8周了，此时通过B超检查，妈妈可以听到宝宝的心跳声。每个妈妈第一次听到胎宝宝的心跳，都会感到幸福无比。在这个时期，胎宝宝最先发育的是

心脑血管系统，其次是头部、四肢和内脏器官，还有呼吸系统。大约在 5 个月时，妈妈就能感受到胎宝宝的运动，例如挥手、踢脚，有时还会摇晃手臂，让妈妈在熟睡中被惊醒，就像历史上的孙悟空一样顽皮。

当妈妈怀孕 37 周后，胎宝宝就足月了，大约有 6 斤重。此时，胎宝宝的皮下脂肪已经堆积满了体内，肺部也相对成熟，可以自主呼吸。他们已经做好准备来到这个世界，与我们共度美好的时光，说一声“你好”！

这段旅程中，每一个受精卵都怀揣着天生的善良和美好，带着古往今来的希望来到我们身边。

让我们心怀敬畏，珍惜这段奇迹般的旅程，并为那未诞生的生命默默祈祷，愿他们安全、健康地降临到这个美丽的世界中！

二 十月怀胎，辛苦孕育

“一个身体，两颗心跳，素未谋面，爱你至深。”——这是我们从受精卵到刚出生的小婴儿所度过的日子。这段时间我们与妈妈由一根脐带紧密相连，在妈妈期待和紧张的关注下度过。

十个月的时间里，妈妈承担了最辛苦却也最美丽的角色。有些妈妈遭受严重的孕吐困扰，每天胃口都不好，闻到刺激气味就恶心，吐得疲惫不堪，担心宝宝是否得不到足够的营养；而有时候停止吐了又担心宝宝是否正常发育。

妊娠期糖尿病让一些妈妈需要时刻注意饮食，每天扎针测血糖。在怀孕后期，妈妈们不断见证自己的肚子一点一点地变大，身体也变得越来越沉重。频繁的尿意、腰酸背痛以及水肿，还有容易抽筋的问题，让她们倍感辛苦。

当妈妈们为我们的降生努力的时候，无论是选择顺产还是剖腹产，都需要经历巨大的疼痛。顺产就像断了十根手指一般痛苦，而剖腹产则需要忍受刀口的疼痛。

最终，我们出生了，给爸爸妈妈带来了各种考验：

1. 每三个小时一次的定时喂奶和不间断地换尿布。

2. 我们在夜晚可能会因为肠绞痛而长时间啼哭，爸爸妈妈可能需要整晚抱着我们入睡。

3. 湿疹、皮疹的护理，以及黄疸、感冒、发烧等的精心照顾。

怀孕十个月的过程就像一场闯关游戏，妈妈们要经历二十多次大小检查。她们需要拼尽全力，靠耐力与强大的心理承受力，一步步击败困难，不断升级自己，最终通关，迎接可爱的小宝宝。

我们要铭记这段辛苦而美好的旅程，感激妈妈们为我们所付出的一切，愿每个宝宝都平安健康降临到这个美丽的世界上！

三 敬畏生命，感恩父母

在古代经典《孝经》中有这样一句话：“身体发肤，受之父母，不敢毁伤，孝之始也。”这句话是说我们的身体、头发和皮肤是父母赐予的礼物，我们应该像珍视宝藏一样来呵护、保护它们，而不是随意毁坏。这个观念是孝道的最初起点。

我们要感恩父母的恩赐，并且珍视他们给予我们的生命。法国作家罗曼·罗兰曾经说过：“世界上只有一种英雄主义，那就是了解生命并且热爱生命的人。”我们要明白，每一个诞生的人都是亿万精子中的终极胜出者，是一个奇迹的化身。

生命起源微小而脆弱，却承载着无限的奇迹和坚韧。就像是一颗精致的珠宝，在它极其娇嫩的外表下，蕴含着无尽的光芒和力量。因此，我们要珍惜生命中每一个恩赐与体验。

抱怨并不需要训练，但感恩却需要。那么，我们该如何训练感恩之心呢？

写感恩日记就像是一面魔镜，它能够将我们的目光聚焦于“我拥有什么”“我取得了什么成就”“我在哪些方面做得出色”。

每天至少记录三件值得感恩的事情，就如同在宇宙舞台上用放大镜去捕捉那些微小而美好的瞬间，就像是寻找百花园中的美丽花朵，仔细品味每一朵的香气和美丽。

感恩也是一种积极情感的表达，它能够帮助我们建立积极的生活态度和心理状态。正如心理学家马丁·塞利格曼所提出的“积极心理学”理论，感恩是幸福和满足感的重要组成部分。

而写感恩日记便是培养感恩之心的重要方法之一，通过记录和反思自己的感恩之事，我们能够增强积极情感的体验，并借此提升自身幸福感。

每一个人从来到这个世界的那一刻起，就成为宇宙独一无二的奇迹。让我们培养一颗充盈的心灵，让自己每天充满正能量，追求阳光灿烂的人生。就像是一个散发着温暖光芒的太阳，照亮自己和他人的生命道路。

第5部分

CHAPTER 5

健康是最好的储蓄

22 被同桌提醒最近有口臭，怎么办？

最近，我注意到我的同桌总是用手捂着鼻子，似乎对某种气味感到不舒服，这让我开始担心起来，难道是我有口臭了吗？

我开始留意自己的口气，果然发现有些异味。我感到非常尴尬和担忧，毕竟我不想成为同学们嘲笑的对象。我开始避免与同学交谈，甚至不敢开口说话。

有一天，在向同桌请教数学问题时，我小声问道："你是怎么做这道题的？"同桌开始耐心地解释，我不由自主地靠近她，以更仔细地听她的讲解。

"原来用这个公式啊，我明白了，谢谢你。"突然，同桌开口对我说："没事。不过我得提醒你，你最近口气有点重，已经好几天了，你应该注意一下。"那一刻，我感到非常尴尬，但同时也感受到她的关心和友善。

然而，从那以后，我更加小心地与他人交谈，极力避免别人发现我有口臭，因为这实在是太丢脸了。我很怕他人发现我有口臭，这样会没面子，我该怎么办呢？

——14 岁女孩小和

一 了解口臭产生的原因

口臭，又称口气，是指从口腔或其他充满空气的腔体如鼻腔、鼻窦、咽部散发出的难闻气味。在中国，约 27.5% 的人患有口臭，这意味着每 4 个人中就有一个人有口臭。

很多人像小和一样为其所困扰。那么，是什么原因导致了口臭呢？

口臭主要分为口源性口臭和非口源性口臭两类。

口源性口臭是大多数人所面临的问题，主要由口腔内的细菌引起。造成口源性口臭的因素包括口腔卫生差、不良饮食习惯、口腔感染和口水分泌不足等。而非口源性口臭则与呼吸道、消化道以及全身疾病有关。

针对口源性口臭，良好的口腔卫生习惯和饮食调整是解决问题的关键。对于非口源性口臭，应该及时就医治疗相关疾病。

通过正确认识口臭问题，并采取积极有效的解决方法，我们可以重获自信和快乐的笑容。

二 自查口臭，并注意口腔卫生

口臭对我们的日常生活和社交活动都会造成很大影响，因此我们需要及早发现并采取措施进行改善。以下是一些关

于自查口臭和改善口臭的建议：

一是自查口臭。

在自查口臭之前，有一点应该注意：白天或晚上的口气并不一定相同，因此最好在清晨起床后进行口气测试。以下是几个简单方法：

1. 刮舌头。用牙刷轻轻地刷舌头，如果刷毛泛黄或有异味，说明很可能有口臭。

2. 闻口气。对着干净的塑料袋或纸袋里面呼气数秒，然后迅速闻，若发现异味，说明可能有口臭。

3. 闻牙线。使用牙线清洁牙缝，如果牙线上有怪味，说明口腔细菌数量多，口臭风险大。

二是改善口臭。

当自检发现口臭问题后，我们可以尝试以下措施进行改善：

1. 保持口腔卫生。每天至少刷牙两次，特别是在清晨和睡前。

2. 刷舌苔。刷舌苔可以大幅降低口腔臭气浓度，但不要太勤，每周一次即可。

3. 多喝水。喝水不仅可以保持口腔湿润，而且能够冲刷口腔中的食物残渣，进而减少口臭出现的概率。

4. 喝茶。茶多酚可以抑制致臭细菌的生长和产臭能力，茶香会淡化部分口臭的气味。

5. 定期看牙。至少每年检查一次牙齿，及时治疗牙病。

对于因疾病引起的口臭，应该寻求医生的帮助进行治疗，以解决根本问题。

在日常生活中，我们也可以遵循以下几点来预防口臭：

1. 减少吃辛辣食物，如生葱蒜等有强烈气味的食物。

2. 不要忽略自己的牙龈健康，坚持使用牙线和漱口水。

3. 遵循合理的饮食计划，均衡摄入蛋白质、维生素和碳水化合物等。

4. 保持愉快的心情，避免压力过大。

5. 放松紧张的肌肉群，将肩颈自然放松。

三 放下面子，用笑容重建自信

小和因为口臭问题而感到自卑，导致不敢与同学交往，这不仅会让她错失许多机会，还会让她的自信逐渐下降。

事实上，很多人都会因为自己身上的缺点和不足而感到自卑和焦虑，这种情感会让人产生烦恼和困扰。

然而，人生中的大部分痛苦，并不是别人给我们造成的，而是我们自己跟自己过不去，就像小和的同桌只是一句善意的提醒，但小和却因此改变了自己与同学的相处方式一样。

其实，我们有时候所谓的自信，只是在强调自己不丢面子而已。但是，如果我们过度地强调面子，折了里子，那么后续的生活就会变得非常混乱。

关于面子，有这样一个故事：在一片沙滩上，有一只年老体衰的海龟，它极其爱面子。每次看到小海龟，它都会装作身强力壮的模样，吹嘘自己的骁勇事迹。有一次，老海龟想爬上石头讲故事，不小心滑了下来。小海龟想帮助它，但老海龟为了面子，拒绝了它，结果摔了个底朝天。对于一个人来说，只有当他懂得客观地评判自己的生活状态和能力时，才能让自己走得更踏实和真实。

小和无须因为口臭而让自己什么都不敢做，也无须抱着面子不放手。以下是一些建议：

1. 积极主动地接受口臭治疗的同时，保持口腔卫生和乐观的心态。

我们可以通过去医院检查和治疗来解决口臭问题，同时要保持良好的口腔卫生，这不仅能帮助改善口臭，还有助于保护牙齿和口腔健康。同时，保持乐观的心态也能帮助我们战胜困难和自卑感。

2. 与同学交往时，落落大方地谈论问题，并注意保持适当的距离。我们不应该因为自己的问题而避讳交往，适当地交流和谈论可以帮助我们更好地了解自己和他人。同时，要注意保持适当的距离，既不影响他人，也不耽误自己。

3. 从心底接纳现状，面对同学对口气的反馈，落落大方地接受，并作出说明。我们应该接受自己的不足和缺陷，这样才能更好地和他人相处。如果同学指出我们的问题，我们应该落落大方地接受，并作出解释，这样可以让他人更容易接受自己。

4. 学会给自己和他人真诚的微笑。微笑是提升自信的法宝，是人际关系中的润滑剂。即使在面对问题时，我们依然可以保持微笑，这种精神本身就值得称赞。同时，微笑也能让我们感到更加愉悦和自信。

23 与“瞌睡虫”搏斗，每天早上起不来，怎么办？

我拼命地拍打着闹钟，它发出刺耳的铃声，将我从梦境中唤醒。迷迷糊糊中，我艰难地从温暖的被窝里爬了起来，开始懒洋洋地进行洗漱。

头晕眼花，粗枝大叶地穿着衣服，同时家人的催促声传入我的耳朵，“你为什么不能早点起床呢？真不知道该如何教育你。”我一边揉着困倦的眼睛，一边依稀听见唠叨声，然后踱出房门，向学校的方向走去。

在路上，我不时能听到同学们欢快的笑声和打闹声，但我却心情低落，只想找一个安静的角落蜷缩起来。

有一次，我为了尽可能地在第一节课开始之前赶到学校，加快了步伐，可由于匆忙，我突然撞进了一个正好迎面而来的同学怀里，让他手中的书撒了一地。我羞红了脸，一边尴尬地爬起来，一边急忙道歉：“对不起，实在是……”

每次迟到，我总是立刻调整自己到最佳状态，想方设法在课堂上展示出自己的优秀。

但是，当我付出努力后，我感觉自己只是一闪而过的星光，随即又回归到低落疲惫的状态。

早晨起不来，导致我经常迟到，整个上午的课程我都无精打采。然而奇怪的是，到了下午放学，我却开始变得有精神起来，晚上更是容易陷入兴奋状态。完成作业之后，我会时而聆听音乐，时而吃点零食，就是不愿意睡觉。

没有良好的作息，就无法早起，我该怎么办？

——15岁女孩小跳

一 了解青春期睡眠的特点

青少年的睡眠问题一直备受关注。相比成年人可以想不睡就不睡，处于学习阶段的青少年必须保持规律的睡眠时间。

那么，青春期的睡眠究竟有什么特点呢？

据调查显示，十六七岁的青少年通常会在晚上 10 点 15 分左右上床睡觉，而放假时他们更晚入睡，在 11 点到 11 点 30 分之间。由于学校早上的上课时间较早，这导致了很多同学上课时精神不集中，无法充分发挥自己的潜力。

然而，每个人对睡眠的需求并不完全相同。根据美国儿科学会的建议，不同年龄段的人应有不同的睡眠时间。

普遍而言，小学生需要每天睡眠 10 小时，初中生需要 9 小时，高中生则需要 8 小时。

然而，我们不能只关注睡眠时间，还需要关注睡眠后的精神状态。如果一个人早上起床后精神饱满，晚上到了睡觉时间感到困倦，白天能够集中注意力而不昏昏欲睡，并且情绪比较稳定，那就说明他的睡眠质量是好的。

为什么有些同学早晨很难起床，晚上又睡得很晚呢？

其实，这与青少年的生理特点是有关的。澳洲家庭研究所的一项调查表明，当个体进入青春期后，由于大脑的发育和体内激素的变化，青少年自然而然地倾向于晚睡晚起。

研究结果证明，青春期的睡眠和苏醒模式与其他时期完

全不同。青少年的身体直到晚上10点45分才开始感到困倦，早上8点之前并不容易自然醒来。

实际上，几乎所有人类和大多数哺乳动物在青春期都会经历大脑中睡眠时间的延迟。

晚上，大脑会释放褪黑素，这是入睡和保持睡眠的信号物质。在儿童和成人中，褪黑素的分泌基本上受遗传因素的控制，但青春期的褪黑素分泌与激素水平的变化有关。因此，青少年在褪黑素开始分泌之前难以入睡，在褪黑素停止分泌之前也不容易醒来，这些变化超出了他们的控制范围。

因此，从本质上讲，青少年在早上8点前很难完全清醒，这并不是态度问题，而是生理问题。因此，那些起床困难的同学不必自责或烦恼，因为这是青少年共同面临的问题。

作为青少年，注重调整自己的作息时间，合理规划睡眠，有助于提高学习效率和身体健康。

总之，在青春期，人的睡眠模式会发生一些变化，这是正常的生理现象。重要的是要理解这种情况，并尽量适应和调整自己的作息时间，以保证充足而高质量的睡眠，从而更好地迎接每一天的挑战。

二 青少年睡眠的重要性

睡眠作为生命的必需品，对于青少年来说尤为重要。在青春期，身体处于发育阶段，睡眠不足会影响激素的分泌，从而影响发育。

同时，睡眠不足也会影响学习效率。在课堂上，我们需要充分利用宝贵的学习时间，消化吸收老师教授的知识。然而睡眠不足会导致注意力下降、反应迟钝，甚至打瞌睡，从而浪费了近 8 小时的学习时间，得不偿失。

此外，长期睡眠不足还会导致人陷入低落、易怒等不良情绪中，严重影响学习情绪和效果。因此，保证充足的睡眠对学习起到至关重要的作用。

同时，我们还需要了解人体的生理时钟，合理安排作息时间。

0:00~1:00 浅眠期——多梦而敏感，身体不适者易在此时痛醒。

1:00~2:00 排毒期——此时肝脏为排除毒素而活动旺盛，应让身体进入睡眠状态，让肝脏得以完成代谢废物的任务。

3:00~4:00 休眠期——重症病人最易发病的时刻，熬夜最好勿超过这个时间。

9:00~11:00 精华期——此时注意力及记忆力最好，为工作与学习的最佳时段。

12:00~13:00 午休期——最好静坐或闭目休息一下再进食。

14:00~15:00 高峰期——是分析力和创造力得以发挥得淋漓尽致的时段。

16:00~17:00 低潮期——体力消耗的阶段，最好补充水果，避免过度饥饿。

17:00~18:00 松散期——此时血糖略增，嗅觉与味觉最敏感，可通过晚膳来提振精神。

19:00~20:00 暂憩期——最好在饭后 30 分钟去散步或沐浴放松一下，纾解一日的疲倦困顿。

20:00~22:00 夜修期——此为晚上活动的巅峰时段，建议善用此时段进行需要思虑周密的活动。

23:00~24:00 夜眠期——经过一日忙碌，此时应该放松心情进入梦乡，千万别让身体过度负荷，那可得不偿失。

青少年的生长发育除了受遗传、营养、锻炼因素的影响，生长激素的分泌也是非常重要的因素。睡眠质量和时间与生长激素分泌的多少有关。作息不规律会影响生长激素分泌，从而影响身高的增长。此外，没有充足的睡眠也会影响大脑的创造性思维，从而影响脑力的发展。

在这个快节奏的社会里，我们需要重视睡眠的重要性，保证充足的睡眠时间和质量，让自己在学习、工作和生活中都能有一个更好的表现。

三 多管齐下，助力好睡眠

想要拥有一夜好眠，我们需要注意一些关键点，以确保我们的大脑和身体能够安静地休息。

首先，避免在睡前过度沉迷于精彩的电视节目或紧张的游戏中，这些刺激会让我们的大脑保持兴奋状态，使入睡变得困难。

纽约大学心理学家亚当・奥尔特的研究表明，电子设备上的光线会抑制褪黑素的分泌，影响我们的睡眠质量。

因此，在睡前尽量避免使用电子设备，取而代之，我们可以选择阅读一些放松的课外书籍，或者进行冥想、呼吸练习等有利于放松的活动。

美国发明家托马斯・爱迪生非常注重睡眠，他坚持每天晚上睡眠7~8小时，并进行午睡以提高自己的效率和创造力。

其次，我们可以调整卧室环境来帮助入睡。降低灯光亮度和噪声水平，创造一个安静、舒适的环境。

著名的睡眠专家迈克尔・布雷斯在他的研究中指出，卧室温度应保持在18~22℃，这样有利于身体放松进入深度睡眠。

再次，我们需要提前15~30分钟进入卧室，为自己留出充足的时间来准备入睡，这样可以缓解日常生活中的压力，使我们在睡前能够更加轻松地放松下来。

著名睡眠大师马修·沃克的研究表明，规律的睡眠时间和睡前放松活动，例如洗澡或喝一杯温牛奶，都有助于提升睡眠质量。

最后，在早上醒来后，让自己在阳光下沐浴，阳光可以帮助我们重建生物钟，调整身体的节律。

著名生物学家兼神经科学家斯帕罗·西格尔曼的研究表明，暴露在早晨的阳光下可以帮助我们更快地清醒并提高警觉性。

现如今，青少年面临着巨大的学习压力，一天中的精力很难支撑高强度的学习。因此，青少年必须学会充分利用午休时间，进行 20~30 分钟的休息。这样可以让大脑和身体得到恢复，更具活力地继续学习和面对挑战。

正确认识和管理睡眠是掌握自己人生的第一步。通过善用以上方法，我们将拥有一种积极、充满活力的生活方式。

24 眼睛越来越看不清黑板上的字了，怎么办？

我有一个戴着厚重眼镜的爸爸，那圈圈像啤酒瓶盖一样的镜片似乎成为他不得不背负的负担。为了不让我也戴上眼镜，我从小就受到严格的要求：限制看手机的时间，每天进行眼保健操，写完作业要去户外放松眼睛……

我一直非常小心地保护自己的眼睛，但还是发现了一些异常。

上学期，由于个子太高，我被老师调到了班级的最后一排座位。一开始，我并没有在意这个调动，反而觉得轻松和愉快。然而渐渐地，我发现黑板上的字好像故意跟我作对一样，有时会重影，有时又变得模糊不清……

经过了很多次想法的斗争后，我决定坦诚地向班主任老师说明情况，老师答应会重新安排我的座位。

可是还没等到调换座位的时候，意外发生了……上周，在生物课上，老师讲完新课后擦掉了黑板上的内容，然后随机提问刚才的内容。我一下子慌了神，因为我根本看不清黑板，我的笔记都没有写完。我内心焦虑地祈祷着："千万不要叫到我……""最后排的小雨，你来回答一下这个问题吧。"老师的声音突然传来。我缓缓站起身，支支吾吾地说："老师，我不太会。"在老师的一顿指责之后，我感到无地自容。心里觉得很委屈，因为我真的很努力在听课。

同时，我在内心也担心自己的眼睛问题，害怕变成像爸爸一样戴眼镜的人……

我不知道该如何向爸爸妈妈坦白这件事，因为我害怕他们责备我。焦虑和迷茫在我的心头蔓延，我该怎么办呢？

——14 岁女孩小雨

一 积极树立健康意识，正确认识健康问题

小雨面临越来越看不清黑板上的字的问题，这是她的眼睛向她发出的求救信号，表明她需要面对自己的健康问题了。

作为一个14岁的女孩，小雨正处于身体成长阶段，出现健康问题不可避免。事实上，在人生的各个阶段，我们都可能遇到各种健康问题，正确地面对身体出现的问题是解决困扰的关键。

唐代诗人白居易曾经和小雨一样有类似的困扰，他专门写了《眼暗》这首诗来说明早年间刻苦读书导致的视力下降给生活带来的不便："眼损不知都自取，病成方悟欲如何。夜昏乍似灯将灭，朝暗长疑镜未磨。"相信此时的小雨也和白居易当时一样难受。

然而，与当时相比，现在的医疗手段已经很发达，小雨完全可以摆脱这种痛苦的状态。

青春期的我们，出现视力模糊有多种原因，即使我们已经很小心地保护眼睛，也有可能出现问题。我们需要找到导致视力模糊的真正原因，看看以下几点是否与自己吻合：

1. 遗传：如果父母有近视眼，孩子遗传近视的可能性很大。如果你的爸爸近视，那么你出现视力模糊很可能是基因遗传的结果。

2. 学习：如果学业压力增加，长时间盯着书本看，也有可能导致近视。

3. 电子产品：在现在的学习过程中，我们无法避免大量接触电子产品，这会对眼睛造成一定的损害。

近视并不完全是我们的错，也不是我们可以完全掌控的事情。同时，以上几点也不是导致视力模糊的全部原因，因此及时就医、弄清视力模糊的原因是至关重要的。

如果不采取有效措施，近视的程度会加速恶化。通过科学方法佩戴眼镜，近视的恶化速度将大大降低，因此正视视力问题，并及时进行科学矫正是非常必要的。

小雨无法看清黑板，被老师误解，感到无助和委屈……如果这些问题只需要一副眼镜就可以解决，为什么不勇敢地面对并尝试呢？

现代医疗手段相当发达，只要我们正确地面对健康问题，通过积极的治疗，问题就迎刃而解。

二 主动建立沟通渠道，不要误解父母的爱

“父母之爱，无论是绵绵细雨还是狂风暴雨，都是滋润我们成长的甘露。”

马克思曾经这样说过：“还有什么比父母心中蕴藏着的情感更为神圣的呢？父母的心，是最仁慈的法官，是最贴心

的朋友，是爱的太阳，它的光焰照耀、温暖着凝聚在我们心灵深处的意向！”这句话深刻地表达了父母对我们的爱和关怀。

当爸爸妈妈反复嘱咐我们保护眼睛时，他们可能会用严厉的方式，但我们要明白，这一切都是出于对我们的爱和呵护。父母对我们的爱绝不会比任何人少，我们要坚信这一点。

对于小雨来说，她可以从简单的事实开始，尝试向父母倾诉。比如，她可以告诉父母老师把她调到了最后一排坐，她在班里的身高处于有优势的位置，等等。

一旦倾诉成为习惯，我们再告诉父母关于自己的身体问题，可能会更容易被理解。

勇敢地说出我们面临的困境，告诉父母视力模糊的现状，以及被老师误解的无助感，而且，通过说出这些事实，我们也会减少恐惧的感觉。

三 学习保护视力，让阳光照亮心灵之窗

作为青少年，我们的眼睛正处于生长发育的阶段。因此，保护视力就显得尤为重要。近视是我们最常见的视力问题之一，其主要由环境因素所致。

1. 长时间近距离使用眼睛，会导致眼睛疲劳，进而造成

眼轴不断增长，近视程度不断加深。

2. 在视物时若用眼姿势不当或所处的地方光照强度不当，眼球会处于高度的调节紧张状态，将导致睫状肌痉挛，调节能力变差。

3. 蛋白质、脂肪、维生素、微量元素是眼睛在发育期间所必需的营养物质。

从环境因素入手，可以采取以下措施来保护视力：

首先，在学习时应保证正确的坐姿。应该做到“三个一”，即眼睛与书本的距离应保持一尺以上，胸前与课桌的距离应约为一拳，握笔的手指与笔尖的距离应约为一寸。这样可以减少眼睛的疲劳，减轻眼压。

在课余时间，应避免过多地盯着电子产品。在使用电子产品 40 分钟后，应该休息 10 分钟，适当放松眼睛。同时，也可选择走向户外放松，进行一些活动，如望远处、打乒乓球和放风筝等活动，这些活动可以帮助我们缓解眼部疲劳。

其次，在学习环境方面，我们应该保证充足的光线，选择适合自己身高的读写课桌椅。

最后，在饮食方面也要注意，多摄入一些富含维生素 A 和维生素 C 的食物，如胡萝卜、菠菜和橙子等，可以帮助我们保护视力。

总之，保护视力很简单，只需要在日常生活中做好就行。眼睛是心灵的窗户，保护视力，让阳光照亮心灵之窗。

25 吃肯德基鸡翅的快乐和运动的快乐，有什么不同？

几天前，我的好朋友小西在学校的运动会上荣获女子800米冠军，她收到老师和同学们送来的祝贺，我感到非常羡慕。

小西经常告诉我："没有什么比运动更令人快乐了。它可以让我们的身体和心灵都得到锻炼。"她说这句话是名人说的。

我不禁反问："那么，快乐还有其他形式吗？我觉得享用美食也是一种快乐。"

"你看，每个周末我都会去品尝一份肯德基的香辣鸡翅，我从中获得极大的快乐，特别是当我咬开那个金黄脆嫩的外皮，口感非常棒。每一口都让我陶醉其中，甚至忘记了时间的流逝。对我来说，享用鸡翅是一种享受，让我感到无比快乐。"

小西不屑地回答道："这完全不同，运动后我们满身汗水，这让我们更加愉悦和兴奋。"

我很好奇地问："为什么会不同呢？我很想知道。"

——14岁女孩小柔

一 为何美食会给人带来快乐

有人说，美食不仅是一种生活方式，更是一种心情。古人早就明白："食无定味，适口为珍。"那么，什么样的菜肴才能被称作美食呢？

美食给人带来快乐，其原因在于它能够刺激大脑分泌多巴胺。正如韩国 KBS 纪录片《美食的诞生》所言："食物绝对是带来快乐的源头。"多巴胺被誉为"愉悦"激素，它是大脑奖励系统的重要成分，与快乐感、学习、记忆和运动等功能息息相关。多巴胺存在于大脑中枢，也存在于外周系统。

通过品尝美食，我们能够刺激大脑释放多巴胺，从而感受到快乐。研究表明，一口美食能够产生两次多巴胺，第一次是在品尝时（由涉及感觉、知觉和奖励的脑区命令释放），第二次则是在食物到达胃部时（由涉及认知功能的高级脑区命令释放）。

了解一些能够提升快乐感的食物，有助于我们更健康地享受美食：

1. 香蕉内含有生物碱，可以振奋人的精神。此外，香蕉还有助于生成脑内血清素。

2. 全麦面包中微量的硒能够振奋精神。

3. 深海鱼如鲑鱼、鲭鱼，富含 Ω-3 脂肪酸，这种脂肪酸与常用的抗忧郁药物（如碳酸锂）有类似作用，能增加血清素的分泌。

4. 马铃薯能帮助色氨酸进入脑内，制造更多血清素，让情绪得到稳定。

5. 菠菜富含叶酸。缺乏叶酸会导致脑中血清素减少，因此补充叶酸可以预防忧郁。此外，柳橙汁也有同样的好处。

6. “食杏仁者心情恒和。”杏仁富含抗紧张矿物质镁，能使人心情平和。

7. 樱桃具有降低炎症的作用。美国科学家的研究指出：20 颗樱桃的疗效抵得上一片阿司匹林。

8. 大蒜有助于舒缓愤怒情绪，并放松心情。

9. 南瓜能帮助将身体储存的血糖转变为葡萄糖，并富含胡萝卜素。

10. 鸡肉是我们日常饮食中硒的重要来源，摄入足够的硒有助于人体恢复协调性。

美食能够点亮生活的快乐之火，美食不仅能满足口腹之欲，更能在品味中释放出愉悦与满足的感觉。因此，让我们珍惜美食带来的快乐，享受每一次味蕾的盛宴。

二 良好的运动带来持续的快乐

运动是心情的维生素，它不仅令我们更加健康和幸福，而且还能为我们带来无穷的快乐。运动对我们的快乐有着重要的影响，让我们一起来探索其中的原因和好处。

首先，运动能够释放内啡肽和多巴胺等神经递质，这些被誉为“快乐激素”的化学物质能够带来愉悦感，有效改善情绪，减轻压力和焦虑等消极情绪。

其次，运动能够为我们带来身体上的成就感和满足感。通过锻炼，我们能够提高身体素质、塑造健美的身材，这些成就对于增强自我价值感和自信心起着至关重要的作用。

再次，运动也能够带来社交和参与感。参加运动队、户外活动等，可以结识更多的人，缓解孤独感，建立新的社交圈子，在团队中获得互助、支持和信任。

最后，运动对身体健康的提升也是带来快乐的重要因素。通过运动，我们改善了身体状况，增强了抵抗疾病的能力，预防了许多健康问题，从而感受到身体健康带来的愉悦感。

通过运动获得的快乐和愉悦感，来源于运动本身带来的生理和心理变化、完整的社交体验、自我价值感和身体健康等各个方面。因此，让我们拥抱运动，享受其中带来的快乐和益处吧！

三 美食与运动所带来的快乐有所不同

美食与运动所带来的快乐有所不同，让我们一起来探讨其中的区别和特点。

首先，美食的快乐源于其独特的口感和味道，以及对美食文化和烹饪艺术的赞美。正如朱自清曾经说过：“美食是让人在舌尖上旅行的艺术。”我们通过品尝美食，享受其中的美妙滋味，感受食物带给我们的愉悦和满足。

与此不同，运动的快乐则来自身体释放出内心的愉悦感。运动能够让我们感受到身体自由流动、力量的爆发和挑战的快乐，这种快乐是通过活动、动态和运动中的自我发现而产生的。

其次，美食带来的快乐通常是短暂的即时满足，像是一场瞬间的享受。当我们品尝美味佳肴时，我们会感受到一种愉悦的感觉，但这种快乐往往只持续片刻。

相比之下，运动的快乐是持久的。通过坚持运动，我们可以改善身体的健康状况，提高体力和耐力，这种快乐是源于对自身进步和成长的认可。

再次，美食的快乐可能会带来罪恶感、健康问题等负面影响。虽然美食让我们感到满足，但过量摄入或不健康的饮食习惯可能导致肥胖、心血管疾病等健康问题。

相比之下，运动的快乐对身体和心理健康有益。运动能够增强心肺功能、加强肌肉、改善代谢，同时也有减轻压力、调节情绪等方面的积极影响。

最后，美食的享受通常是放松的过程，而运动需要人们付出更大的努力、耐心和技巧才能达到满意的结果。因为付出的不同，导致了快乐的程度也不同。运动中的挑战和成就感带给我们的快乐是通过克服困难、坚持不懈和提升自我而获得的。

综上所述，美食与运动所带来的快乐有着不同的性质、来源和影响。美食让我们在味觉上享受，感受瞬间的满足；而运动通过身体的活动，释放内心的愉悦感，带来持久的成就和健康的提升。

我们可以通过适当的运动和健康的饮食提升生活品质，保持快乐。让我们珍惜美食和运动带来的快乐，同时也注意平衡，让身心健康并行，过上更加幸福的生活。

26 绰号“电线杆”，这学期我却突然发胖，正常吗?

某天早上，我拿出了一条我很久没穿但一直很喜欢的裙子。当我穿上时，发现腰部那里非常紧，就算使劲吸气也拉不上侧边的拉链。

这条裙子是我一年前买的，只穿过一次，现在却已经穿不上了。我看着镜子中的自己，突然感觉有一丝丝陌生，仿佛里面的人不是我，以前我并不是这样胖胖的样子。那天早饭我都没吃几口，心中总是感到郁闷。

到了学校以后，我走得很慢，没有那么早进入班级。在路上碰到了我的好朋友小伊，她高兴地和我打招呼。我心不在焉地回应了她，然后小声地问她：“小伊，你觉得我是不是变胖了？”

小伊上下扫视了我一番，然后给了我一个晴天霹雳般的回答：“确实，小纯，你比以前胖了，以前你瘦得跟电线杆似的，哈哈哈。”

得到他人的证实后，我更加失落了。我慢吞吞地跟在小伊后面，简直抬不起头，每当别人多看我一眼，我就觉得是因为自己太胖了。连续几天，我都没怎么听课，每日都在恍惚中度过。

一天傍晚放学回家，妈妈做了我最爱吃的食物。虽然那天我感到格外饥肠辘辘，但我却忍住了，一口也没吃。妈妈问我为什么，于是我将自己变胖的事情告诉了她，她安慰我说：“没关系，白白胖胖也挺好的。”真的吗？胖一点真的好吗？

这件事困扰了我很多天了。以前我被称作“电线杆”，可是这个学期突然变胖了，这样正常吗？

——15岁女孩小纯

一 突然发胖，可能是情绪性暴饮暴食导致的

突然发胖的原因有很多，其中一个常见的原因是情绪性暴饮暴食。当我们处于学习奋斗的年纪，比如 15 岁时，我们面临着考上理想高中的压力，这种压力常常来自家长和老师的期望。

面对压力，有些人选择通过暴饮暴食来缓解压力。美食的摄入能快速提高多巴胺水平，它让我们暂时摆脱了学业压力的困扰。香气四溢、令人垂涎的食物引发了我们的欲望，我们只想痛痛快快地大吃一顿，好像这样就能暂时逃避问题。然而，这种情绪性暴食仅仅带来了一时的快乐，更多的却是给我们的身体带来了负担。

不过，我们并不需要过度恐慌，因为在这个时期，我们的身体正在快速成长，大脑也在高速运转，这需要大量的能量支持，因此食量增加、体态变丰腴是正常的现象。

我们如何逐渐改变暴食的习惯，学习科学饮食呢？

首先，我们要在进食时将高油、高盐、高热量的食物替换为低热量、低油分和相对健康的食物，比如坚果、酸奶或含糖较少的水果，这样不仅能让我们有饱腹感，还对身体有益。

其次，逐渐减少进食的频率。可以将戒掉暴食习惯分为初期、中期和后期。在初期，可以允许自己每周吃三次，中

期可以减少到每周两次，依此类推，逐渐减少对暴食习惯的依赖。

我们要意识到改变饮食习惯是一个渐进的过程，需要时间和毅力。无论我们遇到多大的挑战，都要相信自己可以做到，而不是用食物来逃避现实。只有这样，我们才能拥有健康的身体和心态。

二 低质量的睡眠也在悄悄改变你的身体

学习生活中的压力，除了可能导致情绪性暴食，还可能导致低质量的睡眠，低质量的睡眠也对我们的身体产生了不可忽视的影响。

夜晚，当我们躺在床上盯着空洞的天花板时，闭上眼睛却又无法入眠，大脑里纷乱的思绪就像一根打结的毛线。清醒的头脑与疲惫的身体交织在一起，我们在床上辗转反侧，不知不觉天就亮了。

睡眠在我们一天中占据了三分之一的时间，它是修复大脑、消除疲劳的良药。就像电脑重新启动一样，我们每天都需要进行一次重启，以恢复精力。

如果没有充足的睡眠，就像电脑每天都处于待机状态，除了导致体重增加，对身体和心理健康造成的伤害也是无法逆转的。

“物有本末，事有终始。”对于这个问题，我们需要从根源上解决。学习压力是难以避免的，但在学习生活中，我们可以调整心态，劳逸结合，不让学习过度占据我们的休息和放松时间。当遇到难以排解的痛苦时，我们可以选择在合适的时间向老师、家长或朋友倾诉。科学研究表明，倾诉可以缓解压力并增强个人免疫力。

我们应该重视睡眠，并采取措施改善睡眠质量。调整心态、保持健康的生活习惯，都是促进良好睡眠的关键。让我们珍惜每一次美好的睡眠，它将给我们带来身心健康。

三 我们的青春，不应该只留在表面

青春期是一个自我绽放的时期，作为一个正值花季的女孩，小纯渴望穿上漂亮的裙子，但因为发胖而感到沮丧，不敢面对他人的目光，这种心态是很正常的。

那么，我们该如何通过健康的方式减肥，缓解生活中的烦恼和压力呢？

很简单，只需一个字——动。

俗话说：“户枢不蠹，流水不腐。”经常转动的木门轴不容易被虫子侵蚀，流动的水不容易腐臭。它们之所以保持原有的状态，是因为它们在不断地运动。

玛丽·居里是一位法国著名的科学家、化学家和物理学

家，因为提炼出“镭”和“钋”两次获得诺贝尔奖。在长期的科研过程中，她如何保持精力呢？答案就是运动。她最钟爱的运动就是骑自行车，她曾与丈夫一起骑自行车游遍整个法国北部。

运动能产生一种名为“内啡肽”的物质，它是一种负责产生快乐感和减少痛苦感的神经递质。仅仅 20 分钟的运动就能分泌出足够的内啡肽，维持 2 小时的轻松心情，有效缓解紧张的状态，使人感到平静。

每当心情沮丧或者无法释放压力时，不妨试着运动一下，找到一项你喜欢的运动，比如游泳、慢跑、打羽毛球等。

制订一个每周小计划，逐步将它融入你的日常生活中。长期坚持之后，你会发现自己不仅获得了健康、匀称的身材，而且焦虑和压力也不再缠着你。运动给你带来了红润的气色、良好的睡眠、稳定的情绪以及更高效的学习效果。一个放松的大脑更容易集中注意力，不容易被周围的干扰打扰，因此学习成绩也会悄然提高。

除了改善自身健康，运动还有许多好处，比如它可以促进良好的人际关系。你可以通过参加学校的运动社团结识到许多志同道合的朋友，彼此可以相互监督、相互促进，丰富你在学业之余的生活。渐渐地，你会发现运动并不是一件痛苦的事情，甚至有一天你会爱上它。

青春是一个充满生机和活力的时期，我们不应该整日陷入困惑和烦恼中。保持良好的心态，认真度过每一天，大步流星地向前走。你的青春由你做主，不要过于在意别人的看法，身体是属于你自己的，你应该知道如何好好呵护它。

青春是短暂的，我们在不遗余力地发展自己的同时，也不应停止前进的脚步，追求未来的理想。

青春是一场流传在无数人回忆里的盛大嘉年华，正值花季的我们更应该修炼自己，沉淀内心，等到岁月长河汩汩流淌时，回首望去，发现藏在这段岁月里的，不只是表面的华丽，还有那些深藏的宝藏。

女孩，青春期你要懂的事儿

心理篇

苏星宁 —— 著

北京理工大学出版社
BEIJING INSTITUTE OF TECHNOLOGY PRESS

图书在版编目(CIP)数据

女孩，青春期你要懂的事儿. 心理篇 / 苏星宁著. — 北京：北京理工大学出版社, 2024.4

ISBN 978-7-5763-3383-1

Ⅰ. ①女… Ⅱ. ①苏… Ⅲ. ①女性—青春期—健康教育 Ⅳ. ①G479

中国国家版本馆 CIP 数据核字（2024）第032046号

责任编辑：李慧智　　文案编辑：邓　洁
责任校对：刘亚男　　责任印制：施胜娟

出版发行 / 北京理工大学出版社有限责任公司
社　　址 / 北京市丰台区四合庄路6号
邮　　编 / 100070
电　　话 / （010）68944451（大众售后服务热线）
　　　　　（010）68912824（大众售后服务热线）
网　　址 / http：//www. bitpress.com. cn

版 印 次 / 2024 年 4 月第 1 版第 1 次印刷
印　　刷 / 唐山富达印务有限公司
开　　本 / 880 mm × 1230 mm　1 / 32
印　　张 / 5.5
字　　数 / 98 千字
定　　价 / 168. 00 元（全6册）

第 1 部分
没有哀伤，不青春

第 2 部分
“瘾”背后隐藏的需要

第 3 部分 初恋情愫在萌芽

第 4 部分 爱是小欢喜和忧伤

第 5 部分 勇敢乐观调情绪

第 6 部分 让自己的思维变得灵活

第1部分

CHAPTER 1

没有哀伤，不青春

1 青春期，总是感觉自己没有其他人闪亮，怎么办？

我是一名初二学生，平时在学校里总是默默无闻。在一个阳光明媚的春天，园艺课上，老师让我们种植自己喜欢的花卉，同学们都选择了各种各样的花，有粉色的康乃馨、紫色的薰衣草、黄色的向日葵等。而我则认真地挑选了一株红色的郁金香，并种下了它，内心充满期待。

看着这些美丽的花朵，我感叹不已！起初，我对选择花束的颜色感到迷茫，但当我看到红色郁金香的种子时，心中突然明亮起来，仿佛看到了内心渴望的光芒。

然而，在现实中，我外貌普通，觉得自己像一株被忽视的小草。尽管我很努力，但成绩始终停留在中等水平，那些成绩优秀的同学总是遥遥领先。我曾试图参加各种课外活动，希望通过展示自己的才华来获得认可，然而总觉得自己的才华仿佛黯然失色。

我相信每朵花都有它独特的美丽，而我相信我也有属于自己的光芒。我渴望成为一个更加出色的人，如同那红色郁金香一样，绽放出鲜艳的花朵，得到老师和同学们的喜爱。我也希望变成一个更好的自己，得到大家的关注和认可。可是目前，我感到很困惑，不知道该如何应对这些挑战……

——14 岁女孩小琳

一 接受自己的平凡，是蜕变的开始

不成熟是青春期场景中非常宝贵的部分，在这个部分中包含着最令人激动的特征：创造性的想法，新鲜的感受，以及对于新生活的观点。

青春期的不成熟，主要体现在对焦点的关注，把很大一部分焦点转向自己的身体、外貌以及朋友之间相处时自己被重视的程度上。例如："我不想每天都穿校服。""为什么生物老师不喜欢我。""我怎么脸上有这么多青春痘啊？"

我们开始敏感于外在的美好，并小心翼翼地展现给别人，希望得到别人的喜爱、赞扬和尊重。

我们觉得自己很普通，就像红色郁金香旁边的那些小草，默默无闻，而只有闪亮的红色郁金香，才能够吸引大家的眼球。小琳非常渴望得到他人的关注。

那么，我们该如何突破呢？

首先，我们需要无条件地悦纳自己，包括自己的现状和情绪，接受自己的真实，才能够更好地接受自己的所有弱点，才能带着积极的心态来改变并完善自己。

美国前总统林肯小时候长得很丑，声音沙哑、说话结巴，因而常被小朋友们耻笑，但他并没有因此抱怨，而是努力进取，扬长避短。几十年后，经过不懈的努力奋斗，终于成为美国赫赫有名的大总统和演说家，甚至连他说话时沙沙

的声音，都成了公众喜欢听他演讲的一个不可忽视的因素，人们都说："一听到林肯总统那种带有磁性的沙沙的演讲声，心就醉了。"因为人们感受到这是来自他内心的呼喊。甚至许多人还感慨地说，这种声音表达了真诚。

诗仙李白泛舟江上，说出这句："仰天大笑出门去，吾辈岂是蓬蒿人"。这就是相信自己不做普通人的信心。如果生命是一盘快出锅的菜，我们可以加入一味调料叫狂放不羁，就如李白一样，相信自己并不是普通人。

"斗志"是一个人创造奇迹的力量，是掌握幸运的钥匙，它将帮助我们挖掘自身潜力，并实现自我价值，从而改善不尽人意的外界环境。

二 通过刻意练习，挖掘自身闪光点

当初，年轻的宋慈走进音乐学院的大门时，迎接她的是一片美妙的乐音。她心中充满了对音乐的热爱和憧憬，她想要用自己的声音传达出内心的情感。

然而，初次踏入音乐课堂时的宋慈显得有些局促和拘谨。她的嗓音并不出众，演唱技巧也还不够纯熟。作为一个刚刚起步的新生，她感到了无尽的困惑和不安。

但宋慈并没有被这些困难击倒。她决定通过努力和坚持来提升自己。她每天都会找一个安静的地方，反复练习发声、掌握气息和咬字等基本技巧。尽管起初进展缓慢，但她相信只要坚持下去，就一定能够有所突破。

宋慈除了个人的练习，还积极参加学校的音乐活动和比赛。她投身于合唱团，与其他同学们一起排练和演出。在团队的配合和指导下，宋慈的歌唱技巧逐渐得到了锻炼和提升。通过与他人的互动和交流，她从中汲取了音乐方面的经验和灵感。

随着时间的推移，宋慈逐渐展示出了她的独特才华。她的嗓音变得更加饱满和动听，演唱技巧也更加纯熟。她开始尝试不同类型的音乐作品，包括流行、古典和民谣等，用自己的声音去表达各种情感和故事。

虽然在这个过程当中多次遇到挫折和失败，但她并没有放弃，而是把每一次的挑战都当成自己成长的机会。最终，宋慈的坚持和努力得到了回报。她逐渐赢得了观众和评委的认可，成为备受瞩目的新生代歌手。她的音乐作品感染着人们的心灵，传递着温暖和力量。

其实，每个人都有优、缺点，有优秀的部分，也有平庸的部分。也许我们优秀的部分不够突出，但是随着时间的推移，我们通过刻意练习，闪光点一定会越来越明显。

小草有小草的柔弱，花朵有花朵的芳香，大树有大树的挺拔。

有些人的闪光点是社交能力，可以轻松地与他人交往和

沟通，成为群体中的核心人物；有些人的闪光点是创造力和想象力，可以通过艺术、文学、音乐等方式表达自己；有些人的闪光点是坚韧不拔和勇气，在遇到挫折和困难时可以不屈不挠地前行；有些人的闪光点是身体姿态和言谈举止，别人看到你的第一印象，皆来源于你的一举一动。

小琳可以尝试在休息的时间练习瑜伽、天鹅颈，走路挺胸抬头，说话正视对方，通过刻意练习，提升个人形象。

无论是何种闪光点，只要我们能够坚持刻意练习，就可以成为我们的优势和特色，帮助我们在学习和生活方面获得更多的满足感。我们平时可以多发掘并培养自己的闪光点，从中汲取能量和动力，让自己更加自信和绽放！

三 导演好自己的人生剧本

稻盛和夫说："人生就是一台戏，我们每一个人都是人生的主人公。不仅如此，这台戏的编剧、导演、主演都由自己来担任。而人生中这样自导自演的机会也只有一次。"

人生这部剧，我们是绝对的主角，这出戏怎么写、怎么演，全靠我们自己。心理学家墨菲曾经说过："我们人人都是自己命运的预言家。"

心理学有一个现象叫自证预言效应，是指人会不自觉地按自己内心的期望来行事，最终会让自己当初的预言成真。

因为当我们渴望某一件事情发生的时候，会倾向于寻找一些符合该期望的信息，并不知不觉做出相应的行动，最后那件事情真的发生了。

如果找不到闪光点就找兴趣点。我们的兴趣点往往也是自身特质的体现。我们感兴趣的领域可以激发我们的动力和提高我们的积极性，从而更容易发现自己的闪光点。比如，手工、旅行、画画、英语……

我们还可以通过网络上的各种资源，如各类新闻网站、哔哩哔哩等，查找与自己兴趣相关的内容，进行研究和实践。此外，还可以参加各种线上或线下的培训、课程、活动等，如此，可以进一步挖掘自己的潜力！

我们可以仰慕别人，但是绝对不能轻视自己；我们可以相信别人，但首先最应该相信的人就是自己。如果我们想要拥有一个闪亮的人生，请牢记苏格拉底所说的这句至理名言："最优秀的人就是你自己。"

2 不想再做乖乖女，想立刻变叛逆，怎么办？

从小我就是亲戚们口中别人家的孩子——成绩好、性格好、听话懂事，在班级里备受老师喜爱。

可是，自从升入初中以来，我渐渐对爸爸妈妈的唠叨变得越来越不耐烦了。他们总是无法理解我，没收我的课外书，限制我交友，并且只要成绩稍有下降，便对我大加指责。

上个星期五，我刚回到家想先休息一会儿，打算周六和周日再写作业。然而，爸爸妈妈却完全不理解我的想法，坚持让我必须先完成作业才能玩耍。我心里暗想，难道我只能像一个机器人一样按照预设的轨迹行事吗？

与我的同桌丽丽比起来，她就幸福多了。虽然她学习不太好，但她却拥有更多的自由。她可以随心所欲地决定是否做作业，还能用自己的零花钱买漫画书。她很爱玩，放学后可以在外面尽情奔跑而不必担心挨骂。

对我来说，她如同一只悠闲游荡的鹰，自由自在地翩翩起舞，而我就是那只被关在笼子里的家雀毫无半点人身自由。

我真羡慕她啊！做乖乖女一点都不好，我不想再做乖乖女了。我想立刻变得叛逆起来，摆脱爸爸妈妈的控制，自己掌控自己的人生。

但同时，又有一个声音在我心底说，不，这样太疯狂了，你不能这样做。到底哪种想法才是对的呢？

——13岁的女孩晓岚

一 消解对抗情绪，合作共度青春期

13 岁的晓岚面临着许多困惑，叛逆的情绪像一头小兽一样，在她成长的过程中变得越来越强烈，她渴望找到宣泄的方式。然而，这种叛逆的力量常常会导致我们与父母对立，甚至伤害自己和亲人，这显然是不好的。

实际上，父母和我们有着相同的目标，那就是希望我们成为更好的人。对抗只会加深彼此间的隔阂，而合作才能使我们共同前进，因为爱比仇恨更有力量。

正是因为父母爱我们，所以他们希望严加要求我们，设立各种限制和规定。

自由是需要借助强大能力的技艺，就像长出美丽翅膀的鸟儿可以在天空中自由飞翔，而断了线的风筝只会坠落在地面上。

在初中阶段，晓岚仍然处于父母的庇护之下，完全的自由对她来说并不现实，但适度的自由却可以成为她成长的良药。与其将父母视为假想敌发起攻击，不如与父母沟通，袒露自己的心声，共同划定自由的界限。

晓岚可以从“父母真是不理解我，我再也不跟他们说话了”转变为“父母可能没有完全理解我所说的，我需要与他们沟通清楚”。一旦思维发生转变，结果也会随之改变。

父母的不理解并不是不可战胜的冰山，更多时候它只是一个小小的雪球。如果让这个雪球滚下去，很可能会破坏情感的房屋，但是如果用沟通的春风来吹拂，很快就能消融为一汪春水。

从对抗走向合作，需要通过沟通来化解。我们和父母拥有相同的愿景，我们应该勇敢地告诉他们，晓岚已经长大了，需要更多独立成长的空间，相信父母听到这样的话语也会非常高兴。

二 叛逆不是毒蛇猛兽，是自我寻找的过程

在 12~15 岁的青春期阶段，我们的独立意识和自我意识逐渐增强，渴望摆脱成人，特别是父母的指导和监护。

心理学家埃里克森认为这个阶段是青年期（12~18岁），主要的矛盾是获得同一性与角色混乱之间的平衡。我们开始深入探索自我意识，思考“我是谁”和未来要做什么这些重要问题。当我们能够将内在自我和外部现实保持一致时，就可以获得同一性。然而，在这个阶段，大部分中学生都感到困惑，没有明确的角色定位。

在这个阶段出现的叛逆期，实际上是青少年自我意识逐渐觉醒的表现，希望通过叛逆来确认自己的存在，并进一步寻找同一性。

面对内心迷茫和无法找到同一性的困扰，我们会感到挫折和愤怒，渴望寻找发泄的出口。我们往往像晓岚一样，把父母视为假想敌，认为他们代表了规则和束缚，而打破这些束缚会让我们得以自我发展。

然而，如果我们能够掌握叛逆的力量，并建立起自己的同一性，就能从心理上真正地独立起来。那么，我们可以怎么做呢？

首先，我们需要在家庭之外建立起交际圈子，在学校结交一些朋友，逐渐减少对父母的依赖。

其次，我们可以参加一些体育运动，比如羽毛球或乒乓球，通过运动来挥洒汗水和释放压力。

最后，真诚地与父母沟通，请他们给予我们独立生活的空间和界限。与父母坦诚交流，告诉他们我们需要更多的自主权和责任，希望他们能够理解并支持我们的成长。

通过这些方法，我们可以在寻找自我的过程中平衡自己的情绪和需求，与父母合作而非对立，共同促进我们的成长和发展。

驾驭叛逆的力量，我们的未来是星辰大海

成长的过程中，我们会面临无数个平凡而艰辛的小步。然而，每一步所呈现的绚烂风景都会转化为启明的航灯，照

亮我们通往星辰大海的征程。

契诃夫曾说过：“困难与折磨对于人来说，是一把打向坯料的锤，打掉的应是脆弱的铁屑，锻成的将是锋利的钢刀。”这句话深刻地表达了我们面对挑战时的态度。

青春期的叛逆是对我们提出的挑战，但我们并不害怕权威，而是要建立起独立的人格基石。叛逆的另一个名字就是质疑。

苏格拉底曾经拿出一个苹果，要求学生们闻一闻空气中是否有苹果的香味。起初，只有一名学生没有举手。然而，当苏格拉底再次询问时，除了那名学生外，其他人都举起了手。最后，苏格拉底揭示了一个真相：这只是一个假苹果。那位没有举手的学生正是后来的著名哲学家柏拉图。

当我们只关注琐碎的事物时，质疑与创新似乎格格不入。然而，当我们放眼星辰大海时，质疑的精神就成为击破风浪的船桨，带领我们向着更远的目标前进。

真正的叛逆不是任由自己为所欲为，那只是庸碌和逃避的表现。真正的叛逆是面对权威敢于质疑的勇气，是独立的人格和强大的精神，是勇往直前，战胜挫折的勇气。

我们应该拥有雄鹰一般的目光，展望蓝天，追求更高的目标。只有这样，我们才能驾驭叛逆的力量，开启通向星辰大海的未来。

3 一不小心出糗成了学校的红人，怎么办？

上了初三以后，对于很多学生来说，学业压力变得更大了。对于像丽丽这样的学生来说，每天都充满了沉重的负担，好像一只背着巨大壳的乌龟，慢慢地、艰难地爬行前进。

然而，不幸的是，上周放假前，因为太过疲惫，丽丽竟然在老师讲话时睡着了！一开始老师并没有发现，直到丽丽的鼾声越来越大，同桌才推醒了她。由于丽丽还处于迷糊状态，以为老师叫她回答问题，所以她大喊了一声“到”，引得班里的同学哄堂大笑。

不知道是哪个同学录了视频，把丽丽睡觉打呼、流口水、喊“到”的丑态全都拍下来，并传到了学校的“网络”上，这使她变成了学校的红人！

自从这件事发生以后，丽丽的生活就都变得不一样了。当她走在路上时，总是会莫名其妙地听到同学的指指点点；男生们经常拿“到”这个字来调侃她，这让她感到特别尴尬和羞愧。她恨自己为什么要在上课时睡着，成为全校的笑话。每次听到嘲弄或者议论时，她就想找个地缝钻进去。

一个星期过去了，丽丽以为时间可以冲淡一切，事情会慢慢被大家淡忘。然而，昨天体育课，隔壁班的一个同学跑到她面前，问她是不是上课睡觉流口水的那个人。

这一刻，丽丽真的觉得非常失落和委屈，眼泪掉了下来。她很迷茫，不知道应该怎么做才能让大家忘掉这件事。

——14 岁女孩丽丽

一 真正爱自己，就接纳自己的偶尔出糗

出糗是指在公共场合或者私人场合做出了一些令人尴尬的事情，犯了错误或失态。这些出糗的事情可能会给人带来一些不良的影响，例如，降低自尊心、引起他人的嘲笑或误解等。

然而，每个人都会在生活中犯错或出糗，有时是自己失言失态，有时是自以为很好笑的事情却无法引起他人的共鸣，有时是面对突如其来的意外情况而无法应对。出糗可能会让我们感到尴尬和不自在，但也不要过于自责或烦恼，毕竟出糗是人之常情。

在心理学家理查德·怀斯曼最新著作《59秒心理学》中，提到了一个有趣的概念，叫作“出丑效应”。这个概念指的是，当一个人无意中犯下小错误时，反而能让他更加平易近人，受人喜欢。

出丑效应意味着，精明的人不仅仅是完美无缺的人，反而因为他们也会犯错，显得更有共鸣，更易于被人接纳和喜爱。

事实上，讨人喜欢的人并不是那些完美无瑕的人，而是那些在优秀中带点瑕疵的人。人们更容易亲近那些能够坦诚面对自己错误的人，因为这表明他们是真实的、可信赖的、不害怕并能够勇敢地展示自己的脆弱与缺点。

原央视知名朱姓主持人，在一次新闻播报中，不小心将重庆磁器口古镇的归属地说成了四川成都。然而，在下一期节目中，他特意向观众道歉，并以幽默诙谐的方式请求磁器口古镇的原谅。他的诚恳和幽默感不仅化解了尴尬，还吸引了很多粉丝。

在出糗时，我们可以学习这位主持人的态度，勇敢地面对自己的错误并以积极的心态去修正。通过自嘲和自知之明，我们能够化解尴尬，树立起真实、可信赖的形象，进而吸引和赢得他人的喜爱和尊重。

总之，出糗是正常的，每个人都会犯错。在出糗时，我们应该接受并坦然面对自己的错误，从中吸取教训。同时，接纳自己的不完美，并展现真实的自己，勇于承认和修正错误，将小小的瑕疵融入我们的优点之中。这样，我们能够更好地与他人建立联系，赢得他们的喜爱和尊重。

二 换个角度，巧说妙解

有一次，文学家鲁迅参加一个座谈会。会议上，一位嘉宾问鲁迅：“您为什么写小说？”这位嘉宾希望听到鲁迅对文学的看法。

鲁迅听到这个问题之后想了想，然后说：“我写小说，并不是因为我喜欢它，而是因为它喜欢我。”

所有人都感到十分惊讶，不知道鲁迅为什么会这样回答。鲁迅看到了他们的反应，他慢慢解释道：“写小说像是一场寻找真相的游戏，每个人都可以从自己的角度去发现并阐述真相，只要你愿意思考和探索。”

“我的小说主题大多来自社会现状，我试图通过作品去揭示社会问题，希望给读者带来反思。至于读者是否会接受它，我并没有把握，但我相信我的作品是有价值的。”

鲁迅的回答让所有人都大吃一惊。他用一种别具匠心的方式，向大家展示了文学创作不仅仅是为了“喜欢”，更是一种对于真理的探索和表达。

生活中，让人难堪的事情往往会在意料之外降临。但只要我们能迅速转换角度，用豁达而真诚的心态面对，不仅能为自己找到一条下台的路径，还能给生活增添无限趣味。

心理学有种方法叫幽默化解法，是一种利用幽默和笑话来缓解紧张、冲突或不适情境的方法。它可以帮助调节气氛、减轻压力，并促进积极的人际互动。幽默化解的具体方法有：

1. 自嘲幽默：通过自嘲，以轻松、幽默的方式对待自己的缺点或尴尬情境。这种幽默化解可以减轻紧张情绪，并向他人传达出你对自身的积极态度。

2. 笑话和幽默故事：分享有趣的笑话、轶事或幽默故事。这可以帮助打破僵局、缓解紧张气氛，并吸引他人融入轻松的氛围中。

3. 换位思考：尝试换位思考，以幽默的方式看待问题。这可以帮助你从不同的角度看待事情，并找到一种轻松的方式去处理矛盾或困难。

就如丽丽可以在手机的朋友圈再发一段视频，端庄得体地重新向大家展示自己："诸位同仁，我是丽丽。前面打瞌睡的视频实在是不好意思，献丑了。但我想借此机会，向大家展示我学习和生活的多面貌。我热爱书法、写作和跆拳道……并且闲暇之余，我还抽时间研究围棋。就是因为这些，我才会稍稍牺牲一点睡眠时间，哈哈……"

通过这样的方式，丽丽可以让大家更全面地了解她，能够让大家看见她其他优秀的地方，从而树立自己积极正面的形象。

历史上，林肯在竞选时曾遭对手攻击道："你是一个毫无品味、缺乏教养的小偷。"而林肯的回应却深具智慧与机智："若我真如此人所说，我又岂会戴着这顶非凡的帽子。"

我们的性格就如同闪耀多面的钻石一般，解释事情时我们亦可从不同的角度出发，既有正面还击的刚烈，亦有转移话题的巧妙，抑或是冷静面对的从容……必然有一种方式能让我们从困境中走出来，甚至因祸得福。

三 理性增添色彩，想象披上具体的光彩

我们常常为各种困扰所困惑，但恰恰是我们过于以自己为中心而导致烦恼。如果能够将视线投向他人，比如算一算那些“嘲笑”你的人究竟有几个？是三个、五个、七个，还是更多？再看看他们平日里的品质，那些散布恶意的究竟有几个？用这样的思考方式，我们或许会发现，这个比例其实微不足道。

为什么人们都会更多地去关注负面信息呢？

因为人类天生具备对潜在威胁和危险的敏感性。这是演化的结果，有助于我们的生存和安全。因此，我们倾向于更多地关注、记住和想象可能对我们造成负面影响的情况。这个原因主要归功于历史生存的需要。

人类有一种称为“注意偏向”的心理机制。这意味着我们更容易注意和专注于与负面情绪相关的事物，比如危险、威胁和不利的结果。

心理学研究表明，人们对损失的敏感超过对同等价值收益的敏感。我们对负面情境的警觉性更高，因为我们试图避免可能的损失或不利结果。这种心理现象被称为“损失厌恶效应”，并在我们的思维和决策中发挥着重要作用。

这些心理机制并不意味着我们只会想到负面情景或负面事件会成真，就算成真，其比例也是少之又少，虽然人们倾向于关注和想到负面情景，但是我们也可以通过意识到这种倾向并培养积极思维来改变它。

同时，面对不可改变的现实，我们需要理性地评估自己的处境，从而制订正确的行动计划。这就需要我们培养客观、理性的思维方式。这种思维方式可以让我们更好地看清事物的本质，从而避免过度的担忧和恐惧。我们还需要保持积极的态度和乐观的心态，坚信自己能够战胜一切困难，最终将迎来胜利的曙光！

在《红楼梦》中，贾宝玉也经历了许多挫折和痛苦，但他最终在思考和反思中成长为一个更加完整的人物。他的经历告诉我们，只有通过理性思维和积极心态，我们才能顺利地度过生命的每个阶段，并发现自己的潜力。

在现实生活中，我们也可以从其他人的经历中汲取能量。比如，像著名的企业家任正非一样，始终保持着乐观的心态，相信自己能够战胜任何困难。他通过这种信念，创立了华为，并取得了令人瞩目的成功。

总之，理性思维和积极心态是我们走向成功和幸福的基础。只有通过改变思维方式，不断摆脱恐惧和焦虑，我们才能找到通往未来的道路，并达成我们的远期目标。

4 走在教室、餐厅和操场，总觉得别人在看我，怎么办？

我叫林清，今年刚上初二。从初一开始，我的生活渐渐变得和以前不一样了。

每当我身边有人时，我总觉得他们在时刻盯着我看。上体育课时，老师让我们做八段锦，我站在第一排，跟着老师一起做动作。我隐约听见身后几个女生窃窃私语。

“看她，快看快看，林清做得好搞笑呀。”

“她好像我家小区门口跳广场舞的老太太。”

下课后，我去问了我的同桌，她说她们只是在聊中午吃什么。我开始怀疑自己是不是“幻听”了。我不好意思把这些事情告诉同桌。然而，晚上吃饭时，周围的几桌同学好像一直在盯着我看。是我的头发绑歪了，还是我没系鞋带？难道我衣服穿反了？我好像是动物园里表演节目的“小猴子”。这让我完全失去了胃口，连我最爱吃的糖醋排骨都变得索然无味。

接下来的日子里，每当我走在教室、餐厅和操场的路上，我的身体都会不由自主地感到不舒服，仿佛被机械控制了一样。而身边路过同学的目光就像无形的刀子，刺痛着我。

这些事情成了我的秘密。为了摆脱这种奇怪的感觉，我总是匆匆忙忙地走在路上，总是低着头不想让别人看见我。但这些努力似乎都无济于事，他们的目光好像一直在追逐着我。

我努力尝试了很多方法，但我仍然觉得走在教室、餐厅和操场时，总有人在盯着我看。我该怎么办呢？

——14 岁女孩林清

一 思想上“充电”，控制自我意识

自我意识，一个让人难以驾驭的心理现象。对于那些饱受社交恐惧之苦的人来说，自我意识往往是如影随形的伴侣。

高度自我意识的个体特别警觉于被人关注的感受，常常会不由自主纠结于自身表现。在潜意识中，他们仿佛一直被注视着，每个动作、每个神情都无法逃脱敏锐的审视。人群中，仿佛众目睽睽只盯着他们。

这种自我意识的体现，有时被紧密联系于羞怯和被迫害妄想。每个人的自我意识程度不尽相同，有人强烈、有人温和。自我意识较强的个体，无论做什么事情，总倾向于内部自我关注；而自我意识较弱的个体则更容易将注意力集中在外部。

自我意识强的人，他们常感拘谨，徒增自我负累，往往把周遭发生的事情迁怒于自身——为何那人朝我看了一眼？定是我有什么怪异之举。比如，在餐厅享受美食时，如果他们感觉到别人的目光，脑海中便会浮现自己头发是否蓬乱或鞋带是否松解的念头。

然而，我们每个人都是独一无二的存在，应该学会接纳和包容自己。这或许也能成为我们独特的闪光点。试想，将你所感受到的紧张感重新定义为兴奋感，告诉自己旁观者之

所以注意你，正是因为你的卓越非凡。只需一丝勇气和心理暗示，你就能在公众场合展现出最佳的一面。充实内心，给自我一次电击，烦恼将转变为满足。

而事实上，掌握调整自我意识的智慧并不止在社交场合有用，它同样能助力我们走向成功。举个例子，备受瞩目的流行歌手 Lady Gaga 在第一次听到自己的单曲时，深感失望沮丧。然而，她明白失败是通往成功的必经之路，于是她转变了自己的思维模式，将失败视为奖励与学习的机遇，从而驶向辉煌的道路。

过度的自我意识可能导致自尊心受损。因此，学会调整自我意识不仅有助于在社交场合轻装前行，更能提升自尊水平。

当我们敞开心扉，拥抱自己的独特性时，光芒必将绽放。逆风翻盘，将紧张转变为兴奋，你将勇往直前，创造属于自己的精彩人生。

二 精神上“补钙”，圣者渡人强者自渡

在心理学上有一项伤痕试验，它通过给被试者脸上化妆，让他们变成面部有伤痕的人，在化妆完成后让被试者看一下。然而后来，化妆师已经擦去了这些伤痕。接下来，被试者被要求去商场、医院或其他公共场所，但他们无法看镜

子确认自己的容貌。结果显示，这些被试者普遍感受到了来自他人眼神和态度的敌意。

类似的现象也困扰着林清，这种心理现象被称为“假设性的聚光灯效应”。就是当我们感到焦虑、自卑或不安时，往往会对他人的评价和关注过度敏感，而事实并非我们想象的那样。大多数人更关注自己的事务和问题，很少会过多纠结于他人的一举一动。即使他们注意到了我们，他们也可能只是暂时的注意，不会过多在意或记忆。因此，我们不应该把自己的感受过度地放在他人的外部评价上。

过分关注他人的评价会让我们产生自卑感、焦虑和压力，限制了个人发展和自我实现的空间。因此，要克服假设性的聚光灯效应，我们需要树立正确的自我认知，相信自己的价值和能力，摆脱对他人眼光的过分依赖。我们可以从以下几个方面改善。

1. 培养自我接纳和积极心态：相信自己是独特而有价值的。

2. 做自己喜欢的事情：追求真正的兴趣和激情，将注意力集中在自己的成长和发展上。

3. 专注于他人的需求和关注点：关注他人的感受和需求，主动关心他人，转移注意力，减少对自身的过度关注。

我们要记住每个人都有自己的焦点和关注点，他人的评价并不能决定我们的价值和成就。相信自己，坚定自信，做

真实的自己，也只有当我们内心变得强大时，我们才能在最大程度上不再关注他人对我们的看法。我们需要从内心战胜自己，努力认真地将每件事做到极致；还要通过外部改变自己，让自己变得更出色。当我们将自己提升到一定高度时，自信心就会得到充实，我们自然而然地不会再过于在意他人的眼光。

三 坚定信念，勇往直前

上体育课时，林清总觉得自己“幻听”。实际上，这源于对自己的不自信。但只有“任性”地做自己，坚定自己的内心，才能不在意他人的眼光，不畏外界的评价，不被外界的陈规陋习所左右。

清朝的政治家、军事家曾国藩是我国晚清时期最有影响力的人物之一。尽管他的记忆力先天不足，经历了屈辱和谩骂，还被人说成是“笨鸟”，甚至发生了一件连贼都看不起他的事情：

一天夜里，曾国藩把一篇文章读了很多遍，却无法背下来。在他继续朗读时，一个贼潜伏在他家的屋檐下，想等他睡觉后偷东西。可是等待了很久，曾国藩依然翻来覆去地读这篇文章。贼实在忍不住了，怒气冲冲地跳出来说：“你这种脑子，读什么书！”然后把那篇文章背诵出来，扬长而去。

尽管如此，曾国藩仍然孜孜不倦，矢志不渝，坚忍苦读。他用勤奋弥补了先天的不足，最终成为一位杰出的政治家、文学家。后人因此评价他是“坚忍成功”。曾国藩的例子告诉我们，一个人要有非常稳定的自我价值感，才能不在意别人的眼光，不因外界的质疑和改变而动摇。只有不断强大自己，坚定做自己，才能真正成长。

同样，爱因斯坦在面对困难和嘲笑时坚持自己的理论；乔布斯在创办苹果公司时，坚信自己能够改变世界；任正非在创办华为时，始终不断创新，为社会进步和发展做出更大的贡献。

自我肯定是主菜，外界肯定只是甜品而已。想要做出改变，品尝自由的甘甜，需要坚定信念，提升自我。一个人只有坚定自己的信念，勇往直前，才能克服挑战和困难。自我肯定是培养坚定信念的基础，只有对自己充满信心，才能在困境中保持前进的动力。

5 上课时，我总爱照镜子，怎么办呢？

“洛洛，你在干什么？”

这已经不是第一次我上课时照镜子被老师点名批评了。一开始，我感到非常尴尬，上交镜子，写检讨书，甚至在办公室哭着向老师道歉，发誓不会再犯同样的错误。

然而，后来的我还是无法控制自己，一次又一次买小镜子，放在课桌上、书包里，甚至带回家。

虽然我知道这种行为不好，甚至会影响学业，但当看到桌子上的镜子时，我就忍不住看一眼。特别是在做作业的时候，常常会拿起镜子照照自己，整理头发之类的。我心里默默相信这只会花上一两分钟，不会影响太多时间。起初，我真的相信自己欺骗自己的话。随后，各科老师都注意到了我的这种行为，并且我各门成绩都下滑了。班主任开始频繁找我去办公室谈话。

照镜子本来是整理仪表的正常行为，但为什么对我来说却成了妨碍学业的坏事呢？我很难理解。然而，要让我完全戒掉这个习惯又非常困难，我陷入了痛苦的循环。那么，我到底该如何解决这个问题呢？

——14 岁女孩洛洛

一 以平常心看待“容貌焦虑”，注意调节情绪

经过洛洛的自述，我们了解到，一开始，洛洛对于照镜子并没有特定的目的。然而，随着老师的劝阻、成绩的压力以及洛洛自己内心的迷惑，洛洛逐渐陷入了心理困境，这引发了我们对于“容貌焦虑”这个话题的思考。

那么，什么是容貌焦虑呢？

它是人们由于对自身外貌的焦虑、自我怀疑和自卑等情绪所构成的一种心理状态。

我们应该如何正确看待这种在青春期常见的情绪呢？这里又要提起前面说过的“疤痕实验”了。曾经有国外心理学家进行了这样一个实验：他们征集了10位志愿者，并将他们安排在10个没有镜子的房间中。实验人员告诉志愿者们，实验的内容是在他们的脸上画上逼真的假疤痕，然后观察周围人的反应。

实验结束后，这10位志愿者有了很多感悟，总结起来就是：一旦有了疤痕，他们真的会感受到其他人对自己的特殊对待。

比如，志愿者A说：“那个胖女人最讨厌，一进门就用鄙夷的眼神看着我。”志愿者B说：“本来有一个中年男子和我坐在一起，没过一会儿就拍拍屁股走开了，好像在躲避我这个‘瘟神’一样。”志愿者C说：“有两个年轻女人一

直在私下嘲笑我。”

事实上，心理学家在志愿者们出门前就以补妆的名义将疤痕完全擦掉了。那么，为什么志愿者们仍然感觉到被特殊对待呢？其实，这只是他们内心对自己的看法。他们将自己内心假设的“疤痕”投射到别人身上，从而误以为别人也是这样看待他们的。但实际上，这只是他们内心的臆想。只有当他们能够摆脱这种误区时，才能真正从容貌焦虑中解脱出来。因为真正让人焦虑的，并不是大众审美或别人的评价，而是我们对自己的不满和偏见。

因此，洛洛否认自己无意识地照镜子，可以被看作是一种表达在意的方式。如果真是这样，那么我们应该从坦然面对这个问题出发。要相信，我们的外貌绝对不逊色，只是焦虑在作祟。通过这样的思考方式，我们将“为什么我会变得这么奇怪”这个问题转变为“我知道为什么了，那么接下来我应该怎么做呢”？从平常心去看待问题，就能解决大部分的焦虑。

二 训练专注力，提升上课时的专注力

洛洛提到在上课时喜欢照镜子，这可能是因为上课时思绪容易分散。

建议洛洛可以通过一些方法来提高自己专注的能力：

使用番茄钟工作法：这种方法将工作时间划分为 25 分钟的工作阶段和 5 分钟的休息阶段。每完成一个番茄钟即可休息一会儿。这种间断工作法可以提高注意力和效率。

养成专注力的习惯：保持专注力是需要训练的。每天花一些时间进行冥想或专注力锻炼，逐渐延长专注力的时间。

总之，提高写作业时的专注力需要一定的方法和技巧。找到分散注意力的原因，如不让镜子出现在视线范围内，同时运用适合自己的方法来训练和提高专注力，相信你能够在写作业时更加集中注意力，并提高效率。

三 将诱惑移出视线，抵抗诱惑

自控力是非常重要的心理素质之一，正值青春期的我们，这种能力通常不是十分完美。但这并不是我们随心所欲的借口，而是要通过积极训练和实践来提升自控力。

在这方面，可以推荐斯坦福大学著名心理学家沃尔特·米歇尔所著的《幸福的方法》一书。该书介绍了自控力的定义以及如何通过改变旧习惯、培养新习惯和抵抗诱惑来增强自控力。只需 10 周时间，就可以成功掌握自己的生活与时间。

当我们面临选择时，大脑的自控力通常很难成功抵制诱惑。此时，米歇尔提到了一种简单但实用的技巧：使用三种

力量来培养意志力。

1.“我要做”的力量：这种力量是指我们意志力的积极方面。即具有高度自制力的人会时刻想着自己想要达成的目标，因此在面对机会和挑战时更容易保持冷静、专注地追求目标。例如，当你面临考试或者写作业时，可以试着告诉自己：“我要专注于学习，努力完成我的任务。”

2.“我不要”的力量：这种力量是指我们的抑制力。当我们苦于背叛自己或说“不”的时候，需要把注意力集中在当前的任务上，如花时间练习、阅读材料等。

3.“我想要”的力量：这种力量是指我们有兴趣、满足和价值感的方面。如果你明确知道你为什么要达成一个目标，那么你的意志力就会更强。

通过明确自己的行动意图和目标，并采用“我要做”“我不要”和“我想要”这三种力量来维持意志力，我们可以更好地控制自己、坚持不懈地追求目标。例如，当你想要坚持早睡早起的习惯时，你可以告诉自己：“我要早睡，不要再看夜景并且我想要明天早上尽情地享受日出美景。”这样可以帮助你更好地掌控自己，保持自律，最终达成你的目标。

需要注意的是，当遇到诱惑时，可以静下心来，等待10分钟，将诱惑移出视线，抵抗诱惑。例如，将镜子移开视线或藏匿起来等。

斯坦福大学的心理学家沃尔特·米歇尔曾进行了一项著名的实验，被称为“棉花糖实验”。他给一群 4 岁的孩子每人发放了一个棉花糖，并告诉他们如果能等待一段时间再吃，就会得到第二个棉花糖作为奖励。结果只有 30% 的孩子能够抵制住诱惑，得到了第二个棉花糖。这个实验揭示了控制诱惑需要耐心和意志力。

掌握自控力需要我们不断地训练和实践。通过了解自己的内心和情绪，建立明确的目标和计划，并采取有效的方法来增强自控力，这样我们就能够拥有更加健康、幸福和充实的生活。

“真正的自由不是想做什么就做什么，而是掌控好自己的欲望。”将诱惑移出视线，抵抗诱惑，才能实现真正的自由。

第 2 部分

CHAPTER 2

“瘾”背后隐藏的需要

6 13岁女孩，控制不住自己玩手机，怎么办？

我是一名刚刚升入初一的13岁女孩。父母在我升入初中时非常开心，然而开学后他们整天唉声叹气，不停地唠叨我要好好学习，要努力。

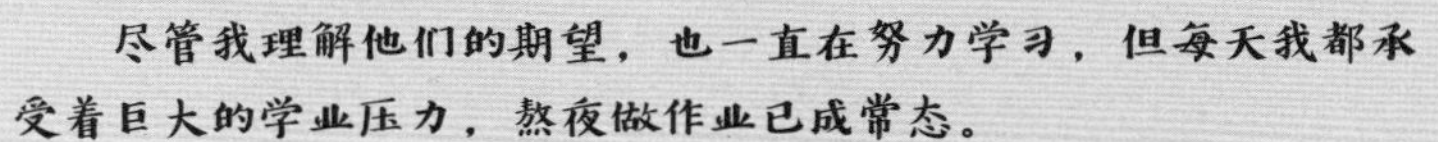

尽管我理解他们的期望，也一直在努力学习，但每天我都承受着巨大的学业压力，熬夜做作业已成常态。

我对这一切感到困惑，明明付出了很多努力，却无法提高成绩。我感到非常着急，而父母也对此非常焦虑。一提到学习，我就感到极度痛苦，仿佛被一只巨兽所迫。

每天晚上，我只有玩手机时才能稍感放松，暂时逃离那只怪兽的追逐。起初，我只打算玩10分钟，但渐渐增加到半小时，最后经常偷偷玩到凌晨。

第二天上学时，我总是感到疲倦，经常在课堂上打瞌睡，无法集中精力。渐渐地，我跟不上课堂学习进度，每天的课堂小测成绩也越来越差。

面对父母的询问，我不敢告诉他们实情。看着他们焦虑的神情，我感到非常愧疚。然而，一到晚上，我就控制不住自己，不停地偷偷玩手机，手指不受控制地滑动着手机页面。

我不想再继续这样下去了，但我搞不清楚自己到底怎么了，我需要有人帮帮我。

——13岁女孩徐岚

一 先停止自责，调整好自己的学习状态

徐岚是一个很有上进心的女孩，但她一直责怪自己控制不住玩手机的问题。面对这种情况，我们可以采取一些措施来改善。

首先，我们要正确认识到，控制自己不玩手机本身就是一项挑战。许多成年人在工作之后也会不受控制地沉迷于手机，甚至有的大学生会因为过度使用手机而荒废学业。所以，徐岚作为一个 13 岁的孩子，控制不住自己玩手机是相当正常的。

然而，如果徐岚任由现状继续下去，她可能会无法专注于学业并且成绩会越来越糟糕。为了改善现状，徐岚首先要做的是停止责备自己；其次是寻求帮助，可以向父母或老师倾诉自己的困扰，告诉他们自己的压力和想法，请求他们帮助自己控制使用手机。他们很愿意帮助徐岚，例如帮她保管手机，或者换一个不能上网的手机。

其次，我们还可以借鉴以下方法来调整自己的学习状态：

1.“自我对话法”。这种方法可以帮助我们发现负面的自我评价，并引导我们逐渐摆脱负面情绪。例如，如果我们经常因为控制不住玩手机而责怪自己，我们可以在自我对话中，试着反驳这种消极的想法，比如告诉自己：“我只是一个普通人，控制不住玩手机很正常。”或者说：“我可以采

取一些具体的措施来减少使用手机的时间。"

2. 我们还可以通过榜样的力量来激励自己。

例如，2023 年 5 月 30 日，神舟十六号载人飞船发射升空。而三名航天员里最受人关注的当属中国空间站首位载荷专家，中国首位戴眼镜执行飞行任务的航天员——桂海潮。他从一个云南大山里的孩子一路拼搏，用自己的勤奋和努力，走出了自己的人生道路。这些成功的例子可以帮助我们更有信心地面对自己的问题，并且鼓励我们不断尝试，追求自己的目标。

最后，我们要记住，改变自己的习惯是一项艰苦的任务，但只要下定决心，采取切实有效的行动，就能够逐步实现自己的目标。

让我们停止自责，调整好学习状态，努力实现理想。

二 烦恼的不仅是压力，更是不被理解的孤独

青春期是我们身体和心理急速成长的阶段，心理学家将其比喻为个体发展的"心理断乳"期。在这个时期，我们可能会感到极度的孤独，觉得没有人关心我们，甚至开始怀疑自己的存在价值，逐渐封闭自己。然而，孤独并不是坏事，它代表着自我认同感的建立。

青春期是从依赖父母转向独立个体的过渡阶段，此时，

青少年能准确地意识到自己独立于父母而存在。这种自我认同感的建立同时也会伴随着孤独感一起出现，但它又是每个人从少年向成熟过渡的必经之路。

在面对困境时，我们需要接纳孤独，并逐渐建立起稳定的自我形象。同时，也要正确看待自己无法应对的困境，并及时向父母或者师长求助。与他人交流并接受帮助，可以更好地应对青春期带来的压力和孤独感。

记住，我们并不孤单，总有人愿意倾听我们的困难和提供帮助。与他人分享内心烦恼和挣扎，寻求支持和指导，将会让我们更加坚强和自信地化解青春期的孤独与压力感。

三 将目光放长远，找到自己的志向

每个人都希望能走出属于自己的光辉之路，而志向正是指引我们前行的风帆。然而，当下许多青少年要么沉迷于玩手机，要么因为成绩而奔波，却鲜有人思考自己的理想与未来的发展方向。而一个清晰的志向是我们在漫长人生道路上的指路明灯，让我们不至于虚度光阴，碌碌无为。

陈景润是我国著名数学家，他少年时立志要为数学做出卓越的贡献，攻克“哥德巴赫猜想”。虽经历漫长的探索和无数次失败，但他仍不放弃，通过演算得到初步论证。他的奋斗精神和决心，为解决难题注入了源源不断的动力。

而我们该如何树立志向呢？

毛泽东说：“牢骚太盛防肠断，风物长宜放眼量。”即使身处狭小的世界，也应敞开胸怀，以开阔的眼界看待世间万物。我们应该思考自己的未来发展方向，遇到挫折也不要灰心，默默积累和坚守，从每一件小事做起，最终实现远大的理想，成为推动人类发展的一分子。

十年后，我们或许已经步入社会，从事自己热爱的工作，成为优秀的人才，也可能继续留在高等学府进一步深造。而二十年后，我们或许已经取得令人瞩目的成就，成为引领行业发展的佼佼者和社会的中流砥柱，赢得了家人和社会的肯定与尊重。与此相比，手机上那些微不足道的时光又算得了什么呢？

当然，树立志向是一件不容易的事情。在追求理想的道路上，我们需要有耐心、恒心和信念，同时也需要及时调整自己的方向，给自己的成长带来更多的可能性。因此，只要我们坚持不懈地奋斗，不断追寻卓越，就一定能实现自己的理想，成就属于自己的辉煌人生！

7 我有一点不高兴就爱发脾气，怎么办？

作为家里的独生子女，我从小到大一直在全家人的呵护下成长。有句话非常贴切地形容了我的处境："捧在手心怕碎了，含在口中怕化了。"

随着年龄的增长，我发现自己的脾气越来越差。有一天在放学回家的路上，我问妈妈晚饭吃什么。妈妈回答说做了我最爱吃的牛肉炖土豆。然而，我中午已经吃过这道菜，这一瞬间我感到非常生气，立刻板着脸对妈妈大喊："我中午已经吃过了！我不想再吃这个菜了！"

深夜躺在床上，我感到委屈并自责。妈妈对我那么好，我怎么能用那种态度对待她……我对自己的冲动感到懊悔，也很困惑为什么自己会变成这样。

第二天早上，我找妈妈道歉，但她因工作提前出门了，留下字条叫我打车去上学。那一刻，我有种自己被全世界抛弃的感觉，心里非常生气，为什么没有人送我上学？我感到非常委屈，泪水不禁涌出，但我依然怒火中烧，于是我重重地将妈妈最喜欢的花瓶摔在地板上……

晚上，爸爸妈妈找我谈话。他们以严厉的口吻批评了我的行为。面对他们的指责，我内心的怒火再次燃起，我冲他们狂吼："干脆你们把我扔了算了！"

我感到非常委屈。冷静下来后，我意识到自己的过分行为。但现在的问题是，当遇到让我不高兴的事情时，我无法控制自己的脾气。我憎恨自己，也感到困惑和无助……我已经伤了爸爸妈妈的心，但我不知道该如何挽回。我应该怎么办呢？

——13岁女孩小凤

一 正视内心情绪，实现“沉稳应对”

当我们对爸爸妈妈说出不恰当的话，随后又为自己的冲动后悔不已时，我们不应该纠结于过去，也不需要迷茫和不知所措。我们应该及时向爸爸妈妈道歉，并告诉他们我们情绪的变化和真实的想法。

这段情绪失控的日子是艰难的，但我们需要父母与我们一同渡过这个难关。

出言不逊和情绪冲动并不是我们内心的真实意愿。很多时候，由于未能平衡欲望与现实之间的差异，我们的情绪会发生许多变化，变得难以控制。

中国社会科学院的某位研究员曾经说过：“一段时间里，我的情绪周期性地起伏，几乎每个月都会出现一次‘生存意义’的危机。在情绪低落时，我会感到万念俱灰。”这种感觉和我们此刻的心境很相似。事实上，情绪的波动和心情的起伏是正常的现象。每个人都会有各种各样的情绪，我们无须过度焦虑和担心。

无论是喜悦、愤怒、忧伤还是快乐，都是过去的一面镜子，因为在这面镜子中，我们展现了最真实的自我。因此，我们不必因为自己一时的失控而迷茫不安，而是要直面内心的情感和情绪的起伏。在这个过程中，我们能更好地认清自己的缺点和不足。

有一个心理学原理，叫作“情绪认知”。这个原理指出，当我们能够正确识别和理解自己的情绪时，才能更好地控制和管理它们。

在面对内心情绪时，我们不妨尝试以下几点。

首先，平静下来。可以反问自己的情绪疑惑，比如“这件事情真的让我的心情变得很糟糕吗？”“我一定要发脾气才能解决这个问题吗？”等等。这些问题会帮助我们重新审视问题，并平静下来。

其次，重新思考事情的始终，理清思路。我们可以思考“这件事情为什么让我生气？”并尝试找到问题的根源。

最后，思考解决问题的方法。在弄清楚愤怒的原因后，我们可以想一想如何消除这种情绪。比如可以和对方进行沟通，或者寻求他人的帮助。总之，在平静的情绪下找到解决问题的方法，会对处理麻烦和管理情绪更有帮助。

我们需要直面自己的情感和情绪变化，采取积极可行的方式和方法去管理它们。暴力发泄并不是解决问题的方式，更不是情绪管理的出口。让我们更加理性地去面对自己的情绪，从而更好地“沉稳应对”生活中的各种挑战。

二 生气不可怕，可怕的是无法控制自己的情绪

当我们遇到令人不开心的事情时，内心产生生气的情绪是很正常的。然而，问题出现在我们是否能够控制住这种情

绪，而不是让它演变成愤怒，并且无限放大、无底线宣泄，甚至伤害他人。

愤怒是一把双刃剑，不仅会伤到别人，也会刺伤自己。这是因为愤怒会扰乱我们的思维，使我们无法冷静地分析问题，并可能导致后悔的行为。例如，当古罗马皇帝尤里乌斯·凯撒在权力之争中感到愤怒时，他做出了一系列冲动的决策，最终导致了他被暗杀。

美国心理学家丹尼尔·戈尔曼提出了“情绪智力”的概念，认为情绪智力是我们处理情绪的能力和技巧。这包括自我意识、自我管理、社交意识和关系管理。如果我们能够培养情绪智力，就能更好地控制自己的情绪，做出明智的决策。下面是一些解决冲突的方法。

1. 寻求共同利益：寻找冲突解决方案中的共同利益。解决冲突并不意味着赢者通吃，而是要寻求双方都能接受的结果。

2. 灵活性与妥协：培养自己的灵活性和妥协能力。为了解决冲突，需要做出让步和调整自己的立场。

3. 冷静思考：在冲突发生时保持冷静，并避免情绪化的反应。学会给自己一些时间和空间来冷静思考问题，并寻找更合理的解决方案。

所以，小风在控制情绪方面，还可以借鉴一些情绪调节的技巧，如深呼吸、冥想和放松练习。这些技巧可以帮助我们平静下来，减少愤怒的情绪。

生气是人类情绪的一部分，它本身并没有错。关键在于我们如何管理和控制这种情绪，以避免伤害自己和他人。通过学习古代名人的案例和心理学理论，我们可以更好地了解情绪控制的重要性，并找到适合自己的方法来平衡和表达情绪。

三 过了青春期的你，将会有无限美好的未来

生活就像百味瓶，酸甜苦辣应有尽有。在这个阶段，我们常常会感到焦躁，内心也是如此。然而，当我们度过这个时期，回首往事，或许会怀念那段青涩的时光。

心理学上有一种自我决定理论，给我们提供了一个有益的视角。根据该理论，人们的幸福和满足感取决于他们对自己生活的掌控程度。以下是一些增加幸福感的具体方法。

1. 确定我们的核心需求和价值观，在处理冲突或表达自己的真实想法时，首先需要澄清自己最重要的需求和价值观。

2. 倾听他人的观点和感受：不同意见之间的冲突通常源于双方都没有倾听对方的观点和感受。

3. 以积极的方式交流：通过采用积极的语言和姿态，我们可以更容易地沟通，并获得更多的支持和理解。

4. 鼓励对方的自主性。

范·戴尔是一个成功的企业家和慈善家。在青少年时期，他经历了许多挑战，但他一直以积极的心态面对困难，并利用自己的情绪作为驱动力。

他一直坚信：“你的过去不决定你的未来。”他通过专注于自我成长、发展技能和追求梦想，最终实现了自己的成功。

我们还可以运用创造性的方法来化解情绪。比如，尝试进行跑步、唱歌、跳舞等活动，或者将情绪转化为学习的动力。避免与他人正面冲突，而是将能量用于做更有意义的事情，从中获得更多。

如果小风可以有效管理情绪，就能更好地应对生活的挑战，并创造更积极的未来。因此，当我们度过那段情绪失控的日子，我们将会品尝到生活带来的无尽甜美。

小风可以通过积极的思维方式和行动来塑造自己的未来，并跨越过去的困境。

希望这些能帮助我们更好地应对生活中的情绪挑战，并创造出美好的未来。

8 想太多，被别人贴了“完美主义”标签，怎么办？

我是一个正在读初二的女生。我总是会担心很多事情，比如今天下雨，我会担心带的雨伞会不会出问题？鞋子会不会太滑？如果下得太大了应该怎么回去？每一件事情我都会想很多，而且觉得这样细致地考虑问题也没什么不好。

上个月，我所在的实验小组要一起完成一篇调查报告，题目是：中学生的消费观。为了顺利完成这项任务，我们需要设计问题、制作调查问卷、发放并收集50份问卷、整理结果并进行分析以及撰写调查报告。这看似简单的工作，却需要做大量的准备。作为小组组长，我很担心自己的小组无法很好地完成这些工作，因此我每天都在督促他们做准备工作。

整个过程按部就班地进行着，最后由我来汇总调查结果，写成调查报告。但在整理的过程中，我又开始发愁：“这50份问卷会不会大家没有好好填写？”“问卷上的问题是不是不够有针对性？”“要不要再发放50份，看看结果有什么不同？”太多的顾虑在我的心里萦绕，我只能向组里其他成员征求意见。

然而，当我征求组里其他成员的意见时，却遭到了反对，因为其他同学认为我的思考过于严谨，太过于注重细节，才导致我想得太多、做事追求完美主义，这些未必有助于任务的完成。我感到很失落，明明我只是想更好地完成调查报告，有什么错呢？我不知道为什么其他同学都不理解我，并且还讽刺我是“完美主义”。我该怎么办呢？

——14岁女孩多多

一 在完美和没价值之间，还有一个“足够好”

多多因为想更好地完成调查报告，却被贴上了“完美主义”的标签。我们先来看看，什么是完美主义。

根据心理学原理，完美主义是一种内在驱动力，使人们追求无可挑剔的表现和结果。完美主义者往往对自己和他人的期望非常高，希望做到极致，并对错误和不完美感到焦虑。然而，有时候我们需要明白，在完美和无价值之间，还有一个“足够好”。

心理学上有一个标签效应：当我们被贴上某种标签时，就会相应地做出自我印象管理，使自己的行为与所贴标签相符。所以，完美主义的标签，会促使我们更加追求完美。无论是他人给我们贴的标签，还是自己给自己贴的标签，我们都不需要沉溺在这个框框中。

因此，我们需要认识到“足够好”的重要性。这意味着我们应该努力追求卓越，但同时也要接受自己和他人的不完美之处。我们需要学会在目标达成的过程中找到平衡，理解错误和挫折是成长的一部分，并且能够欣赏自己和他人的努力与进步。

有一位年轻的医生，他在贫困山区开了一家小诊所。尽管面临着局限性和挑战，但他并没有灰心也没有放弃，而是不断想办法解决面对的问题。他意识到只有提高医术，才能吸引病人。便主动寻求专家的帮助和培训，不断提升自己的医学水平。

他克服了艰苦的交通条件问题；通过申请资金援助成功购买了医疗设备和药品；提高了自己的医疗水平。他的行为不仅使他能够为当地居民提供更好的医疗服务，还为其他医生树立了榜样。这个故事鼓励我们在追求卓越的道路上，要不断寻求机会和发现自身潜力。

总之，完美主义虽然有其积极的一面，但过度追求完美也可能造成负面影响。我们应该从中汲取智慧，努力追求卓越，同时接纳自己和他人的不完美，追求“足够好”的状态。这样才能减轻压力，获得更多的幸福感和满足感，也因此能在成长的过程中更好地发挥自己的团队意识和潜能。

二 允许现在的行动是打一次“草稿”

试想一下，如果在桌上放一个杯子，里面只装了半杯水。对于完美主义者和那些追求卓越的人来说，他们对待这个杯子的态度可能大不相同。完美主义者会关注未被填满的部分，并想知道为什么它还没有满。因为他们常常被失败所困扰，它意味着偏离了完美的路径。

“完美主义”是一个标签。根据心理学研究，标签效应是指当我们被贴上某种标签时，我们会相应地去管理我们的

自我形象，使我们的行为与这个标签相符合。所以，当我们被贴上完美主义者的标签时，我们会更追求完美。

心理学有一个非常重要的概念叫“完美主义取向”。完美主义取向是指个体在追求完美、避免错误以及对自我和他人的高要求方面的倾向。

一个高度自我导向的完美主义者可能对自己极端苛求，而一个高度社会导向的完美主义者则对他人有很高的期望。过度追求完美可能导致焦虑、抑郁、自尊问题以及人际关系紧张。

对于完美主义的理解应该是全面和平衡的，同时关注其积极和消极的方面。

如果我们迷失在黑暗的森林中，完美主义就像是近光灯，只集中于眼前有限的细节，不敢放肆地走动。如果我们想要走出迷雾森林，就需要远光灯来指引方向。

一位渔夫从海里捞到一颗晶莹圆润的大珍珠，他爱不释手。然而，在珍珠的表面有一个小黑点。渔夫想，如果能去掉这个小黑点，珍珠将变成无价之宝。于是，渔夫开始打磨珍珠，但黑点仍然存在，他又继续磨掉一层，黑点还在……一次又一次地磨下去，黑点消失了，但珍珠也不复存在了。实际上，有黑点的珍珠只是微小的瑕疵，正是它自然完美的特点，而渔夫为了追求所谓的完美，却在过程中失去了美丽。

西方有句谚语说：“Doing is better than perfect。”行动胜于完美。多多可以告诉自己，现在的行动只是打一次草稿，不是以后要做的真正“完美”的行动，这样就能减轻压力。比如，当我们写一篇文章时，告诉自己现在写的只是草稿，是为了十年后的完美文章做准备。这样每天写作的压力就会小很多，我们不会因为无法写出“完美的文章”而停滞不前。

三 摒弃完美主义，突出重点提升效率

我们都知道，点火的时候，你越是搅和，就越是着不起来。只有摒弃对完美的追求，进入无为而为的状态，才能展现出事物自然的完美和宁静。

水满则溢，月满则亏。人无完人，金无足赤。十个手指有长短，大自然也要遵循着自己客观的规律。如果我们一味追求完美，就会削弱我们工作的积极性，将时间浪费在许多无关紧要的事情上。

心理学中有一个“二八法则”，即花费 20% 的时间可以完成 80% 的任务，而剩下的 20% 则需要花费 80% 的时间来慢慢打磨。

二八法则是一种常见的效率原则。该法则指出，在许多情况下，大约 80% 的结果来自 20% 的原因或行动。

20%的努力产生了80%的结果：在许多任务和项目中，我们会发现，将大部分的时间、精力和资源集中在那些最重要的20%上，可以实现80%的成果。这意味着我们可以通过优化关键的工作和决策，实现更高的效率和产出。

80%的努力只产生了20%的结果：相对地，剩下的80%的努力只能带来不太显著的20%的结果。这并不意味着这些任务没有价值，只是从整体效果来看，它们的贡献相对较小。因此，我们应该明智地分配时间和资源，将更多的关注放在能够产生最大影响的事情上。

完美主义使我们不知疲倦地精雕细琢每一个细节，然而却未意识到我们所放弃的是时间、精力和效率。在青春期成长的过程中，我们可以将自己认为重要的事情进行排序。

比如，第一重要：身体；第二重要：学习成绩；第三重要：同学关系；第四重要：与父母的关系；第五重要：兴趣阅读……

当我们陷入细节之中时，应该从整体的角度权衡一件事情。多多想要重新完成调查报告，如果她看到在这个排序中还有那么多重要的事情等着她去做，她可能会意识到即使调查报告完成了80%，也足够了。这不仅能让她有更多时间去学习其他知识，也能更多地陪伴父母，更好地尊重同学们的意见，从而改善同学关系。

让我们摒弃对完美的追求，卸掉完美主义的包袱，轻装上阵。

9 迷恋男明星，老师认为不正常，怎么办？

四年前的一个暑假，我第一次见到了他。那天午后，我正在消遣时，偶然看到电视里的他：他一身古装，挥舞着长剑，潇洒的身姿宛如游龙飞舞，速度如闪电。那一刻，我被他深深吸引了……

从那时起，我仿佛陷入了疯狂，他的每条微博我都会留言，每天都会在微博超话中签到……同时，我也经常幻想与他见面的画面，这必定是最幸福的时刻。

就在上个月的一个周五，我的偶像——我称他为肖，举办了新活动的发布会。虽然当时正在上数学课，但我毫不犹豫地拿出手机和蓝牙耳机，虽然这种行为不对，但我当时心里只有一个念头：作为他的忠实粉丝，我不能错过！

肖闪亮登场，身穿一套帅气的黑色西装，更凸显了他皮肤的白皙。我忍不住在课堂上大声喊道："太帅了吧！"全班同学立马用异样的眼神看着我，但我还是被肖帅气的面孔深深吸引，无法自拔……直到老师把手机从我手中夺过去，我抬头时，看到她严肃而锐利的目光狠狠地瞪着我。

课后，老师叫我去办公室谈话，毫不意外地，我受到了严厉的批评和教育。老师说追星很正常，但我对明星的迷恋程度已经超出了正常范围，并建议我妈妈带我去看心理医生……

但是，我真的很喜欢肖啊，我该怎么办呢？

——14 岁女孩小信

一 站在同一个高度审视榜样

青春期的我们总会有一个自己喜欢的偶像，这是一件很正常的事情。

然而，我们需要了解心理学中的晕轮效应。晕轮效应指的是在水汽较重的夜晚抬头看月亮时，会发现月亮周围弥漫着一圈圈的光晕。尽管这种光晕增添了月亮的美丽，但我们需要明白，它并不代表月亮的真实状态。

“晕轮效应下的偶像崇拜，会让我们只看到光芒却忽略了真实。”

在对待人物时，我们也会出现类似的情况。当一个人有某种优点时，我们常常会将这个优点扩大化，忽略其他方面的特点。我们会围绕着这个优点，为其创造一个完美的形象和光环。就拿我们对待偶像的例子来说，我们会将他们包装成大明星，赋予他们无尽的优点。

然而，我们看到的并非真实的他们，而是经过我们主观想象加上滤镜处理后的形象。或许有些人会说：“滤镜又如何，我就是喜欢！”追星本身没什么问题，每个人都有权利喜欢自己的偶像。但是我们需要控制好自己，合理安排时间和精力。

试想一下，站在山脚仰望山顶上的一个巨人，你投入了所有的时间和精力，但最终发现他只是一个虚幻的影子。真实的他们和我们一样普通，有喜好和厌恶，有喜欢做的事和不喜欢做的事，也会体验烦躁的情绪，犯错误和后悔，并且会做出和我们相似的行为。

马克·扎克伯格作为Facebook的创始人成为亿万富翁和年轻企业家的代表。然而，他也曾经陷入隐私泄露的争议，并受到了公众的质疑和批评。这告诉我们即使是成功的人物，也会有不足之处。

还有杰夫·贝索斯，亚马逊公司的创始人和首席执行官。尽管他被誉为世界首富，但他的人生也经历了许多失败和挫折。尤其是在他创建亚马逊的过程中遇到了许多困难，但通过坚持不懈和勇于冒险，最终取得了成功。

“不要过度沉迷那些高高在上的人，我们是平等的，之所以被他们打动是因为他们身上的优秀。”

因此，我们要理性地看待榜样。他们或许在某个领域取得了巨大的成就，但也有自己的局限性和不足之处。

那些高高在上、无法触及的人并不值得我们过度沉迷。我们应该尝试以同等高度来审视自己和明星，平等地站在山腰上。或许我们站在不同的山头，但我们是平等的。

就像小信一样，如果她能用理性的态度看待自己的偶像，就不会在数学课上拿出手机追星了。我们要珍惜自己的时间，合理安排追星与学业之间的平衡。

在追星的同时，我们要保持理智，理性地审视榜样。喜

欢一个人，要从他身上学到向上的，积极的，能让人愉悦的一种能量。作为明星，他们身上的坚持、勤奋、执著，自律以及为梦想坚持不懈地付出才是我们学习的目标。

二 我为榜样而自豪，我要超越榜样

除了颜值，我们相信偶像一定有其他令我们心动的地方。我们迷恋偶像到无法自拔，希望有一天自己能像偶像一样出色。

这份动力，其实就是我们希望自己变得优秀的燃料，它犹如熊熊烈火，驱使我们奋勇向前，闪耀青春。

在心理学中，有一种方法叫作“撒金粉法”，即通过偶像的力量来借取他们的优秀品格。偶像用金粉将优秀品质传递给我们，我们获得他们的能量，拥有他们的自信、勇气、阳光和品质等。

例如，小信的偶像曾经经历低谷期，虽然没有戏可拍，但他坚持每天上表演课、音乐课和跑步，持之以恒地进取。后来在拍摄电视剧时，他吊威亚足足吊了三四个小时，为了拍哭戏还哭了一整夜，并且总是希望做到最好，主动要求导演重来。他曾说：“即使生活把房梁和屋顶压得再低，也会有另一片天空的希望。”

像小信一样，许多名人也通过追求卓越超越了自己的榜样。比如说，乔布斯，他是苹果公司的创始人之一，致力于创造革命性的产品。他曾说："要有勇气遵循自己的心灵和直觉。其他一切都是次要。"他的创新精神和对完美品质的执着追求，使他成了全球科技行业的标杆。

美国篮球运动员迈克尔·乔丹，是篮球界的传奇人物之一。面对艰苦的训练和残酷竞争，但乔丹从不满足于自己的成绩，他说："我一直告诉自己，我已经投入了全部的努力，但如果我仍然失败，那就再多尝试一次。"这种坚持不懈的精神使他成了一个无可匹敌的冠军。

追求卓越是一种品德，正如日本作家村上春树在他的小说中所表达的，他总能描绘出寻找真实与自由、奋斗和困惑的年轻人形象。在他的职业生涯中，经历了许多挫折和困难，但他从未放弃追求自己的梦想。他记得自己读书时获得的启示："唯一能够支撑你一生的东西就是内心的力量。"正是这种超越平庸和追求卓越的精神，让村上春树在文学界赢得了广泛的认可和荣誉。

我为榜样而自豪，我要学习我的榜样！不虚度时光和青春，不断提升自我，成为像偶像一样出色的人，甚至更加卓越的人，这是接近偶像的最佳方式。让我们用明星的优秀品质来激励自己，继续追求卓越，勇往直前！

三 用紧急又重要的事，充实每天的生活

时间，宛如一位精灵，不可挥霍、不可浪费，更不可忽视。当我们意识到时光匆匆而过，便应紧握时机，充实每一天。

对于如何用紧急又重要的事来充实每天的生活，我们可以从时间管理、规划和榜样的角度思考。

作为青春期的学生，我们首先要负责自己的学习。但是，很多人会把大量时间花费在社交媒体和游戏上，忽略了自己紧急又重要的事情。

因此，应该采用“时间管理法”，将每天的学习分为重要和紧急两个层次，包括既紧急又重要、重要但不紧急、紧急但不重要、既不紧急也不重要四个类别。

这有助于我们更好地规划和安排自己的学习计划，并清晰地记录下每天的任务和目标。

计划安排能力是影响学习效果的关键因素之一。虽然听起来很简单，但实现起来却需要很大的耐心和毅力。

我们可以根据自己的实际情况，制订具体的学习计划，每天晚上梳理第二天的学习列表，并按照重要紧急程度进行排序，然后将其填写到四象限表格中。随着时间的推移，我们还需要检查前一天的学习完成情况，并进行总结反思。

乔布斯非常珍视时间，并坚信只有将自己的时间投入到学习和生涯规划中，才能获得真正的成功。他经常制订自己的日程表，全身心地专注于自己的事业和梦想，这是他最终成为伟大企业家的关键因素之一。我们可以从他的榜样中汲取力量，将自己的时间投入到更加有价值的事情当中，从而实现真正的成长，变得更优秀。

最后，我们认为，与其沉迷于偶像的颜值和明星效应，不如将偶像作为自己努力的目标，借鉴他们的成功经验和价值观念，让自己也成为像他们一样勇敢、坚韧和精彩的人。我们相信，只有在不断追求卓越和发挥自己潜力的过程中，才能更好地充实人生，实现自己的理想。

第3部分

CHAPTER 3

初恋情愫在萌芽

10 父母干涉我谈恋爱，很苦恼，怎么办？

三个月前的那一天，正好是我15岁生日。我的爸爸为我在海底捞订了一个包间，让我和好朋友们一起庆祝生日。很意外的是，我遇到了一个特别温暖的男孩。

他是我闺蜜的同学，被我的闺蜜叫过来一起参加我的生日会。他身高1米8，穿着运动装，不仅长相符合我的审美，而且非常绅士：当我被辣到说不出话来时，他主动帮我叫了一杯水……

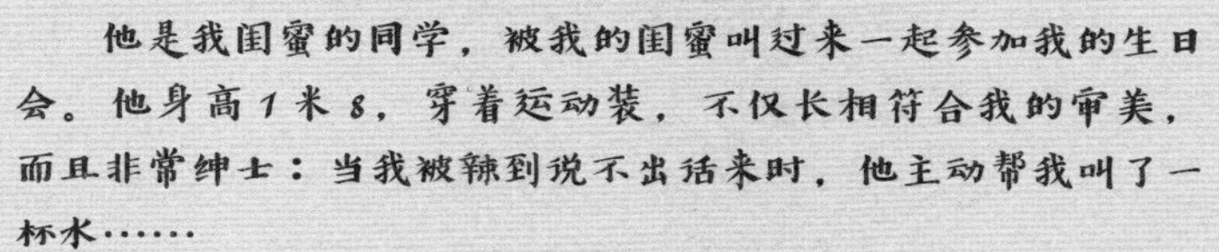

我们加了好友后，每个周末都会聊天，还在一起吃饭。

起初，我并没有打算谈恋爱，但是遇到了这个让我喜欢的男孩，而且他也向我表白了，我不想错过这个机会。我觉得我们可以一起进步、一起读书。于是，上周我们正式成了一对。

然而，前天我的手机落在了妈妈的车里，她发现了我们的聊天记录。晚上，爸爸和妈妈一起找到我，面色凝重地质问我为什么没有告诉他们，他们认为我犯了严重的错误。他们希望我把学业放在第一位，并与这个男孩断绝关系。

对于爸爸和妈妈对这件事的过度干涉，我内心感到非常反感。我已经15岁了，却被过分限制，这让我感到烦躁和痛苦。这几天我都失眠了，不知道接下来应该如何应对……

——15岁女孩多多

一 独立之前，我们的决定都由父母买单

电视剧、歌词中，许多描写恋爱美好的场景触动着懵懵懂懂的我们。这些美好的表达激发了我们对恋爱的渴望。

恋爱在某种程度上，可以帮助我们更好地了解人性，发展情感智力，学会处理情感和关系，从而成为一个更加成熟的人。然而，青春期的恋爱也带来了许多潜在的负面影响，这些影响牵动着父母的心。比如：

1. 分心：恋爱可能使我们分心，无法集中精力投入到学习中。

2. 过度依赖：我们可能对他人产生过度依赖，这对我们自己的成长并不利。

3. 挫折感：无可避免地吵架和分手可能让我们陷入情绪低谷，无法自拔。

父母的爱有时温柔如水，有时坚韧如山。他们引导我们全面了解这个世界。在父母的人生中，他们也曾经历过许多问题：恋爱时吵架导致考试失常，原本成绩优秀的孩子现在勉强进入二本学校；早恋分手后，面对分离，孩子一蹶不振，甚至得了抑郁症。

心理学家埃里克森提出了“身份认同危机理论”，指出青春期是一个自我身份探索的阶段。恋爱可能使我们分心，无法集中精力投入学习中，因为恋爱时，我们会尝试寻找自身在爱情关系中的定位。

恋爱时冲动犯错，女孩可能遭受身体上的伤害，后悔莫及……健康而合理的恋爱就像是青春的甜品。然而，如果毫无顾忌地沉湎于恋爱中，甜品就会变成主食，我们稚嫩的身心没有时间和精力去承受这样的冲击。

心理学家 Carl Rogers 提出了“自我概念理论”，强调了个体对自我认知和自我接受的重要性。恋爱关系中的挫折和分手可能打击我们的自我概念，使我们陷入低谷，难以自拔。

那么，我们应该如何保护自己的身体安全，拒绝诱惑？我们应该如何保护心理安全，建立平等、相互尊重、良好沟通的恋爱关系？

我们一旦打开了恋爱的开关，情感可能就像喷涌的自来水一样，源源不断地涌出来，无法停止。

因此，一旦爸爸妈妈知道我们在谈恋爱，他们本能地开始焦虑和阻止。他们是多么害怕我们在恋爱中受伤或做出错误的决定啊！

在我们没有一定的辨别能力、独立经济来源以及无法自己承担社会责任时，我们所有绕开父母做的决定都需要由他们来买单。

接受，何尝不是一种成熟的表现，也是一种能力！偶尔尝试一些与父母意见不同的事情，何尝不是一种勇气！

在我们独立之前的 18 岁，或许我们可以从容不迫地允许父母对我们的感情进行干涉，降低恋爱的速度，甚至停一停。这样做，我们可以更好地保护自己，也给自己更多的时间去发展和成长。

二 好好沟通，警惕掉入抵抗父母的怪圈

走入青春期，我们开始对自己、对他人、对世界有了更多的认识和感觉，慢慢形成了自我的人格和独立价值观。这种发展是正常的，同时也伴随着我们对父母掌控的抗拒。

心理学上存在一个罗密欧与朱丽叶的陷阱，即当父母反对我们的恋爱时，我们会更加坚韧不拔、顽强抵抗。这种心理的产生可能让我们偏激地对待眼下的生活，包括学习和爱情。

心理学家 John Bowlby 提出了依恋理论，指出早期的亲子关系对个体的发展和成长有着深远影响。如果我们在童年时期建立了安全的依恋关系，就会对恋爱关系产生过度依赖，可能导致不健康的关系模式。

小甜甜布兰妮（Britney Spears）作为青少年偶像，经历了恋爱、分手和媒体无处不在的关注。这对她的心理健康产生了强烈的负面影响。也证明了青少年在应对恋爱中的挑战时需要额外的支持和关注。

然而，对抗父母的关心会使我们与父母争吵不休，双方可能都会受到伤害。

那么，怎样与父母更好地沟通呢？我们可以想象周围有一个和谐气泡，这个气泡柔软、彩色、灵动，里面的人彼此充满爱意，互相肯定和支持，在和谐地对话中共同成长……

三 学会与父母有效沟通，赢得父母的理解与尊重

智慧不仅是指我们的思考能力和智商，更包括了我们与他人相处的能力和情商。只有当我们学会了观察、思考和运用心理学原理时，才能在沟通和人际关系中游刃有余。

因此，在现实情况下，我们不必一味地说服父母或者放弃自己的想法，而是应该通过实际行动来展示自己成熟和负责任的一面，以赢得他们的信任和支持。

要让父母看到我们能够独立解决生活中的难题，看到我们有为自己思考、想法和行为负责的能力。我们在和父母沟通时，可以采用以下方法：

1. 倾听和尊重：在与父母交流时，倾听他们的观点，并对他们的意见表示尊重。这样可以建立互信和共同理解的基础。

2. 温和陈述：使用温和而肯定的方式表达自己的观点和意见，避免过于激烈或冲突性的言辞；并通过一致性的表达和沟通，让父母能够理解你的想法并认可其合理性。

3. 提供合理解释：如果父母对某个决定持有异议，可以尝试提供合理的解释和背景信息，让他们更好地理解你的立场。

4. 展示成熟和负责：通过积极参与家庭事务、承担责任和展示自律性，使父母相信你具备独立解决问题的能力。

通过以上方法，我们可以更好地与父母沟通，让他们看到我们成熟和负责任的一面。当他们意识到我们有能力独立思考和做出明智的决策时，他们会越来越尊重我们所做的选择！

11 羡慕朋友谈恋爱，怎么办？

当我看到婷婷在朋友圈公开了男友的照片，我的心里满是羡慕。

每天上学、放学，总有人在校门口等着她；午休时，在操场上总能看到两个人依偎在一起；更不用说在课桌上冒着热气的豆浆，下雨天永远不会忘记的雨伞；还有小礼盒、小贴纸、小卡片、细微的手势以及眼神的交流……这一切都让我十分羡慕。

婷婷常常和我分享她的烦恼和甜蜜。她会说：“明明知道我想减肥，他还给我拿了那么多点心，我会变胖的。”“我们计划读同一所高中，这样我们就可以一直在一起了！”

她的生活变得日益丰富，充满了期盼和幸福。而我，只能羡慕着她的幸福，偷来一点陪伴的欢愉，默默地想着，如果我也有一个男友一直陪伴我，该多好啊！

当我写作业的时候，当我遇到难题的时候，我总是不由自主地想，如果我的生活中有像婷婷男友这样的人，该多好啊！

可是，现实总是与愿望不符。因为每个人的命运都是不同的。对此，我们要试着学会宽容、包容，理性地看待自己的人生，可是，当我看到婷婷和她的男友在校园里手拉手的时候，我还是忍不住要羡慕，我该怎么办？

——14 岁女孩茹茹

一 期盼用恋爱解压，正是压力中下意识的逃避行为

青少年时期，大脑多巴胺分泌更为活跃。多巴胺是负责刺激人做出冒险行为的神经递质。我们每天面对着枯燥单调的学习和生活，重复着家、学校、补习班三点一线和日复一日的题海战术，都特别容易感觉身心疲惫。这时候，我们会非常渴望寻求别样的刺激使自己感到“爽”起来。

同时，青春期也是我们身体发育的关键时期，我们对自己和异性的身体感到好奇，不由自主地就会关注自己与异性之间的关系。所以从某个角度来说，这并不是我们的错，这是一种随着身体成熟而自然产生的生理反应。

然而，我们不能让这些生理反应轻易左右我们的思维。

面对内心涌动的原始情绪，我们应该如何决策呢？

我们每个人的时间精力都是有限的，我们是选择即时享乐、不考虑后果地投入当下，还是放眼未来，与更出色的人站在同一起跑线上？聪明的人知道如何做出选择。

当我们考上大学后，回想起当年所谓的“恋爱”，所谓的“帅得无与伦比”，也许是因为我们用了柔光滤镜来审视对方。等到摆脱了学业压力，我们才发现，当初以为是真命天子，为之勇敢追求真爱的人，也许只是为了逃避平凡生活的寂寞感而做出的决定。

心理学家卡尔 · 郭斯坦曾经研究过名人案例，他发现

许多名人在处理压力时往往选择了恋爱这种下意识的逃避行为。

比如，一些明星在事业低谷或面临压力时，会选择恋爱来分散注意力，以寻求片刻的安慰和解压。但是，这种逃避并不能真正解决问题，反而可能加重个人的压力负担。

因此，我们应该明智地去认识和面对自己的压力，在心理上找到更健康有效的途径来解压。可以通过寻找能够支持和帮助自己的人，进行真实而坦诚的交流，或者积极参与运动、艺术等活动来缓解压力。

这样，我们在面对压力时才能更加理性、成熟地应对，不轻易陷入情感的漩涡。

总之，恋爱虽然是一种常见的逃避行为，但并不意味着一定能够解决我们内心的压力。

我们应该以冷静理性的态度面对自己的感受和压力，并寻找更加健康的方式来解决问题。只有这样，我们才能在成长的道路上走得更稳妥、更充实。

二 择偶是人生中的重要选择

不同的生活轨迹决定了我们的人生走向，有些人顺风顺水，有些人崎岖坎坷，还有些人在挑战中奋勇前行。我们最终成为什么样的人，实际上取决于我们所做出的选择。

在我们生命中，有很多环节都可以称作生命的转折点：决定从事哪个职业的时刻、选择共度余生的爱人、选择何时结婚……其中，择偶这件事就尤为重要，父母和老师都不希望我们草率和过早地做出决定。

我国规定女孩子的法定结婚年龄为 20 岁以上，这是出于深思熟虑而做出的决定。一个相对成熟的人能够更好地承担起家庭责任，并且更有可能过上幸福的生活。

因为择偶是人生中至关重要的选择，决定了我们未来的幸福与发展。

心理学原理“意识流理论”，认为人们在做决策时，常常受到感知、情感和经验等非理性因素的影响。这意味着我们的选择可能会被个人喜好、情绪状态和先前的经历所左右。意识流提醒我们在做选择时要注意自己内在的倾向，并努力以理性和客观的方式进行决策。

当我们急于寻找爱情时，往往忽略了择偶的重要性和长远影响。我们应该把择偶看作人生中的一项重要任务，而不是被社会和时间压力驱使的行为。我们需要仔细思考自己的需求和价值观，以及与潜在伴侣的相容性。

此外，择偶并不只是男女之间的爱情关系。我们可以通过与家人、朋友和同学的亲密关系来满足我们与他人建立联系的需求。这不仅可以减轻我们对恋爱关系的依赖，还能让我们更全面地认识自己和他人。

总而言之，择偶是人生中至关重要的选择，需要我们理性思考和深入了解自己的需求。

我们应避免过早决定和草率行动。同时，我们也应该扩大社交圈子，以满足我们与他人建立联系的需求。只有这样，我们才能在未来的择偶问题上做出明智的决策，才能够在未来过上幸福而充实的人生。

三 每个人都有自己的花期

如果将每个女孩比喻成一朵花，那么每朵花的开放时间各不相同，因此花期也是不同的。有些花香艳而短暂，如昙花；有些花傲然挺立，在冰雪中迎接挑战，如梅花。莲花不会嫉妒牡丹，因为她清雅而不媚俗；长春花不会羡慕玫瑰，因为她能展示四季的美丽。

有些人在 40 岁时参加高考，有些人在 50 岁时开始创业。如果我们一味羡慕别人的生活，就会迷失了自己的方向。因为没有人的人生是完美无缺的，我们不应该简单地照搬别人的生活。

如果我们看到别人恋爱而羡慕不已，那么很可能我们也会羡慕别人得了第一名，或者嫉妒别人的多才多艺。

于是，我们也想刻苦学习，争夺第一名，同时还要培养各种才艺，时刻准备着展示自己的才华，心里还希望像朋友一样谈一场恋爱。这样像陀螺一样旋转的日子，即使不问是否符合自己真正的愿望，身心实际上也可能难以承受。

心理学上有个理论叫“社会比较理论”，人们通常会将自己与他人做比较，以评价自己的表现和价值。在追求完美的人生中，我们可能会不自觉地将自己与别人的花期进行比较，并感到焦虑和不满。了解到这一心理现象后，我们可以尝试将注意力转移到个人的内在需求和成长上，而非纯粹基于外部评价。

羡慕别人，其实只是在反映我们对自己处境的不满。我们不确定自己到底想要做什么，不确定自己想成为怎样的人，同时对现在的自己也不满意。这是人生的常态。

而且，我们生活在高度同质化的环境中，每个人的人生轨迹都非常相似：考大学，拼命读书，找工作，选伴侣等。因此，观察他人、依赖他人的选择甚至不自觉地模仿他人，这些都是可以理解的。

然而，每个人的人生只有一次，也是最宝贵的一次。没有必要让别人的行动扰乱我们的内心。

珍惜当下，人们倾向过于关注过去或未来，而忽视了珍惜当下的重要性。花期是生命中短暂而宝贵的阶段，我们应该学会欣赏和体验当前的时光，而非盲目追逐所谓完美的人生。

心理学中的“注意力偏差”指出，我们常常陷入思考未来和回忆过去的思绪中，而忽视了现在。因此，我们要提醒自己时刻留意和珍惜眼前的每一刻。我们有更明确的目标要实现，所以没有心思去羡慕别人。守护好自己的花期，清晨的露水会眷顾你，轻风会为你祝福。

当斜晖渐渐黯淡，即使再美妙的华尔兹也将落幕，身形纤细的影子，在幕布下含蓄而婉转，这份别致的情愫就像一出戏。在唯美的幕布落下时，只留下一丝轻叹。

女孩，请你勇敢地走出迷雾，拥抱崭新的未来。让你的人生如同一朵花，绽放出属于自己的光彩。

12 懵懵懂懂地答应他，稀里糊涂地被甩掉，很难过，怎么办？

那次寒假，我参加乒乓球比赛的集训，遇到了一个阳光帅气的男孩。他身穿一身蓝色运动服，给我留下了深刻的印象。

休息时，我们一起去楼下的便利店购买食物。一阵冷风吹过，正当我打了一个重重的喷嚏时，他意外地牵起了我的手。那一刻，我的心仿佛小鹿乱撞一般，他一直紧握着我的手，没有松开。

随后的日子里，我们一起漫步在银杏大道上，共同在书店阅读，还一起在巷子里的小吃摊买葱油饼，这些时刻让我感到非常开心。

然而，寒假结束后，我进入了妈妈所说的关键学习期——初二下学期。平时的学习让我感到枯燥，但我庆幸自己能够得到他的鼓励，我以为这段爱情经历很特别。

没想到，开学没几天，他约我到学校操场的一个角落，告诉我以后不要再联系了。我们删除了微信、微博、QQ 等所有联系方式，好像什么都没有发生过。

我的好朋友很心疼我，她说："你真的不该答应他，因为他对其他女生也是这样的。"

听到这些话，我感到非常委屈。现在我晚上经常失眠，思绪像章鱼的触角一样无法控制地蔓延着。回忆起和他在一起的场景时，委屈的眼泪就会涌出来。我不敢告诉父母，而且我的成绩也严重下滑。我该怎么办呢？

——14 岁女孩星遥

一 从“为什么”到“怎么做”转变，走出失恋的阴影

星遥经历了一次恋爱失败后，陷入了无法摆脱的失恋痛苦，此时她应该主动向父母或老师寻求帮助，通过他们的支持度过这段难过的时期。在青春期的恋爱中，不论我们是否承认，大部分都会以分手收场。因为在青春期，我们的心理变化很快，而爱情却需要长久的坚持和忍耐，这两者并不相符。

挫折是我们无法控制的一部分，也是成长过程中必不可少的环节。每一段经历只是一段经历，并没有好坏之分。

心理学中有一个重要原理，称为认知重构或认知重塑。这个原理指出，我们对外界事件的感受和情绪是由我们的思维方式和解释方式所决定的。

转念的关键在于改变我们的思维方式，从纠结于问题的原因转变为积极主动地思考解决问题的方法。这种转变可以帮助我们把焦点放在自己的控制范围内，而不是被困扰于那些无法改变的事实。

认知重构的具体方法包括：

1. 自我观察：意识到自己消极的思维模式和负面情绪，认识到这种模式对我们的影响。

2. 问自己积极的问题：改变思考方式，从“为什么”到“怎么做”转变。问自己：“我可以怎么做来解决问题？”“我可以怎样改变自己的想法和情绪？”等。

3. 寻求支持：与亲朋好友或其他专业人士交流，寻求他们的建议和支持，从他们的经验中获得启发和帮助。

4. 创造积极的环境：积极主动地参与喜欢的活动，发展兴趣爱好。注意消除消极因素，改变不利于自己情绪恢复的环境。

总之，我们可以转变思维方式，控制自己的情绪，并找到解决问题的方法。具体我们可以尝试将那些困扰我们的“为什么”问题转化为“怎么做”的思考方式：“如何让自己重新找回快乐？”“怎样避免成绩下滑？”……

这种思维的转变将成为我们摆脱困惑的第一步。星遥应该记住，星星点点的希望总会在你眼前闪耀，只要迈出第一步，整个世界就能瞬间恢复光明。

二 不只是失恋，缺乏认同才是真正令人难过的

青春期是一个身体飞速成长、心理逐渐成熟的阶段。从心理学角度，我们将 12~18 岁这段时期称为“同一性和角色混乱”阶段，也就是我们对自身身份开始怀疑的时期。

在这个阶段，我们可能会盲从他人的意见，过于关注他人的评价，甚至过度否定自己，逐渐失去了自我意识。我们可能会认为，“只要我表现乖巧、顺从，别人就会喜欢我”。

那么，什么是自我意识呢？自我意识指的是心中存在一个“真实的我”，这个“我”自信、自尊、自爱，对自己的行为负责，有能力意识到自己疲倦时该好好休息一下。自我意识帮助我们正确地认识自己，找到自己的价值。

当有个刚认识的男生牵起我们的手时，即使我们也稍微喜欢他，我们仍可以采取两种思维方式来处理：第一种是像星遥一样默认答应了；第二种是告诉他：“我们还是学生，应以学业为重，我暂时不想谈恋爱。虽然我对你也有点感觉，但我们才刚认识几天，互相了解还不够，所以让我再考虑一下吧！”

如果我们认真照顾好自己的内心，我们的内心一定会变得越来越强大。那么，我们可以采取哪些方法呢？我们给自己贴上三个标签，比如“乐天派”“幽默大师”“洒脱小姐”。同时，不断培养和提升这些标签所代表的能力。

有个女孩告诉我们，她上初二时，喜欢一个优秀的学长，并向他表白，但被拒绝了，没有得到肯定。她当时非常伤心。在老师的帮助下，她重新振作起来，将微信名字改为“潇洒小姐”，并立志考上北大。后来，当她走在北大未名湖畔时，回忆起曾经这段感情时，她已经完全释怀了。

三 失恋的痛苦，转化为追逐梦想的动力

失恋并不是一件糟糕的事，相反，我们可以把它看成进步的动力。生活就像一个盒子，里面装满了未知和挑战，我们无法提前判断其中是蜜糖还是炸弹。

美国心理学家费斯汀格提出了一个理论，生活中有 10% 的事情是我们无法掌控的，但另外 90% 是可以通过我们的努力来掌控的。虽然我们不能预测未来的天气，但我们可以养成看天气预报、准备雨伞未雨绸缪的习惯。

人生没有彩排，但我们可以提前规划，明确自己的目标和阶段，了解相关知识，并做好准备。这样做可以减少冒险和迷茫，使我们的生活更加清晰和有条理。即使计划无法完全按照预期进行，我们在奔向目标的过程中所付出的努力，也会成为人生的宝贵经验。

尤其是在青春期，未来的可能性是无限的。即使遭遇失恋的伤痛，我们完全可以掌控自己的未来。

我们可以运用心理学原理“增长型思维”来帮助自己更好地转变。这是心理学中的一种观念，认为个体的能力和智力可以通过努力和学习而不断发展。在失恋后，我们可以采取增长型思维，相信自己可以从经历中吸取教训，并发展出更强大的情感和适应能力。

就像 16 岁的波兰姑娘玛丽亚一样，她爱上了某个贵族

家庭的长子卡西米尔，然而他们的婚姻因卡西米尔父母的反对而被迫结束。玛丽亚感到非常痛苦，整夜无法入睡。但她凭着顽强的意志，为自己规划了未来：她将个人的不幸转化为献身于更大目标的动力，勇敢地前往巴黎求学。

正是因为这次失恋，玛丽亚成为我们所熟知的居里夫人，她被誉为迄今为止最伟大的女科学家之一。

当我们有了长远的目标，就不会因为暂时的挫折而沮丧。我们可以思考一下自己未来的目标，例如明天要完成哪些作业？未来一周想做什么？期末考试希望取得怎样的成绩？五年后，希望成为怎样的人？我们可以将这些目标记录在笔记本上，为自己的未来努力。

因此，失恋并不可怕，我们可以将其视为前进的动力，为自己的成长和进步而努力。

13 暗恋坐在后桌的男生，上课总走神，怎么办？

坐在我后桌的男生，他是班上有名的运动健将。每次学校举办运动会，我总能在田径场上看到他飞驰的身影。起初，我只是觉得他是我羡慕的对象。但有一次看到他后，我感到心跳加速，让我明白我们之间不仅仅是单纯的友谊。

在我们学校的运动会上，他作为我们班的代表，与其他队友组成篮球队。看着他在篮球场上笑得那么阳光，尤其当他从我身边跑过时，我闻到他身上干净的洗衣液味道，我的嘴角不自觉地挑了起来。

不过，在半场休息时，几个女生都跑过去给他送水。我的第一反应是想把她们赶走。然而，我只能默默攥紧手中早已备好的矿泉水。当我抬头时，他已经来到我面前，拿走我手中的矿泉水，并说了声："谢谢，前桌。"我的心狂跳不已。

从那时起，我经常会不自觉地关注他，上课更是如此。为了避免频繁扭头引来老师的注意，我专门买了一面小镜子。看着他认真听课的模样，我沉醉其中。

然而，我的成绩与我对他的倾慕程度成反比。虽然他热爱运动，但他也是一个顶尖的学霸，这让我看到巨大的差距，焦虑和迷茫交织。我该怎么办呢？

——14 岁女孩星星

一 了解心动背后的原因

教育家苏霍姆林斯基曾言："在爱情的教育书中，未成年人的恋爱是一个无法回避的问题。这不是卑鄙无耻的事情，它只能说明孩子的生理和心理已经向成熟迈进了一步。"

青春期的懵懂和萌动，让我们产生靠近某个人的幻想。随着时间的推移，我们沉浸在这种青涩美好的感觉中，认为对方的一举一动都围绕着自己发生。

青春期是一个充满情感波动和探索的阶段，感情容易受到各种外部因素的影响和诱惑。因此，我们需要保持清醒的头脑和理智的思考，以便做出正确的选择。

心动并非来自他人，而是来自内心对自己的回响。作为青春期女孩，了解心动背后的原因对于更好地认识自己的心理状态非常重要。以下是一些常见的心理因素。

1. 缺爱心理：童年时期情感缺失，导致对爱和关怀有着强烈的渴望。

2. 依赖心理：希望找到一个能保护和照顾自己的人，依靠对方的力量来化解学习中的压力和困难。

3. 空虚心理：内心空虚，精神世界空白，渴望找到一个能填补内心空虚的朋友，从而缓解空虚感。

4. 逆反心理：可能由早期经历或个性原因引发，表现为常常对事物或人持对立、抵触、反对态度的心理状态。

5. 模仿心理：羡慕他人的感情关系或追求社会认同，因此选择模仿别人，盲目追求符合标准的感情体验。

通过了解这些心理因素，我们可以更好地认知自己的感情状态，并在其行为上进行调整和改进。这样能够帮助我们做出更明智的决策，维护自己的心理健康。

莎士比亚的经典剧作《罗密欧与朱丽叶》，讲述他们年轻时激烈而受命运玩弄的爱情故事，以此来说明青春期感情的起伏和冲动。

星星可以自我反省，了解自己的心理状态。一旦有了觉察，我们才能对目前的行为进行调整和改善。

二 “你若盛开，蝴蝶自来”，追求爱情的智慧之道

在追求爱情的道路上，过早地展开一段关系可能会带来一些弊端。处理不当可能会导致成绩下降、心态不稳定甚至会受到伤害。特别是在中学时代，热衷于与恋人在一起可能会面临孤立和边缘化的问题。

例如，曾经有个女孩子，在高中时期过早地开始了一段恋爱关系。他们彼此沉浸在甜蜜的爱意中，而忽视了学业的重要性。结果，他们的成绩下降了，最终影响了他们的升学机会。这个案例表明，过早地投入感情可能会分散我们的注意力，让我们无法充分发挥潜力。

因此，我们需要学会理性思考，保护好自己的身心健康，这是每个人都必须学会的功课。

就像另外一个女孩子一样，当她意识到自己喜欢一个男生时，并没有急着去追求。相反，她决定专注提升自己。她一心专注学业，发展兴趣爱好，并参加各种课外活动。不仅增加了她的知识储备，还锻炼了她的才艺和社交能力。最终，她成功地吸引了自己心仪的人，并建立了一段健康稳定的关系。

有人说："你喜欢一匹马，不要去追，而要去种草。等到春暖花开的时候，马会被草吸引。所以喜欢一个人，先提升自己。"这句话简明扼要地表达了一种智慧的追求方式。

当我们喜欢某个人时，如果只是偷偷躲在暗处默默关注，或者采取强求的方式争取对方的注意，往往会使我们显得幼稚和滑稽。相反，如果能够通过提升自身来吸引对方的注意和欣赏，不仅能够增加自己的魅力和自信，还能在追求的过程中获得更多的成就感和自我认可。

例如，一位朋友在大学期间遇到了自己心目中的理想伴侣。而他没有急着表白或者追求，而是决定通过自己的努力让自己变得更加出色。他努力学习，积极参加社团活动，并且在一次学术竞赛中获得了第一名。这次的成就不仅给了他自信，也吸引了他所喜欢的人的注意。最终，他们建立了一段健康、稳定、相互欣赏的关系。

当我们的眼界开阔、境界提高时，我们会变得更加独立和自信。我们对金钱观、爱情观等方面的看法也会得到优化和提升。这样一来，我们接触的人和世界也会发生变化，从而才能遇到那些与自己匹配的人和事物，从而获得更好的生活体验。

一位老师曾经对她的学生说："安静做事，深入思考，理智选择，保护好心中最美好的爱情，不要轻易付出、交换自己最美好的爱情。"这段劝告启示了我们保护自己内心珍贵的爱情的重要性。

浅喜似苍狗，深爱如长风。我们要将这份心动转化为学习的动力，让我们变得足够优秀。也许当时间推移，许多困扰已经自然化解。

心理学上有个理论叫作"自我实现预言"，是指一个人对自己的预期和信念会影响其行为和表现，进而使这些预期和信念成为现实。

通过这样的智慧追求爱情，我们可以在实现自己目标的同时，培养更美好的品质和能力。当我们成为更好的自己时，爱情也会如蝴蝶般翩然而至。

三 小技巧让你转移注意力

有时候，我们难以抑制内心澎湃的心动。那么，如何有效地转移注意力呢？下面介绍几种方法，帮助你保持积极心态，坚定信念，实现理想人生。

我们可以采取自我奖励的方式来激励自己。当面临困难

和挑战时，我们可以给自己设定目标，在达到或超越这些目标时给予自己一些小的奖励，例如，享受一些零食或甜点。

就像乐坛天后玛丽亚·凯莉一样，她曾表示，只有完成了一天辛苦的工作才能给自己奖励一杯香槟，这种自我奖励的方式帮助她保持了积极的心态和专注力。

情感控制确实需要花费时间和精力，需要采取一系列实际行动来掌控自己的情绪。除了自我奖励，我们还可以学习一些情绪调节的技巧。

首先，从身体上开始调节。

通过深呼吸、放松肌肉、进行自我暗示等方法来帮助缓解焦虑和负面情绪。就像世界顶级高尔夫球手伍兹一样，他在比赛中常常利用深呼吸和放松肌肉的方法来调整自己的情绪状态，保持专注力和稳定的心态。

其次，参加体育活动。

体育运动可以释放多巴胺和血清素等物质，让我们感到愉悦。当我们感到快乐时，很多问题也能够迎刃而解。

就像奥运冠军迈克尔·菲尔普斯一样，他在游泳训练中通过释放运动带来的愉悦感，转移了注意力和压力，帮助他在比赛中取得优异的成绩。

最后，积极参与社会活动。

要想让生活变得充实，就要多学习、参加各种社会活动，扩充自己的眼界和阅历。就像成功企业家杰夫·贝索斯一样，他在亚马逊公司的发展过程中不断追求挑战和学习，丰富了自己的人生阅历，帮助他掌握了情感和人生的更大控制权。

总之，学会转移注意力并掌控情感是很重要的。通过自我奖励、情绪调节技巧和积极的生活方式，我们能够更好地应对心动情感，实现自己的理想人生。让我们勇敢追求内心真正的满足和成就吧！

14 我被猜测和体育委员在谈恋爱，每天生活在“闲话”里，怎么办？

我还记得，我和体育委员开始接触是在这个学期初。当时，班级里只有我和体育委员具备参加市里健美操比赛的资格，因此我们一起成了这次比赛的选手。

我俩都非常重视这次比赛，希望能够为班级和学校争取一个好名次。因此，每天下课后我们都会聚在一起讨论，探讨应该如何完成每一八拍的动作，是否需要对某些动作进行修改。

比赛的日子越来越近，我们每天都在一起刻苦训练。有时候我们会因为太过投入而忘记吃晚饭，所以有时候他会热心地为我带回一份晚饭，或者我给他带一个饭团。

在比赛期间，我们全心全意地投入到准备工作中，完全忽略了其他事情。最终，我们在比赛中获得了一等奖，一起站在领奖台上得到了属于我们的奖杯。我们感到非常开心和骄傲。

然而，当我拿着奖杯想要和同学们分享的时候，却遭到了一些阴阳怪气的嘲讽。有些同学说：“不愧是小情侣啊，你们之间可真有默契啊！”还有人说：“你们是在比赛还是谈恋爱呢？”我试图反驳她们，但她们拿出了一张练习时体育委员抱住我的照片作为证据，让我无言以对。

的确，在比赛期间，我们需要并肩作战，因此我们的行为举止可能看起来有些亲密。但这只是健美操这项运动本身的要求，并不代表我们正在谈恋爱！

现在，只要我和体育委员交谈或者递个东西，就会听到一片唏嘘声。无论我如何解释都没有用，这真的让我很伤心。我该怎么办呢？

——14岁女孩小欣

一 负面情绪与成长：接受、理解和学习

有时候，我们会因为别人的话而感到伤心。这是一种正常的情绪反应，也是我们每天都会经历的各种情绪之一。情绪分为正面和负面两种，在心理学上，喜悦、快乐和轻松等属于正面情绪；而焦虑、愤怒和悲伤等则属于负面情绪。

有人认为正面情绪是好的，而负面情绪是坏的。但实际上，情绪只是我们身体的一种能量，没有好坏之分。当你想要把某种情绪从你的生活中完全排除时，你实际上是剥夺了你让自己成熟、自我教育、自我修正的机会。

而且，负面情绪并不意味着我们失败或弱者，它们与我们的生活息息相关。

著名作家海明威，在他的作品中常常表达出沮丧和孤独的情绪，而这些负面情绪正是他创作出伟大作品的动力源泉。

同样，艾米丽·迪金森，这位著名的诗人，在她的诗歌中表达了许多悲伤和孤独的情感，这使得她的作品具有了深度和感染力。

负面情绪的存在是有其原因的，心理学家认为它们是我们身体与外界环境相互作用的结果。例如，当我们遭遇挫折、失去亲人或受到不公平待遇时，我们很容易感到伤心或愤怒。这是一种正常的反应，它们提醒我们需要关注自身需求、保护自己或寻求帮助。

此外，情绪也受到认知和解释的影响。如果我们将某种情绪解读为威胁或失败，那么它会引发更强烈的消极情绪。相反，如果我们能够采取积极的思维方式，尝试从困境中寻找机会或教训，我们就能更好地应对负面情绪。

所以，当我们感到伤心时，可以尝试采取以下方法来应对。

1. 情绪认知重构：审视自己的思维方式，思考是否存在消极的解释和思维模式。尝试将负面情绪转化为积极的思考，并寻找积极因素。

2. 情绪调节策略：通过运动、冥想、与亲朋好友交流等方式来平复情绪，改善心境和情绪状态。

3. 自我关怀和照顾：保持良好的生活习惯，注重身体健康和心理健康，参加一些自己喜欢的活动或给自己一些休息时间。

心理学的研究强调了情绪的重要性以及情绪与行为、健康和幸福感之间的关系。

所以，我们应该坦然接受负面情绪，将它们视为自己身体的一部分，允许它们与我们融为一体。当我们感到伤心时，可以尝试探究以下问题：

1. 具体是什么事情让我们感到伤心？

2. 造成这种情绪的原因是什么？

3. 有哪些人可能存有恶意？通过了解事情的来龙去脉，我们可以从情绪中解脱出来。

他人对我们的评价，如果我们换个角度来看，也可以帮助我们全面地了解自己，对自己的行为和言行进行微调，纠正自己的问题。这是一次宝贵的经历。通过接受、理解和学习负面情绪，我们可以成长并提升自己。

二 提升自我价值，遇强则强，遇弱则弱

稻盛和夫曾说过："人活着就要成为一个有锋芒的善良人，遇到强者时保持坚强，遇到弱者时展现温柔；面对善良的人，我们也要善良相待；遇到邪恶之人，则要坚决翻脸，以此让他人看清楚我们的底线。"

想象一下生活如同大棚里的蔬菜，可以永远躲避风雨。然而，我们不是蔬菜，是处于青春期的年轻人，无法凭借家庭的保护而将一切封闭起来。社会是一个五彩缤纷且多变的世界，值得我们用一生去探索。

在人生的旅途中，我们难免会遇到一些小摩擦和挫折。虽然我们无法控制困难和挫折是否发生，但处理群体中的人际关系是我们成长路上必不可少的一课。

有时我们会与他人发生冲突，有时我们的功劳会被别人抢走，有时我们会被人议论……然而，提升自我价值可以帮

助我们更好地应对生活中的风风雨雨。

举个例子，假如你遇到一个从未接触过手机的人。当他看到你手里拿着价值 5 000 元的手机时，他可能会质疑："这东西不好吧！""它有什么用处呢？"……不管他说了什么负面的评价，我们都会轻松一笑，因为我们对手机的价值充满自信。

如果你买了一个翡翠手镯，并带着紧张和恐惧找专家鉴定，你将因为不确定它的真假而感到焦虑。强大的自我价值感能够稳定我们的内心，让我们坚信自己。提高自我价值有助于塑造我们适应能力强的形象，让我们有底气面对任何强者或弱者，彰显自己的实力，防止被他人欺凌。

能否经得起他人的闲言碎语是衡量自我价值的一个重要标准。闲言碎语并不可怕，可怕的是我们开始怀疑自己。

美国著名诗人罗伯特·弗罗斯特在他的诗《两条路》中写道："我选择了人迹更少的一条路，这使得一切都不一样。"这句意味深长的金句鼓励我们要敢于选择不同寻常的道路，勇敢探索，从而提升自我价值。

我们可以经常进行自我暗示："我是强大的""我是勇敢的""我是有价值的"等。这样做能够使我们灵活地适应不同情境，善于应对来自各方面挑战。

三 用幽默和智慧，去化解生活中的恶意

决定我们青春的广度和深度的关键不在别人，而在自己。

在生活中，当我们与他人发生摩擦和冲突时，可以运用幽默来化解矛盾，将敌人变成朋友。

心理学研究表明，幽默能够调节情绪，缓解紧张氛围，促进良好的人际关系。幽默，简单地说，就是“不按常规出牌”。比如，当小欣要反驳她们时，她们拿出了让人哑口无言的证据，这个时候，小欣可以利用幽默的力量来缓解局面。她可以说：“看来你们有当警察的潜质啊，找了这么多证据！可惜这些证据都无效，让你们白忙一场，咱们的期末考就要到了，正事要紧，还是回归焦点吧。”

通过改变观察角度，我们可以解决复杂的沟通难题。美国心理学家发现，幽默能够改变思维方式，帮助人们从不同角度看待问题。

学会幽默，你会发现很多过去令人尴尬的场景不再让你害怕。

学会幽默，你会发现那些令人手足无措的时刻可以被微笑所代替，而且你能赢得更多人的好感。

学会幽默，你会发现自嘲能够放松紧绷的心情。

有一位著名喜剧男演员年轻时的生活并不如意，为了谋

生，他在酒吧唱歌，观众们经常会发出唏嘘声：“你唱得真难听，下来吧！”这时，他运用了幽默的智慧来化解尴尬的局面。他顺着观众的话下台说：“好的好的，我下来了，但我还是给大家唱首《喜欢我的人都好运》。”他的幽默化解了紧张气氛，让大家哈哈大笑之后，他又开始继续唱歌了。

幽默是一种力量，既能调节情绪，又能改变思维方式。

心理学研究表明，幽默具有积极的心理效应，可以促进心理健康，提升人际关系质量。

只要我们去发掘和练习，每个人都可以驾驭这股力量，从而帮助我们排除生活中的小石头，跨越人生的小障碍，收获良好的心情，拥有好人缘、智慧和大格局！

第4部分

CHAPTER 4

爱是小欢喜和忧伤

15 互相喜欢的我们只能网恋，怎么办？

“你知道吗？今天我因为上课不专心被老师批评了，因为我无时无刻不在想你。”

“你最近好吗？放学回家要专心过马路，可不要太想我哦！”

在网络的虚拟世界里，有时候我们会遇到那个让我们心动的人。我也曾经遇到了一个特别的人，他的网名叫“陌路离殇”。

尽管我们彼此喜欢，但由于现实的限制，我们只能网恋。这种情况下，我感到非常矛盾，不知道该如何处理。

我们的交流建立在QQ上，每天都有精彩的对话。他总是用一些浪漫的话语来打动我，比如说：“如果我是天上的明月，你愿意做最近的那颗星陪伴我吗？”这些话语让我感到无比幸福，却又无奈地意识到我们之间的距离。

我们互相分享着生活中的点滴，他关心我上课是否认真，还提醒我放学要注意安全。我们之间的联系始终只限于文字和语音聊天，因为我们所在的城市并不近，而且学业压力也很大，家长也对我们的行踪进行了严密的监控。这样的限制让我们无法见面，无法像其他情侣那样享受现实中的浪漫和亲密。

曾经他提出了一个想法，在暑假的时候来我所在的城市看我。这个想法让我既开心又矛盾。我想象着我们一起逛街、品尝美食的场景，但同时也害怕被父母发现，所以很快就回绝了他。这个决定让他感到了失望，我也开始思考，我们的关系是否只能停留在网络。

互相喜欢的我们真的只能网恋吗？我感觉好矛盾。不知道该怎么办？

——15岁女孩晓轩

一 虚拟的世界里，有如梦幻的彩色泡沫

如今，信息技术的飞速发展让网络成了人们交流的广阔空间，而我们往往会陷入网恋的诱惑中。在这个虚拟的世界里，我们容易被所谓的网络浪漫所吸引，渴望在网络上找到心灵的共鸣、理解，甚至是爱意。

然而，我们要提醒自己的是，虚拟世界并非现实生活。就像传统故事中的美丽泡沫一样，网恋中的彩色泡沫也是脆弱的。它们看似绚丽多彩，却难以触摸和珍藏，往往会在现实的洗礼下破裂。

有一个 19 岁的姑娘—吴菲菲，在网络中与一位男子坠入了爱河，而当两人见面后才发现自己上当了，对方并非大学生，而是一位 40 岁的大叔。最终，她被骗入了山中，与对方结婚生子。这位年轻、貌美的姑娘就这样失去了她的青春。

这个故事不禁让我们想起《红楼梦》中的黛玉。黛玉与宝玉的相思之情也是虚拟的，他们只能通过写信和作诗来表达彼此的内心。然而，当两人在现实世界中面对各种阻碍和不可预料的变数时，黛玉终究化为了一声叹息。

还有一位 16 岁的女孩小欣也曾陷入网恋，并决定乘坐高铁与对方见面，结果可想而知，她不仅被骗取了金钱，还遭受了身体上的伤害。

有些人之所以网恋，是为了寻找心灵寄托，而另一些人则是出于个人欲望，通过巧言令色来达到隐秘的目的。少男少女缺乏辨别力，轻易地陷入网恋之中，但他们却不知会自食苦果。

不同于真实环境下的恋爱，网恋的幸福往往建立在理想化和投射的基础上。在未曾见面的情况下，我们容易将对方塑造成自己心目中完美的形象。然而，世界如此广阔，如果我们草率地决定见面，结果将是无法预料的。

在虚拟的世界里，网络两边的人常常会夸大自己的优点和美好品质，同时掩盖自己的缺点，因而蒙上了一层神秘性和浪漫性。然而，网络并非现实生活，不要被过于浪漫的幻想所蒙蔽，要保持警觉和理性，因为网上聊天的人大多不是真实的自己。如果有机会步入现实，我们应该深思熟虑，理智面对，并且获得必要的保护和支持。

二 爱情除了行动中能表露，心灵感应和感觉也很重要

网恋是一种常见的情感交流渠道，两个人互相喜欢但只能在网上交流是很正常的情况。在网恋中，人们可以倾诉自己的内心世界，相互安慰与理解。

晓轩和她的男友觉得网恋很有趣，并且他们建立了一段有积极影响而又能管理好时间的恋爱关系。但这种爱情无法

在现实生活中有体现，只能建立在虚拟的网络上。

天津某学院的一位女大学生却做出了让人无法想象的决定。她盗窃了自家的两张大额存单，并提现给了她在网上曾经“一见钟情”的男友。这个悲剧性的事件揭示了网恋的随意性所带来的潜在风险。

在虚拟网络中，真假难辨，这是因为网恋具有欺瞒性质。互动的双方都隐藏在信息符号背后，谁也不知道谁，所以，一定要擦亮自己智慧的双眼，切勿沉迷于网恋。

因此，像晓轩这样的女孩子应该正确认识网友，并注意保护自己和家人的隐私与人身安全，不要让陌生的网友进入现实生活中。

对于网恋，我们都应该保持警惕谨慎和理性的态度，不要盲目地失去判断力和乱了心智。晓轩可以冷静一段时间，倾听旁观者的意见。如果这段网恋对她的学习生活甚至对对方的生活产生了负面影响，那么应早点跟网恋说“拜拜”。

三 人生忽如寄，青春如彩虹

当生活逐渐磨去人们的锋芒时，我们会突然发现，青春仿佛一去不复返。这是因为人们在面对现实的种种挑战时，往往会经历心理学上的“认同危机”。认同危机是指个体在青春期思考自我身份、价值观和归属感时所面临的内心冲突与困惑。

像晓轩这样的年轻人常常误以为爱情很简单，只需将两个人紧紧绑在一起。然而，心理学的依恋理论认为：人类在建立亲密关系时，会通过依恋行为来满足安全感和满足感。但真正的爱情需要更多的是双方的共性原则，即拥有共同的价值观、兴趣爱好和目标，这样的关系才能持久稳定。

青春就像绚丽的彩虹，美丽而短暂。在这短暂而美好的时光里，晓轩可以运用“自我塑造理论”来培养自己的兴趣爱好，专注于学习，为未来储备能量，成为更出色的人，从而在更加优秀的空间和平台上找到更适合自己的伴侣。

此外，日常生活中积极与父母沟通，体验友情和亲情的温暖与关爱，这是社会支持理论所强调的重要因素。

席慕蓉在《幸福》中写道：“幸福的爱情都有相似之处，而不幸的爱情则各有各的原因，最常见的原因有两个：太早或太晚。”这恰好体现了时间适应理论。时间适应理论认为，人们需要在适当的时机追求爱情，早或晚都可能导致幸福的爱情受阻。

因此，晓轩应该将精力放在追求崇高理想和实现个人价值上，以充分发展自己的潜力。

晓轩与她的男友在网恋中相互喜欢，然而这段感情最终会被时间打磨，成为记忆长河中的微尘。会随着时间的推移逐渐淡忘。

我们在青春期可以仔细体会一件事情：随着时间的流逝，从初中到高中，再到大学或踏入社会，我们的知识和经历逐渐丰富，真正成熟起来后，我们会发现，曾经深深爱慕的人，可能因为性格和志向的变化而无法继续相伴。

自我实现理论认为，个体在追求自我成长和实现个人潜能的过程中，会经历自我调整和重新评估，这可能导致与旧有的伴侣产生不匹配。

因此，对正值青春时期的我们而言，学业才是最终的目标。我们要健康快乐地成长学习，与家人和朋友多沟通交流，这是心理幸福理论所推崇的方式。当我们变得足够成熟时，会遇见真正的爱侣，共度一生的真爱。在这个过程中，我们要有耐心和智慧，经过认真思考和平衡取舍，做出最合适的抉择。

16 我对单眼皮的男明星特别着迷，怎么办？

我是一个15岁的女孩，最近沉迷于一位单眼皮男明星，他就是中国歌手和演员张艺兴。每当我看到他的照片或视频时，心就会不受控制地跳动。

对于为何如此着迷，我真的不知道。也许是因为他的歌声如同天籁，也可能是因为他的舞姿帅气无比。更重要的是，他的单眼皮给他增添了独特的魅力，让他显得与众不同。但我不知道该如何应对这种着迷之情。我渴望能尽可能地接近他，可又感到束手无策。

有一次，在学校里我和我最好的朋友聊天。她问我最近是否喜欢上了谁。我有些不好意思地告诉她，我对一位单眼皮的男明星特别着迷。她听后笑了笑，然后对我说："你可能只是迷恋他的外表吧，毕竟你并不认识他，怎么能确定他是个好人呢？"

这番话让我感到很不开心。我并不仅是迷恋他的外貌，而是欣赏他的才华和个性。但我也深知，我们之间存在着无法逾越的鸿沟。他是一位明星，而我只是一个普通学生，我们之间的距离是如此遥远。

某天，我偶然在网上看到了一张他的照片。照片中，他穿着一件黑色衬衫，手捧鲜花，微笑着凝视镜头。那个瞬间，仿佛时间停止了。我沉醉于他那温暖的笑容中，心中却又涌起了一丝无奈与迷茫。我感觉自己像是坠入了梦境，不知该如何唤醒自己。

或许有一天，我会有机会亲眼见到他，近距离感受他的存在。但现在，我只能默默地欣赏他的作品，为他的成就喝彩。我既对他着迷，又觉得自己很傻，我该怎么办？

——15岁女孩欢欢

一 追星的背后原因

每个人的青春都充满了独特的喜好，了解追星背后的原因可以帮助我们更客观地看待这个现象。追星的原因多种多样，让我们来探索其中的奥秘。

自我认同是追星一个重要的原因。正如心理学家爱利克·埃里克森在《童年与社会》中所言：“人从出生开始就追求自我认同。”崇拜偶像成为获取自我认同的一种方式。正是通过追星，我们可以找到与自己价值观和人生观相符合的偶像，从而加深对自己的认同感。

情感需求也在追星中扮演着重要角色。尤其是青春期的少年们，面临着学业上的巨大压力，内心敏感而脆弱，渴望寻找情感抚慰和思想交流的机会。

正是在明星的形象、音乐作品和演艺作品中，我们能够找到共鸣和慰藉，将偶像视作最遥远却又最亲近的朋友。

同时，追星也有助于满足社交需求。青少年们会与志同道合的朋友们聚在一起，畅聊关于明星的话题，分享彼此对于偶像的热爱和敬仰。

正如莱斯特大学的心理学家约翰·莫尔特比和戴维·贾尔斯指出的那样，能够良好调节情绪、善于交际的追星族通常都拥有较好的人缘。

而追星的另一个原因则是对强者的崇拜。这种崇拜源自我们内心深处的本能需求。无论是在动物世界还是在人类社会中，强者总是备受推崇。

虽然娱乐明星未必取得了顶尖成就，但通过媒体的包装和创造的“光环效应”，我们往往给予偶像高度的评价和期待。

追星并不只是一种娱乐活动，它背后蕴含着我们对真善美的追求和对梦想的坚守。让我们拥抱追星带来的快乐，并从中汲取力量，让自己的青春更加光彩熠熠。

二 追星的积极和消极影响

有人说青少年追星，崇拜偶像是他们成长过程中的一个阶段性行为，也是他们走向成年的一种过渡行为。从某种程度上看，我们确实需要偶像，因为偶像可以成为亲近的朋友，也可以在我们心灵深处点亮一盏“启明灯”。

然而，我们要全面地对待事物，凡事都有利有弊。那么追星会给我们带来哪些积极的影响呢？

首先，崇拜偶像可以激励我们。偶像通常具有突出的特质和闪光点，这些特质可以对我们产生相应的激励和引导作用。

例如，有些人的偶像通过不懈的个人奋斗，由默默无闻逐渐走向成功。他们的经历和轨迹可以激励我们去学习、吸

取养分，努力实现自己的理想。即使遇到挫折，我们也能从中获得精神上的支持。偶像发挥着榜样的力量，并且我们是主动选择偶像的，这种认同感会更强，激励效果也更显著。

其次，追星还可以促使我们不断提升自我，挑战自我。在这个过程中，我们会变得更积极、更上进。我们在追星的过程中自我会得到完善和升华。

镜像神经元是大脑中的一类神经元，当我们观察别人的行为时，它们会激活，仿佛我们自己在执行同样的动作。这解释了为什么我们在看到偶像表演时会产生强烈的情感共鸣和效仿行为。我们的大脑仿佛在与偶像进行互动，这种体验可以让我们感到愉悦和满足。

然而，偶像崇拜也会带来一些消极影响。其中之一就是容易陷入极端，表现出盲目性和狂热性。

一些极端追星的人往往认为偶像的优点可以掩盖所有缺点，将其神化。然而，他们常常无法真正了解偶像的真实情况，从而做出盲目和非理性的选择。

正如有人说的那样，我们又不认识他，怎么知道他一定是好人呢？我们对偶像的评判往往是基于媒体的报道，不一定完全准确。

最后，不理智的追星行为会阻碍我们身心的健康发展。作为青少年，我们通常没有条件和经济能力去购买大量明星代言的产品，参加高价的见面会或购买昂贵的演唱会门票等。

因此，追星并不可耻，但我们需要理智地崇拜，要清楚偶像只是一颗星，而我们才是真正的太阳。

总的来说，追星行为既有积极的影响，也有消极的影响。我们应该意识到偶像崇拜的两面性，学会从中汲取正面的激励和精神支持，同时保持理智和平衡，以确保我们的个人成长和健康发展。

三 榜样的力量：启迪心灵的无穷魅力

榜样的力量是无穷的。在心理学的视角下，偶像崇拜被定义为一种个人通过模仿和认同他人的行为和价值观的过程。它既有个人的自由选择和偏好，也存在对偶像的神化和崇拜。

偶像的存在能够激发人们无限的想象力，而偶像的言行更能赋予我们巨大的力量。因此，偶像认同不仅是个人倾向的选择，也是自我激励的需求。从心理学的角度来看，偶像崇拜本质上是一个将价值内化的过程。

我们追随偶像并喜欢某个特定的偶像，可能会整日沉浸在阅读他的书籍、聆听他的音乐、背诵他的诗歌、观看他的电影中。因此，偶像崇拜不仅是一种事实，更是一种强大的动力。

在青少年时期，我们对偶像的崇拜常常带有一些盲目跟从和狂热。这是成长过程中常见的现象，因为在这个阶段我们尚未完全形成自己的独立见解，很容易随波逐流、盲从他人。

然而，偶像崇拜的经历，受到同伴的认同或质疑的经历，最终会让我们学会自我独立，而不是整日沉迷于所谓“追星族”的虚幻梦境中，浪费宝贵的光阴和青春年华。毕竟，偶像人物往往只是我们看得见却摸不到的存在。

偶像崇拜需要将其价值内化。我们崇拜偶像，重要的是对其价值观的内化，而不是过度神化他们的形象。我们需要相信他人，同时更需要相信自己的力量和潜能。

从社会学习理论来说，榜样的力量可以通过观察和模仿来进行社会学习。人们倾向于模仿那些他们尊敬和崇拜的人，从他们身上学习其价值观、信念和行为模式。

通过榜样的力量，我们被启迪和塑造。偶像为我们提供了一个积极向上的范例，激发了我们追求卓越的欲望。当我们以正确的方式理解和追随榜样时，我们可以在自我成长的道路上获得灵感和指导，并最终成为我们自己的榜样。

17 我的初恋很“坏”，但我就喜欢坏坏的男生，怎么办？

他的名字叫马豪，在我上初一的时候成了我的同桌。他在体育方面很优秀，经常是全校长跑比赛的冠军。他给人一种坏坏的感觉，似乎还有点花心，但不知怎的，我就是喜欢这种坏类型的男生。

学校门口的通报电子栏经常有他的名字，通报内容大多涉及打架或旷课等不良行为。奇怪的是，相对于学校发布的表扬信和优秀学生名单，通报似乎更受欢迎，同学们总是围在一起争相一睹为快，口中不停地感叹：“马豪又成了通报批评的对象了！”

“你听说了吗？他一个人打倒了四个高中生。”

“哇，太厉害了！”

马豪个子很高，身上散发着一股痞痞的坏气息。他似乎自带“主角光环”，常常穿着牛仔装，一手插在口袋里。他的学习成绩不算好，可能是因为老师觉得我比较乖巧，所以把他安排到了我的旁边。

有一天，他约我一起去操场跑步。快要结束时，他突然停下来，对我说：“做我女朋友吧！”还没等我反应过来，他已经拉着我的手，在操场上跑了三圈才停下来。

只要我们有时间，马豪总是会带着我一起去玩，我们打游戏、滑旱冰、打乒乓球、打网球，他的爱好真是太广泛了。难怪有人说他“不务正业”。虽然我并不擅长运动，但为了他，我也努力参与。

自从和马豪在一起后，他成了我的关注焦点，似乎到处都能听到和他有关的消息：

有其他班的女生写情书给马豪了；体育课上他与老师发生冲突；数学老师找他的家长谈话；还有一次他因为和家人吵架而生气，几天不来上学……

当面对周围人对马豪的评价时，我有时会感到困惑。或许在大人们眼中，他确实有些坏。但不管怎样，我就是喜欢这样的他，我该怎么办呢？

——13岁女孩青青

一 所谓的“主角光环”，有可能是我们认识的不全面

在第一次世界大战期间，美国心理学家爱德华·桑代克进行了一项研究，他要求军官从智力、体力、领导力和性格等多个方面对士兵们进行评分。

然而，结果让桑代克大为惊讶，因为军官们似乎普遍认为，相貌堂堂、身姿挺拔的士兵必然具备百发百中的射击技巧，内务管理优良，多才多艺。桑代克将这种现象称为“光环效应”。

然而，光环效应经常使我们无法全面地审视问题，有时甚至会因此偏见地做出错误的决定。同样，在与同学相处的过程中，光环效应也会显现出来。特别是处于青春期的少年们更容易将对某个人某个特质的偏好转化为对其整体的判断。

比如，当你看到马豪表现出卓越的体育才能，许多同学对他的出类拔萃表示赞赏；当你目睹马豪勇敢地向你表白时，你就产生了一种他很酷、很有个性、很有力量的感觉。这些感觉使你不自觉地对他产生了好感，甚至在不经过深思熟虑的情况下就答应了他的表白。

然而，如果我们抛开马豪身上的这些“光环效应”，真正去深入了解他，我们可能会发现自己的想法前后截然不同。当面对别人对马豪持不同看法时，比如他逃课、对老师

不敬、不上学等行为，如果我们只顾坚持自己的立场，会不会容易失去整体判断力呢？

俄国文豪果戈理在《钦差大臣》中讲述了一个故事：一个倾家荡产的赌徒被错误地认定为微服私访的大臣，于是他的蛮横无理行为被误解为是掩饰身份。他的贪婪无度也被当地豪绅视为了攀附的工具。他夸夸其谈，得到了所有人的羡慕目光。

为了讨好这位假冒的钦差大臣，人们只看到了他身上的光环，却没有注意到他的破绽，直到他逃离，也没有人发现他其实是个冒牌货。

我们应时刻提醒自己，要保持一定的距离，从更广阔的角度观察、分析和思考，这样才能更好地做出判断和决策。只有摒弃“光环效应”，我们才能获得更全面、更准确的认知。

二 扩展我们爱的渠道，更好地爱自己

喜欢坏坏的男生背后的原因之一可能是来自家庭，尤其是父爱的缺失。

根据心理学研究，父亲在孩子成长过程中扮演着重要的角色。他们的行为举止会成为孩子模仿的对象，尤其对于女孩子来说，父亲更是她们接触的第一个异性，这为她们在今

后如何与异性接触、怎样相处树立了标杆。

如果你总喜欢坏坏的男生，也许是因为你从小缺爱，导致青春期阶段过于追求感情，反而忽视了许多应该注意到的品质。心理学研究表明，当一个人在成长过程中没有得到真正的父爱，没有体会到来自父亲身上的刚毅、坚强、责任、温暖和关爱等，内心往往会感到空洞，对感情的期望和渴望也变得异常迫切。

父爱对于一个人来说，是一种无法替代的精神营养。因此，当我们在父亲那里没有得到应有的爱时，我们会试图在其他男生身上寻找弥补，而往往越是缺乏，就越容易不顾一切地追求。明白了这一点后，我们可以从心理学的角度给自己更多的爱。

首先，我们可以学会更好地与父亲相处，了解他身上的优秀品质，并从中汲取坚韧、刚毅和关爱等能量来填补父爱的缺失。

美国作家玛妮・哈勃在她的自传《流浪者》中分享了她与父亲的复杂关系，从中我们可以看到父爱的缺失对一个人产生的影响，以及她如何通过心理治疗和自我成长，最终找到内心的平衡和安宁。

其次，我们也要认识到，喜欢并不一定意味着占有。喜欢坏坏的男生可能只是因为他身上某种特质吸引了我们，并不需要升华为爱情，仅仅保持友情关系也很好。

在心理学中，友情被认为是一种互相尊重、互相支持和互相理解的关系，它能给予我们爱的滋养，同时又没有太大的心理压力。因此，我们可以与男同学建立友情之爱，培养良好的友谊关系，享受来自他们的支持和信任。

我们可以扩展我们爱的渠道并更好地爱自己。从与父亲的相处中汲取优秀品质的营养，通过友情关系丰富自己的爱的经验，这样我们能更加全面地发展自己，为更健康、更丰富的人生奠定基础。

三 花开应有时，恋爱何时宜

人们为什么会相互吸引呢？其中有两个重要原因需要考虑：

第一，心理发展水平相近，心理成熟度接近。

第二，有许多相似的经历，让彼此感到更亲近。

心理学告诉我们，人们往往会被那些和自己有着相似特点的人所吸引。这种现象被称为“相似性偏好”。根据社会认知理论，我们更愿意和那些与自己在思想、价值观和兴趣爱好上相符的人建立联系。

所以，当我们遇到一个和我们心理发展水平相近的人，并且有许多相似的经历时，便容易产生吸引力和亲近感。

让我们来看一个著名的心理学实验：米尔格拉姆实验。

美国社会心理学家斯坦利·米尔格拉姆在20世纪60年代进行了一系列的实验，揭示了人们在社会压力下的服从性。实验中，参与者被告知执行电击实验，虽然没有真正的电击，但他们不知道这一点。令人惊讶的是，绝大多数参与者愿意服从指令，继续给予电击，即使对方看起来感到痛苦。这个实验揭示了人们在特定情境下可能会失去自我判断，受到外部权威的影响。

看看青青的故事。在她和男孩相处两个星期后，男孩发现青青私底下经常闷闷不乐，甚至因为一些小事而哭泣，让他感到困惑。这种心理上的变化可能是由于青春期的情绪波动或其他并不为人所知的原因所致。同样，男孩的行为也开始有所改变，不再像过去那样对青青言听计从，这也让青青对他的真实感受产生了怀疑。

事实上，人的心理和情感是复杂而多变的。我们的感受、情绪和思维会随着时间和经历而变化。在青春期这个成长的过程中，我们需要学会理解和应对这些变化，同时培养正确的情感认知和处理能力。

花开有时，青春期的花朵美丽而绚烂。愿你运用心理学知识的花洒，让它绽放得更加迷人。

18 看了那部韩剧后，觉得自己也想谈恋爱，怎么办？

暑假期间，我沉浸在几部韩剧中，对爱情有了全新的理解。最近，同学圈中流传着一部风靡全球的热门韩剧，我也跟随大家一起投入其中。

剧情结束后，我被男主角深深地吸引，内心涌动着一股强烈的渴望，希望能够经历一段属于自己的恋爱。他的魅力和个性给我留下了深刻的印象，甚至连我的梦中都出现了他的身影。

从小，我父母就离异了，我与母亲生活在一起。虽然我一直渴望父爱，却始终不敢表达出来。但奇妙的是，通过看韩剧，竟然让我在某种程度上感受到了爱的存在。

女主角的悲惨遭遇引起了我内心的共鸣，而男主角的关怀和帮助使我深感羡慕。我渴望在现实生活中也能够遇到这样的人，并体验真挚的爱情。

那么，面对内心对恋爱的渴望，我应该怎么办呢？

——15岁女孩李静

一 青春期恋爱心理

青春期的恋爱心理，是我们成长过程中常见而正常的一部分。正如歌德在《少年维特之烦恼》中所说："哪个少年不钟情，哪个少女不怀春。"这表明我们对异性产生好感是身心发育正常的表现。

当下流行的电视剧对我们产生了深深的影响，许多中学生开始向往美好的爱情。有些同学可能会出现早恋现象，就像李静一样渴望恋爱。青春期是在激素作用下的时期，我们的大脑负责调节情绪的边缘系统发生了显著变化。

然而，提供合理判断和冲动控制的前额叶皮层要到 20 岁左右才能完全成熟。这种发育不匹配使得我们容易冲动、叛逆，急于证明自己，寻求同伴，并渴望超越家庭关系以外的爱与陪伴。李静对爱情的向往正是这种需求的一种表现，它是完全正常的。

除了生理因素的影响，流行文化的风潮也起了一定作用。一种情况是在中学阶段，攀比心理很容易蔓延开来。当看到同学穿名牌衣服和鞋子时，看到他们已经开始谈恋爱，看到他们的成绩好于自己，我们很容易萌生这种攀比心态。

另外一种情况是一些同学出现反叛心理，觉得自己如果谈恋爱，在外出时有异性陪伴，这看起来是一件很酷的事情。

青春期的恋爱心理是我们成长过程中的一部分，它既是正常的也是理所应当的。我们应该理解并接纳这种心理需求，同时也要在清晰的思考下保持理智。

尽管恋爱是美妙的，但我们也不能忘记重视自己的成长和学业。让我们以积极而平衡的心态面对青春期的恋爱心理，相信爱情的力量，追寻属于自己的幸福之路。

二 你幻想过自己是韩剧的女主角吗？

男生和女生在遗传学上有一些差异。遗传学认为，女生的色感要比男生更强一些，这是因为视蛋白位于 X 染色体上，而女生具有两个 X 染色体，而男生只有一个。因此，女生的视觉要比男生更加敏锐，所以大多数女生都被称为视觉动物。

由于男生和女生生理结构的先天差异，因此，女生的心理结构与男生也有所不同。男生的做事风格更偏向理性，而女生则更偏向感性。女生更注重感官上的体验，也会更加关注另一半的颜值。

韩国电视剧里的男主角总是异常帅气，许多都拥有高挑的身材，这满足了无数女性观众对于视觉和颜值的需求，让她们心动不已。

当我们沉浸在韩剧中时，往往会幻想自己成为剧中的女主角。因为那些女主角常常就像我们一样，拥有普通的家境，普通的学业或事业，在遇到男主角之前常处于人生低谷期。这些因素使我们可以在她们身上找到自己的影子，我们下意识地把自己代入电视剧中。这就是心理学中的移情，一种将过去情感和关系转移到现实中的心理防御机制。比如，李静因为父母离异，渴望家庭和关爱，尤其是缺少父爱，所以在观看电视剧时会不自觉地想象自己也被拥抱在爱中。

我们可以允许自己喜欢韩剧，也可以允许自己有谈恋爱的渴望，但同时要理性地面对现实。同时，每个人都有被爱的需求。当这种需求得不到满足时，我们会寻求外界的满足。

因此，李静可以在高中时期有意识地与父亲建立更多联系，从父亲那里获得更多的爱。同时，她也可以学着主动付出爱，这将使她对爱有更成熟的认知。

三 如何看待青春期恋爱

青春期恋爱是一个普遍存在的话题，但我们必须理智地看待它并认识到其中的挑战和责任。在我国，男性和女性的法定结婚年龄分别为 22 周岁和 20 周岁，这意味着在青春期时我们并不具备承担社会责任和处理婚姻关系的能力。

虽然在青春期我们身心都经历了巨大的变化，对谈恋爱

产生想法也是正常的。然而，正常并不意味着合理。根据心理学原理，青春期恋爱往往受到以下几个因素的影响。

1. 生物心理因素：在青春期，我们的性激素水平上升，引发了对异性的兴趣并被吸引。这种生理需求使我们更容易产生恋爱的想法。

2. 社会认知因素：青春期是个体发展社会认知能力的关键阶段。我们开始思考自己在他人眼中的形象和地位，并渴望与他人建立亲密关系。这种社会认知的发展促使我们对恋爱感兴趣。

3. 自我认同因素：青春期是个体寻找自我身份和认同的时期。我们常常将自己的价值和意义与恋爱联系起来，认为通过恋爱可以获得幸福和满足。

然而，青春期恋爱也存在一些挑战和风险。在这个阶段，我们的认知和情感发展尚不成熟，容易产生盲目性和冲动性的恋爱行为。同时，还有很多重要的发展任务需要我们专注于个人成长和学业，如培养自己的独立能力和正确的价值观。

作为初中生，我们还完全依赖父母的经济支持，无法自立。如果离开了父母的经济资助，我们连基本的生存问题都解决不了。同时，在恋爱过程中，我们难免需要花费一些金钱，例如，购买小礼物、逛街、品尝美食等，这些开支我们暂时无法承担。

此外，像李静一样，很多人受到偶像剧的影响，盲目地想要谈恋爱。然而，我们的世界观、恋爱观和婚姻观在青春期并不成熟。在这个阶段，我们的恋爱往往充满盲目性，缺乏理性思考和长远考虑。

再者，我们对异性同学的喜欢大多源于好奇心和对交往的探索，并不一定以婚姻为目标。在这个探索的过程中，我们可能会浪费很多时间和精力，会对学业产生负面影响。

因此，为了我们未来的发展，或许暂时放下恋爱的想法，着眼于更长远的目标，并耐心等待合适的时机来追寻美好的爱情，会更加明智。在这个阶段，我们应该专注学业和个人成长，培养自己的独立能力和正确的价值观，为将来健康的恋爱关系打下坚实的基础。

第 5 部分

CHAPTER 5

勇敢乐观调情绪

19 很容易为鸡毛蒜皮的事闷闷不乐，怎么办？

我经常为他人着想，不过由于我心思细腻，反而形成了现在敏感的性格。有时候，我会觉得别人的某个表情、某句话是在针对自己，进而陷入长时间的思考和困扰。

有一次和同学说话，我表达了要努力考上市重点学校的决心。同学笑了笑，对我说了声“加油”，我也微笑回应了她。然而当我回到座位上，我开始纠结那个微笑和那句“加油”的含义。她是否怀疑我能力不足呢？因为这句话，我整整一天闷闷不乐。

第二天，我听到一个同学在背后议论我，我不明白为什么会这样。明明我和她几乎没有交集，我的心情顿时跌入谷底。

于是我找了一个同学倾诉，她问我：“她的成绩怎么样？”“一般，应该比我差一些。”她拍了拍我的肩膀，说：“那就无须理会她，一个只能上职校的人有什么资格评价你的素质呢？别放在心上。”我下意识地笑了笑，没有再说什么。

晚上回到家，我又开始思考那句话。为什么她只能考上职校，而我却好一些？难道我在她眼中仅仅是比上职校的学生成绩稍好而已吗？

本来打算找人舒缓情绪，结果又被这些微小的事情困扰了一整晚。

我的性格变得越来越敏感，不再敢主动社交，更喜欢独处。因为一点小事都会让我长时间地难过，这浪费了我大量宝贵的时间。我该怎么办呢？

——15岁女孩小满

一 改变自我归类

一个人对自己的评价，大致可以分为三类。

1. 认为自己非常优秀；

2. 认为自己可圈可点；

3. 认为自己一无是处。

人们对他人看法的敏感往往暗示着我们对外界的敏感，就像小满一样。她很容易受他人无意识的言语左右，从而导致情绪低落，性格变得多疑和脆弱。

有时候，当我们问小满："你累了吗？"她可能会陷入思考，想知道为什么别人会用反问的语气询问她，这句话到底意味着什么。然后这个思考过程反复进行，时间一点点流逝。青春易逝，我们何必浪费时间在这种自我纠结中呢？

心理学中的"自我确认"理论告诉我们，人们更愿意接受符合自己认知的信息，并将其作为自我价值的依据。小满很可能属于第三类人，她关注他人的评价，因此总是自卑，产生自我怀疑，并且做任何事情都缺乏自信。

爱因斯坦在年轻时成绩平平，甚至有老师嘲笑他是一个"失败者"。然而，他通过努力学习，最终获得了诺贝尔物理学奖，成为历史上最伟大的科学家之一。这个故事告诉我们，无论我们当前的状态如何，我们都有改变的能力和潜力。

还有莫扎特，他被人们认为是音乐奇才，但在他年轻的

时候，他的作品并没有得到广泛的认可。然而，他仍坚持不懈地追求自己的梦想，最终成了一位受世人赞誉的音乐家。所以，即使我们在某些领域没有立即取得成功，也不要轻易放弃，坚持努力一定会收获回报。

在生活中，不管是别人的嘲讽还是赞美，都能引发小满对自己的质疑，她认为自己一无是处，这反过来又使她情绪低落，对生活感到疲惫。这是一个恶性循环。

我们可以尝试改变自己的归类方式，不需要进行大刀阔斧的改变，只要从第三类跨越到第二类就可以。每天提醒自己，此时的我们是可圈可点的人。当我们将自己视为第二类人时，我们就能看到别人对我们的赞美，同时也能看到自己的优点。这样改变之后，我们的心态会有所转变，自信和积极的态度将会伴随我们走向更好的未来。

每个人都有自己的优点和潜力，不要过于在意他人的看法，而是要相信自己，坚持追求自己的梦想和目标。无论当前的困境如何，我们都可以通过努力和坚持改变自己的归类，成为更好的自己。

二 高敏感是一种天赋，也是一种气质

高敏感是一种天赋，也是一种气质。他们似乎拿着放大镜观察世界。

高敏感的人往往拥有更加敏锐的思维和感知能力，能够更好地体验和把握情感的起伏。现实生活中的一些蛛丝马迹，似乎也蕴藏着浩荡的江河。

对于高敏感的人来说，他们可以将悲伤和快乐的情绪放大，并且通过音乐的力量来达到身心的平衡。当心情不佳时，他们会选择聆听美妙的音乐，让音符与思想交融在一起，让心情得以释放。

高敏感的人通常还具有更加深刻的同理心。他们能够更好地感受到小动物们的喜悦、悲伤，甚至能够体验到它们生病时的痛苦。这种深切的同理心使得他们能够与大自然中的生灵进行一场默契的对话，这种超凡的能力令人羡慕不已。

此外，敏感的人还拥有敏锐的知觉力。他们往往能够透过表面现象看到事物的本质，通过他人的言语和举止，洞察到他们内心对某些人或事物的真实看法。高敏感，不是一种负性情绪，更不是性格缺陷，而是一把双刃剑，如果用来消耗自己，很锋利，但是用来强大自己，将更铓利无比。

就像小满一样，她的独特气质体现在她对责任的强烈感受和丰富多彩的内心世界。她对待事物的投入和对待他人的关怀都展现了她敏感的一面。她能够更加细腻地感知到周围的情绪和氛围，这让她在与人交往中更加敏锐和富有同理心。她的敏感正是她独特的魅力所在。

丹麦心理咨询师伊尔斯·桑德在《高敏感是种天赋》一

书中说："高敏感，是上天赐予你最好的礼物，要珍惜。

高敏感也是一种宝贵的财富，它让人们能够更好地体验和表达情感。正如孟子和杜牧一样，敏感的人注重思考并具有同理心，他们能够从细节中洞察真相，并以独特的角度创造出美丽的艺术作品和富有魅力的人生。让我们珍惜敏感，让它成为我们独特的光芒和力量的源泉。

三 以积极的态度看待自己

积极的态度，是一种强大且奇妙的力量。俄国心理学家巴甫洛夫曾认为，暗示是人类最典型、最简单的条件反射之一。通过暗示，我们可以无意识地采取特定的行动方式，或者毫不怀疑地接受某种观点或信念。

而这种积极的心理暗示，有着惊人的能力，能够让被暗示者产生巨大的变化，甚至取得超越自己预期的成就。

积极的心理暗示，可以像一盏明灯，指引我们走出困惑和低谷，帮助我们发现自身的无限潜能。正如名人所言，每个人都应该相信自己、肯定自己，因为只有在自我认知和积极思维的引导下，我们才能超越困难，迈向成功。

让我们用积极的心态，去面对自己的优势与劣势，相信自己、肯定自己，并通过心理暗示给予自己强大的力量。只有这样，我们才能成为真正的英雄，书写精彩绝伦的人生篇章。

20 做错那件事后，我被“自责”淹没了，怎么办？

那个时候，初二的我正准备迎接新的学习生活，然而因为一个愚蠢的决定，我陷入了深深的自责之中。

我和好朋友小芸都是性格开朗、喜欢冒险的女孩子。我们总是在校园里寻找新鲜感，进行各种探险。就在学校举行运动会的那天，同学们有的在操场上比赛，有的在为运动员加油，小芸突然建议说：“你想不想进老师的办公室看看？”这个主意让我感到刺激，于是我点了点头。我们偷偷走进了老师的办公室。

办公室里光线昏暗，黑色的地毯上摆放着满满的书架和档案柜，地上还散落着一些教材和试卷。我们一边交流，一边搜寻有趣的东西。过了一会儿，小芸在柜子里翻到了一叠厚厚的纸稿，她好奇地转过来问我：“晓美，快来看，这是什么啊？”我接过来一看，原来是这次期中考试的排名，还有老师自己的一本日记本。看完之后，我们对过去不曾了解的事情有了更多了解。当时我感到非常兴奋，但随着兴奋感逐渐散去，我的内心被心虚和愧疚所填满。

我意识到自己做错了事情，之后一直为这件事感到自责。那么，我应该怎么办呢？

——14岁女孩晓美

一 犯错，是青春成长的课题

“我原本可以做得更好！”

“要是当初能够做出不同的选择就好了！”

“真不应该那么冲动！”

你是否曾被后悔的情绪所淹没？后悔是一种对过去事情的不满和对自身责备的想法或情感。后悔时，悲伤、失落、自责、愤怒、焦虑都可能涌上心头，让我们无法保持内心的平静。

积极的后悔可以帮助我们吸取经验，并改变自己；消极的后悔则会使人陷入责怪自己的泥沼中，给自己带来心理压力。

曹操是中国历史上的重要人物之一，他是一个有才华的政治家和军事家。曹操曾经后悔自己年轻时鲁莽行事，因此他特别注重思考和谨慎决策。他的故事告诉我们，不论过去犯下多少错误，只要我们能够从中吸取教训，并且在未来做出明智的选择，我们仍然可以实现自己的目标。

在心理学中，后悔情绪的产生与认知失调理论密切相关。认知失调指的是人们在面临冲突、不一致的信息时，会感到心理上的不适。当我们意识到自己的行为与目标或价值观存在冲突时，即形成了后悔情绪。通过认知重构和积极心态调整，我们可以转变这种后悔情绪，从而更好地应对犯错误的经历。

有一次，王阳明的弟子问他："老师，我应该如何清除内心的困扰？"

阳明先生回答说："困扰确实是有害的，需要加以清除。但如果偶尔清理不完全，也不必过于在意。若你越在意，心里就会越乱，你会一直思考未解决的问题，心中充满杂念。"

后悔这种情绪比损失本身更加耗费精力。在人生的旅途中，犯错误在所难免，关键是我们如何面对这些错误。

你能够承认自己的错，并不怨恨他人吗?

你能够找到犯错的原因，找出错误的根源吗?

你能够真诚地向对方道歉，并为自己的错误负责吗?

你能够采取切实可行的措施来弥补错误，并且保证不再犯同样的错误吗?

如果你能够给出肯定的回答，那么这个错误将成为青春期的宝贵经验教训，让我们变得更加强大和成熟。

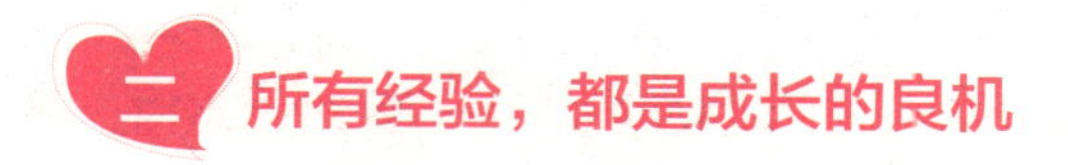

二 所有经验，都是成长的良机

经验的重要性在于它们是成长的良机。古人云："小人无错，君子常过。"这句话告诉我们，小人总是自以为没有错，而君子则会时常反省自己的过错。

晚清名臣曾国藩就是一个非常擅长自省的人。他在家训中写道：慎独可以让心灵安宁，主敬可以使身体强健，求仁可以赢得人们的喜爱，习劳可以得到神灵的崇敬。每天，他都会对自己的言行进行深度的反思和清理。

有一次，曾国藩与朋友因一件小事产生了嫌隙。通过自省，他认识到自己犯了“尽人之欢，竭人之忠”的过错。他意识到自己需要迅速改正错误，主动找朋友面对面地承认自己的错误。

曾国藩的一生就是自省的一生。最终，他在人生修养和事业上都达到了很高的层次，成为一位杰出的政治家。

每个人在犯错后都能够通过制订明确的计划来实现成长。制订明确的计划有助于培养积极的态度和行为，以弥补自己的过失。那么，如何更好地制订这样的计划呢？我们可以运用“SMART”方法：

1. 具体（Specific）：明确计划中需要采取的具体行动，并细化每个步骤。

2. 可衡量（Measurable）：确保计划可以被量化和评估，这样我们可以了解自己的进展情况。

3. 可实现（Achievable）：确保计划是可行的，不要设定过于难以达到的目标。

4. 相关（Relevant）：确保计划与我们的目标和需求相符，能够真正帮助我们成长。

5. 有限期（Time-bound）：设定一个时间限制来完成计划，并进行监控和评估。

比如，晓美可以运用“SMART”方法为自己制订一个包含学习、生活和改变自己行为的计划。具体来说，她可以规定自己每天写一篇丰富的日记；在学习方面，每天睡前背诵一篇文言文，在100天内背诵完30篇；在行为方面，每天做一件好事，关注事物积极的一面，拓宽眼界，与周围的人建立和谐的关系。

通过这样的计划，晓美将更加有能力和信心去实现自己的目标和愿望，并且能够给予他人更多的支持和关怀。

三 超越好坏，任何发生都助力你成长

飞行员阿姆斯特朗曾说：“每一次挫败给予我们的不是失败，而是一次机会，去重新开始和更好地做。”这句话告诉我们，即使遭遇失败，也要勇于重新开始。

心理学研究表明，积极的心态对个人的成长具有非常重要的影响。勇敢为自己的生命承担百分百的责任，能够帮助我们保持积极的心态，避免陷入自己的消极情绪。

当后悔情绪涌上心头时，我们常常陷入纠结过去的思绪中。我们会陷入“我本应该……”“我为什么会那样……”“我为什么没有……”等消极的自责之中。我们可以试着用

感激的话语来替代，比如将“我本来应该好好准备期末考试的”改为“现在开始努力也不算晚”，将“我本应该开开心心过每一天的”改为“现在开始积极生活也不算晚”。

要将注意力转移到未来的行动上，将“为什么”改变为“下一次怎么办”，能够帮助我们更好地利用失败的经验，制订新的计划，并为未来的成长做好准备。

在面对后悔情绪时，不妨采取一种积极的心态来转变自己的思维方式。将“我本应该……”“我为什么会那样……”等消极的自责转化为感激的话语。这种积极转变的方式有助于提升我们的自信心和积极情绪，更好地应对挑战和困难。

除了心态的调整，还应看到积极的情绪管理和个人成长的重要性。通过运动、音乐或喜欢的活动来分散注意力，可以帮助我们缓解负面情绪，恢复积极心态。同时，学会接受和适应自己的过失，并将其视为一次学习和成长的机会，有助于培养我们拥有积极的心理素质。

人生的道路是向前的，不能后退。心理学告诉我们要慢慢消化过去的痛苦，慢慢忘却过去的伤痛，慢慢振作起来，直面现实。不让过去的绳索捆绑住今天的自己，只有努力前行，我们才能发现属于自己的精彩未来。心理学给予我们力量和智慧，引导我们在成长的道路上变得更加强大和充实。

21 同桌这次考得比我好，我并不开心，怎么办？

那天很普通的数学考试，我觉得自己已经全力以赴，满心自豪地将90分的试卷放入书包。教室里弥漫着紧张和期待的气氛，同学们互相交流着试题的答案，而我则沉浸在满满的自信中。

就在这时，我注意到同桌的试卷上醒目的95分和老师给予的“棒”字评语，一下子刺痛了我的眼睛。试卷上整齐有序的数字和高分注视着我，透过那张纸，我仿佛看到了同桌轻松而自然的微笑。

其实，同桌平时的数学成绩并不总是那么出色，她似乎对数学也没有特别用功过。我开始思考：为什么她没有花太多时间却比我考的分高呢？

这个问题如同一根刺，钻进了我的内心。我为了获得90分费尽心思，却看到别人貌似轻松地超越了我，我的内心感到前所未有的不甘。

虽然我们是非常好的朋友，我深知朋友之间，不能因为一点成绩上的差距而嫉妒对方。我试图压制自己内心的感受，告诉自己同桌也许有她的学习方法和技巧。

但是，无论我如何努力，那种不甘心和嫉妒的情绪似乎越来越难以控制。时间一天天过去，我感觉自己无法克服这个心理关卡，迷失在失落和挫折中。我该怎么办呢？

——14岁女孩落落

一 看清“嫉妒”的本质，努力成长

嫉妒是最没有用的情绪之一，因为它只会消耗自己，却不会让自己变得更好。

可以看出，落落是一个勤奋、认真对待学习的女孩子。她注重自己的努力是否取得好的结果，这是人之常情。

根据《心理学大辞典》的定义，嫉妒是一种复杂的情绪，它涉及与他人比较，发现自己在才能、名誉、地位或境遇等方面不如别人而产生的情感体验。

嫉妒会导致怨恨、恼怒甚至具有破坏性。当我们通过对比发现别人比我们更好或在心理上比我们更优越时，我们常常会试图通过嫉妒来打击和贬低对方，以达到获得内心平衡的目的。

然而，嫉妒之后，我们也会进行自我审视。经过审视，往往会产生努力与回报不成正比的焦虑，这实际上是对自身价值的提醒。当落落被这种陌生、羞愧又充满嫉妒的情绪所困扰时，她可以理性地审视这种情感，不需要一味地去打压它。

当我们感受到嫉妒时，实际上有两种不同的选择。

负面的选择是通过造谣、诽谤、贬低等手段来扭曲现实，降低对方在我们心中的形象。

正面的选择是坦然接受对方比自己更优秀，质疑现状，并努力提升自己，让自己也变得像对方一样出色。

嫉妒的积极意义在于促使我们成长，所以在这两种行为选择之间，后者才是推动进步与成长的关键步骤。

看清“嫉妒”的本质，就相当于在面对复杂数学题时找到了解题公式。

事实上，嫉妒在提醒我们要不断提升自己。从这个角度来看，落落曾经想打压的负面情绪，实际上是一件好事情。我们应该善于运用嫉妒的动力，不断努力成长并超越自我。

二 负面情绪，有时可能是我们可借用的力量

当我们对他人的成就感到困惑时，我们可以向他们学习，就像登高望远一样，拓宽我们的视野。这也是荀子所说的“善于从外物中寻求启示”。

焦虑的背后是对自己做不好某件事情的担心，或者没有充分准备去应对。但焦虑实际上表明我们对自己的重视。只有我们认真对待重要的事情，才会产生焦虑。焦虑提醒我们需要增强资源，并向内向外寻找有价值的帮助，而不是盲目跟随潮流或草率行事。

从这个角度来看，动机和情绪通常都是正确的，只是我们的行为可能没有达到预期效果而已。

人生中的负面情绪都具有积极的价值，只要我们把握好方向和程度，它们都能给予我们力量，甚至指引我们找到更好的道路。

那些被人们抵触和拒绝的“负面情绪”，从长远来看，有时候是生活赠予我们的礼物。只要我们不断成长，曾经心中的痛苦就会变得有意义，就像咖啡一样，尽管苦涩，但随着品味的不断提升，许多人会喜欢上它的味道。

刘备是三国时期蜀汉的开国皇帝，他的两位结拜兄弟关羽和张飞都拥有比他更高的武艺。但刘备却抱着感激和钦佩之情，始终珍惜自己的两位结拜兄弟，关羽和张飞也誓死追随刘备。三兄弟同心协力，才能建立起蜀国，与曹操、孙权三分天下。

在激励和鼓舞中，我们让生命的芬芳散发更远。

三 轻松上阵，减少得失心

柳永被弃于当朝，终日与歌妓、舞女为伴，他失去了入朝为官的机会，然而市井间的生活造就了他独树一帜的词风。他从此成了中国历史上第一个致力于写词的专职词人，从而为后人留下了许多佳作。

在心理学中有一个叫作“得失心态”的概念。当一个人感到某个方面匮乏时，他就会渴望通过获取来弥补这个缺失。因为我们缺少某物，所以我们才更加重视它，也会有一种想得到它的欲望。

然而，当一个人的欲望过于强烈时，很可能会失去理智，思考能力减弱，影响学习和生活的自然发展，甚至陷入瓶颈期。

大千世界，悠悠万事，都是得失相参，利弊相随的。

适量地计较得失可以促进我们更好地确定方向和加快进步的步伐。然而，那些处于“得失心态”的学习者往往会适得其反，收效甚微，努力与成绩无法成正比。

那么，我们在成长道路上，应该如何减少“得失心态”呢？

首先，要兴趣广泛，转移注意力：当我们有许多事情要做时，就没有时间去嫉妒他人。因此，积极参与各种有益的活动，努力学习，让自己真正充实起来。这样，嫉妒的毒素就无法滋生和蔓延。

其次，要给自己一个积极的理由：塞翁失马，焉知非福。我们要以一颗豁达的心态看待生活，不过分在意一时的得与失，而要将它们视为经历与经验。

每一次的得与失都是我们生命的体验，它让我们看到自己的短处，同时也看到自己的长处。潇洒而勇敢地畅游在青春年华中。

通过这些方法，我们可以减少“得失心态”的困扰，更

加轻松地面对挑战，专注于自身的成长和进步。

记住，生活中的得与失只是一种经历，我们应该用积极的心态去对待它们，从中学习、成长，并以更加豁达的态度迎接人生的各种风景。

22 我最爱的外婆走了，很难过，怎么办？

最爱的外婆走了，我心中充满了悲痛，感到无法接受。那个冬天的晚上，她突然离开了人世，我错过了与她最后的相见。

父母通过电话告诉我这个消息，我无法用言语表达当时涌上心头的悲伤，只有眼泪不停地流淌。我是外婆一手带大的，她对我始终疼爱有加，现在她却永远地离开了。我感到自己陷入了一片悲伤的海洋中，几乎喘不过气来。想象她最后的时刻独自面对痛苦，我内心充满了自责，为什么不能陪伴在她身边呢？

第二天，我和父母一同前往外婆家。走进她的房间时，我看到了她的画像，旁边是一张空荡荡的床。房间里仿佛还弥漫着她的气息，仿佛还能听到她的呼吸声。我跪在地上，眼泪不停地流淌，心中充满了无尽的悲伤。妈妈走过来，轻声安慰我："孩子，你外婆走得很平静，她希望你能够快乐。"看着妈妈那忧伤的眼神，我突然感到自己的脆弱和无助。

回想起与外婆在一起的美好时光，我们一起种花种草，一起烹饪食物，一起看电视，难以遏制的悲伤再次袭上心头。

未能见到外婆最后一面，没有机会告别，这让我心中充满了哀伤。

——13岁女孩平平

一 失去所带来的痛苦会持续多久

失去带来的痛苦会持续多久？弗洛伊德在他的《哀伤与抑郁》一文中认为，哀伤是人们在失去后自然而健康的情感过程。然而，如果不能正确处理哀伤，就可能转入一种不健康的状态——抑郁。

瑞士精神分析师 Elisabeth Kübler-Ross 受到患者的启发，于 1969 年在《关于死亡与丧失》中提出了悲伤的五个阶段反应模型。

第一阶段是拒绝。面对失去，许多人的第一反应是否认。他们逃避残酷的现实，说："我们昨天还在一起，他不可能离开。"

"楚庄王梦金戈"，梦中大败敌军，但醒来后却发现自己的国土已被侵蚀，心理非常不平衡，拒绝接受现实。最终，导致他的国家陷入危险之中。

第二阶段是愤怒。当人们认识到拒绝和逃避无济于事时，他们重回现实并产生愤怒。他们会问："为什么对我这样？""这不公平！""为什么我要经历这些？"他们将这些负面情绪投射到离去的人或事情上，甚至可能波及与他们最亲近的人（如朋友和家人）乃至陌生人。

孔子曾有过一段与失去有关的经历。孔子的学生颜回死后，孔子深感悲伤，他说："嗟乎！颜回也，夫之子也，患得患失以为知者，其可谓至知矣。”这种愤怒和悲痛，推动孔子更加努力地发展自己的理论体系和教育思想。

第三阶段是反省。人们会不断地反思自己，寻找他们认为可以避免失去的原因。他们希望重新掌控生活。比如，在分手时，我们可能会试图通过达成某种协议来挽回爱人。

第四阶段是抑郁。这一阶段中，人们可能会感到“我想我爱的人，好难过，生活还有什么意义？”抑郁状态下最大的风险是自杀，因此家人和朋友的支持至关重要。此时，人们可能变得沉默寡言，拒绝与他人接触，长时间沉浸在悲伤之中。

第五阶段是接受。在这一阶段，个体会接受失去的现实，并开始面对生活。情绪和状态也逐渐恢复平静。他们告诉自己：“虽然我无法抗拒命运，但我仍然需要坚强地活下去。”

这五个阶段并非按顺序发展，而是可能交替出现，甚至同时存在。每个人的经历都是独特的，处理失去的痛苦也需要不同的时间和方式。无论如何，逐步接受和面对失去，最终能够重获内心的宁静与坚定。

二 哀伤是源于爱

心理学中有一个专门的术语用来描述一个人在失去亲密关系后的反应和过程——哀伤。哀伤的最大特点是，在对逝

者的渴望中伴随着极度的痛苦。

面对失去，我们会感到悲伤、愤怒、愧疚和无助。我们会痛哭流涕，夜不能寐。我们像行尸走肉一样度过日复一日，变得麻木、自责，并回避社交活动。

根据心理学的研究，无论我们感受到多么痛苦和绝望，当亲人离世时，这些都是正常的反应。每个人的哀伤反应各不相同。与逝者关系越亲密，依恋程度越深，我们感受到的哀伤就越强烈。

换言之，哀伤是爱的一种表现形式。失去亲人不仅会影响到我们的心理和精神状态，还会对我们的身体健康产生影响。据研究统计，失去伴侣后的第一年，丧偶者的死亡风险比没有失去伴侣的人高出 30%，这被称为“守寡效应”。

由于过度悲伤，一个人的心跳会加快、血压升高、血管过度痉挛，心脏疼痛得像是“碎了一样”，这被称为“心碎综合征”。有些人甚至会出现类似逝者临终前的症状，但在医院检查时却发现一切正常。这是身体以其独特的方式来怀念逝者。

亲人离世后，我们的思绪会涌现出一个又一个问题：“为什么我要经历亲人的离世？”“亲人离世对我来说意味着什么？”这些质疑是大脑帮助我们理解丧亲的方式。只有通过理解，我们才能想方设法应对。

尽管失去至亲如此痛苦，哀伤如此剧烈，但凭借人类强大的自我复原能力，大多数人都能逐渐适应失去后的生活。就像有句话所说：“失恋就像感冒，无论你打不打针、吃不吃药，总会好起来。”哀伤也是如此，我们要允许自己悲伤。根据心理学研究数据，在半年到一年的时间内，大约90% 的丧亲者会逐渐从哀伤中走出来，迎接新的生活。

三 从悲痛中走出——如何寻找力量和希望

悲痛是我们人生中难以避免的一部分，它让我们感到心灵受伤、迷失和无助。然而，我们必须意识到，无论多么深刻的悲伤都是可以逐渐治愈的，我们可以通过一些方法来缓解伤痛，重建内心的平衡与活力。

首先，我们要允许自己悲伤，尽情地释放情绪。悲伤并不是负面情绪，它是对所爱之人的珍视和思念的表达。我们不需要强迫自己坚强或者过早地“节哀”，而是要给自己足够的时间和空间去哭泣、难过和表达内心的伤痛。只有当我们真正深刻地经历了悲伤，才能逐渐治愈它。

如果我们在早期没有表达悲痛，或者没有充分地表达，那么被压抑的悲伤会在潜意识中积累，最终以其他方式对我们产生负面影响，如身体疾病或抑郁症。因此，我们应该尽情地表达悲伤，但也要记住，悲痛并不是无期限地沉溺其中，大约一个月之后，我们可以开始整理情绪，每天给自己

留出一小段时间去宣泄和释放。

其次，我们应尽量保持规律的作息和生活。尽管在一开始，我们可能感到没有精力，对食物和社交都失去了兴趣，但我们仍然要尽量保持规律的作息。即使我们食欲不振，也要逼迫自己多吃一些；即使我们不想出门，也要强迫自己去散步。

大多数时候，心理重建依赖于日常生活中看似微不足道的小事。当我们保持稳定的生活节奏，我们的内心也会逐渐恢复活力。

再次，我们可以用一些方式来与逝去的人保持“联系”。接受离别并不意味着彻底切断与他们的关系。我们可以定期给他们写信，向他们倾诉我们最近的生活和想念；我们可以继续做他们曾经坚持的事情或帮助他们实现未完成的梦想。尽管肉体消逝是现实，但精神可以延续。

对于平平来说，她可以把外婆曾经影响过她的品质传递给其他人，这些品质已经融入她的内心。就像心理学家欧文·亚隆所说：“我把你的一部分放在我的心里，它们改变了我，丰富了我，我会把这些传递给其他人。”

电影《寻梦环游记》中有一句台词：“死亡不是生命的终结，遗忘才是。”因此，如果我们保持对已故之人的怀念，让爱一直传递下去，他们就从未真正“远离”。

尽管我们不愿接受这样的事实，但时间通常是帮助我们逐渐接受并勇敢面对现实的良药。

我们需要给自己足够的时间去释放和表达悲伤、眷恋和愤怒。在一段时间后，我们可以尝试重新参与自己喜欢的事情，重新感受快乐，并建立内在的支持系统。通过与外界交流和倾诉，我们能够获得温暖和支持。

经历悲痛的过程，并最终从中走出来，并不意味着我们会忘记离去的所爱之人。我们可能依然感觉到与他们深深地联系着，因为悲伤源自爱。

我们无法改变亲人的离去，但我们与他们的连接一直存在。他们生前对我们的言行仍然留在我们的内心，这种连接就是爱的力量。

人死并不会消失，而是以更深刻的方式留存在生者的生命中。丧失并非失去，而是爱的延续之旅。

第6部分

CHAPTER 6

让自己的思维变得灵活

23 怀念童年，不想长大，怎么办？

初二期末考试结束后，我的学习成绩明显下降，对此我不知道怎么解释，但那段时间我总感到内心烦躁。

现在进入初三，学业压力增加，同学们变得更加认真，甚至连班上最调皮的男生似乎也开始认真做作业了。我有时候感到困惑不解，有时感到心痛，有时又特别怀念小时候无忧无虑的时光。

小时候，我和爸爸妈妈住在城郊，回想起那段日子，感觉美好至极。我喜欢四处奔跑，还有一群小伙伴，我们一起爬树、摘果子、踢球、捉迷藏……

尤其是在暑假，我们经常一起去爬山，在山顶小憩片刻，然后傍晚时分，带着满身泥土回家，被爸爸妈妈发现后骂了一顿，但我们彼此做个鬼脸，然后又计划下一次的“冒险”。

后来，爸爸妈妈搬到了城里住，我感觉他们的关系不太好，他们可能以为我不知道，但我从一些小事情中能感受到，比如以前妈妈做好饭后会喊爸爸吃饭，现在却不再喊了。

生活和学习的压力让我觉得一切都索然无味，我常常怀念无忧无虑的童年生活，不愿长大。面对这种情感，我该如何处理呢？

——15岁女孩小糖

一 美好童年，值得每一个人怀念

“池塘边的榕树下，知了在声声地叫着夏天。操场边的秋千上，只有蝴蝶停在上面，黑板上老师的粉笔……”

罗大佑的歌曲《童年》唱出了童年的美好，让我们格外怀念起那段自由自在的时光。

童年确实充满了美好，虽然有吵闹、哭泣，但睡一觉醒来，所有不愉快都被抹得干干净净。在童话般的世界里，没有烦恼，没有学业压力，人际关系也简单纯粹，没有朋友的背叛，没有老师的责骂，没有父母的期望。

生活中，如何给一件事情定义取决于我们的信念。如果我们把它定义为一件好事，从中寻找积极的意义，那它就能成为我们的助力；但如果我们把它定义为一件坏事，它也会一直是个问题。

我们无须禁止自己怀念童年，相反，我们应该感恩拥有值得怀念的童年，这是一件美好的事情。

二 享受当下，承认世界的复杂性

童年，仅仅是我们生命中一个美好的阶段。孩时的天真无忧，阳光下的歌声和笑靥，在我们的脑海中留下了那份难

以忘怀的纯真与喜悦。然而，我们不能沉溺于过去，逃避现实。生活中的许多困惑和挑战往往让人渴望回到从前。

眼前的压力常常使我们寻求逃避，追求理想的乌托邦。然而，我们要明白世界本身并没有一个确定的面貌，没有绝对的对错。为了能够快乐地面对当前的一切，我们需要打破这种对立的思维，正视世界的复杂性，并勇敢地接受它。

在成长的过程中，我们必须允许自己成长，只有这样才能从容地面对各种挫折和困难。就像小糖可以设定怀念过去的次数和频率，只在一定的时间内沉浸其中，例如每天 20 分钟。心理学中的“自我调节”原理指出，设定适当的自我限制和规划，能够帮助我们更好地管理情绪，保持积极的心态。

保罗·柯艾略在《牧羊少年奇幻之旅》中写道：“我现在还活着。当我吃东西的时候，我全身心地品味；当我步行时，我专注于每一步；如果我必须战斗，那么每一天都是我值得付出生命的良辰美景。因为我既不生活在过去，也不生活在未来，我只关注当前，只对当下感兴趣。”

这种心理状态与心理学中的“正念”原则相符。正念是一种全然关注当下、接纳并放下评判的心态，能够帮助我们减轻焦虑、提升幸福感。

面对现实世界，我们需要思考是什么让我们感到困惑。就像剥洋葱一样，我们可以将大目标分解成许多小目标，再将每个小目标进一步分解成更小的目标，直至我们清楚该如何行动并付诸实践。

这也符合心理学中的“分解任务”原理，通过将复杂的问题分解成小而具体的任务，我们能够更轻松地应对挑战、提高效率。

让我们珍视过去的回忆，同时拥抱现在的一切，勇敢地面对世界的复杂性。只有这样，我们才能真正享受当下，并为自己的未来创造出更加精彩的篇章。在心理学的引导下，我们可以更好地理解自己的内心，并采取积极的行动，实现个人成长和幸福。

三 永葆一颗童心，奔赴美好未来

童年如流水，虽然回不去，但我们可以永葆一颗童心，守住那份纯真、好奇和乐观，为未来美好的生活之路注入更多色彩。

我们来了解一个心理学原理——“心理逆转”。心理逆转是一种技巧，可以帮助我们改变对困难和挑战的看法。当我们面临困境时，我们可以试着从积极、乐观的角度去看待，寻找其中的学习和成长机会。心理逆转能够帮助我们转变负面情绪，保持乐观态度。

例如，有一则关于一位 80 多岁的老人学编程的新闻。这位老人充满好奇心和求知欲，重新开始学习编程，展现出

了年轻人般的热情和努力。他的故事告诉我们，只要我们保持童心，年龄并不是阻碍我们追求新事物和挑战自我的障碍。

保持童心就意味着保持放松和轻松的心态。心理学认为，心灵放松对于减轻压力、增加幸福感和创造力都非常重要。我们可以尝试一些心灵放松的方法，如冥想、深呼吸、艺术创作等，来帮助我们保持内心的宁静和平衡。

保持童心不仅是对待世界的态度，也是对待内心的态度。只要我们保持对生活的热情和兴趣，我们就能在创造、探索中找到属于自己的乐趣和动力。

童心不老，它是我们保持年轻、乐观和充满活力的秘诀。让我们珍惜美好的回忆，保持一颗童心，奔赴更加美好的未来。无论是名人的金句还是新闻故事的启示，都给予了我们保持童心的重要指引。让我们汲取这些智慧，用童心去感受世界的美好和无限可能。

24 性格内向，不喜欢和人交流，怎么办？

我已经15岁了，从小就是个内向的人。我并不太擅长与他人交流，总觉得说话有些吃力，就连表达自己的想法都很难做到。

然而，我的内心深处却充满了各种想法，只是不知道如何把它们表达出来，让周围的人能理解。

在班上，当老师提问时，其实很多时候我都知道答案，但是我没有勇气举手。

独处的时候，我的内心总是思考着生活中的点点滴滴，思绪万千。然而，当需要与他人交谈时，我就不知道该说些什么了，感到相当紧张。

最近我的好朋友小鱼告诉我，她加入了一个社团，结识了很多新朋友，并参加了许多有趣的活动。听她这样说，我开始有些羡慕她。看到我神情有些落寞，小鱼问我怎么了。我向她坦白地说：“我觉得自己很无助，不知道该如何与人交流。”小鱼非常理解我，她告诉我她以前也曾有过同样的经历，但通过与更多的人交流，她逐渐变得外向起来。

听了小鱼的话，我对自己的未来也开始有了一些信心。虽然我知道，只要勇敢尝试和更多的人交流，我就会慢慢变得外向。但我还是觉得很迷茫，我该怎么办呢？

——15岁女孩小艳

一 不同的种子，有自己不同的季节

当一个人的心态发生改变时，他的态度也会随之改变；当他态度改变时，他的习惯也会跟着改变；当他的习惯改变时，他的性格也会发生改变；最终，他的人生也会因此而改变。

青春期是从儿童期进入成年期的关键阶段，身心都经历着明显的变化。正是在这个时期，我们开始明显感受到个性的差异。

外向的人擅长表达自己，而内向的人则更擅长感知；外向的人善于组织人和事物，而内向的人则更擅长组织思维；外向的人倾向于听取外界的声音，而内向的人则更依赖内心的声音。

每个人都是独一无二的，每个人都有自己独特的性格、优点和缺点。只要我们欣然接纳自己，敢于展现自己独特的声音，我们就能谱写出属于自己的美丽青春之歌。

虽然内向性格在某些情况下可能会带来挑战，但成功并不取决于某人是内向还是外向。成功取决于许多因素，包括坚定的信念、辛勤的努力和不屈不挠的精神。

这个世界上不存在一种完美的性格，内向和外向并无高低之分。真正重要的是，我们是否能够超越自我，不断成长，并演绎出属于自己独特的人生篇章。

二 改变行为，改善和发展自己的性格

诺贝尔文学奖获得者艾略特指出：“性格，既不坚固也不是一成不变，而是活动变化着的，和我们的肉体一样也可能会生病。如果你的性格已经影响了你的生活，那你就应该将它改变。”性格是可以通过努力训练和微调来发展和改变的。

内向型人格常常被认为是一种缺陷。其实，认可自己的内向，并不意味着放弃外向的特质。灵活的性格意味着有多样的选择能力。我们可以逐步通过培养开放心态和主动沟通等方式，拓展自己，成为一个更加全面的人才，更好地与外界交流和互动。

心理学认为，改变自己的行为也能够改变自己的心理状态。如果你想让自己整个人的气质有所改变，那就从改变自己的行为开始。

例如，通过参加一些兴趣小组、课外活动等方式结交新朋友，可以慢慢拓展自己的人脉圈。学会表达自己，可以通过写日记、写信、进行演讲等方式锻炼自己的表达能力，提高自己的交流水平。

同时，接受一些新的挑战，如参加演讲比赛、学习一门新的技能等，从而提高自己的勇气和自信心。成长的过程中，避免不了接触陌生人和新事物，学会挑战是一种勇敢。

但与此同时，要注意保持积极的心态，保持信心和耐心，不要因为一时的失败而放弃努力。只要坚持下去，相信自己能够突破内向的限制，成为一个更加自信、勇敢、全面的人才。

三 挖掘人的潜能，释放无限可能

每个人都拥有独特之处，没有两片相同的树叶，也没有两个相同的人。只需仔细思考和认真探索，我们就能够发现自己潜在的优势。这些优势可以是技能、经验、性格、兴趣、爱好等方方面面。它们不仅是我们的资本，更是我们个性化的标志。

心理学指出，人的自我认知对于挖掘潜能起着重要的作用。了解自己的优点和潜力，可以增强自信心和动力，推动我们更好地发挥潜能。

同时，通过学习和积累经验，我们可以培养出新的技能和才能，进一步开拓自己的潜能。

内向性格的人擅长独自思考和专注于个人事务，因此适合独立完成任务、不需要频繁交流沟通的工作。

以下是一些适合内向型人才从事的工作：

1. 编程、软件开发等需要专注思考的技术性工作。

2. 科研、学术研究等需要独立思考、深入分析的工作。

3. 图书管理员、资料整理员等需要独立完成文献资料整理的工作。

4. 作家、画家等需要独立创作、发挥想象力的创作型工作。

5. 会计、财务人员等需要专注处理数据、数字的工作。

如果小艳能够选择一个她喜欢的未来方向，并结合自己的优势和潜力，设定合适、合理的目标，不断发挥自身的潜力和创造力，我相信她一定能够获得良好的发展和成长！

心理学家发现，积极心态对于挖掘潜能和实现个人成长至关重要。相信自己的潜能和能力，培养乐观的心态，积极应对困难和挑战，这些都是释放潜能的关键。

就像希腊神话中的故事，普罗米修斯盗取了天火，将它带给人类。他相信人类有着无限的潜能。同样地，我们每个人内心都燃烧着一团火焰，只需善于挖掘和利用，便能创造奇迹。

如果说，外向的人在大海中畅游，那么内向者就是在小溪小流中舞蹈。每个人在自己的领域里都可以成为独特的风景。

坚信自己独特的价值，不必仰视他人的风景。每个人都是独特的风景，在自己所选择的领域中发光发热。不断挖掘和释放自己的潜能，我们将会创造出属于自己的精彩人生。

25 很想独立，却没有能力去改变，怎么办？

作为一个正在经历青春期的15岁女孩，我常常感到自己好像被困在一条既定的道路上，无法自由选择自己的生活方式。我渴望独立，却又无力改变现状。

每天早上，我都会听到一些规定和要求的话语，比如“你每天早上要吃两个鸡蛋哦！”“这次模拟考试，你要抓紧复习，每天早上起来读半小时的课文”“你还在听什么歌啊，还不快写作业。”等。

父母总是喜欢过多干涉我的生活，告诉我该怎么做，应该往哪个方向努力。他们希望我成为一个多才多艺的人，但从未真正了解我内心的想法，也不知道我擅长什么，对什么更有兴趣。

除了学校和家里，几乎没有属于我的自由时间。每个周末，我都会被安排参加各种培训班，学习各种技能。父母认为这是对我最好的方式，但我却常常感到疲倦不堪，可以说是身心俱疲。

对我来说，独立不仅仅意味着有自己支配的经济来源，更重要的是能够自主选择。我非常渴望独立，却感到无力改变现状，我该怎么办呢？

——15岁女孩宁宁

一 勇敢表达内心的想法和情感

青春如同一首欢快的歌曲，像溪水一样流淌，总是渴望找到不同的旋律。

正值青春年华，让我们以不羁之姿，勇敢地表达自己的想法，无须过分在乎他人的否定和指责。宁宁可以尝试与父母沟通，坦诚地表明自己的情绪状态，争取得到父母的理解与谅解。在我们成长的过程中，怎样才能更好地与父母沟通呢？

心理学告诉我们一个沟通定律，它指出 100% 的沟通效果包含 55% 的身体语言、38% 的语气和态度以及 7% 的文字内容。

这个定律告诉我们，当你向他人表达观点时，对方对你的回应更多取决于你说话的态度和语气，而非你所说的具体内容。

因此，宁宁在与父母交流时，要留意自己脸上的表情和身体动作的展示，根据父母的实时反应来调整自己的语气和态度。

如果面对面的沟通没有效果，也可以通过便签留言或写在明信片上，将想法放进妈妈的包里。

当一个人勇敢地去沟通，并选择适当的方式和态度，他就会得到更多的支持和帮助。

让我们用勇敢和真诚的表达，丰富自己的人生，弹奏出美丽而精彩的旋律。

二 展现独立，给他人以信心

在我们的生活中经常会遇到一些看似无解或难以解决的问题，比如如何提高学习效率，如何解决复杂的人际关系问题，等等。当我们采用传统思维方式去解决这些问题时，常常会感到束手无策，陷入困境。

然而，如果我们敢于反其道而行之，从相反的角度去思考问题，往往能够带来意想不到的效果。

问题的本质不在于找到正确的答案，而是对于错误答案的坚决否定。在解决问题的过程中，我们需要保持开放的心态，勇于质疑和挑战传统观念。

以未来为起点，正视现在，是一种时间上的逆向思维，它可以帮助我们更清晰地了解自己的目标和规划，从而有计划地去努力实现。宁宁可以尝试站在未来的角度思考现在的问题。

例如，假设宁宁已经22岁，即将大学毕业，获得了真正的独立，那么从这个未来的角度出发，宁宁需要具备哪些能力呢？

1. 自我管理能力：学会合理安排时间、处理个人事务、保持身心健康等。正如戴尔·卡耐基所说：“时间就是你生命的质量。”通过实习、志愿服务、社会实践等方式，提高自己的实践能力，并具备与所学专业相符的职业技能。

2. 语言交流能力：主动学习，拓展知识面。参加社交活动、演讲比赛等，提高口头表达和写作能力。

3. 理财能力：在不断学习和积累实践经验的过程中，掌握制订理财计划、规避风险、进行投资等能力，为未来的财务安排打下基础。

通过逆向思维，宁宁可以更好地明确自己的未来目标，找到实现这些目标所需要的能力和方法，并在现在不断努力积累和提升，尽快实现自己“独立”的梦想。

这样做不仅展现了宁宁的独立精神，也会给身边的他人以信心和鼓舞，激励他们也勇敢地追求自己的梦想。

三 扩充知识，把“责任”变“愿望”

在应对外界的压力时，我们可以增加内心的动力，唯有如此，方能化解困难、展翅高飞。毕竟，“宝剑锋从磨砺出，梅花香自苦寒来”。

试着将“责任”转变为“心愿”，这样做事就会更加愉悦。正如古人所言：“心之所向，素履以往；生如逆旅，一苇以航。”因为每个人都有一颗开放的心，只需用心去理

解，便能找到内心的愿望。

生活中总是充满了困难，有些是别人强加给我们的，而有些则是我们自己施加给自己的。但我们要铭记古训：“骏马是跑出来的，强兵是打出来的。”面对压力与困境，我们要心怀愿望，勇敢面对挑战，相信自己的潜力。

我们正处于青春期，常常觉得不快乐、不幸福，这是因为我们被安排了许多事情，却不清楚自己为什么要去做这些事情。

爸爸妈妈对我们的要求究竟意味着什么呢？比如多吃鸡蛋、上课听讲专注、抓紧完成作业等。父母之言，无非是希望我们能够在青春期这一重要的时期，为未来的成长打下坚实的基础。

如果我们深入了解这些要求，会发现大部分都能给我们带来好处，而且可能自己也特别愿意去做这些事情。如果了解了这一点，它们将变成了我们内心的渴望。当父母与我们的想法一致时，双方就能朝着更好的方向共同发展。

转念一想，一切豁然开朗。我愿意让自己变得更加健康、优秀！这份“我愿意”，就是我们青春飞翔的动力之源！

26 对生活和学习都没有热情，怎么办？

我曾对学习充满了热情。最喜欢的时刻是考试成绩单下来的时候，因为我能感受到满满地成就感。然而，在最近的日子里，我莫名地发现自己逐渐失去了对学习的这份热情。生活也变得索然无味。

窗外的阳光透过窗户，洒在地面上，把整个教室都反射的异常明亮，课堂上，老师在黑板前充满激情的讲解着各个知识点，与同学们的互动构成了一部完美的交响乐，同桌每次都积极举手，而我却坐在座位上，思绪万千。我曾经也喜欢课堂上与老师互动的感觉。而现在，学习对于我来说，变得枯燥乏味，毫无吸引力。

课余时间，我沉浸在大量题海中，看着那些永远都无法做完的习题，我感觉自己的投入似乎没有尽头。

回到家里，妈妈关心地询问我一天的情况。并给我准备了一桌营养丰盛的晚餐，我感受到家庭满满的温暖，我嘴上说着一切都好，但内心却充满了无助和困惑。因为我不想让父母担心。

有一天晚上，我躺在床上看着墙上的钟表，看着秒针一点一点地移动，听着窗外马路上来来往往的车辆经过的声音，顿时感受到时间在无情地流逝。那一刻，我感到了前所未有的无力感。

我不知道除了学习文化课以外我还能做什么。而其他同学都有自己的兴趣爱好和各种特长，虽然他们的成绩并不突出，但每次看到他们在自己喜欢的领域取得的成就。我都会觉得非常的羡慕。

这种无意义的感觉让我感到痛苦和迷茫。我应该怎么办？

——16 岁女孩莹莹

一 做自己的主人，寻找人生目标

我们正处于自我认同关键期的青春期，在探索自己的身份、价值观和人生目标。这个阶段的不确定性和迷茫，使我们感到困惑，而产生无意义感，导致缺少对学习和生活的热情。还有来自学校、家庭和社会的压力也会使我们感到无法满足他人的期望。

那该如何突破这个困境？

寻找机会去探索我们自己的兴趣爱好、激情和才华，并勇敢地去追求自己的梦想和目标。是帮助我们重新点燃内心热情和力量的源头。

在这个虚浮摇荡的世界上，做自己的主人，知道自己是谁，成为一个有明确定位的人，才能感受到真正的快乐。而不是被生活牵着鼻子走，没有目标的人，就像是在漫无目的地徘徊于沙漠之中，无法找到前进的方向。

寻找一个属于自己的目标，用 21 天周期礼物法，建立良好的习惯，我们可以通过物质奖励的方式激励自己。

那什么是 21 天周期礼物法？就是每 21 天为一个阶段，设定一个自己心仪的奖励，一个阶段的努力就此结束。同时也迎来了一个新的阶段的开启。这种奖励的方式可以帮助我们保持动力和积极性，并激发自己为实现目标而努力的动力和兴趣。

首先，设定具体、可量化和合理的目标，例如，每天学习一定的时间，完成一定数量的作业或掌握某个知识点等。

其次，将目标分解为每天的小任务，并制订一个详细的学习计划，以确保能够充分利用时间并跟踪进度。

将每个小目标与一个小奖励联系起来。这个奖励可以是我们喜欢的零食、看电影、购物或者和朋友一起去玩等，及时给自己奖励。

可以在一个日志或进度表中记录学习进度，包括每天的任务完成情况和获得的奖励。

最后，坚持和自我鞭策是关键，而奖励只是帮助我们更好地享受学习过程的辅助手段。

根据心理学研究，21 天的时间足够形成一个新的习惯或改变一个行为模式，因此将整个过程划分为 21 天的周期可以帮助我们更容易地坚持下去。

二 找到自己感兴趣的动力源，因为热爱所以值得

情感体验可以提升自我效能感和积极情绪，促进我们的学习和兴趣的发展。

莹莹，我们可以利用业余时间重新审视自己并探索自己感兴趣的事物，在那里有意识地寻找自己的兴趣和天赋。

当我们坐在宽敞明亮的图书馆，沉浸在一本好书中，完

全被书中的故事或思想所吸引时，我们视乎忘记了时间的流逝。我们可以尝试在阅读时专注于每一个字句，我们的眼神在字里行间穿梭，仿佛自己置身于故事中，与书中的人物进行互动，抑或感觉自己在跟作者进行交流互动。

当我们沉浸自己在喜欢的乐高搭建中时，似乎忘记了周围的环境和其他所有的事情。我们似乎轻松地将注意力集中在乐高搭建上，将会享受到一种高度专注和满足感。

我们可以尝试挑战自己，突破自己的舒适区：

· 清楚是什么导致自己对生活和学习失去热情。是压力、焦虑、无聊还是其他原因？明确自己的动力源。

· 花时间独处，静下心来思考自己的价值观、兴趣、目标和激情。问问自己，到底对什么事情有强烈的热情？什么事情能让你感到兴奋和有动力？

· 观察那些能激励你的人和事物。这可以是名人、艺术家、书籍、电影或其他任何东西。

· 学会调整自己的思维方式，从挑战中寻找机会，将压力视为成长的动力。

· 尝试新事物是找回热情的关键。激发好奇心和探索欲望。

心理学家伯恩斯坦提出过一个“不值得定律”，即无论我们做得多么优秀，如果我们主观认为某件事不值得去做，就算完成了也不会有成就感。因此，去做自己热爱的事情，因为热爱所以值得。

三 提升自我价值感，勇敢迈出第一步。

在我们的学习生活中，有一种力量可以驱使我们不断前进，让我们在困难中坚持，那就是自我价值感。

自我价值感是我们对自己能力和价值的认知，一个高自我价值感的人更有可能拥有积极的心态，面对挑战时更有信心，也更容易实现自己的目标。

心理学原理告诉我们，自我价值感主要来源于我们的自我认知。我们的自我认知包括对自己的能力、性格、价值观等方面的认识。不断地调整自己的认知，以更准确地理解自己。

挖掘自身的优势。每个人都有自己的独特之处，这些独特之处就是我们的优势。找到自己的优势，可以让我们更加自信，也让我们在面对挑战时更有底气。

处于青春期的我们，尤其可以通过迈出第一步来实现自我价值。与其他名人一样，乔布斯一直保持着对梦想的执着追求，不被困境所阻挠，最终成就了自己的辉煌。

具体可以这样做：

·屏蔽外界的干扰，花时间去了解真正的自己，记录自己的情绪和体验。

·勇敢尝试，不尝试新鲜事物，你永远不会知道自己的潜力有多强大。

·敢于冒险，勇敢地投身于各种新领域的学习中，只有这样，我们才能掌握属于自己的技能。

莹莹，相信你也能够摆脱现状，找到属于自己的步调。让我们一起勇敢迈出第一步，让青春无憾。

史蒂夫·乔布斯是苹果公司的创始人之一，他的一生充满了传奇色彩。他在年轻时就对电子产品充满了热情，通过不断地学习和实践，他逐渐发现了自己的天赋和优势。他坚信自己的价值观，不断地挑战传统观念，通过自己的努力和创新精神，将苹果公司打造成了一家全球知名的科技巨头。

乔布斯的传记告诉我们，只要我们找到自己的热情，不断地挑战自己和传统观念，就一定能够创造出属于自己的辉煌。

女孩，青春期你要懂的事儿

社交篇

苏星宁——著

北京理工大学出版社
BEIJING INSTITUTE OF TECHNOLOGY PRESS

图书在版编目(CIP)数据

女孩，青春期你要懂的事儿. 社交篇 / 苏星宁著. — 北京 : 北京理工大学出版社, 2024.4

ISBN 978-7-5763-3383-1

Ⅰ. ①女… Ⅱ. ①苏… Ⅲ. ①女性—青春期—健康教育 Ⅳ. ①G479

中国国家版本馆 CIP 数据核字（2024）第032045号

责任编辑：李慧智　　**文案编辑**：邓　洁
责任校对：刘亚男　　**责任印制**：施胜娟

出版发行 / 北京理工大学出版社有限责任公司
社　　址 / 北京市丰台区四合庄路6号
邮　　编 / 100070
电　　话 /（010）68944451（大众售后服务热线）
（010）68912824（大众售后服务热线）
网　　址 / http://www.bitpress.com.cn

版 印 次 / 2024 年 4 月第 1 版第 1 次印刷
印　　刷 / 唐山富达印务有限公司
开　　本 / 880 mm × 1230 mm　1 / 32
印　　张 / 5.25
字　　数 / 95 千字
定　　价 / 168. 00 元（全6册）

目录

· CONTENTS ·

第 1 部分 勇敢建立自己的社交圈

第 2 部分 制定自己的交友标准

第 3 部分 你需要懂的社交礼仪

第 4 部分 高贵的品格是最大的财富

第 5 部分
把握生活中事物的“度”

第1部分

CHAPTER 1

勇敢建立自己的社交圈

1 说不到一起，没有知心朋友，怎么办？

从上初中开始，我就因为找不到知心朋友而苦恼万分。我平时喜欢看漫画，但我们班里喜欢漫画的同学不多，虽然每天与同学们生活在一个班级里，朝夕相处，但常常是“话不投机半句多”，我经常会感到孤独和寂寞。

因为和大部分女生说不到一起，她们喜欢聊的明星八卦，我不太喜欢，导致课间时我经常自己一个人，每次体育课自由活动更是尴尬，由于身边没有同伴，我只好一个人去跑圈儿……

初一时，我和一个女生马楠玩得很好，可是了解得多了，我就觉得她不符合我的交友标准。说好的替我保守秘密，转眼就告诉他人；说好的活动要准时到达，她却屡次迟到，让我总是多等半个多小时。而且，我平时说话不喜欢大声，每次和马楠在一起，她说话的声调都很高，恨不得周围人都能听见我们谈话的内容，我就感觉不舒服。时间久了，我也不想和她做朋友了。

其实，我挺困惑的，人的一生一定会有知心朋友吗？我该怎么做呢？

——14 岁女孩小云

一 每个人都需要有知心朋友

有这样一个故事，一个男孩很小的时候就爱和一棵很大的苹果树玩，他喜欢那棵树，那棵树也喜欢他。

随着小男孩年龄的增长，他想要的越来越多。他想要玩具，树就让他摘光苹果卖了去买自己喜欢的玩具；他想要新房子，树就让他砍走所有的树枝；他要划船出去散心，树就让他砍掉树干去做船。而树只有一个愿望，希望他能常和自己玩，但从未对他说过。

最后，树终于如愿以偿。男孩老了，树也只剩下了树桩。而这个老树桩又成了男孩歇脚的地方。每次男孩坐在老树柱上时，树都开心得热泪盈眶……

仔细读这个故事，有没有因为小男孩和树之间的深厚情谊而感动？

巴金曾说过：“朋友在我过去的生活里就像一盏明灯，照亮了我的灵魂，使我的生存有了一点点光彩。”

人，无论是谁，都需要有一两个知心朋友。对于处在青春期的中学生来说，更是如此。

人，如果没有了朋友，那么，他的生活就犹如一杯没有加糖的咖啡，苦涩无味；犹如花儿没有了阳光和雨露，变得失去光彩。

人生的最大幸福莫过于有几个知心朋友。鲁迅先生曾摘

录前人对联送给瞿秋白："人生得一知己足矣，斯世当以同怀视之。"这充分显示出两人的情谊之深，也说明了知己的可贵。

孟子说："人之相识，贵在相知；人之相知，贵在知心。"

好的朋友，需用心来交。

二 宽容对待朋友，更能收获友谊

没有朋友的日子，我们的人生暗淡无光。

让小云苦恼的不仅是没有知心朋友，还有小云在和好朋友相处过程中的困惑。知心朋友是不是要符合自己的标准？如果对方做错了我们还要继续做朋友吗？

有这样一个故事，或许会给我们启发。

有一对好朋友，他们在沙漠中旅行时吵架了。一个还给了另一个一记耳光，被打的人觉得很受辱，一言不发，在沙子上写下："今天我的好朋友打了我一巴掌。"他们继续往前走，直到来到了沃野，决定停下喝水，被打巴掌的那位差点被淹死，幸好被朋友救起来了。

被救起来后，他拿起了一把小剑在石头上刻下："今天我的好朋友救了我一命。"朋友好奇地问道："为什么我打了你以后你要写在沙子上，而现在要刻在石头上呢？"另一个笑笑回答说：“当你被一个朋友伤害时，要写在沙子上，风会负责抹去它；相反的，如果被帮助，我们要把它刻在石头上，那是任何风雨都不能磨灭的。”

其实朋友间相处，无心的伤害往往在所难免，只要我们拥有一颗宽容的心，降低自己的标准，拥有比天空更宽阔的气度，忘记那些无心的伤害，铭记那些真心帮助过自己的人，我们就会发现这世上很多人都是自己的朋友。

三 知心朋友出现之前，学会直面孤独寂寞

周国平说过：“热衷于社交的人往往自诩朋友众多，其实他们心里明白，社交场上的主宰绝对不是友谊，而是时尚、利益或无聊。真正的友谊是不喧嚣的。”

一个人一生能有几个知心朋友？

《增广贤文》中写道：“酒逢知己饮，诗向会人吟，相识满天下，知心能几人。”

一个人朋友再多，如果不能交心，也不能成为知心朋友。

所谓知心，就是很多时候说话能说到心坎上去，彼此之间有一种共鸣、理解和支持。这类朋友，我们无须每天见面，也无须每天交谈，却会在彼此需要时，毫不犹豫地安排时间相见，畅谈。

这个时代，有人朋友很少，有人在不同阶段有不同的朋友，有人会在一个阶段孤独，而在一个阶段朋友云集，也就是说，很多人都有孤独寂寞的时候。所以，目前没有知心朋友，觉得孤单寂寞的，不只是小云一人，还有很多同学有着和她一样的困惑。

知心朋友可遇不可求，既然知心朋友还没有出现，那现阶段的我们何不学会一边找朋友，一边学会面对眼前的孤独呢?

要知道，人生而孤独，孤独对人有着特殊的意义：

爱因斯坦可以几个星期待在一个房间里，他的格言是：孤独是世界上最高的境界。

挪威的南森说："人生的第一件大事是发现自己，因此人们需要不时孤独和沉思。"

英国的赫胥黎说："越伟大、越有独创精神的人越喜欢孤独。"

美国的马克斯威尔·马尔兹说："能与自己娓娓而谈的人绝不会感到孤独。"

周国平说："孤独是人的宿命，爱和友谊不能把它根除，但可以将它抚慰。"

如果一个人有自己的追求，他可能会孤独，但是他不会寂寞，他会在孤独中求索，那么孤独就能变成学习的动力。

在暂时没有朋友的时期，小云可以寻找自己的兴趣爱好，把学习之外的时间用来读书，与书为友，不断地充实自己，这样就会发现自己并不寂寞。而且随着自己学识和能力的提升，也更容易吸引来与自己志同道合的朋友。

在兴趣爱好中陶冶自己的性情，在阅读中找朋友，要相信，你若盛开，蝴蝶自来。

2 跟比我年长的人说话，我就紧张，怎么办？

读小学时，我就一直为自己不敢公开说话的毛病苦恼，不敢和比自己年长的人说话，为此妈妈给我找了指导老师，她告诉我可以从不同的角度努力，比如面对大场面时，我会在手心上写“人”字，反复写三遍，我会想象自己出色的台上表现，指导老师还告诉我一个讲话技巧，她让我用很慢的速度开始讲话，甚至端起杯子往脸上撩水，但这些都没起多少作用，我还是会紧张。

前几天，学校里来了一位新的书法老师，因为我很喜欢书法，课间经常会到书法教室去玩。那天，我放学后来到书法教室，只见新来的书法老师已经备好墨在写字了，她大概有50岁的样子，手指纤纤细长，乌黑的秀发中夹杂着一些白发，看到老师在写字，我突然想逃跑，因为不知道自己一个人怎么和她说话。

“这位同学，进来吧。”

老师见我已经走到了门口，喊了我一声，“可是，可是，老师……”

我一时间不好意思拒绝老师，可是又不想走进来，不知道怎么办好了。

当我坐下来的时候，老师已经写好了一幅字，她主动走到我的身边，可是我却越发的紧张，不知道该怎么办。看着老师在我旁边，我写字的时候手都开始发抖了，老师问我话，我更是紧张得“嗯嗯啊啊”，连一句完整的话都说不出来，我这是怎么了？我该怎么办呢？

——13岁女孩沫沫

一 了解大脑的作用机制

从小到大，谁没有几次紧张的时刻呢？

公开演讲前，会紧张得手心出汗；

面对老师提问，回答不上来，大脑一片空白；

面对陌生人不知道怎样开始聊天，笨嘴拙舌，非常紧张；

……

紧张这种情绪，在我们的生活中非常常见，像沫沫一样，见到年长的人就说不出一句完整的话，原因是什么呢？这需要我们对自己大脑的运作机制有一个了解。

对于沫沫来说，与一个自己不熟悉的年长的老师单独在一间教室，是一件有压力的事情。为什么在压力面前，沫沫会经常表现出紧张、焦虑的症状呢？

这是因为我们的大脑是一个运行系统非常精密的器官，当我们接收到外界信号的强烈刺激时，比如同学们最担心的考试、老师提问等，这些信号会迅速传递给大脑里面的丘脑区域。

丘脑非常称职，在接到信号反馈后，会立即作出反应，将信息源传到杏仁核区域，那么，杏仁核是干什么用的呢？它主要是负责制造不安、惊慌的情绪，如果外界的压力继续通过丘脑区域源源不断地传导过来，大量惊慌的信息素，会进一步传导给下丘脑区域，这时我们的神经系统也就能够在

第一时间收集到大脑的指令了，身体发抖，失眠睡不着，紧张得想上卫生间等不受控制的举动，就一个个产生了。

当我们了解了压力传导的整个过程，为了避免出现紧张、焦虑的情绪，我们又该如何应对呢？

有一个最好最简洁的办法，就是做一次深呼吸。深呼吸时，缓慢地调节呼吸的节奏，有规律地吸气和呼气，几次之后，身体就会放松下来。

二 学会提问，多背书，多朗读

通常我们在与人聊天的过程中会发现有这样两类人：一类是特能聊，天南地北，无话不说，无话不谈。另一类人是刚聊没两句就没有下文了，只能待在一旁静静地看别人滔滔不绝。

那个不能说的人真的是不会说吗？

不是的！

其实，聊天也是一种艺术。我们可以在别人感兴趣的话题上多加拓展，不要老是聊一些封闭式的话题。比如，沫沫见到老师，如果老师只是问她的名字、家住哪里之类的问题，谈话很快就结束了。因为这种问题的答案只有一个，这种有固定答案的问题，被称为封闭性问题。

那沫沫如何能让谈话愉快地进行下去呢？有一个方法就是多提开放式的问题。

简单地说，开放式问题就是那种答案不止一个的问题。比如，你最近看了什么电影，或者最近有去哪里旅行吗？诸如此类的问题，都属于开放式问题。

开放式问题会让整个聊天变得轻松舒畅，能够自然地进行。

此外，为了克服自己紧张的状态，沫沫在平时也要多下功夫。中学时代正是我们积累知识的好时候，拥有丰富的知识储备，会让我们和别人谈话时更惬意和轻松。

好口才都是练出来的。

作为一名中学生，沫沫可以有意识地多背一些书上的内容，特别是经典的段落和名人名言。

也可以在自己的手边准备一本成语字典和歇后语词典，丰富自己的知识。

此外，还可以养成每天朗读自己喜欢的书籍的习惯，利用课间和回家休息的时间，朗读那些唯美的句子和有深度的内容，随着时间的积累，我们会发现朗读对改善我们在人多的时候说话紧张的状况或在年长者面前说话紧张的状况，都有巨大的帮助。

三 通过刻意练习，让自己充满自信

科比·布莱恩特是有史以来最成功的篮球运动员之一。作为5次NBA总冠军和2次奥运会金牌得主，科比在他的职业生涯中积累了超过2亿美元的净资产。

他的成功与刻意练习分不开。

科比·布莱恩特会在凌晨4点30分左右先开始体能训练，跑步和冲刺到早上6点，再从早上6点到早上7点进行力量训练，最后在早上7点到11点进行800次跳投。

科比在训练中有一个非常明确的目标：800次跳投。他刻意专注于发展投篮的技能。

研究人员指出，每个行业的顶尖人士都致力于刻意练习。最优秀的艺术家、音乐家、运动员、CEO和企业家不仅工作很多，他们还致力于发展特定技能。

在富兰克林的自传中，他写道，按他早前受过的教育，他的能力只能当一名普通的写作者，最多只能保证文章写得通顺。

有一次他看到了一本杂志——《观察家》，他被里面高质量的文章所吸引。富兰克林决定，他也要写出那些漂亮的文章。他的目标并不是复述别人的句子，而是要自己写出高质量的句子，于是他每天坚持写作，把这个大目标拆分成小目标，分别进行词汇练习、结构练习和逻辑练习。他找到自己喜欢的对标文章，对每个句子内容进行简短描述，模仿对比，写出自己的文章。写完后，回头找到最初的文章，将它们与自己写出的文章进行对比，必要时纠正自己写的版本，不断进行练习。

这种“富兰克林写作法”就是一个有目标的、高效的刻意练习。众所周知，富兰克林成了美国历史上伟大的作家，他的著作《穷理查智慧书》以及后来的自传，成为美国文学史上的经典。由此可见，富兰克林的故事说明了一个问题：写作的才能并不是天生就有的，它是需要长期大量练习得来的。说话，公开演讲的技能同样需要刻意练习。

沫沫可以找到自己最喜欢的书籍，每天大声朗读，训练自己的胆量和肺活量。

刻意练习，还可以是提前打草稿。这里所说的草稿不是纸质意义上的草稿，而是在心里打草稿。

沫沫可以在自己紧张的“大场面”前提前打好草稿，找个没人打扰的地方练上几十遍，锻炼自己的胆量和语调、语速。随着自己每次的突破，不断地总结成功经验。

刻意练习，是成长美丽样子的必经之路。

3 性格偏内向，刚步入初中怎样交到新朋友呢？

作为一个内向的人，世界上让我最恐惧的事物，如果第一名是蛇，那么第二名一定是开学自我介绍了。

“我我我，我叫苏小小。今年，呃……”声音越来越小，逐渐消失。我的脸顿时涨得通红，一下子红到脖子根。看着台下同学们诧异的眼光，我仿佛被押上了断头台。紧张、害怕、窘迫、慌乱无措包围着我。如果此时此刻有个老鼠洞，我想我会毫不犹豫地钻进去。

“苏小小啊，没听过这个名字，她是我们班的吗？我怎么没印象啊。”“那个坐在角落的女生怎么没见过啊。”

这就是大家对我的第一印象，正如我的名字一样，小小的，个子小小的，声音小小的，是个没有存在感的“小透明”。

新学期开学，大家都对初中生活满怀期待。不到一周，同学们就开始结伴同行了，课间时大家吵吵闹闹，热火朝天打成一片。第五排最后一个靠窗的角落却是唯一安静的地方。看着眼前的画面，我好想跟他们一起玩耍啊。可是我的腿像灌了铅一样沉重，说话磕磕巴巴不知道该说些什么。

“小小，我们出去一起玩吧。”耳边传来同桌亲切的话语。我很心动，但是又怕自己的性格会被别人“嫌弃”。毕竟谁会喜欢一个不爱说话、永远低着头的人呢。“还，还是你们去吧。”我低着头说。大概就是刚到一个新的环境，跟不熟的人相处，我会感觉不安和焦虑。

只有晚上放学回家的时候，才是我最放松的时间。其实在我内向的外表下也有着一颗向往友谊的心。从窗外看着楼下结伴同行的同学，我真的好羡慕。但我的性格又偏内向，刚步入初中，怎么样才能交到新朋友呢？

——13岁女孩小小

一 拆除心中那堵“墙”，敞开心扉

内向者兼心理学博士马蒂·莱尼的《内向者优势》一书中说，内向者外向者在生理上的唯一差异是：内向者的大脑会本能地“先弊后利”地分析信息，外向者的大脑会本能地“先利后弊”地分析信息。所以小小才会本能地抗拒和害怕开学自我介绍，因为小小不自觉地会联想到自己会词不达意，吞吞吐吐。

苏珊·凯恩从敏感的角度研究内向性格的专著《安静：内向性格的竞争力》中讲到，内向者的敏感，不仅使他们对可怕的事物保持警觉注意力，也对平常的不可怕的事物保持警觉注意力。

也就是说，内向者可能会对任何事物都保持警觉注意力。由此可见，小小对同桌的“搭讪”，产生一种“不安”和“焦虑”的情绪，是由于小小过度保持警觉注意力。小小总是待在自己的小世界里无法自拔，不去尝试和突破。

内向的人总是执着于从自己身上找原因，是不是自己性格不好？不爱说话会不会被人讨厌？

何不尝试着去拆除心中那堵叫作内向的“心墙”？

只有真正去实践了，才可以得到反馈。

迈开第一步，尝试去社交才会收获友谊。

知易行难，道理都懂，但实践起来却很难。所以，制定关键措施很重要。比如可以循序渐进地施行目标。刚开始可以两三天给好朋友打一个电话，聊上 10 分钟，慢慢地可以过渡到和不熟的朋友聊 15 分钟。

踏出这简单的一步之后，再循序渐进。比如，主动去参加同学组织的聚会；课堂上主动举手发言；和同学聊聊互相感兴趣或者最近上映的电影。把他们当作练习和尝试的机会，从情绪中跳脱出来，去感受自己的感受，渐渐地就可以敞开心扉，拆除“心墙”。

二 追寻心中那颗“星”，提升自我

创造“外向”“内向”术语的心理学家荣格说：内向者更拙言，这源于，内向者更倾向于说无弊于己的话。这使他们喜欢把话闷在心里不说出来，也使他们认为话说得越少越好，长久的少言，让他们笨口拙舌，沉默寡言。

但小小可否知道，谨小慎微的诸葛亮也是一位内向者，但他为什么能出使东吴，舌战群儒呢？只因为他满腹经纶，有着超强的语言表达能力和谈判能力。

正如诸葛亮一般，我们可以从内到外提升自己，弥补内向性格造成的缺陷。锻炼自己的演讲、沟通、谈判能力，这会让我们在与人相处中更轻松自如。

比如，开学自我介绍，小小可以多对着镜子练习，增强信念感，调整好心态，组织好语言。“大家好，我叫苏小小”，自然可以不卑不亢。

对着镜子练习如何讲话显得更有气场更有自信，这是一个相当不错的办法。小小也可以尝试将自己说话的样子用视频记录下来，看自己“有多么傻”，并思考要如何改变这种“傻气”。这些方法结合行动，每日训练，大概一个月后就会看到自己翻天覆地的变化。

给自己创造发言或是展现自己特长优势的机会，让别人来找你，变被动为主动，把自己对友谊的渴望化作进步的动力，勇敢追寻心中那颗“友谊之星”。

三 点燃心中那盏“灯”，自信放光芒

心理学家指出，自信决定成败。正如大卫·史华兹曾经说过：“你想成为什么样的人，你就真的会成为什么样的人。”

我们如果能对自己抱有强烈的信心，也将使别人对我们萌生信心的绿芽。而社交的本质就是能量互换。对方会潜意识里被自信的人所吸引。所以通过一些方法来告诉别人“你很自信”，会潜意识触发对方的吸引力开关，想要和我们建立连接。

比如，小小在上台自我介绍时要学会“假装自信”，要暂时忘掉自己的缺点。如果我们总是想着上台发言会尴尬、窘迫，就会让整个人呈现出一种自卑、敏感和畏畏缩缩的状态，而这种状态极不利于社交表现。

小小可以在台上“美化自己”，想象自己此刻是马丁·路德·金，正在从容不迫地发言，尽可能把自信展露出来，谈吐从容大方。

历史上受过内向困扰的名人有林肯、罗斯福、爱迪生、莎士比亚等。其实几乎每一个内向的人都有这样在某些被认为只有外向的人才能做得好的领域取得进步的故事。所以我们不必怀疑自己，要相信自己，点燃心中那盏“自信的灯”。

多去表扬和肯定自己，通过在生活中做到的一些小事，给自己一些正能量的反馈。多去感受自己发自内心的力量感，然后我们就在内在拥有了一个发动机，可以源源不断地给自己提供能量。

经过一段时间的练习和调整后，放学路上的欢声笑语终于也有了小小的声音，在班级里也不再是“小透明”。曾经的“小透明”也终于逆袭成为班级中的“小灵通”。学会敞开心扉、提升自我，自信会永放光芒！

4 喜欢把自己封闭在一个安全范围里，不敢社交，怎么办？

我是一名12岁的女孩，正处于青春期。我有着柔软的黑发，明亮的大眼睛和清秀的面孔。然而，我的性格十分内向和害羞，我总是喜欢把自己锁在安全区里，不敢与其他人交往。

我喜欢安静地坐在角落里看书、做手工、听音乐，甚至自己独自去爬山。当别的同学问我要不要一起玩时，我总是脸红，低下头支支吾吾地说："不了，我有别的事情要做。"

我很清楚自己的问题，知道自己需要多参加一些社交活动，但我总是害怕，害怕别人不喜欢我，害怕被拒绝，害怕出错。有时候我会尝试跟别人聊天，但我总是会不自觉地陷入一种紧张和焦虑中，不知道该说什么，怕自己的话得罪了别人，所以，我现在不敢和很多人一起玩，经常是自己一个人独来独往。

——12岁女孩小黎

一 回避社交的同时，也让人生少了更多的可能性

动荡不安的青春期，除了紧张激烈的学习氛围、强烈而复杂的情绪、不容忽视的心理健康挑战之外，还有让青春期少年极为焦虑的一件事——交朋友。

渴望与人交往，却又充满担忧，害怕同伴排斥，害怕不被人喜欢，害怕得罪他人，这些已经成为当代青少年社交障碍的一大痛点。

“我的骨子里有一种东西挥之不去，那就是孤独。我的心是结冰的江面，我像孤舟中的老翁，在江面上独钓，其中的滋味，只有我自己能懂。”

这是《中国青年报》的中学生版收到的投稿，作者是一位十二三岁的初中女孩。寡言少语、内向、胆小，渴望融入集体，却又不知如何跟同学相处。来自社交的烦恼阴霾，笼罩了她的整个青春期。

投稿的小作者和小黎一样不敢社交，这与她们正处在青春期有很大的关系，青春期青少年的内侧前额叶区域在社交场合的活跃度会达到峰值，思维的特性是自带“聚光灯效应”，会不自觉放大别人对自己的关注，倾向于捕捉他人言行中的负性信息，因此容易产生负面思维，作出负面解释。尤其是像小黎这样自信心不足或自尊感过强的同学，往往更在意别人对自己的看法。

社交，是青春期的刚需。

社交，是贯穿一生的需求。

对于我们每个人来说，朋友就像空气和水一般，是不可或缺的存在。

青春期良好的社交会成为我们青春期情绪的“缓冲垫”，在繁重的学业中帮助我们建立更好的同伴关系，在学校取得更大的成功，拥有更美好的未来。

奥斯卡金像奖评委、好莱坞美籍华裔女演员陈冲，曾在《鲁豫有约》公开聊起自己的社交恐惧，让她失去了很多宝贵的机会。

她谈道，在自己年轻的时候，和人相处容易紧张、不自信、不舒服，不能很好地展现自己，尤其是面对异性的时候，交流很不自如，让自己无意中错过人生的很多可能，不光有伴侣，还有朋友和思想的交流机会，这些都成为她的一种限制，至今都让她觉得遗憾。

人总是活在关系中，需要与人建立连接，需要被关系滋养。社交恐惧并不是天生的，也不是个性使然，你只是缺少正确的方法去改变。那么好的你，本应该值得更好的生活，别再让社交恐惧成为你人生的绊脚石。

二 建立自己的社会支持系统

人是天生的社会动物，每个人都需要社会关系，需要彼此支持，共同发展，在必要的时候还需要向他人寻求帮助。

没有人愿意是一座孤岛，人际交往对每个人都不可或缺。

卡耐基成功公式告诉我们：成功 =15% 的专业技术 +85% 的人际关系。

而持续 76 年的 Grant Study 心理学研究也发现，在人生赢家必须拥有的“10 项全能”中有 4 项与社会支持有关，4 项与身体健康有关，2 项和收入有关。

社会支持系统，是指个人在自己的社会关系网络中所能获得的、来自他人的物质和精神上的帮助和支援。简单来说，社会支持系统就是与我们分享快乐、分担痛苦的人所组成的整体。

一个完备的社会支持系统包括亲人、朋友、同学、邻居、老师、上下级、合作伙伴以及由陌生人组成的各种社会服务机构。

良好的社会支持系统对一个人的心理健康有非常积极的意义。

美国女演员艾玛·沃特森在童年和青少年时期，曾经也是一个害羞和内向的女孩，宁愿和书籍为伴，也不愿与人交往。她曾说过："在一个人格形成的关键时期，我内向、固执，甚至有点悲伤。"

但是，依靠强大的社会支持系统，她逐渐形成了自信、勇敢和积极的人生态度。2001年，她被选为《哈利·波特》电影中的女主角赫敏·格兰杰，由此开始了她的演艺生涯。尽管这些角色曾经让她感到不安和紧张，但是她通过勇敢的挑战，不断克服自己的内心恐惧，最终成为一名出色的女演员和社交活跃的公众人物。

艾玛·沃特森的成功和成长背后，也离不开她的家人、朋友以及一些专门机构的支持。正是这些人和机构的支持，帮助她度过了许多困难，完成了很多挑战。

小黎可以从以下方面不断扩大自己的社会支持系统。

（1）提升自信心。通过参加一些对自己来说比较容易的小型社交活动，提高社交能力，并建立起更多的自信心。

（2）接触新朋友。参加一些社区组织或爱好社团，与学校和社区中的其他同学一起学习和玩耍。在这些社交场合中，小黎可以结交更多新的朋友，提高交际能力，并且从中寻找到属于自己的"精神蓝图"。

（3）学会表达自己的意见和需求。和他人交友过程中，学会表达对某一种事物的看法和感受，更加明确自己的需求，也能够更好地了解自己，进而进加开放和坦诚。

（4）扩大自己的支持体系。支持体系，可以是一个人的

亲人、朋友、老师、辅导员，等等。

随着不断扩大朋友圈，小黎的社会支持系统也会慢慢变大，通过更多的人为小黎提供支持和鼓励，也会让小黎的社交进入正向循环。

三 学会从多角度来观察、感觉和评价自己

有人问苏格拉底："什么是最困难的事？"

他说："认识你自己。"

一个人自我认识虽然很难，但首先要有认识自我的意识，这样才能慢慢地观察、认识、思考自我。

小黎之所以不敢社交，不敢迈出安全区，这与她对自我的认识与评价过于片面有关，一个人习惯了自己的天地，自然也不容易从他人的角度看自己。

据记载，中国从唐代王绩开始有自撰墓志铭。自撰墓志铭在中国文化中也是一种自我认识的形式。著名书画家、国学大师、教育家启功先生生前（66 岁时撰，享年 84 岁）曾自撰《墓志铭》如下：中学生，副教授。博不精，专不透。名虽扬，实不够。高不成，低不就。瘫趋左，派曾右。面微圆，皮欠厚。妻已亡，并无后。丧犹新，病照旧。六十六，非不寿。八宝山，渐相凑。计平生，谥曰陋。身与名，一齐臭。

这个墓志铭里有启功先生社会评价的我，自我评价的我，客观生理的我，自我感受的我。

通过多角度来评价自我，会让一个人拥有开阔的视野。

面对社交困境，小黎可以从多个角度来认识与评价自己。

比如描述自己时，小黎可以从生理自我、社会评价自我、自我评价三个方面进行。

生理自我：柔软的黑发，明亮的大眼睛和清秀的面孔等。

自我评价：喜欢独自一人，安静、细心、害羞。

社会评价：可以从最亲近的亲人和朋友那里征集。比如，请用一个词来形容我在你眼中的样子。得到的答案可能是：活泼、开朗、孤独、幽默、内向、有毅力等。

去体会每一个描述自己的词语，这会让小黎有新的发现和充满力量。其实，这个过程是最有意义的，会让自己从各个角度来观察、感觉和评价自己。

当一个人对自己有了更全面的认识后，那些之前的问题就犹如雨后的雾霭，阳光出来后，全都会消失不见。

5 乐于帮朋友，自己遇到困难却总不想麻烦别人，怎么办？

我是一个处于青春期的女孩，爸妈从小教育我要乐于助人，平时我总是愿意帮助我的朋友。

前段时间，学校组织了一项志愿者服务活动，我很积极地参加了志愿者小组，协助组织募集物品和请各种表演嘉宾。

在做准备活动时，我发现一名低年级同学在后台哭泣，原来她来参加表演，但因为紧张忘词了，很失落。我感同身受，上前安慰和鼓励了她，并教她重新排练，这件事让我体会到助人的快乐和成就。

但是，每当我自己遇到困难的时候，我却总是不想麻烦别人，而是咬紧牙关自己去解决问题。比如，志愿活动需要别的同学帮忙时，我总是难以开口，经常把在学校未完成的事情带回家去做，这也让我感觉压力与日俱增和日益孤独。

有一次，我的数学作业中有道题很难，无论我怎么努力还是做不出来。我想向同学寻求帮助，可迟迟不敢行动，最后导致那道数学题一直空着。后来，我才发现班里的同学都在互相交流做作业的方法，我才明白，原来寻求帮助是件很正常的事情。

但是，我遇到困难还是很难开口向他人寻求帮助，我该怎么办？

——14岁女孩欢欢

一 如果你想交一个朋友，那就请他帮你一个忙

亚里士多德曾说，人是社会性动物。

人无法完全脱离社会而单独生存，如果不想麻烦别人，我们就需要单独承担很多东西，包括挫败，比如，欢欢的那道一直空着的数学题。

当独处的日子久了，人便会封闭自己的内心，不再拥有向别人袒露心声的能力。就像欢欢一样，怕麻烦别人，凡事靠自己，可是自己的压力却日渐增大并且感觉孤独。

我们可以从心理层面分析这一现象：

很多人怕麻烦别人，但是，不麻烦彼此，关系也就无从建立。有这种麻烦哲学的人，难以发出对关系的渴望，所以势必会退到孤独中。

本杰明·富兰克林说："如果你想交一个朋友，那就请他帮你一个忙。"

尊重基础上的重视别人，托付或求助于这个人，这不叫麻烦别人。懂得向合适的人求助，这是一种智慧，并且会形成一种双赢局面。适当地麻烦别人，非但不是一种"麻烦"，反而是一条快速成长的通道，更是一条连接彼此的纽带。

知名音乐人高晓松曾分享过这样一个故事。

很多年以前，高晓松因为职业瓶颈，事业一度陷入停滞

状态，生活捉襟见肘。他思前想后，决定去找那时正当红的好友朴树借钱，渡过难关。

“当年我最惨的时候，找好友借钱，借了15万元。”

忐忑不安地给朴树发完信息后，朴树只回了两个字：账号？然后直接转了账。

后来，当朴树陷入事业低谷时，高晓松也二话不说也伸出了援手。

在人生的道路上，真正的友谊和互助是无价的。试想如果不是因为当初这种敢于互相麻烦的做法，他们又怎么会成为最好的朋友呢？

二 通过“富兰克林效应”转变思维

人的社会性，决定了我们无法真正独立地存在于这个世界上，谁也避免不了向身边的人寻求帮助。

一段和谐长久的关系都是在“你麻烦我，我麻烦你”的互动中建立和成长的。

比如，学校中，你帮我擦个黑板，我邀请你一起喝奶茶；你帮我讲数学题，我帮你补习作文。慢慢地，你就和他人建立了社交关系，从普通同学到朋友，再到好朋友。

欢欢喜欢帮助他人，这是美好的品质，同时，自己遇到困难却不愿意向他人求助，这有助于人际关系发展吗？

是不是帮助他人比寻求他人帮助更好呢?

“富兰克林效应”可以帮助我们转变思维。

“富兰克林效应”是指相比那些被你帮助过的人，那些曾经帮助过你的人会更愿意再帮你一次。即在人际交往中，让别人接受你的最好方法不是去帮助他们，而是让他们来帮助你。

“富兰克林效应”来自一个小故事：当富兰克林还只是一名州级议员时，特别想得到另一位德高望重议员的支持，富兰克林没有卑躬屈膝地去奉承，而是采用了另外一种策略。他听说这位议员收藏了一本非常稀有的书，于是富兰克林写了一封信，很客气地表示：“我很想拜读那本书，能否借阅几天？”

结果这位议员很快就把书寄了过来，富兰克林则于一周后归还，并附上了一张纸条，热烈地表达了他的感激之情。没想到，在接下来的工作中，这位议员主动找富兰克林谈话，还在很多事情上帮了富兰克林，最后两人成了密友。富兰克林在从政投票的关键时刻，也得到了这位友人的一票，从而获得了更大的机会。

能够让人喜欢自己的最佳方式，也许不是自己主动去帮助别人，而是能够获得并接受他人的帮助。

很多时候我们都会认为只有自己帮助了别人，别人才能记住，在关键的时刻才会伸出手来帮助自己。

实际上却完全相反，我们接受别人的帮助，他人给予我们善意，这会给他人一种美好的感觉，会令他人获得成就感，他人往往更愿意亲近自己。

三 好的关系，都离不开互相麻烦

钱锺书在《围城》里讲，最好的恋爱方式是“借书”。因为有借就有还，这样就有了“来往”，一来二去，两个人就互生情愫了。

好的感情，都是互相麻烦出来的。彼此麻烦，有来有往，感情才变得深厚起来。同学之间，更是如此。和朋友抱怨，和同学倾诉，传递出的信号是：我需要你，你对我很重要，甚至是没你不行。

其实，敢于麻烦别人，非但不会破坏我们在别人眼中的印象，反而会增强他人自身的价值感和意义感。

20 世纪 60 年代，心理学家琼·杰克和戴维·兰迪曾做过一个实验。

他们安排参与者在实验中赢了一些钱，等参与者们离开实验室之后，一名研究者追上其中几个参与者，请他们帮一个忙。

研究者解释说他是用自己的钱来做这个实验的，现在他没钱了，能否请那些参与者把钱退还给他。

第二组参与者则被另一个研究者追上搭话，这个研究者是心理学系的秘书，他向参与者们提出了同样的要求。

只不过这一次他的说法是：这是由心理学系赞助而进行的实验，用的不是私人的钱，现在系里资金短缺，所以能否请他们把钱退回来。

过后，所有参与者都被要求给两个研究者打分，表明对他们的喜爱程度。

结果参与者们对获得私人帮助的研究者的喜欢胜过了对以心理学系名义接受帮助的研究者的喜欢。

这个实验也验证了黄执中在节目里说过的一句话：“我们每个人都需要那种被别人需要的感觉。”

欢欢可以想想，自己为什么如此喜欢帮助别人？是不是也需要这种被别人需要的感觉？

明白了这个道理后，当我们向他人求助时，对助人者而言，他们在帮助我们的过程中，也满足了他们“被需要”的需求，体验到价值感带来的幸福。何乐而不为呢？

带着这个信念去交朋友吧：你真的值得被帮助，对方真的很愿意被“麻烦”。

第 2 部分

CHAPTER 2

制定自己的交友标准

6 好朋友不理我之后，又想跟我和好，该怎么办？

琪琪是我从小到大最好的朋友，从幼儿园、小学到初中，我们都是一个学校的同学，一起上学放学、下课一起去洗手间……我们无话不谈，可以说是形影不离。

上了初中后，我和琪琪的矛盾好像越来越多了。她总是有意无意地“找我的麻烦”，总是莫名其妙的不高兴，让我不知所措。每次跟她吵架，我的内心都备受煎熬，也觉得很孤单，所以不管因为什么而吵架，最后我们还是会和好如初。

上周，我刚收到妈妈给我的最新款智能手表，我很开心，于是我选择第一时间找琪琪分享这份喜悦。琪琪看到手表后，立刻两眼放光：“你的手表好漂亮啊，可以借我戴一星期吗？”我的内心犹豫不决，这是我刚收到的礼物，妈妈说很贵重，让我好好保护……但是琪琪是我最好的朋友……我的心里好像有两个小人在打架一般……还没等我回话，她便冲我大吼：“你真小气！既然你没把我当朋友，我们就不要做朋友了！”然后，她怒气冲冲地走掉，留下我一个人在原地不知所措……

回到家后，我反复地思考这件事，加上琪琪之前的“种种行为”，我觉得她真的很过分，也并不觉得自己做错了什么，于是我在心里暗暗发誓，无论如何，我都不要再跟她做朋友了。

昨天，琪琪来找我一起去吃午饭，她热情的样子好像什么都没有发生过一样。虽然我同意了跟她一起去吃饭，但还是觉得我们没必要继续做朋友了。

现在我很纠结，没有她的陪伴，确实很孤单，而且我和她这么多年的友谊，我还是很珍惜的……我该和她继续做朋友吗？

——14 岁女孩小路

一 知错就改，永远是不嫌迟的

小路和琪琪是从小到大的好朋友，越是长期的友谊，越需要悉心呵护。我们在和任何人的相处过程中，矛盾和争执都是正常现象，因为每个人的性格、生活习惯、思维模式本就有着质的区别。所以，发生矛盾不要紧，弄清矛盾的根本原因，再去思考彼此的友谊关系，才是解决问题的第一步。

“我们为什么会因为这件事情闹矛盾？”“我们从何时起矛盾不断？”冷静下来后，小路可以仔细思考你们发生争吵的根本原因，追溯到你们以前发生的种种小事上，想想琪琪是从什么时候开始变了，你们之间的真正问题是什么。如果思考明白，或许小路对琪琪的不满会减少一些。

莎士比亚曾说：“知错就改，永远是不嫌迟的。”琪琪总因为一点小事就和你吵架，如果问题出在她身上，而她又能意识到自己的错误，并主动向你道歉，那你可以冷静地想想：她的错误是否可以原谅？如果答案是肯定的，原谅她或许对你、对你们的关系都是一个比较好的选择。两小无猜的友谊非常难得，如果失去彼此，将会成为一辈子的遗憾。

二 沟通，是与人交往的关键

有这样一个故事：屠格涅夫与托尔斯泰多次发生争吵，

时隔16年，托尔斯泰希望消除隔阂，他主动与屠格涅夫沟通，给屠格涅夫写了一封道歉信。屠格涅夫非常感动，两人冰释前嫌。这个故事告诉我们，沟通，是与人交往的关键，也是消除误会与隔阂的重要方式。

法国书信作家赛维涅夫人曾说：“真正的友谊从来不会平静无波。”在我们漫长的人生中，我们会结识很多很多朋友，有一些朋友走着走着就散了，有一些朋友会陪伴我们很久。即使是那些陪伴我们很久的朋友，也可能因为这样或那样的问题而发生分歧。所以和朋友发生争执时，如何解决，会直接决定我们友谊关系的发展。

比如，小路和琪琪的问题，小路有没有尝试找她沟通过呢？每次你们发生矛盾，你沉默，她找你和好后，你就选择不再追究……这种循环，是一个恶性循环，你们的矛盾没有得到根本上的解决。这个时候，沟通就显得格外重要。

沟通，是解决问题的最直接方式。

小路可以尝试找琪琪平静的“谈一谈”：回顾你们这么多年友谊的美好时刻、聊聊你们发生争吵的第一件事、谈谈你的感受、了解一下她的想法……在你们的沟通和交流中，你们可能会对友情有一个新的认识。如果聊的结果还不错，小路可以尝试继续和她做朋友，同时可以看看你们之前的矛盾有没有得到解决。如果聊的结果不太理想，相信小路也会坚定不再与她做朋友的决心。那时，你如何处理自己和琪琪的关系，自然会得到答案。

沟通是维系任何情感关系的重要手段。在日后的生活中，如果你的心里有想法，不妨大胆“说出来”，在沟通和交流中解决问题，会比你自己“胡思乱想”更容易。

三 遵循内心的“交友准则”

林肯曾说：“人生最美好的东西，就是他同别人的友谊。”是啊，友谊是我们生命中宝贵的财富，所以我们应该珍惜。但在与人交往的过程中，要建立一个“交友准则”，即你交朋友的原则：什么人可以成为你的朋友，什么人不可以成为你的朋友。

友谊很美好，但真正的友谊还需要我们想清楚、看明白，别让这笔宝贵的人生财富变得“一文不值”。

罗兰曾说：“交朋友不是让我们用眼睛去挑选那些十全十美的，而是让我们用心去吸引那些志同道合的。”

在制定“交友准则”时，应学会不要对自己的朋友寄予过高的期望。

首先你要思考，你自己是一个什么样的人，如果对方和你价值观一致，你们本质上是“同一类人”，他的行为、言行没有触犯到你的底线，他身上还有某些闪光点值得你学习，那么这个人就可以成为你的朋友。

和志同道合的朋友在一起相处，不仅可以为你排忧解难，还可能让你学会很多为人处世的方式，所以，“与谁交朋友”很重要，需要好好思考。

俞伯牙和钟子期的故事告诉我们，志同道合的友谊很重要：春秋时期有位出色的音乐家伯牙，他精于弹琴。据说他弹琴时连吃草的马也会抬头倾听。而当时最懂伯牙琴技之妙的莫过于钟子期。伯牙用琴表现高山情怀，钟子期听后说：善哉，峨眉兮若泰山。后钟子期因病亡故，伯牙悲痛万分，认为世上再无知音，也不会再有人像钟子期一样能体会他演奏的意境。所以就“破琴绝弦，”把自己最心爱的琴摔碎，终生不再弹琴了。

对待友谊关系，我们要保持一颗乐于与他人交往的真心，也要秉持自己的交友原则，不滥交朋友，亲近那些同样真诚的人，远离那些消耗自己的人，这样的友情才是真正有意义的。正如于丹说的那样：“我们要交上好朋友，第一，要有仁爱之心，愿意与人亲近，有结交朋友的意愿；第二，要有辨别能力。”

愿我们都能有慧眼识人的智慧，当断则断的勇气，去靠近那些滋养自我的人，既对自己负责，也不辜负对方。

7 长大后，发现很难交到真心朋友怎么办？

我们总说："越长大越孤独。"直到现在，我才真正懂得这句话的含义。

小时候的我们，拥有朋友似乎很简单，能够给对方"制造快乐"就可以。

只要两个人在一起可以哈哈大笑，无话不谈，那么就能成为朋友。可是升入初三后我发现，再想拥有这一切好难。所谓的好朋友，不再是分享就可以，也不再是能够在一起聊天开心就可以，你以为的好朋友，也许只是你"自作多情"。

我一直以为和我的同桌玲玲是好朋友。我们无话不谈，也一起分享自己的小秘密。

直到有一天，我在卫生间门口听到她和班里另外一个女生说："我都想换同桌了，梦梦的性格太闷了，和她待在一起不好玩儿。"

听到这话的我很伤心，我一直以为玲玲很懂我，也喜欢和我做朋友，现在我才明白，也许只是因为同桌，我们做的不过是"临时朋友"而已。

我也试着和其他同学交流，可是大家好像都有自己的"交友圈"，我总融入不了。

为此，我还试着改变自己，在别人说某个明星很帅时，我赶紧附和。在她们说哪部电视剧好看时，我也抓紧去追，第二天和她们讨论。看上去，她们更愿意和我交流了。可是我也发现，这根本不是真心朋友。

我很沮丧。我发现长大后，很难有真心朋友，我不知道是不是我的交友方式不对，我该怎么办？

——12岁女孩梦梦

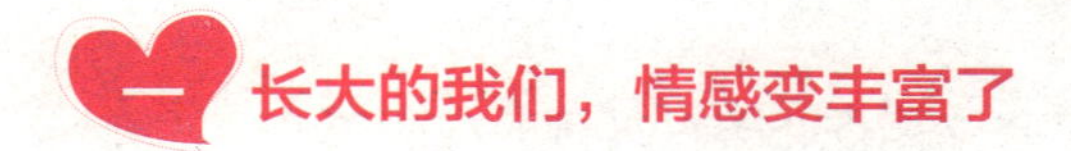

一 长大的我们，情感变丰富了

童年时期的友情，以寻找玩伴为特点。一句“能一起玩吗？”两个人就可以开开心心地玩起过家家，要分别时，还哭着闹起了小脾气：“我还要和我好朋友玩，我不要回家。”

儿时的我们，对朋友的定义是：给你分享好吃的零食的，给你说了一个小秘密的，借你一本漫画书的，就都是好朋友。你什么都不用想，什么都不用顾忌，只要开开心心地玩在一起，就是属于好朋友的美好时光。

渐渐地，我们长大了，走入了青春期，我们自身的情感开始越来越丰富，心智也越来越成熟，考虑的东西越来越多，此时，价值观、兴趣爱好、性格、习惯等各个方面有了差异。

朋友间差异多了，就会产生不同的心理预期，当达不到心理预期时，就会产生冲突。

举个例子，作为真心朋友，你请我吃了一次饭，我开始考虑需要回请你。可是，吃什么样的价格，在哪里吃，什么样的时间比较合适，这个过程中，我们有了更为全面的思考。

为什么我请她吃了三四次饭，她好像从来没想过要请我一次？

明明我们约好了晚上6点在餐厅门口等，她却迟到了半个小时，为什么她看起来理直气壮似的没当回事？

为什么我对她那么好，她却没把我当成好朋友？

……

我们付出了真心，却伤心于没得到对方的真心。

走入青春期的我们，开始为友情烦恼，渴望融入一个集体，融入几个好朋友群体中。

俄亥俄大学教授 William Rawlin 归纳出，从 14 岁到 100 岁，人们对于朋友的定义是相似的：朋友是那些我们所欣赏的人、可以说话的人、可以依靠的人。

人会随着时间慢慢成长，友谊也一样随着岁月改变。这个时候，其实我们可以为自己高兴啊，说明自己真的长大了，对朋友已经有了新的评判标准，而这也是拥抱更成熟友谊的契机。

二 细分朋友，明晰自己的朋友圈

在《阿狸·永远站》一书中记录一串数字，“我们的一生会遇到 8 263 563 人，会打招呼的是 39 778 人，会和 3 619 人熟悉，会和 275 人亲近，但最终，都会失散在人海。”

鲁迅说过：“人生得一知己足矣。”

其实，青春期的我们，在学校日常的交际中，感情的来来往往是常态。

我们就像一辆行驶的明黄色公交车，奔驰在美丽的乡间。有的人相识了，上车了，而有的人，在车里和我们一起

欣赏了几站美景后，又下车了。

人来人往，君子之交淡如水。我们不必悔恨，甚至责怪那些下车的朋友。每一个曾经陪你看过风景的朋友，你都可以感激对方一起行走的日子，然后洒脱地送她下车，因为你的公交车上上下下的朋友越多，也意味着你的成长越快。

也一定会有，历经成百上千个车站后，仍旧稳稳地留在你车上的朋友，他们，就是相伴你一生的三两知己挚友。

我们可以将朋友细分为挚友圈、好友圈、普通朋友圈、泛友圈。

挚友是可以分享生活中喜怒哀乐，并且可以互相帮助和支持的朋友。需要时间的考验和用心的经营。你们彼此理解，互相尊重，有相同的价值观。

好友则是有一定共同话题和兴趣爱好，能够就某些话题互相倾诉的朋友。

普通朋友则是在一定时间内有交集，但还没有深入交流的朋友。

泛友则是交流比较浅层次，仅仅算是认识的人，没有过多来往。

当梦梦厘清楚自己的朋友分层后，发现很多人其实并没有在你的车上待多久，或者他们并不喜欢你的车，是自己误把他们当成了挚友，而如果是泛友圈里的朋友，失去就显得没那么可惜了。

三 与其向外发问，不如反求诸己

华盛顿曾说：“真正的友情，是一株成长缓慢的植物。”

我们唯一能做的，就是让自己成长得更好。让自己成为一个更值得交的朋友。

然后你会发现，朋友有了不同的定义。真心，需要懂得，长大了，才有可能知道什么是你需要的真心。越长大，每个人的心越是不同，懂的人就越少。千人千面，你不具慧眼，便很难看到。

随着对这个世界的了解越来越多，我们会越来越沉默，也有可能越来越好奇，但是人长大以后，就意味着已经成长，与人交往再难像小时候一样什么都不用考虑，单纯真诚越来越难能可贵，真心相交只有付之真心，但不一定也能得到真心以待，所以我们一定一定要珍惜身边那些真心待自己的人。

与其向外发问，不如反求诸己，我们可以学着如何给朋友一些能量。

交友的过程中，我们要学会倾听，学会尊重，学会换位思考。能够换位思考，是我们能够交到真心朋友并且可维持一生的一项很重要的能力。

换位思考在心理学中叫作“感知位置平衡法”，这个方法具体是怎么样的呢？

（1）遇到事情找个安静的地方，一个人坐下来，调整自己的呼吸，让心平静下来。

（2）想象自己坐在对方的位置上，假设对方做的一切都是对的，帮他找三个对的理由，如果能够很快地找出这三个理由，也就做到了换位思考。

（3）接下来想自己可以做哪三件事去改善与对方的关系，想到了写下来，然后去行动。

高尔基曾经说过："真实的十分理智的友谊，是人生最美好的无价之宝。"希望我们每一个人，都有智慧去筛选友谊、经营友谊，有三两知己，携手青春！

8 每次去吃东西都是我请客，好朋友之间要斤斤计较吗？

我和小欣是很好的朋友，从小学五年级我们就在同一个班级了，我们一直很亲密，总是在一起玩，共同做一些事情。做完功课或者要放学的时候，我们经常一起去吃甜品或者喝奶茶。但是最近，我发现每次我们出去吃东西，都是我请客。

我不介意偶尔请她吃一些甜品，可是最近几个月，我成了总是买单的人。我的零花钱在慢慢减少，而她也没有提到要请我吃些什么。一开始我并没有在意这件事情，觉得可能只是偶然现象，但是次数越来越多。

我想应该不会因为这件事情而影响我们之间的感情吧？我们是朋友，应该不会在乎钱的问题。但是，每次去吃东西的时候，我都会不由自主地想到买单的事情。我开始担心这个问题可能会影响到我们之间的感情。

我该怎么办呢？

——15岁女孩小安

一 朋友之间，要注重礼尚往来

鲁迅说：“友谊是两颗心真诚相待，而不是一颗心对另一颗心敲打。”

人与人之间交往，如果产生了不舒适的感觉，像小安感觉到每次吃东西都是自己付账，有些心理波动，这大抵可以说明她在交往中开始被消耗。

好的人际关系，应该是彼此尊重，互相理解，互相帮助。绝不是只有一个人付出，另一个人在索取。

一个人值不值得深交，钱，会告诉我们答案。

富勒说：“金子能够验出人心。”

人和人之间相处，虽然免不了利益往来。但是，在一段感情中，只有单方面的付出，却没有另一方的反馈和感恩，感情便难以长久。

《礼记·曲礼》中说：“礼尚往来。往而不来，非礼也；来而不往，亦非礼也。”也就是说，上古礼仪讲究对等，朋友之间交往也是如此。

《菜根谭》中说：“世事亏乃福，人情淡始长。”

人和人之间要想和谐相处，就要保持双方付出的对等，但双方若有一人贪婪，就会失去平衡。

小欣每次都让小安请客，几次也许没有关系，但是时间久了，必然会导致她们之间交往的失衡。

在幼儿园，有一个拥有最多玩具的小朋友叫小强。

当我们问他："谁是真正的朋友？"小强告诉我们，他真正的朋友只有一个，是一个叫乐乐的男孩。再问他："为什么你认为乐乐是你真正的朋友？"小强一秒钟都没犹豫："他从来都不抢我的玩具，他只跟我换。"

从小强的这个事例里就可见一斑。小强说他那个"真正的朋友"从来都不"抢"他的玩具，而是跟他"换"。

也就是说，所有的人都喜欢并重视甚至偏爱一种交换——公平交换。

对小强来讲，不公平的交换，等同于"抢"，没有人喜欢"被抢"。

而与他换玩具的那个男孩乐乐，让小强感受到公平。

这告诉我们，关系的本质是价值的互换。

人际交往中，礼尚往来才是最好的相处方式。

真心待你的人，不管你是有钱，还是没钱，他都能努力做到"平衡开支"，做到"礼尚往来"。

既不会让你吃亏，也不会让你因为钱而为难。

二 好朋友之间也要学会谈钱

好朋友之间如何谈钱？

电视剧《小欢喜》中的童文洁和宋倩给了我们一个很好

的示范。

《小欢喜》中，童文洁为了帮家里两个孩子缩短花在上学路上的时间，打算在学校附近的小区租个房子。

她的好闺蜜宋倩在这个小区有 4 套房子，有一套还没出租，俩人一合计，房子正好租给童文洁。

也许我们会好奇：童文洁和宋倩是十几年的老朋友了，也是互相看着对方的孩子长大的。这种情分，怎么谈钱？

是不是好朋友间不能谈钱呢？

当然不是，好朋友更要在乎对方的价值。

剧中的两位妈妈都特别拎得清，定好了租房子的事儿后，童文洁狡黠一笑，一把亲昵地拉过宋倩，手在空中冲她比画了个数钱的动作，俩人就都心领神会地笑了。

宋倩虽然一直说不好意思要钱，但在童文洁的坚持下，俩人这才开始正式谈房租。

谈房租的过程也很有情商，宋倩琢磨了一下，“两居室在这小区都是一万五起。”看到好朋友的脸，又不好意思了，懊恼道：“哎呀，怎么跟你要钱呀。”

犹豫了一下，真心实意地说：“那这样吧，一万二。”相当于给好朋友打了个八折。

童文洁马上点头，说：“行行行。”宋倩又打趣道：“够仗义吧？”童文洁乐道：“挺好挺好，挺便宜。”

难怪这俩好朋友能相处这么多年，原来都是拎得清的人。如果宋倩这时一直因为不好意思而不说价钱，明明租给别人每个月能到手一万五，给了童文洁白住，心里肯定也会不舒服，时间长了也影响友情。

价钱和折扣都明白说出来，童文洁也不是小气的人，马上就接受了。

朋友之间，钱的事情要拎清，谁也不能太吃亏。

你总是占便宜，朋友真的就会越来越少，大家也不想带着你玩。

如果你总是过度大方，为了面子而选择打肿脸充胖子，时间长了，自己心里也非常不开心。如果只是靠钱财，那么吸引的都是占便宜的人，也不会有真正的好朋友。

不能明明白白谈钱，才真伤感情，而能把钱和感情分开谈的朋友，才是能处得久的真朋友。

真朋友不怕谈钱，清清楚楚把钱谈明白，该给朋友照顾的就照顾，自己该得的也别太委屈自己，彼此也少一些情感负担，交往也没有压力。

开诚布公，制定双方认可的规则

齐白石家的门口和客厅，都贴满了卖画和刻印的润格：

“卖画不论交情，君子有志，请照润格出钱。”

“花卉加虫鸟，每一只加十元，藤萝加蜜蜂，每只二十元。”

“已出门之画，回头补虫，不应。”

“已出门之画，回头加题，不应。”

请他作画，一只虾十块，两只二十。

如果你只带了十五块钱，对不起，

“那我就只能给你画一只虾。”

再在画幅角上画一个虾脑袋。

白石老人就是这么“小气”，

他一生免费赠出去的画不计其数。

但他觉得一码归一码：你找我画，那就应该按价来。

什么是真朋友?

有一条便是：能开诚布公地谈钱。

不占朋友便宜，是一个人对待友情的顶级修养。

朋友之间如何才能更好地谈钱呢?

有一个方法是：制定双方认可的规则，把事情摊在明面上说。

比如，小安和小欣经常一起买东西吃，两人可以制定一个规则：谁生日谁请客，规格不用太高，不超过自己平时的花销即可。平时的花费，两个人可以AA制，各付各的，也可以轮流请客，今天我请你，改天你请我，这样大家都不会觉得亏欠对方。

友谊是建立在互相信任和互相帮助的基础之上，但是也别让金钱成为彼此之间的障碍。

9 不合群的女同学近来和我走得特别近，我该拒绝吗？

我是一个外向的人，朋友也颇多，与大家相处得都还行。前一段时间，学校举办科学知识竞赛，我和小组选手武月，在答题环节配合得很默契，对彼此的印象还挺好的。

领奖那天，上台前，武月的鞋带开了，“哎，你的鞋带开了，衣服这边也有点歪，我帮你调整下吧。”“好的，谢谢你啊，你真细心。”从她嘴角的微笑，我能看出来，她挺开心的。

那天以后，武月课间经常会找我聊几句，我还夸她：“你的基础知识很扎实，比赛时，我觉得你的心理素质也很好呢！最后一题多亏了有你。”武月说：“谢谢你的认可，我也觉得你是一个很不错的人，待人也落落大方。”

我们俩相视一笑，那一笑中饱含着欣赏与和赞美。

由于我和武月走得比较近，忽略了原来身边的一些朋友，她们对我很不满，“你怎么和她玩了，她这个人很不合群的！”

原来，在合群的同学们眼中，武月一直是个异类：她在班里经常是一个人独来独往，平时同学们聚在一起聊天，聊明星八卦，聊学校里的新鲜事等，她从来不参与。所以很多女同学私下里说她很不合群，也很少和她玩。

我这几天在想，难道因为武月的不合群，因为同学们的说法，我就要拒绝和她成为朋友吗？

——15 岁女孩程美

一 有自己交朋友的标准

交朋友是人生中一件重要的事。

和不同的朋友在一起，能够让我们更深刻地认识这丰富的世界。

《幽梦影》中多次写到了“友”：“对渊博友，如读异书；对风雅友，如读名人诗文；对谨饬友，如读圣贤经传；对滑稽友，如阅传奇小说。”

庄子说：“君子之交淡若水，小人之交甘若醴；君子淡以亲，小人甘以绝。”意思是，君子的交情淡薄得像水一样，小人的交情甘美得像甜酒一样；君子淡薄却亲切，小人甜蜜却易断绝。

孔子对交友非常重视：“无友不如己者。”不仅如此，孔子还说朋友的好坏还会影响到自身：“益者三友，损者三友。友直、友谅、友多闻，益矣；友便辟、友善柔、友便佞，损矣。”

也就是说，有益的朋友有三种，有害的朋友也有三种。

那我们要与哪些人成为朋友呢？或许可以参考孔子的标准。

同正直的人交友，同信实的人交友，同见闻广博的人交友，这便有益了。

同谄媚奉承的人交友，同当面恭维背面毁谤的人交友，同夸夸其谈的人交友，便有害了。

直，是正直不阿；谅，是诚实无欺；多闻，是博学多闻。友直，就会明言过错，“忠告而善道之”；友谅，就会坦诚相待，“与朋友交，言而有信”；友多闻，就会明仁道、明事理，“君子以文会友，以友辅仁。”。

《淮南子》中说，“行合趋同，千里相从；行不合，趋不同，对门不通。”品行志趣相投合，相距千里也能亲密不离；品行志趣不相同，门对门也不能沟通。

怎样选择朋友呢？这个问题或许每个人的回答都不尽相同。

程美可以从损友和益友的方向来帮助自己判断，武月属于哪一类朋友？她和我成为朋友后，我们会不会一起互相帮助，共同成长？我们对科学的共同爱好，会不会让我们在其他方面成为好朋友呢？如果武月的人品没有问题，只是性格内向，那为何要拒绝这个朋友呢？

当程美想清楚了这些之后，再结合自己和武月平日里相处的点滴，如果觉得自己很开心，有进步，何不多交个朋友呢？

你知道合群背后的“羊群效应”吗

与朋友交，优良的品质如同春雨绵绵，会滋养生命。

要知道，不合群并不是缺陷，可能只是性格不同而已。

有位作家说：“不合群是表面的孤独，合群了才是内心的孤独。”

追求合群的程美有没有想过，除了和大家一起聊天，玩玩乐乐，自己还有哪些收获呢？

有人说，当你所处的群体，普遍在智力、道德、经验、思考等任何一个方面都没办法赋予你一个榜样和目标的时候，合群的意义，也就不存在了。

在心理学上有种现象，叫作“羊群效应”。

牧羊人为了方便管理羊群，于是就会训练出一只领头羊用来指挥其他羊，这些羊往往跟随领头羊的举动行事，所以，牧羊人只需要管理好领头羊就可以了。

意思是人们普遍具有从众心理，即随大流，别人做什么自己就做什么，让自己刻意地去合群，却不考虑自己的特殊性，结果是，那些刻意合群的人往往会迷失自己。

明明想将课间时间用来做点自己喜欢的事，却为了合群去聊天，唯恐被同学排挤；

明明周末想去图书馆学习，同学却约好了去春游，为了不被孤立，只好追随他们的脚步……

太多人在迎合别人的道路上迷失了自己，最后回头一看，并没有得到什么好处。

三 忘记他人的眼光，勇敢跳出舒适圈

武月的不合群背后，是不是有着她自己的主见和喜好？有着她一个人的独处和坚守？

周国平曾说：“人们往往把交往看作一种能力，却忽略了独处也是一种能力，并且在一定意义上是比交往更重要的能力。”

温水煮青蛙的故事还记得吗？

科学家将青蛙放入温度很高的热水当中，这时候，由于青蛙受不了这突如其来的高温，所以在高温的刺激下，它觉得这样的环境对自己而言是危险的，所以它刚被放进去就立刻跳了出来。

科学家又把这只青蛙放在了冷水里，这时候由于温度不高，青蛙没有跳出来，反而在水里开始游泳，随后科学家慢慢升高水的温度。

当温度达到高温的时候，青蛙本应该跳出来，但由于之前长时间悠然自得地游泳，使它即便是想要跳出来，也心有余而力不足，最后在热水中被煮死。

通过这个故事，我们也要看到，当一个人长期处在舒适圈，比如，过于合群了，是不是也更容易选择安逸，因此而失去很多呢？

何不换种角度看，忽略别人的眼光，仔细体悟，说不定

武月的到来，是为了让程美看到生命的另一种形态呢。

村上春树曾说：“不管全世界所有人怎么说，我都认为自己的感受才是正确的，无论别人怎么看，我绝不打乱自己的节奏，喜欢的事自然可以坚持，不喜欢怎么也长久不了。”

学会遵从内心的感受，与其在一群人中畏畏缩缩，不如勇敢做一个“不合群”的人，不过分考虑他人的眼光，而是把自己放在首位。

每一颗星星都能独自发光发亮，无须向群星低头，我是，你也是。

10 我把她当最好的朋友，对她很好，为什么她却不当我是朋友？

我曾经有一个非常要好的朋友，她叫小雪。我们是初中同学，在学校里经常一起吃饭、聊天、玩耍，我把她当作自己最好的朋友，而且对她非常好。可是，随着时间的推移，我渐渐发现，她不像我一样把我当作她最好的朋友。

记得有一次，我帮小雪买了一件她非常喜欢的衣服，送给她作为生日礼物。可是，她接受礼物后并没有表现出特别高兴或感激，反而在一旁发呆。我不知道是我挑错了礼物，还是她对我根本没有那么在意。

有一天，我发现小雪新认识了一个朋友，那个新朋友在她身边的时候就像我曾经我和小雪的交往方式差不多，看起来她们也是如此契合，两人走路也是拉着手，一起去书店看漫画，一起去跳啦啦操，一起有说有笑。

那天，她俩一起拿着漫画书经过我身边，我很高兴地上去打招呼，“小雪，你要去哪？”“平平，这是我新认识的同学，我们正准备去书店看漫画呢！”“哦，好的。”我有点失落地说。我心里有点不爽，我想自己的好朋友是不是被抢走了？那个位置本来应该是我的。

“我对她那么好，她在我心里很重要，我把她当成我的好朋友，她有把我当成好朋友吗？”我心里不禁有这样的疑问。

——13岁女孩平平

一 以平和的心态看待和朋友的关系

幼儿园里我们经常会看到小朋友闹矛盾：

在一个幼儿园里，有两个非常要好的小姑娘，有一天上课突然不坐在一起了，互相也不说话了。以前两个人天天一起上课一起放学，做什么都要在一起，现在突然变得奇怪起来。原来，其中一个女孩认为对方交了更多好朋友，有点儿忽略自己，认为自己不是她最好的朋友，因此而不高兴。

平平的情绪是不是同样如此呢？因为最好的朋友有了更好的朋友，有些委屈和嫉妒的小情绪，却又不能说出口，不能表达出来。

情绪的背后，有没有自己的“一厢情愿”呢？

很多一厢情愿的人以为自己只要做某些事，其他人就必须有所回报。

自己给好朋友买了礼物，好朋友就必须喜欢和感谢，这样的“一厢情愿”是把付出作为一种交易，另一方其实未曾同意交易，甚至根本不知道有交易这回事。

很多人交朋友，喜欢用“最”字来丈量和别人之间的距离。总感觉“最好的”这几个字加在前面，就为这段关系加了一层保障，让人更加心安。

事实上，“最”字并不能带给我们友谊的保障。人和人相处得好不好有很多影响因素，比如，缘分浅近，性格和爱好，家庭教育等。

希腊哲学家德谟克利特说：“很多显得像朋友的人其实不一定是朋友，而很多是朋友的倒并不显得像朋友。”

所以，何不放下“最好”这份执念，以平和的心态面对朋友呢？

二 学会为友谊留出“共同时间”

平平或许不知道，无论我们多么善于交际、受人欢迎，在一生中能够保持的“紧密的关系”始终维持在150人左右，这个理论也就是著名的邓巴数（Dunbar’s number）。

根据150人的社交规模，邓巴数还进一步提出，在我们的一生中，能称为熟人（记得名字、认出脸、有基本了解）的人只有100个，可以做到彼此足够了解的人只有25个，而真正的重要他人不会超过5个。

通常来说，友谊的发展是三种因素的共同结果：位置接近、共同活动、生活事件。

假设我们和同桌产生了友谊，但是如果有一天我们调整了座位，或者同桌转学了，并且日后彼此没有加强联系，那么友谊可能也就不存在了。

比如，我们在体育课、美术课上的友谊都是如此，当我们对某一个具体共同活动的兴趣和投入的时间改变了，我们的友谊就容易发生改变了。由此可见，小雪因为兴趣爱好结交新的朋友，也是很正常的。

共同时间是友谊发展的重要因素。但究竟需要创造多少的“共同时间”才能让友谊不断升级呢?

关于这个问题，心理学家 Hall 在线上征集了 355 位在过去 6 个月里有过搬家经历的受访者。随后，让受访者回想他们在搬家后新交的朋友，以及他们的关系是如何发展的，最后，Hall 要求受访者对双方的亲密程度进行评估，包括熟人、普通朋友、朋友和亲密朋友。

研究人员根据他们的描述推算出他们目前为止的“共同时间”。结果发现，从“认识的人”变成“熟人”，需要有效共度大约 50 个小时的时间；从“熟人”变成“普通朋友”则需要 90 个小时左右的相处；而从“普通朋友”升级为“好朋友”，可能需要花费 200 小时以上。

所以，要交到真正的好朋友，需要我们留出更多的“共同时间”。

三 跨出交友“舒适区”，扩大朋友圈

古人云:“友以成德也，人而无友，则孤陋寡闻，德不能成矣。”意思是说，朋友可以促成我们德业的进步，一个人如果没有朋友，就会学识浅薄，见闻不广，也难以成就自

己的德行修养。

美国前第一夫人米歇尔·奥巴马曾说过：“没有人是一座孤岛。我们都需要其他人来生活，并且每个人都是有价值的。”这句话表明了交友对每个人来说都非常重要，无论你是谁，都需要建立起自己的社交圈子。

青春期，正是我们建立自己社交的关键时期，我们要学会广交朋友，跳出舒适区，扩大自己的朋友圈。

交友舒适区是指一个人的心理状态和行为习惯，在交友过程中，会因为放松、稳定、能够掌控，没有压力而感到十分的舒适。一旦走出这个交友区域，人就会变得紧张、别扭、不习惯甚至害怕。

马克·扎克伯格是 Facebook 创始人和首席执行官，在中学时期，他也曾经是一个内向的学生。为了扩大自己的社交圈子，他每天都会和同学们聊天、交流，甚至主动邀请陌生人加入他的社交群体。

对于青少年来说，跨出交友的“舒适区”需要勇气和自信。

在跨出交友舒适区方面，平平可以从以下方面加以改善。

（1）参加社交活动。可以参加学校组织的各种社交活动，例如运动会、文艺比赛、义工活动等，通过这些活动结识新的朋友。

（2）学会主动交流。在人际交往中，不要害怕表达自

己的想法和感受，可以通过询问对方的兴趣爱好、生活经历等，打开交流之门。

（3）用心倾听他人。交友并不只是表达自己，还需要认真听取对方的意见和想法，这既能和对方建立起信任和友谊，也有助于改变自己，提高自己的交际能力。

（4）做自己。最重要的是保持真实的自我，不要为了交到更多的朋友而改变自己的本性，否则建立的关系可能会昙花一现。

扩大朋友圈，会让我们看到更精彩的世界，收获更多的友谊。

11 不喜欢追星看综艺，要为了交朋友去喜欢这些吗？

夜深了，我看着平板里的“偶像剧”昏昏欲睡。这种剧怎么这么无聊啊，不知道小丽和小娜是怎么看下去的。屏幕里热播着当下最火的男团选秀综艺，而我困得不省人事。

“小叶，快看呐！蔡太帅了！”

“什么嘛，我家爱豆才帅！这次榜投第一名呢。”

小丽和小娜在我旁边叽叽喳喳地说着，兴奋得忍不住要跳起来。在她们俩中间我显得像个局外人，格外局促不安。“是啊，是啊。”我只能低着头匆忙附和着。可心里越来越感觉融入不到其中，我渐渐地放慢了脚步。看着她俩肩并肩的背影，我再次暗下决心一定要找到自己喜欢的爱豆和她们有共同话题。

接下来的几天，我“恶补”娱乐圈知识、爱豆关系网、明星周边。小丽和小娜也对我刮目相看，我们的三人圈姐妹团关系也更加牢固了。

可是，每次跟她们讨论这些话题时，我都会心不在焉。“心在曹营身在汉”恐怕就是我本人的内心写照了。我想去图书馆看书、去游泳、去美术馆看我最爱的画展！我才不爱看什么男团选秀！我在心中呐喊。

渐渐地我发现，虽然和小丽、小娜的关系更胜当初，但我也变得郁郁寡欢了，因为我离自己内心真正喜欢的东西越来越远了。可我又怕失去这份来之不易的友谊，但追星对我来说真是一件令人煎熬的事情。我好迷茫，我到底该怎么选择？我不喜欢追星和看综艺，要为了交朋友去喜欢这些吗？

——13 岁女孩小叶

一 放开思维的"缰绳"，不刻意迎合

交朋友，如果想让我们无论何时、无论何地都能体验到快乐、能感受到轻松和舒适，最为重要的是双方必须是公平对等的。刻意迎合别人，反而会降低自己的姿态，不平等的关系不会维持太长久的时间。

庄子曾说："独往独来，是谓独有，独有之人，是谓至贵。"我们处在一个大环境中，不能为了"贵"而选择独来独往不合群，也不能为了合群而选择刻意迎合别人。

心理学上有种现象，叫作"羊群效应"。在一个集体中待久了，从众惯了，就会逐渐丧失自己的判断，沦为集体意志的奴隶。但正如毛姆说的那样："就算有五万人主张某件蠢事是对的，这件蠢事也不会因此就变成对的。"有时候我们以为自己在合群，其实只是在被平庸同化。

比如，小叶熬夜追星却因提不起兴趣而昏昏欲睡，为什么要逼迫自己做不喜欢的事情呢？如果将时间花在"合群、与朋友的友谊"上，就注定花在"自我提升"上的时间少了。

在从众心理的推动下，忘记了自己的追求和目标，失去了自身的判断，最后只能让生活越来越糟。

庄子曾说："独与天地精神往来，而不敖倪于万物，不谴是非，以与世俗处。"那些真正优秀的人，往往更有逆流而上的勇气。他们只追逐自己内心真实的感受，不活在别人的眼光里，只为做出令自己无悔的选择。

鲍尔莱说："一个人成熟的标志，就是明白每天发生在自己身上的 99% 的事情，对于别人而言毫无意义。"小叶不需要刻意去合群、去放弃自己融入集体。该来的自然会来，该走的注定也会走。

二 聆听真实的"心跳"，真实做自己

美国著名心理学家埃里克森提出了一个心理学概念：自我认同。简单来说，就是一个人知道自己是谁，并且对自己有一个清晰稳定的认同感，认同自己心中所想所念所感。

如果一个人从外部去寻找自我价值和存在感，会很累。相反，自己尊重自己、自己喜欢自己、自己欣赏自己、自己提升自己、自己爱自己——当你这样做，你会开始发现，越来越多的人会喜欢你、尊重你、欣赏你、爱你。比如，小叶选择去看自己喜欢的画展，阅读让自己身心舒畅的书籍，这些会让自己更加欣赏、肯定自己，而追星却让她日渐"郁郁寡欢"，这源于追星是在从外部找寻自我价值和存在感，所以自我的效能感和价值感会很低。

一个人若长期处在虚伪的关系之中，以迎合讨好的方式压抑自己真实的意愿，无法真实的表达自我，也无法与他人

建立信任，更无法体验“真诚关系”。

从外到内地反向建立“自我价值感”，是大部分心理疾病的根源。学会勇敢地活出“真实的自我”，把自己的“真实意愿”看得比“外界眼光和评价”更为重要。

学会对自己的感受、直觉、知觉和思考坦诚，忠于自己的真实意愿，视自己为珍宝，无条件地支持、肯定自己，聆听自己真实的“心跳”，当小叶这样做了，她的朋友反而会感谢小叶对她们的坦诚，因为真正的朋友是不会希望好朋友做自己不喜欢的事情的。

学会勇敢并且温柔坚定地做自己内心真正喜欢的事情，不要去怀疑自己是否“另类”，尽管去做。因为真实做自己才是建立一段真挚友谊的桥梁。

三 守护交友的“初心”，随遇而安

友情是一种缘分，它贯穿在生命中的各个阶段，贯穿于学习、游戏、工作中。它是彼此都觉得相处舒服愉悦而建立的一种感情。

研究发现，在心理咨询室内，在众多的故事中，人们反复地在提及友谊以及和朋友的关系。好的，坏的，深刻的，惆怅的。这些关于友谊的故事都是人们生命中最重要或者最痛苦的时刻。有一些是关于成长与陪伴，有一些是关于背叛与伤害。而小叶是否还记得自己交友时的“初心”？

周国平先生曾说：“人活在世上，除吃睡之外，不外乎做事情和与人交往，他们构成了生活的主要内容。”

而我们的初心是希望交友能让自己的生活变得更轻松快乐，在孤独寂寞的时候，有人能陪伴；在伤心失意的时候，有人能安慰；在需要帮助的时候，有人能帮忙。

当我们在选择朋友时，也一定是对有共同兴趣、志同道合的伙伴产生好感。

友谊也只有相处舒服才能走得长远。

朋友贵在选择，一些兴趣相投的朋友聚在一起就是一个朋友圈。有的圈子以追星为中心，有的圈子以阅读为中心，有的以运动为中心，等等。如果你的朋友圈子背离了你的“初心”，就会使你感到疲惫。所以，学会筛选喜欢“真实的自己”的人，进入“真诚关系”，这会让我们在朋友关系中得到滋养。

小叶可以学着跳出这个圈子，主动去找与自己志同道合的朋友。这个时候，我们对朋友的诉求不再是能陪着自己一起跳皮筋，还是能认同彼此的价值观。而这个世界这么多人，寻找志同道合的朋友并不是什么难事。

随遇而安，保持一颗赤诚之心，花香蝶自来。

第3部分

CHAPTER 3

你需要懂的社交礼仪

12 怎样让自己拥有让别人喜欢的风格？

我的好朋友壮壮在班里很受欢迎，他有一张娃娃脸和一对会说话的眼睛，他不惧怕和别的同学说话，不论别人说什么，他都能认真听；他兴趣广泛，不论谈小说、谈影视、谈学习，还是谈人情世故，他都能说出一些中肯的见解，有时还显得很风趣。学校的文体活动他也积极参与，还多次获得好成绩，为我们班争光。

每次看到他，他的脸上总是洋溢着阳光般的笑容，他待人接物很温暖，对老师和同学都很有礼貌，平时见面，他总是主动打招呼，别人跟他讲心里的烦恼，他能给予同情和理解，所以在班里人缘极好，老师和同学都很喜欢他。

学校开展社区健康援助活动，我们班分为5个组，分别负责慰问5位孤寡老人，分组时，同学们都希望能和壮壮在同一个组。我很钦佩壮壮，我也很希望自己能像他一样受欢迎。

我想知道，如何才能增强自己的吸引力，成为一个受欢迎的人呢？

——14岁女孩小丽

一 人际交往中，学会拥有强大的气场

《史记》中有一段关于刘邦的描写，项羽设鸿门宴招待刘邦时，范增力劝项羽一定要将刘邦除掉，他这么说："吾令人望其气，皆成龙虎，成五彩，此天子气也，急击勿失。"

这段话很明显，就是在提醒项羽，这个人的气场不是一般的大，将来很有可能要成为项羽称王称霸的劲敌，所以得趁早除去。

一个人的气场真的如此重要吗？

气场对于任何人而言都很重要，一个人是否拥有强大的气场很大程度上决定了他在人际交往中是否被别人尊重。

气场一方面是指一个人在人群中的震慑力，另一方面则是指别人对自身的信服力。

一般情况下，气场主要是通过一个人说话时的音调、节奏、表情、肢体动作等非语言方式表现出来的。比如：

眼神坚定：和人交流时习惯注视对方的眼睛，专注而充满能量。

果断有力：他们在表达想法和观点的时候语气坚定、很少迟疑。

举止从容：无论是站立还是就座的时候，都给人一种从容和洒脱的感觉。

一个人有没有气场，通过哪里可以看出来？视觉上最直观的，就是一个人的肢体动作。

壮壮为什么受同学和老师欢迎？那是因为他有自己独特的气场，温暖人心。小丽平时应如何提升自己的气场呢？

有几个提升气场的小技巧可以在平时多加使用。

（1）在肢体动作中，要尽可能打开你的身体。如果你紧张，畏畏缩缩，别人可能就觉得你鬼鬼祟祟，不大方，没底气。

而你身体的打开程度越高，你的紧张、恐惧情绪就越不会被别人看到，越能显得你舒展自如，你的气场也就越强大，容易被感受到。

（2）训练自己的眼神，老话常说，“气显于外，神藏内”。而“气”和“神”连接的通道，就是人的双眼。一个人眼神是否有气势，可以轻易被观察到。

想要眼神有“气场”，需要经常练习，比方说，盯着燃烧的蜡烛，或者墙上壁画的某一个点，这个方法在专业术语中叫“定眼”，通俗来讲，就是让眼睛“聚光”、不要频繁眨眼，不要让你的眼神飘忽不定。

孙悟空扮演者六小龄童说他在演孙悟空时，有 200 度散光和 600 度近视。而孙悟空需要保持双眼炯炯有神，而 600 度高度近视的他是如何做到的呢？

从试演开始，孙悟空的扮演者六小龄童眼神涣散空洞，毫无美猴王的灵气，而且目光迷离，缺少神采。

杨洁导演当时对扮演者的表现也确实不太满意，所以为了练出美猴王的火眼金睛，把孙悟空这个形象演活，六小龄童想尽了各种办法。他开始了苦练眼神之路。

据他回忆，那段时间他每晚都会点一炷香，然后关掉灯，眼睛聚焦于香的烟头，目光紧随烟头走，以此来练习眼睛的视点。

为了练习眼睛的灵活性，六小龄童会去看别人打乒乓球。头和身子保持不动，眼神看乒乓球转，快速转，或上下，或左右，有时候一看就是好几个小时。

早上起床后，他还会去看日出，一直用眼睛盯着太阳的方向，尽量不眨眼，看完满脸是泪。

《西游记》拍摄期长达八年，六小龄童日复一日，一直坚持使用这些方法，逐渐从外形到眼神越加贴合孙悟空，最后呈现给大家一个形神合一，至今无人能够超越的齐天大圣。

二 换位思考，增加人际吸引力

什么是人际吸引力？

人与人之间产生注意、欣赏、倾慕等心理上的好感，进而相互接近产生感情关系的过程，就被称为人际吸引。人际吸引是人际关系中的一种肯定形式，是个体进行人际交往的第一步。

换位思考是人际吸引的重要环节，它是连接人与人之间关系的桥梁。在生活中，我们无法避免地总是站在自己的角度去思考问题。

假如我们能换一个角度去理解，学会站在他人的立场上去思考问题，结果会怎样呢？

最终的结果应该是赢得了他人的理解和宽容，改善和拉近了人与人之间的关系，让自己更受欢迎。

一个盲人走夜路时，手里总是提着一盏照明的灯笼。

人们很好奇，就问他："你自己看不见，为什么还要提着灯笼呢？"

盲人说："我提着灯笼，既为别人照亮了路，同时别人也更容易看到我，不会撞到我，这样既帮助了别人，又保护了自己。"

换位思考让我们在人际交往中拥有主动权。

在人际交往中，要做到真正地理解别人，增加自己的人际吸引力，最重要的一点是要做到换位思考，小丽可以先问自己下面几个问题——换位思考四部曲：

第一步：如果我是他，我需要的是……

第二步：如果我是他，我不希望……

第三步：如果我是他，我的做法是……

第四步：我是在以他期望的方式对他吗？

试一试，我们就会发现自己的人际吸引力增强了很多。

三 拥有人际吸引力的三种个人特质

一个人的某些特质会决定他是否受他人喜爱。

美国学者安德森研究了影响人际关系的人格特质。结果发现，排在序列最前面、评价最高的八项特质形容词中，与真诚有关的有六项（真诚的、诚实的、忠诚的、真实的、值得信赖的、可靠的），而评价最低的特征为“说谎”及“欺骗”。也就是说，人们认为真诚是决定我们是否喜欢一个人最重要的特质。

小丽可以培养人际吸引的三种个人特质：

（1）个人的温暖。温暖是影响我们对他人形成第一印象的主要特质。像壮壮一样，每次面带微笑地看着别人，和别人说话时耐心地倾听，积极地帮助他人，这些都会增加别人对自己的喜爱。

（2）能力。人们往往喜欢有能力的人，这种能力的涉及范围很广，例如智力、社交技巧，等等。培养自己一种或几种技能，比如精通电脑，帮助大家解决与电脑相关的问题等，也会受到大家的喜欢。

（3）外表吸引力。容貌、体态、服饰、举止、风度等个

人外在因素在人际情感中的作用也很大。外表是人们在交往过程中最容易注意到的，在其他条件相同的情况下，外形漂亮的人会更具吸引力。

尤其是在交往的初期，外表漂亮容易给人一种良好的第一印象，由于晕轮效应的存在，人们往往会认为漂亮的人会更出众、更优秀。因此，在日常生活中，时刻保持自身的良好形象，很容易给他人留下一个好印象。

一个人的人际吸引力不是天生的，而是在人际交往的实践中，逐步培养锻炼形成的。只要在日常交往过程中，注意观察和模仿别人表现出的优点，自觉地锻炼自己的沟通和交往能力，就一定能使自己成为一个充满魅力的人。

13 和别人交流时，控制不住地打断别人，怎么办？

也许是从小受妈妈的影响，我养成了一个不好的习惯，就是在别人说话的时候，我会控制不住地打断别人。有时候别人说到一个关键的话题时，我想到哪里，就会毫不犹豫地插话，这导致别人的话被打断，现场有些尴尬，而我说的话也没有得到大家的重视。

每次大家聊一个主题最终都是不欢而散，这让我对自己的插话行为感到懊恼，但我也控制不住自己，并不是故意要插话的。

前几天课间，我听到有一些女同学在聊综艺节目，她们聊得正热火朝天，我走过去，只听到她们在说，“嗯，那个女明星很开朗，真的很幽默，有点……”还没等同学说完，我马上就说，“噢，我知道你们说的是姚吧，她在这个节目里真的很有趣呢！还记得那次猜歌比赛吧……”

我滔滔不绝地说了半天，沉浸在自己的喜悦里，对面几位同学的脸却拉了下来，“刘小雨，你每次都这样插话，能不能先听完我们说话，你这样真的很不礼貌，我们在聊小唐呢，你说哪里去了？”

丁零零，丁零零，这时候，上课铃响起来了，女同学们一脸扫兴，她们相互约定，“这次没聊完，下课后咱们接着聊吧”。

剩下我自己站在走廊上，那一刻很安静，让我想找个地缝钻进去，“我为什么就是改不了爱插话的坏习惯呢？”我为此真的很苦恼。

——13岁女孩刘小雨

一 插话是幼稚行为吗

我们知道，打断别人说话是非常无礼的表现。尽管如此，在日常生活中，我们可能还是会遇到这样的人，他们很热衷于交谈，当别人阐述自己的观点时，总喜欢打断别人。这样的人往往会遭人厌烦，别人也不愿与其交流。

青春期的我们，有多少人和小雨一样，喜欢插话，当大家越是不想和你说话时，你越觉得得不到周围人的认同，就越喜欢加入别人的谈话中，越爱插上几句。

那你知道他们为什么会这样呢？

这是因为我们开始从青春期的自我中心阶段过渡到成人期的自我互动阶段。在自我中心阶段，我们以为自己是世界上独一无二的存在，是最值得关注的。我们过分关注自我内心的感受，不懂得去照顾别人的真实感受，所以，当他人正在说话时，我们总是去打断别人，以证明自己的存在，并希望得到他人的认同。

要解决这个问题，就得不断地调整自己在社会中的自我认同机制，达到一种良性的认同；同时，当要打断别人时，提醒自己“多给别人一些表达的机会，并从中找到自我发展的资源，获得人际双赢”。

如果小雨试过这个方法后，当她想要自我表达时，可以用语言暗示自己：“现在我可以说了吗？”“现在是我说话的好时机吗？”

通过不断的心理提醒练习，会让小雨一次次地战胜自己。

二 学会倾听，做到耳到、眼到、心到

苏格拉底有一句名言：“上帝分配给人两只耳朵，而只给我们一张嘴巴。”

你知道这是为什么吗？

在《人性的弱点》中，卡耐基提到表达自我是人类重要的天性，我们常常滔滔不绝地表达自己的想法，以至于很少在意他人的感受。

不妨想一想，在日常与人交往的过程中越讲越兴奋的那个人是不是常常是我们自己呢？与一个善于倾听的人相处是非常愉快的，倾听的价值远不止于此，用心倾听，就是给他人表现自我的机会。

可以说，倾听是对他人最大的恭维。

当一个朋友遇到痛苦时，是安慰和提建议有效果，还是倾听他内心的想法更有助于帮助他呢？

答案是后者，在人痛苦的时候，听听他想说什么，引导他说出想说的话，才能真正帮助他释放压力，这样一来对方也能感受到你的真诚和用心，进而能收获一份珍贵的友谊。

聆听别人讲话，小雨可以怎么做呢？必须做到耳到、眼到、心到。

（1）注视说话者，保持目光接触，不要东张西望。

（2）专心听对方讲话，身子稍稍前倾。

（3）面部保持自然的微笑，表情随对方谈话内容有相应的变化，恰如其分地频频点头。

（4）不要中途打断对方，让他把话说完。

（5）适时而恰当地提出问题，配合对方的语气表达自己的意见。

三 在实践中常学常新，常学常悟

邹韬奋说：“友谊是天地间最可宝贵的东西，深挚的友谊是人生最大的一种安慰。”

青春期，拥有良好的人际关系对我们的学习和身心健康都有着重要的作用。

一个拥有稳定人际关系的青少年，会在交往中得到滋养，比如：

当你学习遇到疑惑时，可以和你的好朋友们讨论问题，说不定他们可以帮助你解决。

你可以从朋友的身上学习到很多书本上没有的内容，就像《论语》中所说的，“三人行，必有我师焉，择其善者而从之，其不善者而改之。”

良好的人际关系还可以让你在学习疲惫的时候，帮助你放松身心；在你想放弃的时候，拉你一把；在你想表达时，有人主动倾听。

小雨可以在人际交往中试一试以下几个方法，从而有效提高自己的人际交往力：

（1）访问亲友。

每周拜访一位亲友，先访问比较熟悉的亲友，再访问比较生疏的亲友。访问之前，做好心理准备。

第一，针对自己爱插话的不足，结合自己制定的方法进行一些训练。例如，想要插话时，首先深呼吸，放空自己的大脑去倾听。

第二，调整自己的认识。不论自己的访问是否完美，对自己是一个锻炼，对别人是一种尊敬和关怀。

（2）尽量多与别人保持联系。

准备一本通信录，尽可能多记录所认识的人的联系电话或通信地址，有时间就与他们联系，满足自己表达的需求，同时观察记录自己表达的次数。

（3）锻炼自己与不太熟悉的人交谈。

在锻炼交往能力的过程中，要注意训练自己与异性、长辈、老师的交往能力。尤其是在面对他们谈话时，要把握好度。

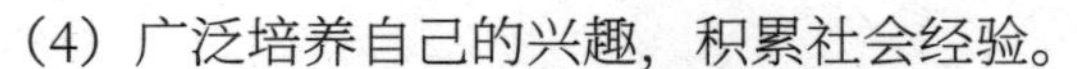

（4）广泛培养自己的兴趣，积累社会经验。

多参与集体活动，如学校、班级的活动和同学聚会等；多阅读报刊，丰富对社会的认识；养成一些有利身心的业余爱好，如培养在体育、音乐、书画或文学等方面的特长，这不仅可以培养自己的兴趣，还可以陶冶情操，保持良好的情绪状态。

世事洞明皆学问，人情练达即文章。人际关系这门学问，需要我们在实践中常学常新，常学常悟。

14 当给别人意见时，怎么说才不会惹别人生气？

我发现，最近身边的朋友都有些怪怪的，大家好像有意在避开我。

刚开始的时候，我觉得是自己的错觉，但是越来越多的细节显示，我的感受并不是毫无根据。

午餐的时候，本来大家在有说有笑地吃饭，我带着饭盒想要加入，气氛却突然冷了下来，甚至有些人刚吃了一会儿，就借故离开了。

就连我最好的朋友小菲都变得有些陌生，以前我们总是一起上学下学。最近小菲跟别人走得更近，每当我跟小菲待在一起的时候，她总是用欲言又止的眼神望着我。

我想知道大家为什么会对我这样，我在体育课上找到了小菲，准备跟她聊聊。

当我找到小菲的时候，她正和一群同学进行篮球训练。

我想找她聊一聊，可她显得十分尴尬。

“你不觉得这样子在大家面前找我会让我非常尴尬吗？”小菲问我。

“小萌你总是在反驳我们的观点，这样让大家非常不舒服。”

“我们都是同学，但你总是觉得别人应该怎么样，好像在指挥别人一样。”

“我很珍惜跟你的友谊，但是跟你在一起真的很累。”

……

大家七嘴八舌地说着，仿佛是一场对我的审判。

我觉得很委屈。我只是想找小菲解决问题，但现在我觉得自己像一个无理取闹的小孩。难道我真在无意之中伤害了我的朋友们，可我是想要帮助她们呀，况且我们的关系这么好，有什么是不能说的呢？我究竟做错了什么？我不明白。

——15岁女孩小萌

一 学会站在别人的角度看问题

青春期，是人的大脑第二次快速发展的黄金时期。青少年的自我意识在这段时期开始加速觉醒。自我意识的觉醒可能有以下征兆：有时候我们会觉得自己就像世界的主角一样无所不能；有时候我们会觉得别人都在针对自己，我们会变得对外界的一切格外敏感。

所有的一切其实都指向了一件事，那就是青少年时期的过度自我中心化，也可以说是自我意识觉醒下的一个小小的“副作用”。小萌所遇到的问题，在青春期的孩子中并不是个例，当我们发现自己面临着这样的问题时，不需要感到害怕或羞耻。

我们需要做的是提醒自己，要站在别人的角度去思考问题，而不是所有的事情都按照自己的想法去定性或定义。

需要强调的是，强烈的自我中心化并不是自私的表现。开始以自我为中心去思考问题，是人类在大脑发育过程中增强对自我的认知，从而更好地感受世界的过程。

唯一不同的是，有的人很顺利就度过了这段自我中心时期，有的人确实会因为这段时期受到一些生活上的困扰。

当我们开始发现自己被青春期的“副作用”控制的时候，我们可以有意识地进行自我调节。

试想自己处于一张谈判桌。此时，我们把自己的想法当作正方观点，而我们接下来需要做的，是站在反方的立场去寻找自己观点的漏洞。

这样的训练一开始会比较困难，我们需要时刻提醒自己，将自己置于公平的谈判桌之上。一旦形成了反向思考能力，我们自然而然地就会站在别人的角度去看问题，就更加能够理解别人的看法了。

这样的方式在现代叫作辩证的思考方式。在中华民族的传统文化中，这叫作思辨。当我们学会思辨，就会站在更高的思考维度。说话的时候会更加客观、公正。而客观与公正是我们向他人提供建议的先决条件。

当我们提出意见之时，保证自己观点的客观与公正，才是正确的出发点。

二 把握合适的“社交距离”

青少年自我意识快速发展的过程中，会希望形成以“朋友”为纽带的牢固团体。这是我们逐渐从家庭独立，开始寻找自己的社会支持体系的时期。

这时候的我们，迫切地想要独立，而交朋友就是我们融入社会最重要的环节。相信每一个热血青年的心中，朋友都是重于泰山的存在。

因为朋友对于自己的重要性和亲密性，我们有时候会忽

视与朋友之间的“社交距离”。

并不是所有人都能够接受另一方的“亲密无间”，跟朋友相处需要相互尊重，保持让对方舒服的相处模式。

当我们需要向别人提出意见时，切记用“否认”的口吻与对方沟通，例如，“我觉得你这件事做得不对……”或是“我觉得这件事你应该这样做……”

一旦沟通的开始是以对对方的否定开启，那么接收到信号的对方可能不会觉得你想要给他提什么建设性意见，而会觉得在挑战他的观点。

能够发现并提出问题是一件非常好的事情，愿意去帮助别人，提出自己的意见的人，往往也抱着让对方能够更好的目的。

把握社交距离，让对方感受到我们的尊重，委婉地提出自己的建议，会比直接指出对方的不足有更好的沟通效果。

切记，提出意见，不是要站在道德的制高点去打击对方，也不是站在真理的阵地上去教育对方。我们提出意见时要抱着希望对方更好的心态。我们在提出意见的同时，是在给出自己的观点，而不是在否定对方的观点。

当我们要提出自己的意见之时，不妨先寻找对方观点的可采纳之处。我们可以肯定对方的好的观点，再针对其不足的地方提出自己的建议。沟通一旦建立在相互尊重的“社交距离”内，将会更容易进行。

三 沟通要注意选择合适的环境

关注心理的人可能会知道，人天生分为不同的气质——黏液质、胆汁质、多血质、抑郁质。不同特质的人会呈现出不同的社交方式。胆汁质和多血质的人会更加主动，黏液质和抑郁质的人则会更加腼腆。

和多血质的人相处，他们的社交距离就会比较近，你可以跟他们保持亲密的相处模式，提出问题的时候也可以比较直接；反观抑郁质，如果过于直接，就会对他们造成伤害，我们需要在沟通时采取更加委婉的方式。

面对不同性格不同气质的人，我们在提出自己意见的时候，需要选择合适的环境。热闹开放的环境可以让多血质和胆汁质感受到轻松愉快，却会给黏液质和抑郁质带来压力。严肃认真的场合会让黏液质和抑郁质感到安全，但换成多血质和胆汁质却容易感到有压力。

不要小觑环境带给人的影响，曾经有心理学家做过这样的实验，一个放着流行音乐，以红色为背景的餐厅，人们往往不会久坐；而放着钢琴曲，以蓝色为背景的餐厅，会让顾客更愿意长时间停留。因此麦当劳和肯德基等快餐厅往往以红色为背景，而适合浪漫约会的法式餐厅往往采用深色的背景。快餐店的顾客一波又一波快速更新，适合约会的餐厅双方都希望能够停留得更久。我们被环境所塑造，却难以

察觉。

在相同的环境下，面对不同的人，可能会有不同的沟通效果。当我们在提出意见时，针对不同的对象，我们可以选择不同的沟通环境。

小萌课堂上直接提出意见，不仅没有达到她想要沟通的目的，反而让好朋友小菲感觉到有压力和尴尬。如果小萌能够换个环境，例如下课后找一个安静的角落和小菲聊一聊，可能就不会产生这样的问题。

环境对人的影响是潜移默化而又不容置疑的。我们认识到所处环境对我们影响的同时，也需要认识和利用环境。

15 我跟好朋友的玩笑开大了，她很受伤，怎么办？

我的好朋友娜娜是一个皮肤很黑的女孩。阳光映照在她的脸上，那黝黑的皮肤总让她在人群中格外醒目。于是我给她起了个外号，叫“黑珍珠”。

从小到大我都是一个很直接的女孩，有什么事从不藏着掖着。我的朋友们都评价我：开朗、坦率，我也一直觉得我这样的性格没什么不好。

可是，上周发生的一件事，让我不知所措……

联欢会上，娜娜准备了一段芭蕾舞。她穿着洁白的芭蕾舞裙，如同一只沉睡的天鹅般，苏醒，起身，轻柔的肢体舒展，好像在诉说着天鹅的故事，是那么的宁静和高洁……

不过，娜娜的黑皮肤在白裙子的衬托下，显得更加黝黑。尽管我内心很敬佩她超群的舞蹈功底，但还是不习惯她如此正经的模样，于是我“咯咯咯”地笑出了声。

旁边的同学问我为什么笑，我大声地说道：“娜娜像不像黑天鹅走错了队伍啊，除了牙齿和眼球，其他都是黑的，哈哈哈……”

周围的同学听到我的话，也都不自觉地大笑起来。

娜娜好像听到了我们的“窃窃私语”，尴尬、委屈在她的脸上蔓延，于是她头也不回地冲出教室……

从那之后，娜娜再也没跟我说过话，甚至她一直低头，躲避同学们的目光。

我想娜娜一定很受伤吧，她精心准备了那么久的舞蹈，却被我这样搅乱了……

我很疑惑，为什么之前叫她“黑珍珠”，她都不生气呢？

我不知道该怎么挽回和娜娜的友谊，更不知道以后怎么同她相处，我该怎么办？

——14 岁女孩小小

一 过度的“坦率”是一种暴力

每个人的性格都不相同，追求做真实的自己是我们的权利。不过，真实是一方面，过度坦率又是另一方面。我们在社会中与人交往，缺乏分寸感的坦率可能会演变成暴力，伤害我们所爱之人。

在生活中，适当地和朋友、家人开玩笑，可以拉近彼此的距离，某些情况下还可以缓解尴尬的气氛，让人感到轻松。

美国前总统林肯在做律师的时候，为一农夫用锄头砸死富豪家的恶犬的案子进行辩护。富豪说：“农夫为什么要砸死我的爱犬？”林肯回答：“因为你的恶犬先咬他。”富豪说：“农夫为什么不用锄柄把它赶走？”林肯说：“你的恶犬为什么不用屁股去咬他？”

林肯出任总统发表演讲时收到一张纸条，上写“傻瓜”，林肯手举纸条平静地说：“本总统收到过很多匿名信，全都只有正文，不见署名，而今天正好相反，这位先生只署了名，忘了给我写信。”

一位老朋友向林肯推荐一个人来担任美国西海岸某小岛的专员，朋友说：“他很有能力，但身体虚弱，那个地方对他的身体非常有好处。”林肯回答：“我想是的，不过，万分遗憾，在这之前，已有一个朋友申请了这个职务，他的病情更重。”

适度的玩笑可能帮助我们解决难题。但是，如果不分场合不分情况地乱开玩笑，会对别人的内心造成伤害。

小小的言语，我们认为是戏言，然而听到别人耳中，却可能碰到了其内心的痛楚。

朋友间相处，如果一直不顾及对方的感受，一而再再而三地过度开玩笑，这段友谊早晚会画上句号。

所以，坦率也需要有所顾虑和掌握尺度。

喜欢用开玩笑去嘲弄别人，甚至用开玩笑去伤害别人，这都是不礼貌的表现，也是我们在交友礼仪上的缺失。

反省自己，对我们过去的“坦率”做一个总结，是我们改变自己的第一步：

（1）站在他人的立场上思考。

“如果我是娜娜，听到别人对我的皮肤黑开玩笑，还破坏了我精心准备的舞蹈，我会怎么样呢？”站在对方的角度上思考自己的玩笑，会帮助我们更快速地认识到自己的问题。

（2）问自己一些深层次的问题。

“在过去的生活中，我是不是经常口无遮拦？”“我的坦率是不是伤害到了别人？”在内心反问自己这样的问题，仔细思考过去自己“过度坦率”导致的种种问题。

（3）给自己制定一个目标。

“下次忍不住开玩笑前，要在心里思考三遍。”给自

己树立这样的目标，在开口前确认三遍，自己的玩笑会不会伤害到别人，然后再开口，会帮助我们控制住自己的“坦率”。

二 道歉并没有想象中那么难

美国著名投资人说：“承认错误是件值得骄傲的事情，我能承认错误，也就会原谅别人犯错，这是我与他人和谐共事的基础，犯错误并没有什么好羞耻的，只有知错不改才是耻辱。”

好的玩笑使人开怀大笑，但无聊的整蛊、缺乏尺度的玩笑就是对对方的不尊重，甚至会伤害对方的自尊心，造成不必要的麻烦和隔阂。因而开玩笑一定要适度，要因人、因时，因环境、因内容而定。

当我们因为过度开玩笑而伤害了好朋友，主动反思自己的错误，迈出道歉的步伐，才是解决问题的最佳方式。我们可以尝试这么做：

（1）直接道歉。

万能的第一步，便是直截了当地跟对方说：“对不起，我错了。”此外，我们可以继续补充自己犯的错误，例如，“娜娜，我不应该用你的肤色开玩笑，更不应该跟同学们大声说你是黑天鹅，我的玩笑开过火了，真的很对不起……”

一定要告知对方自己当时的错误是什么，让对方感受到我们的真诚。

（2）请求原谅。

明确表达了自己的错误以后，第二步要请求对方的原谅。例如我们可以和娜娜说：“娜娜，我已经深刻地意识到了自己的错误，我向你保证以后绝对不会再这样开玩笑了，你可以原谅我吗？”真诚地乞求原谅，对方也可以进一步感受到我们的真诚。

（3）正视伤害。

如果对方不能立刻原谅我们，这是正常的。要明白我们给别人带来了很深的伤害，要正视这一点。所以我们要接受对方的情绪反扑，这一步是非常困难且重要的，如果对方发泄情绪，我们可以对自己进行心理安慰：因为我过度开玩笑伤害了娜娜，所以她才跟我发火的，要冷静，她发泄完就可以原谅我了。

（4）提出补偿措施。

当对方跟我们袒露自己的不满情绪时，离成功就不远了。等她情绪发泄完以后，可以适时地提出补偿措施，让对方看到你真诚的一面。例如，可以利用周末，安排一个小型舞会，邀请娜娜把上次的节目表演完。

学会道歉，是一个人勇敢的体现，也是为人处世高级的修养。

当我们得到原谅后，一定要吸取教训，不再犯同样的错误，牢记开玩笑要适度。

三 让“玩笑”变成社交中的强心针

《三国演义》里有句话：“处事不分轻重，非丈夫也。”

做人要分清轻重缓急，做事要懂得有进有退，这都是为人处世的最高修养。

世上所有的事，都有一个“度”，“开玩笑”这件事也是一样的道理，把握恰到好处的分寸感，这样才能让人舒服，让己舒心。

一位著名画家，是个幽默的人：抗日战争胜利后，他打算从上海返回四川老家。他的学生设宴为他饯行，并邀请京剧艺术家梅先生和多名社会名流出席。

宴会开始后，现场的气氛非常尴尬。为了缓解现场尴尬的气氛，画家起身向梅先生敬酒：“梅先生，你是君子，我是小人，我先敬你一杯。”

梅先生和众宾客听此都不解其意，疑惑地看着他。

张大千解释道：“君子动手，小人动口，你是君子，唱戏动口，我是小人，画画动手。”

他的谦虚和幽默引得满堂客笑，瞬间化解了尴尬气氛。

适当的玩笑，不仅可以展现自己的幽默感，还可以化解尴尬的气氛。而没有分寸感的玩笑，就是一场灾难。所以要守住开玩笑的界限，不要伤害到他人。

（1）不要拿别人的缺陷开玩笑。

每个人都有或多或少的缺陷，身材、长相、原生家庭等都不是我们能决定的，所以千万不要拿这些事情开玩笑。这样的玩笑，即使对方表面上不在意，心里也会感到自卑。

（2）不要拿别人的努力开玩笑。

每个人的努力都是值得被肯定和称赞的。不管别人因为什么目标而努力，怎样努力，我们都应该去称赞，而不是开玩笑嘲讽。

（3）不要在别人情绪低落的时候开玩笑。

心理学研究表明，当一个人心情低落时，内心是极度敏感的。我们将快乐传递给他，他内心会觉得无法接受，甚至我们的笑声都会让他觉得很刺耳，因此很容易误解我们的玩笑。所以在别人心情低落时，我们可以进行其他的安慰，但不要随便开玩笑。

做一个幽默的人很好，但在使用幽默时，要注意不要进入误区。乱开玩笑，会令人感到轻浮，产生负面效应。

不要因为开玩笑断了自己的交际之路，要让玩笑变成你社交中的“强心针”。

16 去同学的生日会，不知道该准备什么，怎么办？

三年级的某一天，当我在食堂排队时，身后突然有人拍了拍我的肩膀："你的眼睛真大，真好看。"

阳光透过窗户洒在她的脸上，微微上扬的嘴角显得别样灿烂，第一次被别人这样夸奖，我的内心也感到温暖万分。

从那之后，我和小奇的友谊，便拉开了帷幕。

转眼间，我们的"革命友情"已经到了第四年，今年我们一起进入初中，结识了很多其他的同学和朋友。

下个月就是小奇的生日了，她邀请我们去她的生日聚会，我们几个关系要好的同学也在计划着给她一个"惊喜"。

"小奇喜欢照镜子，我准备送她一个限量版联名款的镜子。"

"她喜欢周董，我让我爸爸帮我买张周董的海报好啦……"

"小欣，你打算送什么礼物呀？"同学们一脸疑惑和期待地看着我。

我瞬间感到无比紧张，虽然已经陪她过了三个生日，但之前都是口头上的祝福，"生日礼物"这件事，我丝毫没有概念。

我支支吾吾地回答道："我还没有想好……"尴尬瞬间涌上心头，我感到惭愧万分。

"你和她关系那么好，不会不送吧？"同学们质问和嘲笑的语气，仿佛像审问犯人一般，她们的目光让我感到无法呼吸，我只能找个理由逃离这尴尬的环境……

下周就是小奇的生日了，我还不知道要准备什么礼物：我手里的钱并不充裕，想给她买一张她最喜欢的演唱会的门票简直是异想天开。

我害怕同学们的嘲笑，更害怕小奇对我失望，我该怎么办？

——13岁女孩小欣

一 正确看待“礼物”这件事

礼物是什么呢？

礼物是在社会交往中，为了表达祝福和心意，或以示友好，人与人之间互赠的物品。

为什么要送礼物呢？

礼物是维系社会关系，增进人与人之间情感的一种手段和方式。

著名哲学家马克思曾说：“人的本质是其一切社会关系的总和。”

我们每个人都生活在社会当中，是社会网络中重要的一环，所以维持社会关系也是我们必须具备的“生存技能”。

中国自古以来就是礼仪之邦，也有着“礼尚往来”的传统。《礼记》中写道：“礼尚往来。往而不来，非礼也，来而不往，亦非礼也。”

明朝的郑和下西洋时，曾装载了一船的“中国特产”，每路过一个国家，他便送一件礼物给对方，这样不仅向对方表达了友好，还让其他国家的人看到我们“中国制造”的精妙，也就促进了贸易往来。

可见，送礼物在社会生活中十分重要，也是社会礼仪的一种。

生日对每个人来说都是特别的，是我们降临在这个世界

上的第一天，值得庆祝，也值得纪念。所以生日礼物，是我们向对方表达自己的感情，和别人沟通交流的一种方式。送什么样的礼物、用什么方式送礼物都不重要，关键在于表达自己的心意。

生日礼物的意义非凡，因为它具有以下非常重要的意义。

（1）可以增进彼此之间的友情。

好朋友邀请我们去她的生日聚会，是出于对我们的信任，我们能够跟她一起庆祝她生命里很重要的日子，是我们的荣幸。所以生日礼物，是我们对她的邀请的一种回馈。她收到的不仅仅是一份礼物，更是我们对她的爱和祝福，通过这种方式，我们彼此之间的友谊会更上一层楼。

（2）可以让对方知道她在我们心中的价值。

精心准备一份礼物，在好朋友的生日聚会上送给她，无论这个礼物贵重与否，都是我们用心准备的，对方自然会感受得到。所以，当好朋友收到这份专属于她的生日礼物时，也会从礼物中感受到：她在我们心中是很有分量的存在。

（3）可以拉近和对方的距离。

好朋友邀请我们一起为她庆祝生日，我们送给她精心准备的生日礼物；等到我们过生日时，也可以邀请她一起……在这种礼尚往来中，我们会感受到彼此之间的心意，和对方的距离自然也会拉近。

二 不要陷入攀比的漩涡

爱因斯坦曾说：“攀比是产生烦恼的根源。”

初中生时期的我们，还没有完全独立，自我意志力还不够坚定，很容易被他人的行为干扰，随即产生攀比的心理。

礼物的价值在于送礼者的善意和心意，而非礼物本身的价值，只要表达了心意就可以了。中国有句古话：“千里送鹅毛，礼轻情意重。”

所以，不要因为送礼物和同学们互相攀比。送生日礼物本是一件浪漫且有意义的事，不要让它变了味，成为我们的负担，所以要调节我们的心态正确认识生日礼物。

（1）正确看待“生日礼物”的意义。

生日礼物是我们向好朋友表达祝福的一种方式，它的本质意义是表达心意，而不是我们炫耀的工具。我们送给小奇生日礼物，首先是感谢她邀请我们去生日聚会，其次是为她庆祝生日，希望通过这份礼物增进友谊。

（2）增加“友谊自信”。

“如果没有这份生日礼物，我和小奇的友谊会破裂吗？”在心里反问自己这样的问题，并且可以多和我们的好朋友沟通交流。在反复确认中，我们会发现和好朋友之间的友谊是很牢固的，不会因为礼物的贵重与否而受到影响。当我们对自己的友谊关系充满自信时，便不会再过于纠结“送

什么生日礼物”了。

（3）参加社会实践活动，树立正确的金钱观。

课余时间可以多参加一些社会实践活动，如去医院或敬老院做义工等。在实践中，可以慢慢意识到劳动的辛苦，体恤爸爸妈妈挣钱的不容易，长久以往，我们会对金钱有一个正确的价值观，也就不会纠结礼物是否需要贵重或者送什么样的礼物了。

三 礼物不分贵重，表达心意是关键

东汉文学家王符曾说：“富贵未必可重，贫贱未必可轻。”有钱的人不一定受人尊重，贫穷的人也不一定遭人轻视。送礼物这件事也是如此，价格高的礼物不一定代表友谊深厚，价格低的礼物不代表我们没有用心准备。

价格不是衡量礼物价值的标准，更不是友谊的天平。

我们作为初中生，经济还没有独立。所以我们在准备生日礼物时，一定要“量力而行”，不妨看看以下几点：

（1）投其所好。

我们在送同学生日礼物时，一定要根据她的兴趣来选择。比如我们可以留心一下小奇有什么爱好：喜欢某个人，没有足够的钱购买演唱会的门票，但是可以用一张 CD 或者照片摆台代替。

（2）供其所需。

送礼物时，除了考虑到好朋友的兴趣爱好，还可以看看她有什么生活需要。例如，作为初中生的我们，文具是“刚需”，可以选择一支漂亮的文创钢笔，或者一个潮流盲盒；冬天到了，一条厚实的围巾，不仅会温暖好朋友的身体，还可以温暖她的心。

她在日常生活中使用我们的礼物时，也会想起我们，彼此之间的感情也会进一步加深。

（3）注意细节。

细节决定成败。即使我们的礼物没有那么贵重，我们也可以在细节上下功夫，充分表达自己的心意。例如可以亲手写一张贺卡，文字也可以有温度，温暖好朋友的内心。

我们可以自己挑选包装纸，亲手包装礼物。扎上好看的蝴蝶结，别一朵小花，这样细节满满的礼物谁不爱呢？

不同年龄、不同性别、不同身份的人送礼物都有不同的讲究。确认对方是否在意一些寓意不太好的东西，比如不要送表，因为有“送终”的寓意，不要送伞，因为有“分离”的寓意等。

不要因为送同学什么礼物而感到焦虑，要相信，只要用心准备，好朋友一定可以感受到我们的诚意。

第4部分

CHAPTER 4

高贵的品格是最大的财富

17 总喜欢和别人比较，怎么办？

我一个人跟全世界打了一场仗。

硝烟四起，期末发试卷的日子就是战争的来临，我一个人坐在座位上忐忑不安地等待着。看着坐在我前排的小希，我忍不住攥紧了拳头，这一次我一定要超过她！

“天哪，倩倩，你考的分数好高啊，是我们班第二名啊！”

“快别说了，你看倩倩都不高兴了。”

我勉强地咧了一下嘴角，微笑一下，显得我没那么小气。但心底里还是觉得这次没超过小希很是生气。

平时小希穿一双新鞋我都要忍不住来对比一下，她没我好时就暗暗窃喜，比我好时就心里发堵，这也成了我的心病。不仅如此，每次发布成绩，身为课代表的我都能提前拿到试卷。比我分数高的，都让我有种莫名其妙的愤恨感。

“小希这次考得不错，倩倩也是，继续加油。”听着老师说的这句话，我的脑子就在想：“继续加油，这不还是我不如小希的意思吗？”

我好像一个人在跟全世界打仗，所有人都是我的目标，都是需要战胜的对手。我很沮丧，尽管我的成绩跟上次比有很大进步，但我还是觉得不满足，我要的目标是超过她！

每天每时每刻，我的神经都在紧绷着，像个备战的战士一般，总是不自觉要拿自己跟别人比较。这样让我觉得好累啊，我该怎么办？

——13岁女孩倩倩

一 照好接纳自己的“镜子”，学会理解

进化心理学认为，嫉妒是人类的一种本能倾向和反应，自然选择保留了人们在进行“资源”竞争时，不仅关心自己的“绝对表现”，还关心“相对表现”的心理偏好。

当我们看见别人的一些优点时，害怕自己不如别人，为了自我保护，于是开始嫉妒。

嫉妒的心理，比如他算什么，凭什么比我好，其实就是潜意识告诉自己：“他没有比我好。”这是一种由于内心缺乏力量支撑个体的自我肯定，从而激发潜意识自我保护的行为。

比如倩倩看到小希的成绩比自己好就心中愤恨，这种情绪就是潜意识的自我保护行为，是一种正常的心理现象。

人们总是倾向于将它压抑隐藏，不承认自己会嫉妒别人。

所以对于嫉妒，我们更应该做的是接纳并管理它，而不是消灭它，毕竟要想做到完全消除、不产生嫉妒心是非常困难的。我们可以尝试接纳这种情绪，并用聪明的方式化解它，用“幽默”的方式表达出来，或通过公平竞争的方式来激励自己。比如告诉自己：“小希很棒，我也不差，我已经进步很多了！”

每个人都有让人羡慕的优势，也有自己的不足。

我们不必羡慕别人外表的光鲜亮丽，实际上别人可能跟你一样晚上也在奋笔疾书；

我们不必羡慕别人可以有时间在操场上奔跑玩耍，他们可能也会为了体育比赛而愁眉不展。

学会接纳自己，谁的人生都不是完美的，万事万物各有好与坏，我们每个人也各有快乐与烦恼，也许你以为的平淡无奇就是别人向往已久而不可得的美好。

如果比得过别人，就高兴，然后接着找下一个比，遇到一个比不过的，就开始伤心，然后你接着比，不断循环往复，这样我们就不断让自己处于消极的状态中。

但是，你有没有想过，别人的好与不好，其实不会给自己的生活带来丝毫改变。所以与其见不得别人的好让自己闹心，不如真心看得见别人的好，也看得见自己的好。

二 开好一味攀比的“药方”，杜绝内耗

有这样一则寓言。鹰说：“假如让我再活一次，我要做一只兔子。有吃有住，还受人保护。”兔子说：“假如让我再活一次，我要做一只鹰，遨游四海，任意杀鸡捕兔。”

每个人都想活成别人的模样，这些都源自我们盲目地和别人攀比，而真正忘了正视自己的生活。

我们应该关心的是如何通过观察那些做得好的同龄人，

然后模仿学习，让自己变得更好，接近甚至超越他们。他们应该是我们学习的对象，成长的资源，而不是怨恨的对象。

嫉妒只会导致封闭、对抗、坏心情，从而导致落后，开放包容乐观开朗，积极地向我们的“嫉妒对象”学习才能真正支撑我们成长，是成长型思维。

“东施效颦”这个成语，出自《庄子》，讲述的是长得很丑的东施效仿美女西施，学着西施由于心口疼痛而皱眉的样子，在街上走来走去。可是街上行人见到了她这个样子都吓得东躲西藏。这个故事告诉我们要正视自己，找到属于自己的形象，与他人比较只会适得其反。

我们可以尝试着去学习小希的思维方式和学习方法。正所谓“三人行，必有我师焉”。利用小希身上优秀的优势资源来巩固自己。沉浸式做自己，不要左顾右盼，做好当下，你想要的都会来的。

当你有了自己的一个精神王国，这时候就算孤独阵阵袭来，你也会有自己坚定的立场。稳定的情绪能让你对任何事都游刃有余。

不要和别人的表象比较，会带来不必要的压力。每天告诉自己:“别人很好，可是我也不差。”人最可怕的事情就是不知道自己的力量有多大，而这份强大的力量，只能源自自己。每个人都有自己的时区，有的人年少成名，有的人大器晚成。不要拿自己的缺点和别人的优点比。去看到自己的

闪光点，每个人都有自己的长处。

减少比较，立足自身，我们会变得更好！

三 唤醒适当比较的“灵魂”，超越自我

一名心理学研究者曾经说过：“如果一个东西无法测量，它就不存在。”

如果一个事物无法被衡量，我们就想尽办法把它转化为可以衡量的东西，然后去比较。

适当比较是一种动力。倩倩在老师的鼓励中，把小希当作目标，更努力学习，这是一种积极的正能量的反馈。

“既生瑜，何生亮”出自《三国演义》，是周瑜的经典名言。

既然有了我周瑜，为什么还要有诸葛亮的存在。面对一个才能和智谋都高过自己的人，周瑜不是去讨教，而是选择了嫉妒和想方设法与之争斗，甚至陷害，这种要不得的心态，终究使自己心愿难遂而英年早逝。这种反面事例可以让我们明白，让比较成为执念反而得不偿失，损人害己。

日常生活中想劝勉对方“人比人，气死人”的老话，未尝不是想要努力挣脱比较，又屡屡失败而衍生出来的自我安慰和自欺欺人。适当比较是有好处的，只有通过对比，人才能调整自己在周遭环境的位置，评估自己的实力，进而采取适当的行为，既不要为难了自己，也不贬低自己。改善自己的不足，增强自己的竞争力。

比较是幸福的小偷。永远有比你更好、更强的人，有比不完的东西。就算得了第一名，也会时刻担心着被别人赶上和取代，内心永无宁静。

当你身边出现“攀比”的声音时，你可以允许他来，并且告诉他：“你来了欢迎你。”然后说：“再见！”允许你自己比较，前提是调整好心态，以学习的姿态去比较。

告诉自己，每个人有自己的特点，我只要充分发挥出自己的特点和优势就好。如此才能逐渐进步，才能超越自己！

18 交朋友，很容易就喜新厌旧，怎么办?

我是一名15岁的少年，和很多同龄人一样，我也希望交到好朋友。可是，每次我和一个新朋友认识了，很短时间内就会发现我不喜欢她了。我试着问自己，是什么让我如此疲惫？为什么我不能保持友好呢？

有一次，我和一个新同学妮妮成了朋友。妮妮是一个开朗、擅长讲笑话的人。我很享受和她聊天的时光，几乎每天都跟她在一起。可是，一个月过后，我就发现妮妮讲的笑话都是千篇一律，而且她说话声音还很大，我有点不喜欢。

好几个朋友都是这样，在一起玩不长时间，我就会发现，要么是我们之间没有足够的共同点，要么是没有足够深入的话题。总之，一段时间后，我就想换朋友了。

——15岁女孩李思

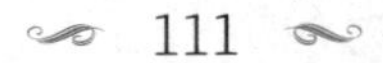

一 始于志趣，陷于才华，合于性情，忠于人品

有这样一则寓言：

青蛙和老鼠成了好朋友，它们为了让自己和对方永远在一起，于是用绳子把脚都绑在了一起。

一开始的时候，他们一起在陆地上寻觅食物，并没有出现什么问题，只是当走到一个池塘时，青蛙一个猛跃跳了进去，而可怜的老鼠并不会游戏，最终被淹死。

当青蛙带着死去的老鼠再次回到岸上时，天上正好飞过一只老鹰，见到地上的老鼠，迅速抓起，而青蛙也跟着成了老鹰的美食。

人们常说，物以类聚，人以群分。

而三观便是人与人交往最大的障碍。

三观者，人生观，价值观，世界观。

如果我们和朋友三观不合，寒暄片刻虽可，若是相处的时间久了，轻则索然无味，重则便如寓言中的青蛙和老鼠般，强行捆绑在一起，反而会给对方造成伤害。

人与人相处，除了志趣相投，还要有对彼此的欣赏才行。

唐朝时期，贺知章非常看重李白的才华，首次见面，便将身上的金龟抵押换酒，与李白痛饮。

此外，性情相合也很重要。在交友中，有人认同温文尔

雅的性格，有人却赞同豪迈粗犷的性情，同类性格的人最容易合得来。

最后，一个人身上真正的资本与魅力，唯有人品。

《左传》记载：“太上有立德，其次有立功，其次有立言，传之久远，此之谓不朽。”

立德便是人品。

跟人品好的朋友在一起，有时只是一个眼神与举动，都可以让人感受到这个世界的暖意。

真正的朋友：始于志趣，陷于才华，合于性情，忠于人品。

二 探究原因，了解自己和朋友人际关系的类型

物以类聚，人以群分。早在三十年前，美国社会心理学家莫雷诺就提出了一种所谓“社会关系测量法”。具体做法是，老师向每个学生提出这样一个问题：“班级春游活动，你最愿意和谁在一个组活动，最不愿意和谁在一起？”用这种方法来探索同学之间相互吸引和相互排斥的情况，由此发现学生的人际关系可以分三种类型：

第一种叫“人缘型”，他们在班内地位高，非常受欢迎。被人选择的机会多，所受的排斥少。

第二种叫“嫌弃型”，他们常常是班级后进生，在班内地位低，相对来说选择少，受到的排斥多；

第三种叫“孤立型”，他们学习平平，不爱抛头露面，参加集体活动也不是很积极，他们既不被人选择，也不被人排斥。

调查表明，最受人欢迎的学生是愉快的，他们热情、友善、诚实，能体谅别人，为人分担忧患，不自私，并能自我控制。

李思面对交友的困惑，可以先来看看自己偏向于哪种类型，这有助于更好地了解自己和朋友，也有助于探查与朋友相处不久就不喜欢的原因。

比如，你遇到的新朋友总是迟到、喜欢大声说话、言语咄咄逼人，这些可能会违背你的生活方式、个性特点等，所以你不喜欢她。也有可能是因为你自己对朋友的期望值过高，期望她必须跟你兴趣相同、性格相符或者能随时安慰你等。

有的人交友像“蜻蜓点水”，或“黑瞎子掰苞米”，不能深入，满足于泛泛之交，或者见异思迁，喜新厌旧；有的人会忽视朋友的情感，以自我为中心。

我们需明白：有很多良友，胜于有很多财富，而更好地了解自己和他人，是友谊的基础。

三 于细微处，改变自己与朋友相处的方式

朋友之间应相互尊重，真诚相待，宽容理解，互相帮助，当我们有像李思一样的苦恼时，可以尝试做出一些调整，比如：

（1）改变评价方式。面对新朋友，先去找到对方的优点，比如，你觉得新朋友言行稳重而不做作、有自己的思想和主张，你更愿意去接受和相处，避免先入为主地去做出消极评价。

（2）学会表达。比如，你和新朋友一起参加同学聚会，当他言行过激或不当时，你可以告诉他自己的观点，指出他的行为对自己带来的影响，但也要注意措辞，不要用攻击性言辞去表达不满。

（3）合理期待。比如，在暑假期间，你想邀请新朋友一起去海边游泳，但他可能因为家里的事情无法去。你需要接受他的原因，并寻找一些其他共同的兴趣点，同时也要向他表达自己的理解和尊重。

（4）寻找共同点。比如，你和新朋友发现你们都喜欢做蛋糕，你们可以相约一起去试试新口味，这样不仅增进了彼此间的感情，也能找到更多的话题和兴趣点。

此外，还可以学会关注朋友的情绪，学会耐心地倾听对方的需求和想法，包容对方的缺点，必要时主动提供帮助，这些都会让友谊之树越来越茂盛。

19 有时会因为别人突然的一个眼神而想很多，我该怎么办？

妈妈说，小时候，我就很在乎别人对我的看法。有一次在幼儿园，我穿了一条红色的连衣裙，有一个小朋友说我的新衣服不好看，我自己原本很喜欢这件衣服，可是后来也不愿意再穿了。

上学后，每次听到了老师的夸奖，我就沾沾自喜一整天，一旦被批评，我又会长时间闷闷不乐。

有一次，美术课上，老师挑选了一些作品放在台前展示和点评，仅仅因为有同学说了一句，“你这里画得不对”，我就再也不想公开展示自己的画作了。

越长大，我发现我变得越敏感，经常会想别人是不是不喜欢我，哪怕只是别人的一个眼神，一句话，我都会胡思乱想半天。

前几天，数学课上，我被点名起来回答问题，因为我当时走神了，起来得很匆忙，不小心把椅子弄倒了，“咣当”一声，整个教室安静了下来。前排的一个同学回头瞅了我一眼，这个眼神让我很不舒服，我开始想：“别人都没有弄倒，怎么就我弄倒了，我怎么这么笨手笨脚，同学会不会觉得我很蠢……”

最近，我发现我类似的感受还有很多，同学无意间的一个眼神、动作总是能轻易地牵动我的心绪，我几乎每天都在烦恼：我这个比赛是不是没做好？我刚刚说的话是不是不够得体？我这么做会不会让别人厌烦……

我真的很苦恼，我该怎么办？

——13 岁女孩飞飞

一 你是高敏感体质吗

有人说："不要在乎别人把你当作什么，其实，你在别人心中并没有那么重要，或者说别人把你当作什么并不重要。"

为什么飞飞会特别在意别人对自己的看法呢？主要有以下两个因素：

（1）与自我认知有关。

青春期的飞飞还处于"自我概念"的形成阶段，往往需要依靠他人的评价来对自己进行认知。特别是在她年龄较小的时候，当她的自我概念是借由权威人物对自己的评价来形成的，她就会认为父母或老师说我是什么样的人，我就是什么样的人。而在飞飞进入初中后，同伴关系显得尤为重要，有时同学的一句话、一个眼神，都会让她多想，她会很在意同学对她的看法。

（2）与个人特质有关。

一般来说，容易否定自己、缺乏安全感、社交困难、容易焦虑的人更容易出现这种情况，这种类型的人在心理学中叫"高敏感体质"。

美国心理学家伊莱恩·阿伦博士曾说："这个世界上有15%~20%的人属于高敏感人群，也就是说每5个人中就有1个人是高敏感者。"

心理学研究证明，敏感并不是一种病态，而是一种比较稳定和持久的人格特征。

美国心理学家伊莱恩。阿伦在《敏感的人：如何面对外界压力》中写道："高敏感并非疾病，而是一种天生的人格特征，并且敏锐度极高，无论是在记忆力还是逻辑能力上，都会高于其他人。"

可以说，高敏感体质是把双刃剑：一方面，我们具有更强大的同理心，容易觉察到身边其他人的情绪变化。另一方面，正是因为这种敏感性，我们也就更容易受到他人的影响，从而产生情绪上的波动。

二 告别假想观众，轻松做自己

1999 年，康奈尔大学心理学教授基洛维奇和佐夫斯基在期刊上发表了一项实验：他随机选择几组，让其中一组的组员穿上一件奇怪的上衣，上面印着一位表情尴尬并说着低俗语句的歌手。

随后他问该组成员有多少人注意到这件夸张的衣服，很多人回答应该有 50% 左右的人注意到了，然而后续实验证明其实只有 25% 的人会关注这件衣服。为了确保试验的准确性，他又选择另一个组穿上一件没有那么夸张的衬衫，该组成员仍然认为有 50% 左右的人会看到，实际上这一比例下降

到了 10%。这便是著名的“聚光灯效应”实验。

什么是聚光灯效应呢？它又称焦点效应。

聚光灯效应是指有时候我们总是不经意地把自己的问题放到无限大，当我们出丑时总以为人家会注意到，其实并不是这样的，别人或许当时会注意到，可是事后马上就忘了。它的表现是，我们会普遍高估别人对我们的关注程度，换句话说，我们很在意自己给别人留下了什么印象，以至于我们倾向于认为别人对我们的关注程度，比别人实际给予的关注要多得多。

青春期的我们会随着自我意识的逐渐增强，出现对自己过度关注的现象，有些同学会时刻在意自己的言行、外表，担心自己说的话会不会让他人不舒服。

飞飞不小心碰倒凳子，也许当时造成的声音很大，但大家的关注点转瞬即逝。

飞飞这种很容易把对自我的关注认为是别人也在关注着自己的行为叫作“假想观众”。一个人如果一直认为自己是站在聚光灯下的演员，别人都是坐在台下的观众，自己随时随地被关注着，又怎么会不累呢？

比他人目光更可怕的，实际上是你那颗在意他人目光的心。

何不试着换一个角度，告别假想观众，放轻松做自己呢？

三 多了解自己，不被他人眼光和看法所左右

在电影《海蒂和爷爷》中，小女孩海蒂因为家庭的变故，被姨母送到了乡下。

一天，学校的老师问同学们，长大后想成为什么样的人。大多数孩子都回答，以后要成为一个农民或牧羊人。

只有海蒂说，她想成为一个写故事的人。

然而，海蒂的梦想遭到了同学们的嘲笑，这也让她对自己产生了深深的怀疑。

这个时候，克拉拉奶奶安慰海蒂说："这是因为他们的目光只停留在村里，而你已经见识了更大的世界。如果有一件事能让你开心，那你就尽管去做，无论别人说什么。"

奶奶的话为小海蒂拨开了迷雾，让她明白别人的冷眼和嘲笑，对她来说其实并不重要。

想要过好自己的人生，就要努力追求自己梦想的未来。

就像小海蒂一样，我们自己最了解自己，别人对我们的看法或评价，只是众多角度当中的一个，我们只有多了解自己，才能不被这些眼光和看法所左右。

面对这种苦恼，飞飞可以怎么做呢？

（1）学会记日记。

记日记有助于我们客观地看待自己和他人的评价，日记也可以帮助我们更好地了解自己。每天，飞飞都可以拿出一

支笔和一个本子将自己的所见所闻记录下来。比如写下自己最近取得的一些成绩和不足等。

（2）学会友好地对待自己。

当我们不自觉地想要去评价某个人的时候，我们可以试试这个友好的办法，不必在意那个人是否与自己亲近又或者他仅仅只是个陌生人。

通过这种办法，你会发现当你评价自己的时候，你会很自然地想到并且将这个更加体谅友善的方法用在自己身上。并且通过这个方法，你会自我感觉越来越好，且有助于自我尊重的建立。此外，友善地对待他人，有朝一日他人也会这样对待你。

告诉自己，大胆生活，其实你没有那么多观众。

20 不喜欢现在的同桌总是一副盛气凌人的样子，怎么办？

我的同桌小乐是个名副其实的“女强人”。开学第一天，她站在讲台上竞选班长，眼神霸气、坚定且犀利。

她滔滔不绝地讲述自己获得的奖项：有数学竞赛的、有舞蹈比赛的、有编程比赛的……

我不自觉地向她投去敬佩的目光，心里喃喃道：“这么厉害的女孩子，要是能和她成为同桌该多好呀。”

我的愿望实现了，但是小乐却和我想象中的样子天差地别……

上个月，我因为上课打瞌睡，漏记了部分数学笔记。下课后我找小乐借她的笔记，她一脸傲娇和鄙视地把笔记本丢给我：“想睡觉干嘛不回家呢，这样学习成绩怎么好得了？”

还有上周三，食堂里人山人海，我的肚子一直在咕咕乱叫，好像在和我示威。正当队伍马上排到我时，小乐突然出现在我前面：“我一会要去广播站播音，让我先打饭好了，谢谢啊！”

她不屑一顾的语气让我难受：反感她的强势，也感到委屈。

她不光这样对我，对所有的同学都是如此。那目中无人的模样，好像全世界都是她的“陪衬”。

我想不明白为什么她总是要一副盛气凌人的样子……我下定决心再也不“惯着”她的臭脾气，但是又不知道该怎么做，我该怎么办呢？

——*14* 岁女孩小萌

一 学着接受和习惯每个人的性格差异

著名哲学家莱布尼茨说过:“没有两片完全相同的树叶,世界上没有性格完全相同的人。”

这个世界本就是由形形色色的人组成的,每个人的原生家庭不同,生活环境不同,接受的教育也不同……所以有的人骄傲自大,有的人谦虚谨慎,有的人和蔼可亲,有的人蛮横无理。

每个人的性格都不会是绝对完美的,所以我们要学着接受别人跟我们性格的不同。性格虽然不同,但也不意味着彼此相处起来会有争吵和矛盾。

性格一半由遗传决定,一半由后天决定。所以一旦形成了独立的个性,便很难再更改。如果我们要和跟我们性格不同的人求同存异、和睦相处,就要从心里学会“尊重”。

学会尊重他人的不同,才能让彼此之间的相处更融洽。我们可以尝试以下方法:

(1)多看看别人的优点。

恩格斯说过:“人的性格不仅表现在他在做什么,而且表现在他怎样做。”同桌“盛气凌人”,但是她还是把笔记本借给我了……她作为班长,不仅学习好,相信也为班级做了很多贡献,多看看别人的优点,不要总是纠结在别人的缺点上,这样时间一长,我们对他人的评价将是不客观的。

（2）换个角度理解别人的性格。

换位思考是个很好的解决矛盾的方法。“我的同桌作为班长，说我不应该在课上打瞌睡，是不是有道理呢？”我们可以沉下心来想想，如果自己是班长，同桌因为打瞌睡错过了数学课，是不是有义务提醒她一下呢？换个角度看，她的“盛气凌人”，或许是她作为班长必不可少的威严。

（3）尝试学习别人性格当中的“好”。

冷静思考别人所做的事：同桌要去播音站播音，这是关乎学校的大事，她虽然插了队，语气也不太好，但还是跟我们说了谢谢。首先，同桌懂得考虑大局，为了不耽误学校的播音任务，她选择了赶紧吃饭，虽然说话的语气可能很强势，但她懂得说谢谢，此外，她在竞选班长时的“盛气凌人”是不是也曾令我们敬佩呢？从别人的性格中选取好的一面来学习，或许对我们也会有所帮助。

二 有技巧的沟通是缓和关系的“急救通道”

德拉蒙德曾说：“不愿说理就是固执；不会说理就是傻瓜；不敢说理就是奴隶。”

卡耐基曾说：“如果你是对的，就要试着温和地、技巧地让对方同意你；如果你错了，就要迅速而热诚地承认。这要比为自己争辩有效和有趣得多。”

有技巧的沟通是缓和关系的“急救通道”。

对同桌的盛气凌人不满，认为她的态度伤害到了我们，那为什么不尝试跟她沟通一下呢？我们不光要敢于主动找别人沟通，还要学会沟通的技巧，可以看看以下几个沟通小技巧。

（1）明确自己和对方的关系，确立沟通目标。

在沟通之前，要先明确我们和需要沟通人的关系。我们和同桌是同学关系，未来还要在一个班级里相处，会有很多交集。这种情况下，我们的沟通目标就是，告诉对方她的“盛气凌人”伤害到了我们，并且想缓和我们的关系。明确目标后，沟通才能更有效地进行。

（2）有条有理，以情动人。

在沟通之前，我们要梳理几个沟通的重点。例如，虽然我们上课打瞌睡不对，同桌提醒我们是好意，但是她说话的语气和态度太强硬了，让我们感到不舒服。重点在于，要指出她说话的语气和态度伤害到了我们的内心。

（3）多肯定和赞美对方。

找别人沟通时，不要直接抨击对方的不足，要多多肯定对方的优点，在肯定中指出对方的不足，会让对方更好地接受。例如，同桌借给我们笔记本，我们先表示感谢，然后提出她说话的态度有些直接，让我们感到受伤，并表示希望她下次可以态度不要那么强硬。

三 包容别人的不完美，是内心强大的表现

著名戏剧家莎士比亚曾说：“宽容就像天上的细雨滋润着大地。它赐福于宽容的人，也赐福于被宽容的人。”

一个真正成熟的人，不会用自己的三观，来衡量别人，更不会干扰别人的选择。我们要学会在坚定自己立场的同时，也学会宽容对待他人。每个人都是独立的个体，拥有着独一无二的个性，这些不同的个性让世界变得更精彩。

当我们跟别人因为性格问题出现摩擦时，可以尝试这样做。

（1）平静下来，管理好自己的情绪。

给自己一段“冷静期”，当我们发现自己与对方交流出现问题时，可以先停止交流，以免出现难以预料的后果。同时也可以利用这段冷静的时间，回顾事情的始末，思考一下对方哪些行为让我们感到不舒服，我们可以做些什么来稳定情绪。

当我们找同桌借笔记时，她却对我们冷言相对，这个时候，我们可以选择先保持沉默，把她的笔记本拿起来，并对她表示感谢。然后在抄笔记的时候，我们的心情会逐渐平静下来。抄完在归还笔记本的时候，可以顺便跟她说，她刚才那样的说话方式伤害到了我们。

（2）保持对他人积极的态度。

面对我们不喜欢的人，与其每天都反感，不如换一种积

极乐观的心态去面对。当我们和对方产生摩擦时，要尽早解决，不要等矛盾积累多了，因为这样可能导致我们和对方的关系无法挽回。

同桌在各种各样的小事中，表现出“盛气凌人”的态度。这让我们每次都感到不舒服，以至于积累到现在对同桌这个人很厌恶。我们可以在每次事情发生的时候，就及时找对方沟通，告诉她我们的内心感受。

（3）提高自己的修养。

对别人苛刻就是对自己的残忍，包容他人就是对自己的宽容。我们应该不断提高自己的修养，让自己的心胸变得宽阔起来。气量宏大，性格开朗，这样我们也不会纠结于和他人的种种小事中。

北宋文人苏洵曾说：“一忍可以支百勇，一静可以制百动。”当我们和同桌发生矛盾与冲突时，我们可以做适当的退让，不去和她计较就好了。比如，虽然同桌对我们的说话态度很强硬，但我们可以告诉自己，日后还要和同桌相处，如果她并不是出于恶意，也不用非得与她计较。找机会告诉她，有的时候她说话的态度让我们感到不太舒服，其他的不必非要争个对错输赢。

21 她成绩一直比我差，这次超过我让我不想面对她，怎么办?

我和小芳是同班同学，从小学到初中我们一直都是最好的朋友。

我们一起上学、一起放学、一起玩耍，从来没有什么秘密。但是，最近我们聚在一起的时候感觉好像有些不同了。

事情是这样的，有一次数学考试，小芳比我考得好，拿了全班第一的好成绩，我觉得自己很丢脸，以前都是我比她考得好。

以前我考第一时，小芳都会来恭喜我的。这次，我却觉得自己比她成绩低了，很没有面子，完全沉浸在自己的失落和嫉妒中，压根没想到要去恭喜她一下。

前几天，小芳从家里带了很多好吃的要分享给我，“来，这些都是你爱吃的，我妈说让我多带点给你。”“不用了，你自己留着吃吧！”因为这次考得比她差，让我一时半会不知道怎么面对小芳了，“你怎么了，我看你这几天闷闷不乐的？”小芳问我，可我却不知道怎么回答。

前几天，小芳给我讲笑话，我也觉得没什么好笑的，而且她和我分享的小说，我也觉得不好看，就连以前我最喜欢的她的笑容，我也觉得没有以前好看了，我这是怎么了？

——13岁女孩小瑶

一 端正自己心态，一花独放不是春

万事万物都是动态发展的，有谁能保证自己一直成绩会是第一呢？

面对自己考试的失利，面对好朋友的进步，小瑶为什么感到失落？因为嫉妒心在作怪。

《广辞苑》中对嫉妒的解释是：嫉妒是在看到他人的卓越之处以后产生的羡慕、烦恼和痛苦。

朱智贤主编的《心理学大词典》中提及：嫉妒是与他人比较，发现自己在才能、名誉、地位或境遇等方面不如别人而产生的一种由羞愧、愤怒、怨恨等组成的复杂情绪状态。

其实，不只是小瑶，成长过程中每个人或多或少都会产生嫉妒心理。古往今来，无论是历史故事还是神话小说也都有嫉妒的身影，三国演义中周瑜与诸葛亮的势不两立，一声“既生瑜何生亮”之后，周瑜一命呜呼。

罗马神话里很多的悲剧和纷争都源于兄弟间的嫉妒。女性的嫉妒表现则更为明显，以宙斯夫人赫拉为首的女神常因为嫉妒而做出不好的行为。

对于嫉妒，莎士比亚说：“你要留心极端，那是一个绿眼的妖怪。”

嫉妒伤害最深的是谁？不是被嫉妒的人，而是嫉妒者。

因为嫉妒，让自己的不幸和别人的幸福都会影响自己的成长与进步。

仅仅是好朋友超过了你，你就接受不了，那你知道吗？在未来的人生中，你会遇到很多的人和事。如果要去比较，想想看，全市的中学生，全省的，全国的，全世界的，有多少中学生，如果他们的能力和成绩都比你强呢？等有一天你走上社会，各路精英层出不穷，你那时比不过他们时又该怎么办呢？

所以，小瑶要做的第一件事，就是要端正自己的心态，要知道天外有天，人外有人，我们可以要强，这是好事，但是也要允许他人优秀。因为，一花独放不是春，万紫千红春满园。

二 珍惜友情，学会欣赏他人的进步

网上有一个热议话题："为什么有些人总看别人不顺眼？"高赞回答说："因为心胸狭窄，总对他人产生敌意，无限放大别人的缺点，而忽视其优点。"

嫉妒不会使人变好，唯有欣赏才会。

如果只看到别人的缺点，自己就很难有长进。

有人说，真正的友谊是真诚祝福不嫉妒。小瑶每次考试取得不错成绩时，小芳都会送上自己的祝贺和祝福，这便是一种心胸和气度，她懂得欣赏和赞美对方。

为人处世，我们要有一双善于发现美的眼睛，不要只有

一张挑剔的嘴巴。

《论语·里仁》中有言:“见贤思齐焉,见不贤而内自省也。”

每个人都有自己的长项和短板,善于学习他人的长项来弥补自身的短板,方能使自身不断提升。

清代名医叶天士,出生于中医世家,从小便随着父亲看病问诊,医术精湛,著有《温热论》,不到而立之年就声名远播。但他从不恃才傲物,一直谦卑好学,但凡听闻哪位医生医术了得,他就算长途跋涉,也要赶往求学。凭借谦恭诚恳,善于学习他人长项的品质,他最终成为名副其实的江南第一名医。

汉代文学家刘向曾说:“以人之长补己短,以人之厚补己薄。”

在任何时候,我们都要学会用欣赏的眼光去看待别人,知识是无限且不断更新的,所有人知道的都有局限性,做人要时刻保持谦虚的态度,这样才能获得更多的知识,不断进步。

学会欣赏别人,自己也会更优秀。

欣赏别人,是一种取长补短的智慧;

欣赏别人,是一种海纳百川的气度;

欣赏别人,是一种慧眼识珠的能力。

培根曾说:“欣赏者心中有朝霞,漠视者心中尽荒芜。”人越是嫉妒他人的优点，越会变成一个狭隘且不受欢迎的人。对待他人的优点，我们越是懂得欣赏，越会促使自己进步，并拥有好的人缘。

每个人都有自己的闪光之处，也许有的人优点多一点，有的人优点少一点，但都同样散发着与众不同的光芒。天上的星星也一样，有的亮一点，有的暗一点，但都装点了夜晚的天空。

三 学习优秀同龄人的优点，并转化为自己的能力

岸见一郎在《被讨厌的勇气》中说，不要和他人竞争，比现在的自己更进一步才是价值所在。

随着我们的成长，总会不可避免地卷入各种竞争活动中，比如考试、竞赛、表演、演讲，等等。面对竞争，我们可以如何做呢？

在某一期《少年说》中，初三女生余欣勇敢走上台，对隔壁班的女生钟静雯说，从初一开始，我就把你当作对手。

“虽然过程很漫长，但是我终于赶上了。你的实力确实很强，所以我虽然很不服输，但是我还是挺佩服你的。

这几年，也是因为有你的存在，我才能成为今天的我，希望将来在高中遇见，我们还能成为最好的对手。”

台下的钟静雯回应说，其实你的努力追赶，也给了我很大的动力，我也要谢谢你。如果以后在高中遇见的话，希望我们不仅是对手，而且是朋友。

对话的最后，两个女生约定，到了高中不仅要做最好的对手，更要做好朋友，现场的同学都为她们鼓起了掌。

这才是同龄人之间应该有的竞争关系，你很强大，我就努力追赶超越你，即使追不上我也会佩服你，绝对不会因嫉妒而生恨意。

竞争的真正意义是什么呢?

是透过群体的刺激使自己变得更强，竞争中的其他人都是伙伴，是能一起刺激我变得更强的伙伴。

面对小芳的进步，小瑶可以学习总结小芳的优点，从中借鉴好的学习方法，让自己也提升，可以大大方方地祝贺小芳：祝贺你取得的好成绩，我知道这与你的努力分不开，正是因为有了你的强大，我才更会努力上进，期待可以像你一样优秀。

人就像一个容器，都有光滑鲜亮的外表，而内部却各有空缺，每个人的空缺皆有所不同，唯有相互学习，取长补短，人生才能更加充实。

第5部分

CHAPTER 5

把握生活中事物的『度』

22 好朋友借了我100元，不肯还了怎么办？

我今年上五年级，在学校里，我和同桌经常在一起玩耍，关系不错。

有一天，同桌向我借了100元，说是用来买文具和零食。我并没有多想，毕竟我们关系那么好，便将钱借给了他。

然而，过了一个星期，同桌始终没有还我那100元。我开始有些担心，毕竟这不是一个小数目，我不知道为什么他没有还钱。于是，我决定问个究竟：“你借我的100块钱，怎么还没还啊？”我试图用最温和的语气询问道。

“哦，对不起啊！欣怡，我这段时间有点紧张，没什么钱。”同桌看起来有些慌张。

我听到这话，虽然心里有些不高兴，但还是理解了他的处境，毕竟谁没有困难的时候呢？于是，我说：“行，那你尽快还给我吧，我也不是很急。”

然而，时间又一天天过去，他还是没有归还那100元。我越来越不开心，也开始怀疑他是否真的没钱，还是根本就不打算还。

有一天下课之后，我有些严肃地对同桌说：“我借给你钱的时候，信任你能按时还我，但如今已经过去这么多天了，你却始终未还我，我现在感觉自己被欺骗了。”

同桌听到这话，有些震惊，他知道自己做错了，赶忙向我道歉，并在最后和我说出了实情：他最近拿钱买了手机游戏装备。

我真是后悔，100元可不是一笔小数目，现在我该怎么办？

——11岁女孩欣怡

一 借钱如送礼，谨慎来为之

青春期的我们，对金钱的认知和控制能力通常不够成熟，在校园里，借给同学钱拿不回来，是比较常见的事情。

2019 年的一项研究发现，青春早期的我们，会更倾向于在需要的时候立即把钱花掉，而不是等待更好的机会。而青春后期的我们，则倾向于把自己的钱存起来，以备不时之需。

我们很容易受到同伴的影响，而做出不明智的决策，轻信同学的借款请求。

美国前总统克林顿的女儿切尔西，曾经借给一个朋友 1 万美元，但是朋友没有还回来。虽然对她的家庭来说，并不缺这笔钱，但切尔西仍然感到非常的愤怒和沮丧。在她的自传中写道："这件事真正让我感到难过的原因是，我并没有做好对待金钱方面的准备，我不知道如果要借钱给别人，我应该要做哪些准备。"

美国著名金融大师苏波孔曾经说过："借给别人钱，一定要把它当成是赠予的礼物，因为你可能永远都不会再见到这些钱了。"

所以，青春期的我们，如果遇到了被同学借钱不肯还的问题，已经陷入了困境，那么请不要害羞或犹豫，寻求专业的帮助是非常重要的。

二 提高理财能力，合理使用零用钱

某调查公司就中学生的日常生活消费问题，通过随机抽样的方式对上海市 14 所学校的 428 名初中与高中学生进行了一项问卷调查。调查数据显示：有零用钱的学生占了被调查总数的 98.6%，没有零用钱的学生仅占 1.4%。

青春期的我们，对大钱需要规划，对小钱也同样需要计划。

父母给我们零用钱，不仅是让我们在一些特殊情况下使用，还是通过“购买与消费”这种最基本的社会生活方式，使我们从中学会和掌握一些基本生活技能，提高独立生活能力。

很多同学缺乏存储意识，存在着一种“今朝有酒今朝醉”的思想，认为零用钱是一个月的，这个月用完下个月就会有，用不完下个月还是会有，那为什么不把它用完，还存什么钱啊！

一个人的很多习惯都养成于青少年时期，现在对待零用钱的态度，就能折射出将来当家理财的点点滴滴：如果从小克勤克俭，长大后花钱自然不会大手大脚；如果小时候就“要风得风，要雨有雨”，感觉钱来得很容易，长大后一不留神，就会犯下难以弥补的消费错误，走入消费误区。

一个人支配零用钱的方式、方法，确实会对日后的成长产生相当大的影响。

青春期的我们，不仅要利用零用钱提高理财能力，还要努力提高这方面的管理能力和支配能力，学会合理地使用零用钱。

三 温和理性沟通，恰当处理问题

如果同学借了100元却一直不归还，那么可以尝试使用下面的办法：

（1）利用社交网络平台，比如通过微信、QQ等方式向对方询问和温和地催促。有时候，可能会因为对时间、距离等因素缺乏计划而没有归还。

（2）如果第一步没有效果，可以尝试寻求高年级同学或班主任的帮助，请求他们与你的同学谈话，帮助解决问题，并提醒对方返还借款。

（3）如果以上方法都不奏效，可以通过和家长沟通来处理。你要主动告知自己的父母或监护人发生的情况，并要求他们协助你解决此问题。因为你的父母或监护人生活经验更丰富，能够找到更好的方法来解决这个问题。

无论使用哪种方法，始终要坚持相互尊重的原则。

通过温和、理性的沟通，帮助他们认识到归还借款和尊重约定的重要性。不要过分执着于金钱本身，对待这种情况应该保持理性和冷静，在不伤害自己或其他人的前提下，谦虚地处理问题。

23 朋友总叫我做事，我又不懂得拒绝，怎么办？

小熙是我最好的朋友，我们俩一直形影不离，连老师都称呼我们为“连体婴儿”。我们像“双胞胎”姐妹一样黏在一起。虽不是亲姐妹，感情却胜似亲姐妹。

可最近，我俩却有些“貌合神离”了。

“淇淇，你能帮我找找作文的材料吗？时间不够用了。”

“淇淇，帮我看看这些题目做对了吗？明天就要交了。”

面对小熙的“撒娇”，我实在没辙，只好帮忙。可是我自己的材料还没找，题目也没对，这下我只能再“留堂”。本来还觉得没什么的，可是这样的次数越来越多，严重影响了我的日常生活。这让我觉得自己像个“小跟班”，一个小熙专属的“小跟班”。

我又不懂得怎么拒绝她，不仅如此，有一次小熙还说：“你新买的头绳借我戴两天呗，我正好这两天要出去玩。”这头绳是我新买的才刚戴没几天，心里很不舍，又怕自己过于“小气”。

每次想拒绝她的“撒娇”，可话到嘴边却不知道该怎么说出口。语言组织了一万遍，但还是怕伤害我们之间的感情。我真的不想再每天帮她做这些事情了，怎么才能不做“小跟班”呢？她叫我做事，我又不懂拒绝，该怎么办呢？

——13岁女孩刘淇

一 活出必要的“锋芒”，学会说NO，也学会沟通

《人间失格》里，主人公说过这么一段话：“我的不幸，在于我缺乏拒绝的能力，我害怕一旦拒绝别人，便会在彼此心里留下永远无法愈合的裂痕。”小说的主人公就是缺乏拒绝他人和与他人沟通的能力，习惯去讨好他人。以此来寻求自己的存在感与生命价值。

哈佛大学心理学专业曾经针对1000多人进行了3年的追踪调查，结果发现：如果一个人学会合理地拒绝，就能减少90%以上的不必要麻烦，更能减少大量的个人时间和财富方面的浪费。

不懂拒绝的人的时间和精力，会不断地被别人挪用。

刘淇因为不会拒绝好朋友小熙的请求，从而加重了自己的负担。比如当小熙让你帮忙找材料时，她可以先表示自己很想帮她，但出于自己的实际情况帮不了忙。“小熙，我如果有时间肯定是会帮你的，但是我自己当还没完成，等下次我一定会帮你的。”用委婉的说话方式来巧妙地应对。

作为中学生，合理的拒绝和沟通，也是对彼此的尊重。这对于我们的朋友来说，不是一种伤害，而是对她的尊重。这样既不会勉强我们自己，也会让她有时间自己去解决问题。

作家三毛曾经说过：“如果自己找理由出于正当，就不

要害怕拒绝他人。当一个人开口提出要求的时候，他的心里已经预备好了两个答案。所以给他任何一个其中的答案，都是意料之中的。”

我们可以从这个方向出发，给自己一个心理预案，让自己居于主动地位。学生时期，一段长久的友谊也离不开舒适的氛围。学会说NO，活出必要的“锋芒”，学会沟通，才是对朋友的尊重。

二 把自己放在“第一位”，摆脱“讨好型”人格

心理学上，有一种人格叫“讨好型”人格。这一人格的典型特征就是在人际交往中渴望和谐，与人交往中，常常不会拒绝而放低自己。具有这种人格的人，容易被有主见的人所支配。

电视剧《风平浪静的闲暇》中的女主就是典型的“讨好型人格”。这部剧讲述了28岁的女主，是如何从一个小心翼翼、察言观色的老好人，一步步改变自己活出自我的。

她原本是个不善于拒绝的老好人，常常牺牲自己的下班时间来承担同事的工作，在感情上不被重视，但她换来的一切也只有被轻视。直到一天她因为呼吸困难晕倒，出院后她决定彻底摆脱过去，出去走走放空自我。

她结识了很多人，喜欢看电影、捡硬币的绿婆婆，相依

为命的小丽母女，等等。她们一步步引导女主学会表达自己的情绪，不再为了迎合他人而委曲求全。

毕淑敏说：拒绝是一种权利，就像生存是一种权利。

这是我们的权利，不必因为拒绝了他人就感到内疚自责，自己的感受也很重要。

在中学阶段，朋友对我们来说是重要的。但当朋友需要帮忙时，我们应该考虑帮忙的后果，是否消耗了自己时间精力。再用恰当的语言来表明自己的底线和原则，让你的朋友理解明白你的苦衷，这才是真正把自己放在第一位。

三 运用积极心理学，提高“心理韧性”

积极心理学是以人潜在的力量，用正向的心态，对人的情感和行为做出新的解读，从而激发自己的能量，挖掘个人的潜力，获得人生幸福感。简单来说，“心理韧性”就是我们的心理素质。

我们可以通过写心情日记的形式，每天记录自己的情绪感受和变化，提高自己的心理韧性。尤其是在拒绝别人时，因为拒绝而产生的焦虑和不安就会跃然纸上。

当我们看着自己写出来的文字时，例如“6 月 3 日，今天不知道怎么拒绝小熙，心里很焦虑；6 月 5 日，尝试去拒绝了她，感到很愧疚和不安；6 月 8 日，虽然拒绝了她，

但我合理地解释了原因，她也没怪我。原来拒绝也没有那么难。”

利用心理学原理，把焦虑迷茫情绪写到纸上，我们就会自然地抽离出来，以旁观者的心态去面对这个问题。写出来的感觉就像思绪被捋清，这样可以在文字书写的过程中，减轻负面情绪带来的压力，可以慢慢让我们学会在面对难题时应采取的思维方式。

心理学研究表明，积极的情绪与心理韧性水平成正比。用写心情日记的方式，把自己焦虑敏感不安的情绪问题，变得从模糊到具体。它就会从你的大脑中释放出来，这样在心理上就不会过度在意拒绝别人带来的心理负担，这时候就可以感觉到文字的力量。

亚里士多德说：“只有在适当的时候，对适当的事物，对适当的人，在适当的时机下，以适当的方式发生的感情，才是适度的最好的感情。”拒绝他人也需要考虑时间、地点和分寸，以免伤了情分。

我们作为青少年，渴望得到父母的关心和重视，更盼望得到同伴的理解和支持。但是，在现实生活中，往往缺乏相应的社交技能，不知道该如何相处，导致彼此之间关系质量下降。

同时，正值青春期的我们，心理韧性较弱，可能处理不好人际关系。所以，中学时期的友谊，常常需要相互理解、相互帮助。但这不该成为我们一次次妥协、事事退让的理由。

我们需要学会敢于表达自己真实的情绪，并尝试与人沟通。

善良本无过错，但需带些“锋芒”。

罗素说：“若理性不存在，则善良无意义。”所以请照顾好你的善良，最好让它开出玫瑰，用刺保护它的美。

在中学阶段，让我们不断丰富内在，提高自我的心理韧性，做个张弛有度的人。

24 班里女生分成了许多小帮派，我该找一个加入吗？

我是一个初中生，班里女生分成了很多小帮派，有的女生组成了着装时髦的小帮派，有的女生组成了学习成绩好的小帮派，还有的女生组成了课外活动探索的小帮派。我的性格有些内向，不太喜欢与人交往，所以我一直觉得自己不太适合加入任何一个小帮派。

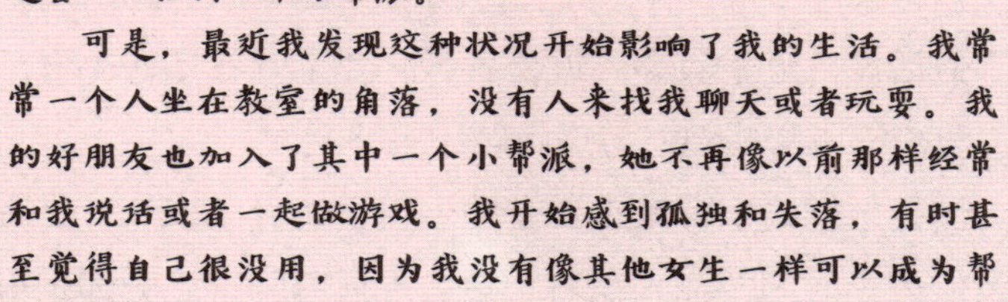

可是，最近我发现这种状况开始影响了我的生活。我常常一个人坐在教室的角落，没有人来找我聊天或者玩耍。我的好朋友也加入了其中一个小帮派，她不再像以前那样经常和我说话或者一起做游戏。我开始感到孤独和失落，有时甚至觉得自己很没用，因为我没有像其他女生一样可以成为帮派的一员。

有一天，我在教室里看书，突然听到旁边的女生在谈论她的小帮派。她说：“我们的小帮派很有意思，还会经常一起出去玩，还有很多小秘密。”我听得很心动，也很想加入她们的小帮派。但是我又有些犹豫，因为我不知道这对我真的好吗？

——14 岁女孩小奇

增强辨别能力，选择权在我

人本身是一种社会性动物，融入团体会让我们感觉到安全和愉悦，同时还能在交往过程中获取更多信息，有助于提升人际交往能力和团体协作能力。

在一个大集体中，人会不自觉地去寻找一些小团体来帮助自己融进这种集体环境，于是在这样的心理需求之下，很多女孩也会像小奇一样，希望自己可以加入那些小团体。

俗话说：近朱者赤，近墨者黑。处于青春期的小奇，心理、思想都不够成熟，考虑问题还不够全面。

加入这样的小帮派是否有助于自己的身心成长？是否值得我们去花时间？加入以后一定会不孤单吗？这些都是很有必要思考的问题。

首先，学会观察，增强自己的辨别能力。

问问自己，这个小帮派是我理想中的“温暖的小团体”吗？

这些女生凑在一起只是兴趣相投还是会做一些不健康甚至违法的事情？如果是，大姐头带着一帮小姐妹搞校园霸凌，或者小团体内部充满了“塑料姐妹情”，整天钩心斗角，又或者大家聚在一起比拼吃穿戴用，却唯独不关心学习，等等，如果加入这样的小团体，自己能有安全感吗？能感受到美好的友谊吗？

答案当然是否定的，我们要拒绝加入这样的小团体。

但如果这个团体真的是在发挥一些正向的作用，比如帮助自己培养更多兴趣，提升学习能力，分享学习方法，交到志同道合的朋友等，那我们就可以考虑加入。

要知道，选择权在我们自己，不要为了让自己不孤单就随便选择一个加入，一定要好好考察一下那个小团体是否值得我们加入。

其实，青春期是我们提升人际交往能力的好时期，随着我们兴趣的不断发展，这个过程会促使我们与更多的人建立起友谊。

所以，不需要为一个所谓的“小团体”而封闭自我，我们的交际是自由的，学会面向更大的集体，才能不“因小失大”。

二 有多少人为了融入小团体，却失去自我

即使融入小团队就一定会让我们不再孤独、收获快乐吗？

皮克斯制作的动画小片《毛球阿珍》(Purl)，会给我们带来一些启发。

影片中的主角叫布尔，是一个毛线团。她通过优异的成绩入职了一家公司。面对着周围穿着清一色西装，以“运

动”为聊天话题的男士们，布尔显得格格不入。

为了融入集体，布尔为自己织上了西装，学习用他们的腔调说话，聊着与他们一致的话题。逐渐地，她成了他们喜欢的模样，也由此，她顺利地融入了集体。

然而，短暂的欢愉之后，布尔却感到更多的空虚和孤独。她成了集体的一分子，却失去了自己。

直到有一天，一个新同事的到来，让布尔重新审视了自己。

布尔因为所谓的融入小团体，而失去自我，或许是我们大多数人的缩影。

当我们进入一个新环境，总希望被群体所接纳、认可。我们都害怕被落下，成为“边缘人”。所以我们会耗费很多精力，融入新群体。

想要融入群体，是人性的本能。因为我们都是社会性动物，我们渴望着关系的连接，害怕被抛弃。而为了逃避对“被抛弃”的恐惧，我们学会伴装自己，去迎合群体扮演一个被接纳的角色。

但是，“扮演的我”被接纳了，并没有让真实的“我”为之欢喜。也许，我们会在里面短暂地获得安全感，但时间一长，孤独感便会席卷而来。

三 用心交朋友，找到志同道合适合自己的圈子

一个人的朋友圈，很大程度上会影响他的生活。

与积极的人交往，我们会变得更阳光；与消极的人交往，我们也会充满负能量；与诚实的人交往，我们能坦荡磊落、互相鼓励；与不靠谱的人交往，是对自己时间、生命的极大浪费。

《庄子 · 山木》中说：“贤者之交谊，平淡如水，不尚虚华。”意思是，君子之间的交往，淡泊如水一般，不必刻意讨好，这样的人际圈子干净清澈，吸引的大多是志同道合的朋友。

你是什么样的人，便会拥有什么样的圈子。

古时，有一位做家具生意的老师傅，人们称他为何叔。

做生意的人都讲究人脉，朋友多了才好办事，可何叔却很少出去应酬，平时来往的人屈指可数。

一日，有人问他：“你怎么不多出去参加一些聚会，多认识一些朋友对生意有帮助，若是日后有难，也能有人帮你。”

何叔十分耿直地说道：“与其虚情假意的寒暄应酬，不如和知心的老友相聚。”

有一日，供货商出了问题，何叔的供货渠道不得不中断，只能另找货源。

那些平时打交道的商家此时无一例外都不肯伸出援手，还趁机抬价，令何叔焦头烂额。

在此危急时刻，何叔的几个老友动用自己多年的关系为何叔解决了难题，挽回了不可估量的损失。

只有志同道合的朋友，才能走得更远。

志同道合的圈子，会因为你的美好而接受你，而不是因为你的强融而接纳你。

用心做自己，用心交朋友，对人真诚，相信经过努力，我们一定会找到与自己志同道合的朋友。

25 和好朋友闹矛盾吵架，三个月没有说话了，怎么办？

我和小红是从小一起长大的好朋友，因为父母都在一个单位上班，我们又住在一个小区，一直以来都是陪伴彼此的好姐妹。

但是，就在三个月前，我和小红因为一件小事情而意见不合，最后闹矛盾了。

“周六，我们去湿地公园踏青吧？”

“上周我们不是刚去公园了吗，我这次想去放风筝。”

“可是，我一点都不喜欢放风筝，跑来跑去太累了。”

“那你自己去湿地公园吧，我不陪你去了。”

“你确定，我还没有你的风筝重要吗？”

我俩你一句，我一句地吵起来，最后，那个周末我们哪里也没去成，都在自己家里一个人度过。

这次，由于互相的倔强，我们三个月没有说过话了。

发生矛盾后的这段时间，我的心情变得异常沉闷。有时自己一个人，我也想主动靠近小红，但看到她转过去的脸，我也就放弃靠近她了。那一刻，我感觉自己的心被巨石压得喘不过气来，仿佛自己被世界遗弃了一般。

——13岁女孩小芳

一 友谊的原则是什么

步入青春期的小芳，如果没有这次和小红的争吵，你可曾想过友谊是什么？

纪伯伦在《爱的话语》中提到，友谊是一颗心灵寄托在两个身体中。

伏尔泰说：友谊是用心灵打开的一扇窗，可以让阳光、喜悦进来，也可以关起来避开阴霾和寒冷。

莎士比亚说：友谊可以消除黑暗和孤独感，让平凡沉闷的生活变得更加美好和有意义。

历史上著名的管鲍之交，俞伯牙与钟子期高山流水的故事，让我们见到了友谊的美好，那在日常生活中，我们和朋友相处有哪些原则呢？

友谊的原则是互相尊重，互相理解，互相帮助，坦诚相待，互相信任，互相包容等。具体来说，友谊的原则包括以下几个方面：

（1）尊重。尊重对方的个性和爱好，不给予过分的干扰和干预，也不要以自己的方式来要求对方。同时也要尊重对方的观点和选择，不要把自己的看法强加给他人。

（2）理解。关心对方的想法和感受，试着从对方的角度去看待问题，真正理解对方的处境和困难。

（3）互帮互助。在对方需要的时候，主动伸出援手，给

予必要的帮助和支持。

（4）坦诚相待。相互坦诚相待，不隐瞒事实，不欺骗他人，要有诚信，不说空话。

（5）信任。建立相互信任的基础，不要背信弃义，做到言行一致，要保守朋友的秘密。

（6）包容。要包容对方的缺点和不足，试着从长远的角度看待问题，不要把自己的主观情感强加给别人。

友谊的原则是基于互相尊重和信任的，只有在双方都能够共同遵循这些原则的情况下，才能让友谊真正的坚不可摧。

二 主动和真诚地表达自己

卡尔·罗杰斯说：“人类最深刻的需要之一，是将自己的人生分享给别人，并且被人了解和热爱。”他认为，友谊是一种基于互相欣赏和接纳的人际关系，可以带来生命意义的深度和活力，让我们更加明智和乐观地面对生活。

和好友闹矛盾后，三个月不说话是非常不好的一种处理方式。这样会增加双方的心理负担和不必要的压力，不利于友谊的维护和修复。如果不想让友谊因一时的误解而破裂，应该及时地面对问题进行解决。

在和好友闹矛盾后，小芳可以怎么做呢？

首先，要冷静地想明白自己的情绪和需要，以及与朋友的不合之处。周末去哪里玩的矛盾背后是谁有话语权？到底是朋友重要还是自己的感受重要？这些都需要想明白。

其次，可以主动找朋友沟通，坦诚地表达自己的感受和想法，听取好朋友的解释，尝试理性地解决问题。

最后，如果好朋友不想交流，也可以通过写信、打电话等方式传达自己的心声，表达自己的歉意和希望与朋友和好的愿望。

书信可以告白自己的心迹，渐渐地，彼此的心墙被敲碎，心扉会重新打开，最终重归于好。

友谊虽然是一种自然而然的感情，但维系友谊需要双方共同努力。

三 每段关系，都在帮我们自我完善和成长

莎士比亚说：“朋友如同镜子，展现出我们内在的面貌。”这句话说明朋友是可以反映出我们内心的真实面容。

莎士比亚认为，良好的友谊是一种积极的力量，可以使人变得更加明智和善良，同时也能让我们看到自己的缺点和不足之处。

“友谊是人性的一个需要，也是一种审美品位。”古希腊哲学家亚里士多德认为，友谊的价值不仅在于它本身的存

在，还体现在它促使人们思考和行动的过程中。

在争吵的过程中，小芳学到了什么？

首先，从好朋友那里看到了自己的情绪化，看到了自己的倔强，这些其实都是不利于和人交往的特点。

其次，小芳学会了换位思考，真诚地表达自己，在经历内心的煎熬后，她会更加珍惜友情，也学会了用语言和书信来表达自己。

当一个人眼中不再只有自己，她的世界会更开阔。

矛盾和冲突的化解让小芳的内心更加成熟。

电影《可爱的你》中五位小朋友在老师的带领下，经历了互相帮助，努力合作完成毕业礼的艰辛，她们的内心更加有力量，友谊的力量源源不断地从心田涌出，还记得电影中《友谊地久天长》的歌词吗？

“朋友再见声声，往昔欢笑，来日记取，记忆旧日情谊，痛苦欢笑，在校园里，一切别恨离愁，埋藏心里，日后再追，欢呼叹息，印于心里，默默怀记……”

每段关系，都在帮助我们自我完善和成长，你是否会真心感谢对方呢？

26 容易相信别人，受骗后对谁都不信任，怎么办？

我觉得自己是一个很容易相信别人的人，每次遇到陌生人的时候，我总会抱着一颗善良的心去对待他们。可是，很多次我也因此受到了骗局的困扰。

有一次，我在街上遇到一个看起来有些失落的女孩。她告诉我，她是留学生，因为手机坏了无法联系到家里，需要借用一下手机。我听了之后，当时就想帮助她。于是，我便把我的手机交给了她。她接过手机后说，“我现在有事赶着要去，手机我明天就还你。”然而，第二天她并没有还我手机，我打了好几次电话她也没接，最后我才意识到自己又被骗了。

再次被骗之后，我对别人的信任度降到了最低点。以前我喜欢和同学一起打游戏，交一些网络上的朋友，但是现在我对所有人都不再信任，不敢相信他们的话语，怀疑一切。

我的心情越发沉重，每天都感觉浑浑噩噩。我觉得自己已经变成了一个不信任任何人的人。有时候觉得很累，一直保持警惕让我很疲惫。有时候我觉得很孤独，因为不敢相信别人使我无法与他们真正沟通。

我该怎么办呢？我知道把信任交给陌生人确实是一种危险的行为，但是我也不希望自己一直处于不信任任何人的状态中。我该如何重新信任他人呢？

——15 岁女孩小涵

一 信任是成功的基石

你知道吗？这个世界上，每一个人、团队、家庭、组织、国家、经济和文明都拥有共同的力量。如果没有这个力量，最强大的政府，最成功的企业，最繁荣的经济，最具影响力的领导者，最伟大的友谊，最坚强的个性，最深沉的爱，都可能会倒塌。

这个力量是什么呢？就是信任。

我们的人际关系，我们的交流沟通，我们的学习和工作，哪一个不需要信任？

信任不仅可以改变我们当前的生活质量，还将对未来的生活轨迹产生深远的影响。

那什么是信任呢？

心理学认为，信任是基于社交交换和社会共同体成员身份的一种社交心理现象。它源于人与人之间的交往，是一种基于对他人诚实和可靠性的信心。

信任产生的关键在于，我们被他人告知的某些情报所影响，这种影响同时牵扯到直觉反应和理性思考。

被骗后，人们容易产生不信任感，这种感受实际上是一种自我保护的本能反应，目的是避免再次受伤。

然而，在现实生活中，我们与人交往和合作是不可避免的。如果我们因为被骗而彻底放弃信任，就会错失很多机会，甚至导致社交孤立。因此，重新学会如何建立信任感是非常有必要的。

二 建立精细化认知，增强自我保护能力

一个人为什么会轻信别人？

有一个重要的因素是，因为不知道，所以才相信。凡事超出了人的认知范围后，一般都会选择相信，因为自己不懂。比如，当我们听一个教授谈起陶瓷方面的专业知识时，我们从未涉猎过，在他面前，只能洗耳恭听。至于他说得对不对，我们根本无法判断。

青少年由于认知的局限性，对生活、自我的认知不够，在阅历、学识等方面存在不足，会导致我们不能正确判断。

那如何改善呢？

（1）建立精细化认知。我们可以先对自己的信任误区有个清晰的认知，对自己在信任的认知模式、信任度的判断上进行了解和反思，将自己的信任度从过于绝对转化为相对。

（2）学会关注现实中发生的事情。多读书，通过不断地获取新的、尽量全面的信息，通过不断学习来增加辨识真假信息的能力。

（3）增强自我保护能力。在交往过程中，警惕被骗和危险情况，提高辨别和防范的能力，不要轻信别人说的话，尤

其是跟钱有关的交易，需要保持高度谨慎。

古代赵太后请求齐国出兵一起对抗秦军入侵，答应事成之后用城池土地作为报答，齐国就提出条件：必须要赵太后的儿子春申君作为人质。原因是什么？在信任不足时，抓住对方的弱点，自己更有保障。

宋朝余靖曾说：“诺不轻许，故我不负人；诺不轻信，故人不负我。”

抱着诚信的理念去处世，同时也要心存警惕，小心提防，只有这样才能做到既不负人，也不负于人。

三 学会辨别谁是值得信任的人

维克多·雨果说：“信任如同年龄一样，只有多年积累才能达到成熟的程度。”

信任他人，我们首先需要信任自己。

子曰：“人而无信，不知其可也。大车无輗，小车无軏，其何以行之哉？”

自古以来圣贤们就教导我们，人要有“信”，让自己的人格厚重起来，才能获得他人的尊重。

德雷克·埃文斯说：“在信任缺失的社会中，人们失去了希望。缺乏信任将造成毁灭性的后果。”

面对被骗，如果不再敢信任他人，那未来的生活会增加很多烦恼，何不勇敢面对呢?

首先，接受自己的错误和失败，并且不要因为善意的付出被骗而怨天尤人，而是原谅他人和自己，接纳现实。

其次，也要学会倾向于与那些同样有信任感的人建立深厚的友谊，逐渐恢复对人的信任感。

可以首先选择比较可靠的人来建立信任关系。比如父母、老师和同学等，他们的行为和言语都是比较可信的，这样我们就能够在信任的基础上重新与人相处了。

再次，我们也应该采取更加谨慎的态度。要学会辨别谁是值得信任的人。

可以利用我们的直觉、良好的判断力，以及与他人的互动，来确定某人是否值得信任。如果自己感到不舒服，就停下来花点时间弄清楚为什么会这样。如果有可能，多了解此人的过往经历和背景。

注意此人是否有不值得信赖的迹象。比如，他不敢看别人的眼睛、言语闪躲、烦躁不安、说话前后矛盾、言辞夸张，或故意说话让人听不清等。

如果你感觉不对劲，请相信自己的直觉，不要信任此人，直到自己感到舒服，再重新信任他。

通过不断的练习和提高认知，建立与他人的信任链接，最终，我们的生活效率会事半功倍。

女孩，青春期你要懂的事儿

学习篇

苏星宁——著

北京理工大学出版社
BEIJING INSTITUTE OF TECHNOLOGY PRESS

图书在版编目(CIP)数据

女孩，青春期你要懂的事儿. 学习篇 / 苏星宁著. — 北京：北京理工大学出版社, 2024.4

ISBN 978-7-5763-3383-1

Ⅰ. ①女… Ⅱ. ①苏… Ⅲ. ①女性－青春期－健康教育 Ⅳ. ①G479

中国国家版本馆 CIP 数据核字（2024）第032043号

责任编辑：李慧智　　文案编辑：李慧智
责任校对：刘亚男　　责任印制：施胜娟

出版发行 / 北京理工大学出版社有限责任公司
社　　址 / 北京市丰台区四合庄路6号
邮　　编 / 100070
电　　话 /（010）68944451（大众售后服务热线）
（010）68912824（大众售后服务热线）
网　　址 / http://www.bitpress.com.cn

版 印 次 / 2024 年 4 月第 1 版第 1 次印刷
印　　刷 / 唐山富达印务有限公司
开　　本 / 880 mm × 1230 mm　1 / 32
印　　张 / 5
字　　数 / 90 千字
定　　价 / 168.00 元（全6册）

目录

CONTENTS

第1部分 相信一切皆有可能

第2部分 不打无准备之仗

第3部分 焦虑厌学有对策

第4部分 师生关系有妙招

第 5 部分
锻炼大脑更敏捷

第1部分

CHAPTER 1

相信一切皆有可能

1 12岁女生，不喜欢数学这门课，怎么办？

我叫晓琴，是一名12岁的女生，从小我其他科目的成绩都还不错，可就是对数学不感兴趣。妈妈特意给我报了数学课外辅导班，但是我对数学就是不“感冒”，花的时间也不少，但无论如何分数都提不上来，最多考个合格。低年级时相对简单还好一点，可是到了5年级我发现数学越来越难了。

我发现一提到数学，自己就有一种莫名的抵触，不知道如何才能让自己喜欢上这门注重逻辑思维的课程。每次要上数学课的时候，我心中就会有一种恐惧感，特别是每次数学考试的时候，我都很紧张，心中不由得感到焦虑。我学语文和英语都还好，学得也还不错，特别喜欢音乐课。

听班主任说：语文、数学和英语是主要科目，如果这三门课学不好的话，以后会影响中考和高考成绩。所以我感到非常焦虑，很担心自己因为数学而考不上理想的学校。

我也想把数学学好，也请教了老师，老师给我的建议是多做练习，妈妈特意为我买了课外练习册，但是我感觉效果还是不佳，反而对数学更加反感了。我现在不能心平气和地静下心来学习，感觉很烦躁，也很无助，不知道该怎么办。

——12岁女孩晓琴

一 改变对数学的不良感受，调整好状态

凡事先处理心情，再处理事情。

我们常说“兴趣是最好的老师”，导致我们对学科缺乏兴趣主要有两个方面的原因：一方面是外界的原因，比如老师上课比较严肃等。另一方面是我们自身内在的原因，比如自己对某一门课有抵触情绪，或者因为感觉自己并不擅长这门学科，无法从中体会到成就感。

根据不同的原因，我们提供两个不同的建议：

1. 外界的原因。尽力做好我们能改变的，接纳我们不能改变的。比如，当我们遇到比较严肃的老师，或者是同学对这门课的消极情绪影响到我们的时候，要学会化被动为主动。虽然我们改变不了周围的环境，但是我们可以改变对老师和对学科的态度。

当我们看到老师每次上课耐心地为我们讲解的时候，我们能感受到老师的良苦用心。虽然老师上课比较严肃，但是老师的敬业和负责的精神深深地打动了我们。我们不能辜负老师对我们的期望，不能自暴自弃。相反，我们要感恩老师对我们的付出。当我们能够感受到老师的不容易，以感恩的心来看待老师的时候就会产生共情，相信我们和老师的关系一定会越来越好。良好的师生关系可以有效促进我们学好这门学科，从而形成良性循环。

2. 自身的原因。当我们对一门学科产生反感的时候，是无法把这门课学好的。因为内心的抵触情绪经过长期的积累，不断被强化进入深层意识之后，当我们学习这门课时，这种不好的感觉就会自动地跳出来。就如汽车的油门，我们只要一踩车子就开动了。所以第一步，我们首先要改变这种不好的感觉，改变这种内耗的不良情绪状态。只要我们愿意，就可以通过一些方式帮助自己调整好状态，并处理好自己的情绪。

相信只要功夫深，就没有学不好的科目、克服不了的困难。

二 拓宽自己的认知，对数学给予积极的肯定

达尔文曾说：在丛林里，最终能存活下来的，往往不是最高大、最强壮的物种，而是应对变化能最快做出反应的物种，这种反应就叫“进化思维”。

在复杂多变的时代，我们也需要拥有进化迭代的能力。晓琴虽然之前对数学一直不感兴趣，也没有学好，只要调整好心态，静下心来，找到学习数学的本质和规律，积极主动地挑战自己，将阻力转化为学习的动力，就一定能战胜自己，突破自己的局限，因为在这个时代，保持持续学习的能力，就是一个人面对未来最大的底气。

就像我们现在使用的手机软件，每过一段时间，就会提醒我们更新一次，我们的能力也在随着我们的成长不断进步。

所以，晓琴需要放下一些固有的观念，比如：我的数学一直都不好，我一看到数学书就头疼，数学太难了等一些消极悲观的想法，可以试着将这些消极念头转化成：我可以尝试一下，我其他学科都能学好，相信数学也是可以学好的；我只是暂时没有找到合适的方法而已；我相信我可以；等等。

在做练习题的过程中，当我们能够解答出来的时候，要及时给予自己肯定和赞赏，并经常鼓励自己，“我是能行的”“我是可以的”。可以和家长约定，每一次有大的进步时奖励自己一个礼物，如此帮助自己逐步建立自信，找到对这门学科的兴趣和价值感，从而帮助自己越来越好。

只有登上山顶，才能看到远方的美景。只有不断鼓励和肯定自己，才能让自己走得更高更远。

三 找到合适的方法，助力高效学习

有效的学习方法可以帮助我们厘清思路，高效学习。思维导图就是一种非常简单且实用的学习方法，思维导图可以

将抽象的思维形象化，再加上图形和关键词，就可以有效地帮助我们提升对知识的理解和记忆。

那什么是思维导图呢?

思维导图是一种发散结构的可视化思考工具，可以用直观的方式来表示，有助于释放大脑的潜能。我们还把它称为思维地图，或者思维笔记。

思维导图能够把我们头脑里的知识转化成具体的视觉图像，从而可以帮助我们轻松地梳理知识的结构，并识别出细节之间的关系。它主要由中心图、主干、分支以及关键词、关键图组成，并用不同的颜色划分不同的分支，可以让我们所学的所有知识点一目了然，从而有效地帮助我们提升学习效率，帮助我们在做练习的时候，灵活地转化运用知识点。

在学习数学时，不妨试试把数学的知识点做一个梳理，把每次所学的内容整理成大大小小的思维导图，或者每个星期做一次梳理，一个单元做一个总体的思维导图。这样的内容整理方式在考试之前有助于我们进行高效的复习，从而帮助我们有效地提升这门学科的学习成绩。

我们还可以在画思维导图的过程中，锻炼自己左右脑的逻辑思维能力和想象能力，培养自己的思考能力和表达能力。坚持画思维导图可以促进我们左右脑的平衡发展，从而做到高效学习，帮助我们在学习中找到满满的价值感。

2 都说上了高中，女生的成绩就不如男生了，怎么办？

我上了高中，前几次考试成绩出现了下滑，这让我有些担心。小时候就听我当老师的大姨说，女孩子上了高中成绩就不如男生了，我一直不以为然，这几天却因为这件事心里有了波动，感觉我的内心就像平静的湖面被人扔进了石子，不断泛起涟漪。

前段时间，学生会组织了一次学科竞赛，我报名参加了数学竞赛。比赛那天，我提前到了教室，准备先做一遍练习题。但我刚刚打开书本，后边就有男生来了。他坐在我旁边，自信地说："不好意思，我先做一遍试试。"

他飞快地动手，不知不觉就解出了整个题目。我看了看他做的过程，呆若木鸡。我几乎没有跟上他的思路，错了很多次。他兴高采烈地和我说："数学真有趣，是不是？"

他的话打破了我心里的一切期待。我觉得自己与那些数学学霸比起来，无异于一个"学渣"。于是我开始思考，我是不是真的那么差？可我对其他学科也充满兴趣，甚至比之前更感兴趣了。我努力追赶，但总觉得差一点。

有一天晚上，我突然意识到，我这段时间努力学习，不是为了取得好成绩，而是为了证明自己的能力，为了让自己被人赏识。我不想仅仅是个女生，我想成为那个学习好的女生。

"可是证明自己真的很累，我该怎么办？"我问自己。

——16岁女孩小橙

一 男女生学习各有优势

小橙大姨所说的，女孩子上了高中成绩就不如男生了，这句话并不是说女生学习不如男生，其本质是说男女生的大脑的结构不同。

让我们一起来了解一下男女生脑功能的差别：

女生一般在下列技能上优于男生：

1. 良好的运动技能——手指能迅速而和谐地运动；
2. 计算测验；
3. 多重人物关系；
4. 回忆一批物体的位置；
5. 拼写；
6. 词汇生成流畅；
7. 要求对外部刺激（除了视觉刺激）敏感的技能任务；
8. 记忆沿途地面目标；
9. 应用语言记忆；
10. 鉴别深度和知觉速度；
11. 阅读时身体语言、面部表情丰富。

男生一般下列技能优于女生：

1. 设定目标技能；
2. 实用词汇；
3. 长时间专注和集中注意一件事；

4. 数学推理和问题解决能力倾向；

5. 善于用空间几何特性导航；

6. 语言智力；

7. 习惯的形成与保持；

8. 大多数空间任务。

青春期开始，随着性激素水平的提高，男生和女生的大脑功能区别会更加明显。男生大脑在前额叶中部、视觉处理、左脑等部位开始进一步发育，其功能逐渐加强；女生大脑在额叶视上区、胼胝体、海马等部位进一步加强功能。

在学习上，男生表现出更好的逻辑思维能力和形象思维能力，学习理科相对有优势；而女生表现出更好的语言能力、更丰富的情感，学习文科相对有优势。

中学开始，我们增加了新的理科课程（如物理和化学），这些理科课程需要较好的逻辑思维能力和综合分析能力。这些能力的培养和男生的大脑发育正好同步，因此，有些男生学习理科具有先天优势。而中学语文和英语的难度进一步增加，新增加的文科课程（如历史、地理）中有大量需要记忆的东西，有些女生学习则更有优势。

但普遍的规律并不能代表个体的差异。有些女生学习理科同样具有先天优势，有些男生学习文科也具有优势，这些具体的差异和父母从小的培养、个人兴趣爱好的发展等有很大关系，因此不能以部分代替整体。

二 放下束缚，找准自己优势集中努力

心理学上有一个关于粉红色的大象实验：

闭上眼睛，在你心里想象一种动物，要注意：不要去想一只粉红色的大象，千万不要想一只粉红色的大象，一定不要想一只粉红色的大象。

5 分钟之后，你的脑海里想的是什么？

大部分人一定会想到一只“粉红色大象”！这就是所谓的“粉红色大象”心理效应。

当小橙听了大姨的话后，内心越觉得女生上了高中成绩就会不如男生时，就越会被这种想法束缚住。

一个有效的方法是，将这个错误的想法通过呼吸排出体外，每次深深地吸气，缓缓地吐气，吸气的时候告诉自己，我很好，吐气的时候，在意念中将这个女生成绩不如男生的想法排出体外，想象着这个负面的想法和负面的能量一起随着吐气排出了体外。

与此同时，小橙可以根据前面讲到的男女生优势，逐步来分析自己的优劣势，找出自己的优势之处，集中精力，最大限度发挥自己的优势。

专注在自己的优点上，让优势最大限度地发挥，相信小橙会更加自信和轻松。

三 不再为了证明自己去学，而是享受学习

电视剧《小舍得》中，家长有一种错误的教育观念：人后不能认输，人前更得争光。这种认知让孩子苦不堪言。剧中田雨岚这种攀比成瘾、明争暗斗的鸡娃式教育方式，让我们看到了迫切想要证明自己背后的种种心酸。

人为什么想要证明自己？有一个很重要的原因是对现状的不接纳，对自己的不接纳。

黄美廉是一位自小就患有脑性麻痹的女孩。脑性麻痹夺去了她肢体的平衡感，也夺走了她发声讲话的能力。然而，她没有让这些外在的痛苦击败自己内在奋斗的精神，她昂然面对，迎向一切的不可能，终于获得了洛杉矶加州州立大学艺术学博士学位。她用她的手当画笔，以色彩告诉人“寰宇之力与美”，并且灿烂地“活出生命的色彩”。

在一次学校的演讲中，全场的学生都被她不能控制自如的肢体动作震慑住了。一名学生小声地问：“请问黄博士，你从小就长成这个样子，那你怎么看待你自己呢？”

“我怎么看自己？”美廉以笔代嘴，用粉笔在黑板上重重地写下这几个字：“我只看我所有的，不看我所没有的。”沉静片刻后，教室里猛然响起热烈的掌声。

自我接纳是一个人健康成长不断发展的前提。一个人如果不接纳自己，连自己的问题都不敢正视，那他怎么可能成

长？有了自我接纳，就有了不断自我完善的动机和行为。

自我接纳是成功的起点。

自我接纳是享受学习、快乐学习的开始。

认清了自己的优势和劣势，懂得了接纳自己之后，小橙完全可以对各门学科充满新的兴趣，以一种崭新的眼光来看待它们，为了兴趣而学习，为了丰富自己而学习，岂不是很快乐？

3 我考不上重点高中了，怎么办？

我一直以来都是一个很努力的学生，每天都会花很多时间在学习上。我家人也一直很支持我，希望我能够考上一个好的高中，然后再考上一个好的大学，最终成为一个有用的人。

可是，当我拿到期末考试成绩单的时候，感到非常失落和沮丧，因为我觉得自己付出了那么多努力，却没有得到应有的回报。

我和父母一起坐在客厅里，他们看着我，我看着他们。我知道他们很失望，但他们还是很努力地安慰我，"这并不是最后的结果，你再努力一下，我们还是很有可能考上的。"

可是，我感觉自己的世界已经崩塌了。我一直以来都认为只有考上重点高中才能有出息，现在我觉得自己考上重点高中的希望很小。

我开始怀疑自己的能力，觉得自己不够聪明，不够努力。我感到非常沮丧和无助，不知道该怎么办。我觉得自己的未来一片黑暗，不知道该往哪里走。要是考不上重点高中，我该怎么办？

——15岁女孩金华

一 人生，升学不是唯一出路

金华如此焦虑的原因是她狭隘的认知——如果升不上重点高中，人生就没有出路了。

升学，不是人生唯一的出路。人生某一个阶段的成果也不代表未来的成果。

在当今世界教育一体化的趋势下，人生拥有无限的可能，落榜生也能成为优秀的企业家，落榜生也可以弯道超车进入世界名校就读。

考不上高中最坏的结果是什么？选择职业学校继续深造。

目前社会上职业技能人才缺口比较大，考不上高中，我们可以选择读技校或中专学校。

三百六十行，行行出状元。

技校以培养技能人才为主，学生毕业后会有技能职业资格证书，中专学校就是中等专业学校，以课堂理论与实践相结合的方式学习，毕业后会发中专毕业证书，学生也可以继续深造，考“大专”再考“本科”，同样有机会上大学。

人生最坏的结果，不过是大器晚成。每个人都在自己的时区有自己的步程，要学会乐观面对人生的逆境。

下面的这首小诗可以带给我们一些启发：

纽约时间比加州时间早三个小时，

但加州时间并没有变慢。

有人22岁就毕业了，但等了5年才找到好的工作！

有人25岁就当上CEO，却在50岁去世。

也有人直到50岁才当上CEO，然后活到90岁。

每个人都有自己的发展时区。

每个人都在自己的时区有自己的步程。

二 别给自己设限制，一切皆有可能

有这样一则小故事：在一个马戏团，一头在现场表演的大象高高举起了几百公斤重的物件，众人连连喝彩。

表演结束后，驯兽师用一根很细的绳子，就将大象牵走了，并把它拴在一个小小的木桩上。有观众惊奇地问驯兽师：这么小的绳子，不怕大象挣脱后逃跑吗？驯兽师笃定地告诉观众：大象很小的时候，自己就用这根绳子拴它了，当时，小象拼命地想要挣脱，可是当时小象太小了，它没有力气挣脱绳子的束缚。慢慢地小象变成了大象，有力气了，可它坚定地相信自己没有能力挣脱绳子，连尝试一下都不想。

不得不说这个故事，发人深省、令人震撼。联想到在现实生活中，在学习上，有多少人常常因为曾经的一次失败，或对自己的不自信，而给自己设限，错失了很多翻转人生的良机。一句我不行，我不可以，就将自己钉在旧有的框架上，不敢越雷池一步，日复一日，以至于将自己的青春年

华，消耗在暗淡无光的日子里。

我们永远不会知道自己到底有多大的潜力。特别是在人生遭遇低谷之际，更要对生活充满信心，相信一切都有可能。

哈佛大学的心理学家艾伦·朗格教授，酷爱网球，年轻的时候，曾经因摔断了脚踝，医生说她再也不能打网球了，但现在她双腿健康，仍然在打网球。她集30年的研究与实践创造了“可能性心理学”。其研究假设是：我们不知道自己能做什么，或者能变成什么，一切皆有可能。而核心概念则是“专注力”。

朗格教授和她的学生搭建了一个“时空胶囊”，把这里布置得与20年前一模一样。然后邀请16位七八十岁的老人，8人一组，分成“实验组”和“控制组”，让他们在“时空胶囊”里生活一个星期。7天里，老人们都沉浸在20年前的环境里，他们都被要求更加积极地生活，没有人帮助他们穿衣服或搀扶他们走路。唯一的区别是，实验组的老人言谈举止，必须“活”在20年前，而控制组的老人是用怀旧的方式，谈论和回忆20年前发生的事情。

实验的结果是，因为实验点“年轻”的环境让两组老人的身体素质都有了明显改善。实验前，他们几乎都是家人陪着来的，老态龙钟、步履蹒跚。一周后，他们的视力、听力、记忆力都有了明显的改善，血压降低了，步态、体力也有了明显改善。

控制组的老人虽然身体有所改善，但由于是采用回忆的方式，所以在心理上仍然认为自己是老年人，只不过触景生情，表现出了年轻的活力而已。

相比之下，实验组，也就是那些“活”在20年前的老人们进步更加惊人，他们手脚更加敏捷，智力测验中得分更高。

这个实验证明：如果人们在心理上相信自己很年轻，身体便做出相应的配合，并且产生巨大的改变。同样的，如果我们心理上相信自己充满可能性，我们的行为也会发生巨大的改变。

三 调整心态，行动是治愈一切的良药

《被讨厌的勇气》一书中说：“现在的你之所以不幸，是因为你亲手选择了不幸。”

过去的痛苦不能导致我们今天的不幸，未到的明天更不是我们焦虑的原因，眼下的不幸，是因为我们赋予了它们消极的意义。

俗话说：我们不缺勇气与热情，却总在紧要关节，掉进自己坏情绪挖的大坑。

行动是治愈一切的良药。

从小，大人们都会对孩子说：乖，试一试，说不定就行

呢。再迈一步，就拿到了；再演一遍，就弄懂了；再忍一忍，就到站了；再背一背，就记牢了。

金华之所以怕，就是因为不自信，如果因为害怕考不上重点高中而缺少勇气和耐心，站在原地不动，又怎能见到远方的风景？

所以，要想实现梦想，就必须实实在在地去践行，像小鱼一般逆水游动，似苗木一样拔节向上，若葵花一般追逐阳光，勇敢且用心地扎根在坚实的土地上，才能绽放自己的光芒。

金华可以总结考试失败的原因，进行试卷分析，找出不足之处，着手进行补习和练习。

人生就像骑自行车，要想保持稳固平衡，唯一能做的就是不断往前蹬。

面对考试，我们可以做的是让自己乐观积极地面对，调整心态，向前努力。

4 已经很努力了，但作业还是做不完，怎么办？

我真的已经很努力了，但作业还是做不完。每天都是如此，从早上7点直到晚上10点，我都在学习，为什么？因为我实在不知道该怎么应对这么多的作业。

两个星期前，我感觉还没有问题。我觉得我能做完全部的作业，有着大把的时间去玩耍，看电影。然而现在，我简直想不到该用什么办法来完成作业。我感到无助，也害怕因此影响到我的成绩。

早上，我一来到学校门口，就感到有一种压力。我看到同学们或是在玩耍或是在交流，然而我需要匆匆忙忙地赶到教室并找到自己的桌子。教室里面是安静的，只有我写字和翻动卷子的声音。

中午，我经常不敢去吃午饭，因为我觉得那是浪费时间。付出的努力总是得不到回报，而我也因此感到无望和迷茫。

回家后，我需要花费两三个小时去完成家庭作业，练习单词，背诵作品。虽然我父母总是会问我在做什么，但是我也不敢告诉他们我实在太累了。

我不知道该如何是好。我该怎么办？我感到自己已经尽了全部的努力，但还是处在困境中。

——13岁女孩小微

一 建立效率思维，由易到难去完成作业

小微一整天都在忙着学习，忙着写作业，从早上到中午到晚上，她看似非常忙，实则学习效率并不高。

那什么是效率呢?

效率是指在适当地使用原料、能源、努力、金钱及时间的情形下，进行特定事务或产出预期成果的能力。

广义来说，效率是可以成功地把事情做好，并且没有浪费资源和能力。对小微来说，效率就是在短时间内把作业做得又快又好。

很多时候，人们如何度过他们的时间取决于还有多少时间。正因为我们还有很多时间，所以大部分写不完作业的同学的时间意识不强，甚至可以说没有时间观念。

拥有效率思维，可以让我们更好地使用时间。假如我们每件事情的处理效率都能提升 10%，按照一个人平均 80 年寿命计算，去除每天睡觉的 8 小时，那么平均每天能挤出大概 1.5 小时的时间，一生就相当于多了 5 年。

真正的高效，不是超额作业或者拼命作业，而是构建正确的思维模式。

为了达到高效，小微可以学会明确难易程度，由易到难地去做作业。可以将作业的难易程度进行分类:

A 级（有难度）：代表有难度的作业，是你需要花大量

时间才能做出来的或者几乎完全不会做的。

B级（会做）：代表普通作业，比如你需要一定的思考才能做出来的，需要集中一定的注意力才能完成的。

C级（简单）：一些比较容易做的作业，比如摘抄、抄写、简单小题、简单计算题等。

选择由易到难为做作业的第一原则，由易到难就是先做会做的，最后再去做难的。遇到不会的题目把它圈出来，等到所有的作业都做完的时候，再抽出专门的时间，用来思考这道题目，不要一根筋死磕到底。

这样既能保质保量，又能控制好时间，不用来回去折腾老师布置的作业。

二 运用三部曲，找到适合自己的方法

如果说学习是船，好的方法就是船上的帆和桨，而我们每天的认真和坚持就是支撑这艘船的动力。

有不少同学像小微一样很苦恼，“每回做作业都很认真，可成绩还是上不去”，究其原因，是没有找到适合自己的方法。

达尔文说：“最有价值的知识是关于方法的知识。”

作为学生，不仅要学知识，还要会研究学习方法。

良好的学习方法会让我们事半功倍。

小微可以学会总结自己的学习三部曲：

第一步是“解”，就是想尽一切办法解决面前的问题；

第二步是“思”，就是做完之后要回顾和反思，总结出经验和方法；

第三步是“归”，就是将获得的经验和知识回归到书本上。

如果能完全按照这三步来做，上课时结合作业中遇到的问题多想多问，课后做好配套练习，有不明白的及时记录、发问、解决，与同学和老师互相讨论问题和各种各样的解题方法，给课后解决作业难题提供一条新的途径。

三 利用番茄钟，一次只完成一件事

很多同学写作业做不完、效率不高，最常出现的一个状况是学校布置了多门科目的作业。有些同学做数学的时候想着语文还有很多题目要写，就半路放下笔去琢磨语文；语文琢磨了一半儿，又想到了英语作文还没有完成，这样循环往复，就会导致各个学科的作业都完成不了，总体上花的时间，一点儿都不少。

著名的管理学大师彼得·德鲁克曾经在《卓有成效的管理者》这本书中强调了一个重点：一次只完成一件事儿。

有一个好的工具我们可以使用，就是番茄钟，番茄钟学习法可以培养我们的专注力，提高我们学习和做作业的效率。

这种学习法的核心思想是将大型任务分解为多个小任务，每个小任务只需用 25 分钟的时间完成，这样可以帮助我们保持专注，避免因为任务量过大而感到压力。

每完成一个番茄钟的学习时间，就可以休息 5 分钟，这样可以帮助我们更好地保持专注和生产力。

那么，番茄钟学习法对学习有哪些好处呢？

首先，它可以帮助我们更好地利用时间。因为我们将大作业分解为小作业，每次只需花 25 分钟的时间完成一个小作业，这样可以帮助我们更好地掌握时间，避免浪费时间。

其次，番茄钟学习法可以帮助我们保持专注。每次只需完成一个小作业，我们可以更好地集中精力，避免分心，提高学习效率。

最后，通过使用番茄钟，我们可以更好地管理压力。因为我们将作业分解为多个小作业，每次只需花费 25 分钟的时间完成一个小作业，这样可以帮助我们避免因为作业量过大而感到压力。

长此以往，我们就会养成好习惯，能够全神贯注把每一门作业从头做到尾。

番茄钟学习法的好处是简单易行，只要身边有个计时器就能进行，在提高自己学习效率的同时，内心也能够获得非常大的成就感。

5 六年级，妈妈说我不能再花时间学跳舞了，怎么办？

在我还是小学生的时候，妈妈就让我学了古典舞，也是因为我成绩不够好，妈妈说让我在学习之余，还可以多学一门特长。

我第一次接触古典舞的时候，感觉很别扭，感觉自己像个木头一样，跟不上音乐节奏。但是经过老师的指导和我的努力，我渐渐地掌握了古典舞的技巧和风格，跳起来也没有那么别扭了。

每次跳舞我都感到放松和愉悦，还可以在比赛中获取胜利，分享成功的荣耀感。但是，现在我却面临着无法继续学习跳舞的困境。

前几天妈妈说："没时间带你去跳舞了，上初中课业压力更大，我觉得你需要花更多的时间来学习。跳舞是一种娱乐，不太能够帮助你提高成绩，要不我们就不去跳舞了吧？"我听到这些话的时候，有点难以接受，因为我知道，在跳舞的道路上，我还有很多需要突破的地方，我很享受这份快乐，希望自己继续在跳舞中不断进步。

妈妈又告诉我，初中比小学的学习更加困难，需要更多的努力和时间，无法抽出时间去跳舞。如果我在小学时学习不够好，在初中时就会落后于其他同学。这段时间，妈妈一再强调学习的重要性，她说："这是为了你的未来，为了你成为一个更好的自己。"

可我真的不愿意放弃跳舞。

我一直在思考：我该怎么办？难道真的要因为学业紧张而放弃跳舞吗？我的内心充满了矛盾和焦虑，不知道该怎么办。

——13岁女孩丽丽

一 面对问题，敢于为自己的选择负责任

莫莉·布鲁姆是著名的女性长跑运动员，她从 11 岁开始跑马拉松，多次获得美国国内长跑比赛的冠军。然而，她在 20 多岁时被医生诊断为骨质疏松，这意味着继续跑步可能会加重她的病情。但莫莉没有放弃，她开始加强治疗，并训练得更加刻苦。为了保护自己的骨骼，她使用了特殊形状的跑鞋，这使她的脚在奔跑时可以保持稳定。

在此后的几年里，莫莉参加了各种比赛，并在国际马拉松比赛中获得过金牌和银牌。她的毅力和决心打破了人们对于女性在体育领域无法取得突破的刻板印象。2019 年，莫莉因伤退役，结束了长达 30 年的职业生涯。她的故事带给了无数人勇气和希望，告诉我们一切皆有可能。

丽丽的妈妈觉得丽丽上初中就没有时间跳舞了，但丽丽在跳舞中能够找到自己的快乐，能够获得愉悦感和成就感。建议丽丽可以和妈妈进行沟通，并向妈妈做出承诺，自己会在学校里将功课做好，周末拿出一上午时间用来学跳舞，其他时间都用来学习。如果妈妈不同意，还可以和妈妈协商一个试验的时间段，比如两个月，如果自己将学习和舞蹈都安排得很好，就继续学下去；如果成绩落下，就暂停学习舞蹈。

二 和妈妈一起探讨学习舞蹈对自己的帮助

学习舞蹈就一定耽误学习吗？有没有促进作用？丽丽可以和妈妈共同来探讨。比如，关于大脑的特点探索：

人的左脑具有语言、概念、数字、分析、逻辑推理等功能；右脑具有音乐、绘画、空间几何、想象、综合等功能。

随着时代的变化，未来竞争拼的不光是智商，还有情商和艺商，就像是人走路要靠两条腿，我们的学习也应该如此，平时在学习文化课的同时，如果能学习舞蹈、音乐或者绘画，不仅能让我们的左脑得到充分的休息，还能开发右脑，让我们成为一个创造力更强的人。

此外，面对繁重的学业压力，需要找到减压的渠道，这时候舞蹈就能发挥作用了。

练习舞蹈可以让自己出一身汗，让内心压抑的情绪得到宣泄和释放，分泌一些快乐因子，这些都有助于防止抑郁。丽丽可以和妈妈一起探讨下舞蹈带给自己的益处。

学习舞蹈还可以培养锻炼我们的毅力，这对学习同样有益。

同时，学习舞蹈可以培养我们的团队合作精神，让我们懂得和其他人配合协作；还可以培养我们的审美能力，让我们从小受到美的熏陶；对于我们心智的开发也有很大的帮助。

学习舞蹈还能够培养我们的表演能力，经常参加舞蹈演出，能使我们不怯场，提高我们的表现力，从而使我们增强自信心，心理素质得到锻炼。

让孩子健康成长和更好地学习，是每一位母亲的愿望。当丽丽和妈妈进行了这样的沟通，让妈妈更加安心、放心之后，相信丽丽的妈妈也会做出新的选择。

三 时间花在哪里，收获就在哪里

在《中国诗词大会》冠亚军对决中，外卖员雷海为击败了北大才子，一举夺冠。

他的工作是送外卖，风里来雨里去已至中年，住着700元每月的床位，骑着一辆电动车穿梭在城市的大街小巷，没有人多看他一眼。

可他任何时候都带着一本《唐诗三百首》，等餐的时候、休息的时候，就拿出来背。

“一单外卖送到了，一首诗也背会了，心里特别高兴。”节目里他这么说的时候，所有观众都忍不住为他鼓掌。

在第九期节目里，主持人读出最后一题：

请根据所描述的线索说出一句诗：

作者名气不大但诗句妇孺皆知；

这句诗已用为七字成语；

这句诗是作者在山洞读书时所作；

……

还没等对手反应过来，雷海为已经脱口而出：一寸光阴一寸金。

台下众人，忍不住为他振臂高呼！

就如同主持人说的那样：“你在读书上花的任何时间，都会在某一个时刻给你回报。”

当我们把时间花在学习上，收获的是满腹经纶；

把时间花在舞蹈锻炼上，收获的是身心健康；

把时间花在旅行远游上，收获的是广阔视野；

把时间花在嬉笑玩乐上，收获的是短暂欢愉；

……

送外卖的同时都可以背诗词，只要真正热爱，又怎会没有时间呢？

学习舞蹈课的路上背一段课文、背几个单词，练习压腿基本功时听一段英文，学校课间休息时练习新动作，放学回家做完作业后跳一段舞蹈，日复一日地坚持，自己的学习和舞蹈都会有很大进步。

时间花在哪里，我们的收获就会在哪里。

第2部分

CHAPTER 2

不打无准备之仗

6 作文的积累需要课外阅读，但根本没时间看，怎么办？

我是一名初中生，每天都要上学、做作业，还要参加各种活动。虽然学习很重要，但学校的作业已经占去了我所有的空闲时间。除了上课和写作业，我根本没有时间看课外书。但是，老师和家长都告诉我，写好作文必须要有丰富的阅读积累。

有一次，老师要求我们写一篇关于“国学经典”的文章，他提醒我们要提前做好阅读准备。可是我的课外时间已经被家长排满了，每天回家后只能做作业。我感到很烦躁，不知道如何“提前做好阅读准备”。

当我向同学倾诉时，她建议我可以看一些与语文有关的电视节目来提高阅读能力。她还推荐了一些关于国学经典的节目给我。我觉得这个方法不错，于是开始利用看节目的时间来提高自己的阅读水平。

随着时间的推移，当我要写一篇作文时，我会对自己说：“你有阅读积累，写作文应该不成问题。”每次这样告诉自己，我都会感到很自信。

然而，最近我又要写一篇作文，这次的主题是“生态保护”。我又开始感到无从下手了，因为生态保护这个方面我并没有什么阅读积累，也没有看过任何电视节目。现在我又陷入了焦虑之中，不知道该怎么办了。

——14岁女孩小董

一 建立自己的文章资料库

文字，是思维的外化。写作，是思想的表达，是思维和思维方式的展现。好的思维和思维方式的养成，离不开长期的社会实践、充足的阅读量、相关的知识储备，以及建立在三者之上自身的总结、思考与提炼。

《成为作家》一书的作者布兰德曾一针见血地指出："我们根本不相信创作的天赋可以学习而来，也没有人能靠灵感或天赋写作一辈子。"

每个人都需要文章素材积累，作文素材的积累可以分为长期的准备和短期的准备。

阅读名著经典、人文社科、自然科普等书籍是我们长期的准备，也是一个人人文素养的基础，正所谓"一个人的阅读史，就是他的精神发育史"。但是今天，小董却总觉得没有时间进行大量的阅读，那我们可以进行短期的应对，合理地利用时间，在短时间内建立自己的文章资料库。

为什么要建立"文章资料库"？莫言获诺贝尔文学奖后，接受央视《面对面》栏目采访，谈到了关于他写作的一些感受。

"写作从模仿开始。"

莫言说，关于早期作品，都是模仿之作。当然模仿得比较高明，不是一字一句抄的，而是模仿人家作品的那种氛围、那种语言、那种感受，那种节奏。

文章资料库可以按照难易程度分为不同的等级，比如家国情怀、时代奋斗、生活哲思、文化经典等内容，我们可以去熟读、学习、感悟、熏陶和模仿。

初级的资料库可以参考《青年文摘》《作文与考试》《意林》《中考满分作文》等，或者是按照老师指定的内容去背诵相关的段落。

中级的资料库可以参考央视的经典解说词、颁奖词、主持词等，让自己不断地去朗读、去整理和实践。

高级的资料库主要是经典的内容，比如经典的时评、新年献词、重大的讲话、名家名篇等。

二 学会有目的地阅读，提升阅读效率

很多同学之所以说没有时间进行课外阅读，和他们的阅读习惯也有很大的关系。好的阅读并不是一字一句的阅读。

阅读之前，我们先要明确自己的目的，当目的明确以后，我们再进行阅读，这有助于提高阅读效率。

一般来说，一篇文章应该怎么阅读?

第一遍：粗略地看一下，知道这篇文章主要在讲什么。

第二遍：细看文章结构。阅读标题以及每段的第一句话，了解文章的框架。

文章每段的开头：提出观点……

文章的主体：现状、分析、对策……

文章的结尾：扣题、总结、升华……

如果有能力和时间，可以自己提炼出一个思维导图，然后画下来，好记性不如烂笔头。

第三遍：挑出好词好句，摘抄到笔记本上。随着阅读的文章越来越多，抄的句子也会越来越多，这个时候就可以把相同作用的句子进行汇总，比如引出总论点、原因的句子，全部放到一个本子里。

“熟读唐诗三百首，不会作诗也会吟”，写作文也是一样，只不过读的不是唐诗，而是各类优秀文章。

比如，小董要写关于生态保护的作文，她不知道如何找到素材，当她懂得没有必要逐字地阅读时，就可以带着目标去阅读。小董在阅读时可以大体浏览一下文章的主题，了解文章的关键词，快速地找到和生态保护相关的知识点、名言名句、故事等，好的地方还可以做笔记。对于媒体资料，小董重点提取和生态保护相关的内容即可。

知道什么是重要的，在有限的时间内做最重要的事情，这对我们很有意义。

三 利用好碎片时间，每天记素材笔记

用分来计算时间的人，比用时来计算时间的人，时间多59倍。利用好碎片时间，可以有效地帮助我们提高写作效率和写作能力。

时间就像海绵里的水，要挤总会有的。当我们想要解决问题的时候，一定要了解自己的意愿度是否足够强烈。我们对一件事的意愿度足够强烈时，方法和时间自然就会有。

小董面对没有时间进行课外阅读这个问题，可以通过利用碎片时间来积累写作素材。

作家毛姆曾经说过："我从没说过自己有凭空编故事的本领。我往往需要一个事件或是一个人物才好动笔，不过我总是运用想象力、创作力以及戏剧感，把素材变成我自己的东西。"

毛姆是一个很会讲故事的作家，也是一个很高产的作家。而他高产的秘诀就是记笔记。

记笔记具体可以分为三步：

首先，准备一个写作素材本，养成一个习惯，只要看到书本上的、学校宣传栏上的、新闻上的等各种有趣新鲜的、经典的句子，都将它摘抄下来。

其次，对自己摘抄的内容进行汇总和分类，将同一类观点、同一类描述逐步放到一起。

再次，利用好碎片时间或者是在写作文之前，将我们的素材本有重点地读一遍，方便我们的大脑进行文字资源整合。

碎片化让时间延长，记笔记、读笔记，让我们的积累越来越丰富，有助于激发写作灵感。

每一个优秀背后，都有一段默默扎根的时光；每一次成长背后，都有一段奋斗拼搏的日子。写作文，同样如此。只要日积月累，勤加练习，自然会文思泉涌、妙笔生花。

7 看错题目后丢了大分，审题有技巧吗？

我是一名初中生，最近考试时犯了一个愚蠢的错误，看错了题目，结果丢了很多分。我觉得自己很傻，因为这个错误是完全可以避免的。我现在很想知道，审题有没有什么技巧？

我记得那天考试的时候，我很紧张，因为这次考试很重要，关系到我升学的问题。我一进考场就开始做题，一道道地做，觉得自己做得很快，很顺利。

但是，当我做到一道数学题的时候，看错了题目，把题目中的“乘”看成了“加”，结果算错了，另一道题目把平均数看成了中位数，也出错了。我当时并没有发现自己的错误，直到交卷的时候，才发现自己做错了。

妈妈说我看错题是考试时心慌紧张造成的，我觉得自己很傻，因为这个错误是完全可以避免的。如果我仔细审题，认真看题目，就不会犯这样的错误了。我现在很想知道，审题有没有什么技巧？

——13岁女孩青萍

一 了解审题的重要性，明白审题不准的原因

解决问题的第一步就是要理解题意，也就是我们通常所说的“审题”。倘若连题目都没有审清，或是将题目理解错了，我们是没法成功地解决这个问题的，由此可见审题对解决问题是多么关键。

良好的审题是正确答题的关键。

审题能力是一种获取信息、分析信息、处理信息的能力，它需要以一定的知识水平为基础，更需要有良好的读题习惯、有效的思考方法作为保证。这种能力的获得需要经历一个学习积累、反思、巩固、发展的长期过程。

为什么我们在平时的学习和考试中会审题出错呢？我们可以来了解一下审题不准的原因：

1. 不良的审题习惯。

很多同学做题只用眼睛扫一遍，就动笔了。

2. 消极的思维定式。

很多同学做题时往往没把题目看完，或看完了不假思索，以为是平时做过的，这就是“思维定式”的消极作用。

3. 懒惰的心理因素。

很多同学由于平时有依赖性，一遇到需要动脑思考的题目，便主动放弃，希望依靠别人，不去积极思考，主动将其归为不会做的题目。

二 一般题目的四种审题技巧

良好的审题技巧有助于我们快速进入答题状态，我们以应用题为例，来学习审题技巧，其他题目可以参考这种方法。

应用题是由情节和数量关系两个部分交织在一起组成的。审题时要审清题目的情节内容和数量关系，知道这道题讲的是什么事情，事情的经过是怎样的，并能找出已知条件和要求的问题，使题目的条件、问题及其关系在我们头脑中建立起完整的印象，为正确分析数量关系和解答应用题创造良好的前提条件。

具体可以有四个要点：

1.“读”。

读，就是认真读题，初步了解题意。读题是了解题目内容的第一步，是培养审题能力的开始。

要在平时就训练自己在读题时做到不添字、不漏字、不读错字、不读断句。

2.“敲”。

敲就是仔细推敲字、词、句，准确理解题意，语言文字是应用题各种关系的纽带，也是解题的拦路虎。因此，审题要像阅读语文一样，理解题中每个字、词、句的意义。

比如，对应用题表述中的数学术语有一个正确的理解。如“倍数”应用题中“倍”的含义，行程问题中“相向而行”“相背而行”的行走情景，当我们对这些术语有正确的理解时，就容易理解题意了。

又比如，对应用题中揭示数量关系的关键句要反复推敲，理解它的真实含义，这会为正确解题铺平道路。

3.“述”。

述，就是复述题意，进入情境，用自己的话复述题意，这能促进我们进一步分析题目的情节，使题目内容更加清晰。

4.“拟”。

拟，就是模拟情景，展示数量关系，有些题目我们可以通过列表、画图等方法模拟应用题的情景，使应用题的情节、数量关系直观、全面地展示在我们面前，进而扫除理解题意的障碍。

三 提高自己考试的心理素质

网上有人说，考试就像百米赛跑一样，倘能夺冠，何等荣耀；倘有差距，也有机会迎头赶上。

知识点不会尚有机会补上，然而总有些同学明明知识点都会，却因为紧张而看错题或者答错位置，导致丢分，这才让人感到遗憾。

在考试时，审题对了才有能够拿到完整分数，审题错误可能一分都没有。那青萍应该怎样克服紧张情绪呢？

1. 深呼吸法：考前找一个比较安静的地方，站立，眼微闭，全身放松，深呼吸，同时默念“1，2，3……”，心想：放松、放松。这样可以使血液循环减慢，心神安定下来，全身有一种轻松感。

2. 精神胜利法：心里想，我一定能成功，一定能超常发挥，考出好成绩。

3. 临场活动法：由于正常的紧张情绪也会使体内产生大量的热能，所以可以在考试前稍微活动活动，使热量散发。可走动、小跑、摇摆、踢腿；可双手握紧再放开，让全身肌肉缩紧再放松；可在考试过程中用力拧一下身体的某一部位，这样紧张情绪会渐渐消失。

4. 闭目养神法：闭目，舌抵上腭，用鼻吸气，安定神情。可以设想一个人走在幽静的森林里，怡然自得。

5. 自我暗示法：“我已做好充分准备，不会考砸的”“紧张是胆小鬼的行为”。

6. 类比法：“我如果考试紧张，那么任何人考试都紧张。”对此自己不妨泰然处之。

心情放松，心态从容，有助于我们考试时仔细读题，正常发挥。

8 明明能做对的题目，总是做错，怎么办？

看着试卷上鲜红醒目的叉叉，我不禁叹了口气。唉，这次期中考试，我又错在了不该错的地方。

“太马虎了！我居然把3/4看成了4/3！”

“太可惜了！这道题明明很简单，但我却没有看清问题条件……”

已经数不清这是第多少次了，我因为审题粗心而扣了不该扣的分数。做题的时候，我满脑子想着尽快做题、解题、套公式……却忽略了一些题目上的细节要求。

因为我不够谨慎，所以屡屡在可以拿到分的题目上失手。

我垂头丧气地将试卷拿回家。按照老师的要求，爸爸妈妈需要在卷子上签名。

妈妈拿起我的卷子，摇头叹气：“怎么这么粗心呢？如果再仔细一点，这些分数都不该丢。”

我背负着爸妈的希冀，也迫切地想让自己的成绩更上一层楼。可是我越想进步，就越是适得其反。

我心里的那根弦绷得越来越紧，考试的状态也越来越差。直到最近的一次月考，我再度摔倒在了同一个地方。

我有限的自信心快要丧失殆尽了。拿着那张分数不尽如人意的试卷，我甚至不敢带回家给爸妈签字，因为我害怕他们脸上露出失望的神情。

明明能做对的题目，总是做错，我究竟该怎么办？

——14岁女孩小唯

一 在明明能做对的题目上丢分，可能是因为“无意视盲”

关于“无意视盲”，哈佛大学曾做了这样一个心理学实验：

调研人员制作了一部小短片，时长约 1 分钟。在短片中，一共有两队运动员。

其中一队穿白色运动服，另一队穿黑色运动服。所有运动员都在不断地移动中互相传接篮球。调研人员要求观看者记录白衣运动员们的运球次数。

在影片中还出现了一个小插曲——除了运动员外，还有一个把自己伪装成大猩猩的人。

这个“大猩猩”走到运动员当中稍作停顿，然后对着镜头敲打自己的胸膛，完成这个动作之后就离开了镜头。

在询问完传球的次数以后，调研人员继续问：“当你在数传球次数时，你有看到大猩猩吗？”

大约有 50% 的实验对象没有看见短片中出现的大猩猩！

然而，当他们被要求重新观看录像而不用计数时，他们都轻易发现了混入人群的大猩猩。

这说明一点——我们的认知力是有限的。

当我们全神贯注地数运动员运了多少次球时，我们的大脑就会把所有的认知力都集中到眼前的这个任务上，从而忽略掉一些其他的细节。

在考试的时候，我们心中也只有“完成考试”这个任务，满脑子想着套哪个公式定理，用什么解题思路，想着尽快完成考试。

到最后虽然完成了考试，但还是会像小唯一样，在过程中忽视了些许细节。比如看错数字、没有确认好题目条件等。心理学称这种现象为“无意视盲”。

我们常说，细节决定成败。通过这个心理学实验，我们要时刻提醒自己——在考试中更加细心，注意各种细节，这样会更有助于我们降低失误率。

二 战胜丢分有妙招

在考试中，我们难免会像小唯这样，在明明能做对的题目上丢分。在遇到这种情况时，是不是会觉得懊恼、自责呢？

其实丢分并不可怕。可怕的是不知道如何应对。

首先，我们可以有针对性地归纳自己出错的原因。

如果只是单纯用“粗心”二字来概括自己出错的原因，其实触及不到真正的痛点。

我们可以针对性地归纳自己所犯的错误。譬如，没有看清题目条件，可以归纳为审题不清；单词拼写错误，可以归纳为拼写失误……

准备一本错题本，将自己所犯的错误具体地、分门别类地写下来，提醒自己以后一定要注意。

同时，这样做也可以培养我们归纳总结的能力。

其次，不要过度紧张，否则只会适得其反。

虽然从某种程度上来说，紧张的压力会转化成动力。但过度的紧张只会让自己陷入精神内耗。

小唯因为背负着父母的殷切期望，特别想用成绩来证明自己，无形之中给自己施加了很大的心理压力。

然而心理压力越大，成功的希望就越是渺茫。

日本棋坛第一人吴清源在一次对战中，爆了大冷门，败给了棋坛新手坂田。

他在总结失败的原因时，发现自己参赛的心态和他的对手截然不同。

吴清源为了捍卫自己棋坛第一人的荣光，十分害怕从第一的位置跌落，因此在开赛前就给自己施加了“一定要成功卫冕”的心理压力。

而彼时，坂田只是个新手，经验和荣誉都比不上吴清源。所以他在对战棋坛宗师时，没有什么心理包袱，非常沉着冷静地应对。

最后，他就是以这样的状态打败了棋坛第一人吴清源。

这场比赛过后，吴清源汲取了失败的教训，开始努力调节状态。

他放下曾经“日本棋坛第一人”的心理包袱和光环，以普通棋友的身份与坂田再一次对决，这一局果然赢了。

这个故事告诉我们，做一件事情时不要给自己太大的心理压力。

有心栽花花不开，无心插柳柳成荫。如果一味地给自己施压，很可能只会起到负面作用。

三 欲要看究竟，处处细留心

牛顿观察树上掉下来的苹果，发现了万有引力；瓦特观察烧开的水会顶开壶盖，改良了蒸汽机……他们留意到常人没有留意的细节，所以也走出了常人未曾设想过的道路。

拥有一颗细致的心，可以观察到许多不曾注意过的细节，让自己看事情更加全面。那么我们怎样才能培养出一颗细致的心呢？

在日常生活中，我们不妨适当地放慢一下步调，欣赏阳光如何洒在我们身上，露珠如何在花瓣上滚动，一江春水如何向东流……

做个生活里的有心人，留意那些往日里鲜少关注的细节，不仅可以培养我们善于观察的良好习惯，还可以提升我们的专注度。

带着这样细致观察的态度，我们在考试时，就会更加专心地理解题目蕴含的细节和意义，更好地避免因为“粗心”而重复踩坑。

欲要看究竟，处处细留心。无论是在学生生涯的考试中，还是在日常平淡的生活里，愿我们都以细致的内心去面对、去观察、去思考，而后方能迎来持续的成长。

9 放长假时，作业总要拖到最后才动笔，怎么办？

“再不动笔，就要开学了！”

一到放假，妈妈的这句话就会高频率地响在我耳边。每次都被我以“不急不急，离开学还早着呢”糊弄过去。

这么悠长的假期，用来写作业也太亏了吧。今天和同学出去吃点好吃的，明天瘫在沙发上追一部剧，后天再赖床睡个懒觉……总之，和作业沾边的事我一点都不想干，平时在学校已经很辛苦了，放假在家当然要好好放松了。

在我的拖延之下，一个长假眨眼间就结束了。面对着堆积如山的作业，我开始心慌了，完全没有了之前的淡定。

一想到再不完成作业就会被老师批评，我就算再想逃避，也只能硬着头皮拼命赶工。

暖黄的灯光照在眼前的试卷上，我机械地操控着笔，像生产车间的流水线一样麻木地写完了作业。

等作业全部完成时，夜色已浓。我活动了一下有些酸痛的手腕，拉开窗帘，明亮的月色顺着玻璃窗斜照进来。墙上的时钟提醒我，现在已经11点多了。

我拖着疲惫又沉重的身体上了床，倒头就睡。心里想着：下次一定要尽早完成作业！再也不拖到这么晚了！

然而接下来的每一次长假，我仿佛陷入了“拖延—疯狂赶作业—发誓下次不拖延”的循环中，写作业拖延的状况从未有所改变。

此刻我正在拼命赶作业，心里的苦涩无处诉说。放长假时，作业总要拖到最后才动笔，我要怎么办？

——15岁女孩阿雅

一 拖延，可能是我们日积月累的不良习惯

曾经有这样一个寓言小故事：

一位没有子女的富翁死后，将自己的遗产留给了远房亲戚。远房亲戚原本以乞讨为生，一时间命运逆转，穷人乍富。

其他人问这位远房亲戚："你拿着这一大笔钱准备干什么呀？"

答曰："我要换个碗，再买根更好的拐杖，方便我乞讨。"

从这个小故事我们不难看出，过去已经养成的习惯对人的影响有多么大。

而像拖延症这样已经习得且难以更改的不良习惯，对人的影响就更大了。

有拖延症的人经常会说这样一句话：我下次再也不拖拖拉拉了。

然而他们几乎每一次都会重蹈覆辙，这是为什么呢？

这是因为身体和大脑已经培养出了拖延的不良习惯，并且产生了深深的依赖。

阿雅在面对作业时，常常通过和同学出门玩、看电视、睡懒觉等各种与写作业无关的方式来让自己感到开心愉悦，削弱了作业带来的心理压力，拖延的次数一多，长此以往便养成了习惯。

因为我们会在拖延的过程中享受到那一点愉悦的感觉，这种感觉会不断地刺激我们大脑，加深对拖延的印象，最终也就形成了一个恶性循环。

二 学会做时间的主人，莫让青春空蹉跎

明代“开国文臣”之首宋濂自幼家境贫寒，他求知若渴，常常向别人借书，然后自己誊抄。他总能在约定好的日期前抄完书，并按时归还，从不拖延。所以大家都很放心把书借给他。

最后，宋濂凭借他的勤奋，以及对时间的超强掌控，积累了丰富的知识，最终成为一代大家。

从上面这个小故事，我们可以看出拒绝做事拖延的重要性。学会如何做时间的主人，是我们人生路上的必修课。

然而现实中，我们常常耽于安逸而模糊了对时间的概念，从而让宝贵的时间白白流逝在享乐中。

我们究竟该如何改掉拖延的坏习惯呢？

或许可以尝试以下的解决方法：

1. 远离诱惑。

曾国藩说：“人败离不得一个逸字。”正是因为安逸的环境，才让我们的心理逐渐放松麻痹，犹如温水煮青蛙。

所以要想摆脱拖延的困境，首先要把能够诱惑自己、让

自己分心的东西转移出自己的视线。

比如阿雅可以在家附近的图书馆学习。图书馆里有浓厚的学习氛围，远离了床、电视、出去玩乐的朋友，就能在知识的熏陶中督促自己好好完成作业。

2. 设置目标。

作业多、压力大，是许多学生面临的问题。

阿雅之所以在长假快结束的时候才手忙脚乱完成作业，可能是因为做作业时没有具体的目标，也就是缺乏规划性。

所以在解决这样的问题时，阿雅不妨每天都设置一个小目标，比如今天早上先写一张语文卷子，下午写数学作业，晚上写英语作业，并大致写上目标完成所需要的时间。

把这些小目标写在纸上，让自己能够直观地了解每个阶段的任务，可以更好地解决拖延。

3. 目标完成后，给自己一点小奖励。

为了解决拖延，阿雅可以和父母一起约定下：只要及时完成规定任务，任务完成后就能获得一个小奖励。

这个奖励可以是一顿美食，也可以是爸爸妈妈买的新衣服……任何正向的奖励都能加强阿雅对完成任务的渴望，日积月累，最终就能摆脱拖延带来的困扰。

三 明日复明日，明日何其多

对于拖延，明代诗人钱福发出了他的喟叹：

明日复明日，明日何其多。

我生待明日，万事成蹉跎。

一个明天接着又是一个明天，明天是何等的多啊！可是人的一生如果在等待中度过，那么，他终将虚度光阴，一事无成。

可见，古人早就明白珍惜光阴、莫要拖延的道理。

一寸光阴一寸金，寸金难买寸光阴。或许，我们身为局中人时尚且看不清时间对于我们的重要性。

等到时光流逝，我们看着岁月流逝的虚影，才恍然察觉到自己失去了什么。

若是已经意识到自己曾虚度光阴，并追悔莫及，那就别一味地沉溺于过去的虚耗中，而是奋起直追吧！

远方还有值得少年们追寻的美好事物，莫要再浪费这大好年华。愿我们坚定向前，追风赶月莫停留，平芜尽处是春山。

10 老师不布置作业，我就不知道干什么了，怎么办？

我是一名初中生，每天都要上学，但我最不喜欢的课就是自习课。自习课，如果老师不布置作业，我就不知道干什么。经常是捣鼓一会儿这个，看一会儿那个，一堂课下来昏昏沉沉，收获很少。

从小到大我都不太会管理自己，习惯了爸爸妈妈叫我干什么我就干什么。每天放学回家后，我都会先完成作业，如果没有作业，我就不知道该干什么了。我好像对玩游戏或者看电视也没有很大兴趣，但是也不知道该做些什么有意义的事情。

上次自习课，老师什么也没说，我一会儿拿出语文书看课文，一会儿又想起数学题是不是没做完，一会儿又想着去背背英语单词吧，一堂课下来，数学题没做完，单词也没背上来，课文只读了一半。没有计划，也不会自我管理，我该怎么办呢？

——14岁女孩小小

一 自控是把握成功的重要因素

有句话说的是，能控制住自己的人，才能掌握自己的命运。

美国斯坦福大学有一项追踪研究发现：凡是成功者，童年都表现出很强的自控力。

1960 年年末至 1970 年年初，美国斯坦福大学教授通过“棉花糖实验”，观察 60 名 4~6 岁孩子的自控力，并跟踪调查，最后发现自控力是人获取成功的重要因素。身体健康、生活态度和事业发展都有赖于自控力的支撑。

在一次演讲中，心理学教授 Joachimcle Dosada 教授描述了研究的全过程：

Joachimcle Dosada 找来 60 名 4 岁左右的幼童，把他们留在一个房间里。然后，他呼唤每个孩子的名字：“强尼，我要给你一颗棉花糖，给你 15 分钟。如果我回来的时候，这颗棉花糖还在这儿，你会再得到一颗。这样你就有两颗了。”

当教授离开后，房间里发生了什么事呢？

教授刚关上门，三分之二的孩子把棉花糖吃了。

5 秒，10 秒，40 秒，50 秒，2 分钟，4 分钟，8 分钟……

有些孩子坚持了 14 分半，实在坚持不了，最后前功尽弃。

有趣的是，有三分之一的孩子看着棉花糖，盯着它，将它放了回去。他们会走来走去，他们会玩自己的裙子或裤子。这些孩子，尽管才 4 岁，就已经懂得成功最重要的原则：“延迟享受”的能力。

自律和自控是成功重要的因素。15 年后，研究人员找到那些已经是十八九岁的孩子们。跟踪调查研究发现：没有吃棉花糖的孩子普遍都很成功。他们学习成绩很好，学业进行得顺利；他们都很快乐，对未来都有自己的规划；他们和老师同学关系融洽，对自己充满自信。而吃了棉花糖的孩子中有很大一部分人在以后的学习、生活中都不太顺利。他们有些没考上大学，有些因成绩不佳而辍学了。另外一些虽然还在念书，但成绩很差。只有少数人成绩不错。

拥有同样的智商和情商的两个人，自控力强的人成功率高，而自控力差的人成功率低。自控力如同一艘扬帆远航的船上的舵，如果舵经常失灵，船就会随时被迫抛锚。

二 提升自控力的五种方法

有人说，自控力就像肌肉一样有极限，使用过度后就会渐渐疲惫，但是我们可以通过一些合理的方式去提升我们的极限。

英国的吉米·邓恩 12 岁创业，2012 年，吉米入围全球

青年企业家 Top20。他的成功秘诀只有四个字：自我管理。从 9 岁起，吉米开始管理自己，合理饮食，有规律地生活，构建自己的人脉圈。

吉米的父亲在军队里服役多年，爷爷服役也近 40 年。从祖父和父亲身上，他学会自律和把控生活规律。同时，发现有很多人生活没规律，自控力差，因无法控制自己导致无法规划和实施工作和事业。

从 12 岁起，为了自己设定的目标，吉米每天夜里 12 点半到凌晨 1 点之间睡觉，早上 6 点半到 7 点之间起来运动。醒来之后先跑步，然后游泳，再回家吃早餐上学。下午放学之后，先去踢足球，然后再跑步。合理而有规律的生活带给他充沛的精力，让他一路遥遥领先。吉米 16 岁放弃学业，在 28 名青年创业者中脱颖而出；21 岁，他创建青年企业家商务系统与青年企业家基金会，同时成为《伯明翰邮报》的专栏作者。

我们可以通过以下几个方面提高自己的自控能力：

1. 制订合理的计划和目标。法国哲学家艾默生说：一心向着自己目标前进的人，整个世界都会给他让路。我们要给自己一个清晰的定位，明确自己的目标，可以制定日程表，合理安排时间来完成学习和生活中的任务，并根据设定的目标，不断挑战自己。

2. 自我约束能力。学会自我管理，控制自己的行为。比如，在完成作业前不玩手机或电脑游戏，合理控制自己的饮食，少吃垃圾食品等。

3. 练习专注力。可以通过写作业、阅读等一些需要长时间专注的活动来提高自己的专注力。

4. 学会放松。可以通过适当的休息和娱乐活动来放松身心，缓解压力，舒缓情绪。

5. 学习自我反思。可以通过反思自己的行为和学习过程中的失误，不断改进自己，提高自我管理水平。

三 学会制订复习计划，强化复习巩固

小小不愿意上自习课，一是缺乏好的自控力，不能进行合理的自我管理，二是因为她不会制订自己的复习计划。

自习课的目的是什么呢？

学校设置自习课是为了让我们培养自主发展的能力，比如时间管理，诚信作业，自主学习，注意力训练，制订复习计划等。

计划是为达到目的而采取的具体措施和对时间的科学分配。

小小可以怎样制订自己的复习计划呢？

就一堂课而言，小小可以在课前拿出 5 分钟的时间来确立自己这堂课的整体目标。比如针对数学试卷，拿出 20 分

钟来进行分析，分析自己失分的原因，并按原因将错题归类，将容易失分的知识点进行重点整理。

纳德·兰塞姆曾说过："假如时光可以倒流，世界上将有一半的人可以成为伟人。"这一句话，道出了反省对于人生的意义。而对现在的我们来说，反思反省，便体现在重视错题上，无论是错题本还是练习册上曾经做错的题一定要重新厘清解题思路，反复揣摩。

自习课的重点可以是温故知新，另外的 20 分钟用来复习新学过的知识。

就记忆的规律而言："9 小时内温故 10 分钟，胜于 5 天后复习 2 小时"。所以自习课及时复习，养成日复习、周复习的习惯，对提升理解力和记忆力非常有帮助。

此外，还可以在自习课结束前 5 分钟，让自己停下来，总结反思自己这堂课的收获。

总之，要用好自己的自习课，可以有课前计划、课中执行和课后再次总结。经过一段时间的有意识练习，我们课前—课中—课后的自我管理会越来越好。

第 3 部分

CHAPTER 3

焦虑厌学有对策

11 每次遇到考试，我就感觉焦虑紧张，怎么办？

我是一名初三的学生，这次模拟考试我不由得感到担忧和害怕，老师经常说：现在我们要集中精力学习，不能浪费每一分每一秒，各位同学要加油哦！

父母从小对我就有很高的期待，我以前可以说是优等生，一直以来，感觉自己对学习充满了信心，从来不让老师和家长操心。但是最近两个月，我常感到焦虑和紧张，开始失眠，甚至出现头痛的症状，我感觉糟糕透了。

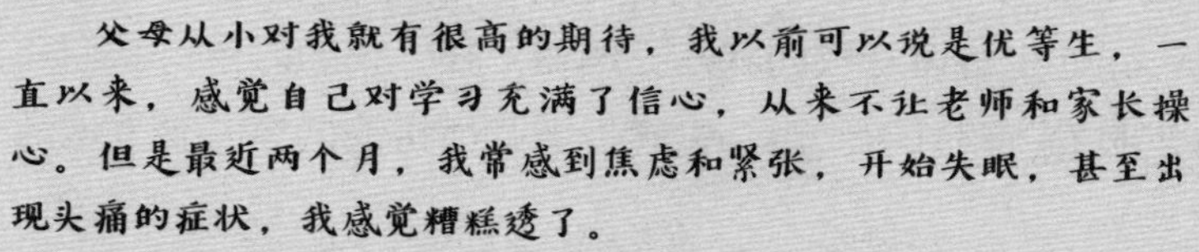

期中考试时，我坐在考场的长椅上，手心被汗水早已浸湿了。我不停地咽口水，试图让自己的喉咙不那么干涩。可是，我的心跳加速，仿佛要跳出胸膛。我渐渐闭上眼睛，试着深呼吸几次，试图让自己冷静下来。但是，脑海里不停地浮现出考试的难题，这让我越来越害怕。

妈妈知道了我最近的情况，我感到压力更大了。有一天回到家，妈妈就严肃地坐在客厅里。我感觉整个空气都凝固了，弥漫着沉重的气息，当我反应过来时，妈妈已经来到了我的身边，妈妈虽然用温和的语气跟我说：“最近怎么了，是不是压力太大了？”但是我能感受到妈妈语气背后的担心和焦虑，我感觉自己没好好学习，对不起她。

妈妈想带我去看医生，我感觉自己只是太紧张了，认为只有心理有问题的人才去看医生，于是拒绝了她的建议，打算自己调整一下。可是这个学期马上就要期末考试了，我一想到考试的场景还是感觉特别焦虑和害怕，我该怎么办？

——15岁女孩苏苏

一 通过呼吸练习，让自己保持身心合一的放松状态

在学习的过程中，保持身心合一的状态，才能真正理解和掌握知识。

那什么是身心合一呢？身心合一是指身体和心灵处于最佳的融合状态，身体和心理协调发展。也就是我们的脑、身、心处于协调一致的状态。例如，在上课的时候，我们能够用眼看、用耳听、用心去感受老师所讲的内容，全然地活在当下。

苏苏现在就处于身心不合一的状态，在考场上，她虽然身体坐在座位上，但是心理状态和不良情绪，甚至身体症状，已经让她身心分离。她想逃离当下的感觉，已经影响到她考试的正常发挥，让她无法专注于当下的考试。

当我们发现自己不够冷静的时候，其实寻求外界的帮助没什么不可以的。我们每个人在学习过程中都会遇到一些问题是自己无法解决的，此时，寻求心理医生的帮助是一件非常正常的事情。那么在平时的学习当中，我们如何才能帮助自己达到“身心合一”的状态呢？

具体的做法是：我们可以带着感觉，有意识地调整自己的呼吸，与自己的身体建立联结。

深呼吸，把新鲜的空气带入我们的腹部，吸气的时候想象一下我们吸入的新鲜空气，带着淡淡的花香，吸入美好的

感觉。吐气的时候，想象一下把我们体内的情绪和压力缓缓地排出体外。

用身体感受来自地面和椅子的支持，找到脚踏实地的感觉。我们可以一边保持平稳的呼吸，一边感受来自地面和椅子的支撑，让自己感觉踏实。

通过练习呼吸，可以帮助我们与自己的身体建立联结；让我们重新冷静下来，并且全身心地投入当下的学习之中，活在当下；有助于我们顺利地思考问题、回忆知识、解答考题并合理地掌控时间。

总之，当我们面临考试，到达考场的时候，先试着调整状态，做几个深呼吸，去感受呼吸与自己身体建立联结的过程，保持头脑清醒，把状态调整到最佳。然后全心全意地投入考试的过程中，以最佳的状态来应对每一次考试。

二 改变我们的思维方式，接纳积极的反馈

考试并不是衡量一个人能力的唯一标准。

未来是多元化的时代，我们每个人都有自己擅长的领域，找到自己的擅长之处并做自己热爱的事情，相信未来会拥有无限的可能。

当我们想起考试，感到焦虑和害怕时，要给自己积极的

心理暗示，倾听内在积极的声音，改变自己的思维方式。我们相信每个人生来都具有对自己产生积极情感的能力。帮助自己找回积极的观念，并建立联结，这非常重要。我们需要静下心来倾听自己肯定的信息，并通过“自我肯定”这种方式，来增加自己内在的力量。

具体的做法是：

1. 我们需要找出情绪背后的信念，将一些消极的想法转变为积极的想法。并告诉自己：“我已经做了很多学习准备工作，我会做得很好，我是可以的，这次考试我能够考好。”给自己一些肯定和积极的心理暗示，有助于提高我们应试的信心。

2. 我们可以每天给自己写 3 个积极肯定的词语，在写的过程中，不断地看到自己的优点，在肯定自己的过程中，逐步建立起对自己的信心，增加我们内在的力量。

3. 在学习过程中带着反思。思考自己的情绪、行为、想法和人际关系，并试着超越自己原先的想法，给自己积极的反馈，以平和的心态面对考试紧张、焦虑的问题。

苏苏面对即将来临的中考，她的信念是：如果我考不上重点高中，就对不起爸爸妈妈。

正是这个信念让她产生了巨大的压力。如果改变这个信念，转化为“这次的中考，是对我前面学习的一次总结，能不能考上重点高中并不是最重要的，最重要的是我为之付出

了努力和尝试”。那么，她就会放下来自父母和自己的高期待，压力也不会这么大了。当她能放松心态的时候，面对考试也就不那么焦虑了。

人生就像心电图，我们可以把每一次考试都当成是人生的挑战，起起伏伏才正常。

三 在考场上保持坚定的决心，明确自己的长远目标

在考试过程中，分心是最大的绊脚石。如果我们在考试时想要保持专注，就要感受可能导致自己分心的状况有哪些，并采取积极的行动。我们可以及时叫停、倾听内心的声音，从而静下心来，专注于眼前的事情。

小蔡是一名高中生，周末，他打算完成学校作文比赛的作文。早上他正准备打算动笔写的时候，发现桌面很乱，于是花半个小时收拾了一番。当他再次准备动笔的时候，他突然想到，他需要买几本参考书，于是打电话给妈妈，跟妈妈说了自己要买的书。刚打完电话，同学来敲门，说正要出去参加一个户外活动，问他要不要一起去，于是他就放下手上的笔，出去了。当小蔡下午回来准备写作文的时候，感觉自己有点疲惫，于是睡了一觉。就这样，他晚上很晚才开始写，结果等他把作文写完的时候，发现已经半夜了。

生活中总是会遇到各种干扰，我们需要不断刻意练习，

专注于自己的目标。当我们的行动与目标保持一致时，才能保持专注。

学会专注于自己的目标，能让我们更轻松地面对学习中所遇到的考试焦虑等问题。

12 期末考试考砸后，亲戚总问我成绩怎么办？

我明年就要高考了，妈妈听班主任说我努努力还能考个不错的大学，所以这学期，我学习挺努力的。

我早晨6点就起床背单词，晚上学习到很晚才睡，期末考试想着怎么也能进年级前200名，结果考数学那天，因为听了同学们对上一场语文题的答案，我发现自己错了好几道选择题，那一瞬间，大脑嗡嗡作响。做数学题时，整个人都处于紧张焦虑状态，可想而知，这次又没考好。

努力了没结果，真的很伤心，对自己也很失望。

关键是过年时，碰见亲戚问我成绩可怎么办？

每年春节聚餐吃饭，大人们一问成绩，我就尴尬，而且他们还总是拿我的成绩与其他兄弟姐妹做比较。

我是真的很讨厌亲戚们问东问西。没考好，我就已经很难过了，为什么还要揭我的短？

“考了多少分啊？

拿奖状了没有啊？

班上排名多少啊？

……”

成绩难道不是我的个人隐私吗？我真不想回答，但又怕被说没礼貌，怎么办？

——15岁女孩小贾

一 将询问成绩看成长辈拓宽话题的一种方式

春节是阖家团圆的日子，免不了走亲访友，而且父母会带着我们出席各种场合。这本来是我们和亲朋家同龄孩子一起玩耍建立友情的机会。

可是，对于像小贾一样考试成绩不佳的同学来说，面对亲戚，心里不禁有些打鼓，最怕他们当大家的面问自己的学习成绩了。

成绩是每个人的隐私，尤其是当我们不愿公开时，面对亲戚们询问，怎样才能让自己一方面避免尴尬，一方面又能和大家礼貌相处呢？

这时候学会转换思维非常重要。

有句话说：想要改变生活，先改变思维；若改变了思维，人生处处皆有峰回路转的可能。

面对询问分数也是如此。

每一个人都在以自己的理解力和经历，构建自己的思维模式，然后再用这种思维模式，理解这个世界。

思维转变，就是改变理解这个世界的方式。每一个人看到的世界，对世界的理解都不尽相同，即使面对同一件事、同一个人、同一句话，每个人的理解也不完全相同。因为，每一个人的世界都有自己的思维边界。

夏虫不可语冰，因为夏虫的世界里没有冬天；蚱蜢不信

四季，因为蚱蜢的一生只有三季。

其实亲戚们没有错，错的是我们把这个问题看得过于重要。

面对亲戚们询问成绩，有没有一种新的认知对我们是有利的呢？

对这个问题做出思考，我们会发现，大人们在一起要谈论的问题很多，成绩只是其中一方面而已。

换个角度看，春节阖家团圆，能和难得一见的长辈坐下来话家常，是一件幸福的事。询问成绩只是长辈一种拓宽话题的方式，并不是要“刺探”你的“隐私”。

理解了这点后，我们就可以将主动权把握在自己的手中了。我们可以直接告诉他们自己的成绩，也可以委婉地表示不想谈论成绩或者还在复习中。

既然长辈们需要聊天话题，那何不主动将话题拓宽呢？

长辈们对自己学业关心，小贾不妨介绍一下自己这个学期的校园生活，分享一些趣事。适当的时候，还可以转移话题，询问长辈的身体情况，让他们感受到温暖。

转换思维，才能变被动为主动。

二 缓解考场紧张焦虑的有效方法

“我平时会做这些题，可是考场上太紧张了，大脑一片空白，什么都想不起来……”

“我一遇到考试就紧张到想上厕所。”

“考试前一天晚上，我辗转反侧睡不着。”

假如马上就要考试了，你感觉紧张吗？

考试焦虑，是指因考试压力过大而引发的一系列异常生理心理现象，包括考前焦虑、临场焦虑（晕考）及考后焦虑紧张。

心理学认为，心理紧张水平与活动效果呈倒“U”型曲线关系。紧张水平过低和过高，都会影响成绩。适度的心理紧张，可以对人有一种激励作用，产生良好的活动效果。但考试时过度的紧张则导致考试焦虑，影响考场表现，并波及身心健康。

研究表明，61% 的学生有不同程度的考试焦虑，其中 26% 为严重考试焦虑。考试焦虑严重影响了考生的成绩，尤其是数学和语言科目。

其实，一定程度的紧张焦虑能够成为我们好好学习的动力，也能让我们的大脑保持活跃和警醒，但是过度的紧张焦虑则会影响到我们的临场发挥。在考场上遇到像小贾这样因为同学对答案而导致自己考试紧张、焦虑程度升级的情况时，具体可以怎么做呢？

1. 采用腹式呼吸。

我们平时的呼吸是胸腔的呼吸，吸气呼气时伴随着胸腔

的起伏。而腹式呼吸则伴随着腹部的起伏，可以尝试在学习腹式呼吸时把手放在腹部，感受吸气时腹部向外鼓，呼气时腹部向内收缩。考场上过度紧张，停下来做几次腹式呼吸，会让我们更快地平静下来。

2. 肌肉放松。

当小贾因为得知语文做错了好几道选择题而非常紧张的时候，可以在数学考试之前找一个不被打扰的安静环境，坐在舒服的椅子上，开始收紧右胳膊的肌肉直到颤抖。

坚持 5 秒，然后让右手和右胳膊变软，完全放松。

接着重复 2 ～ 3 次，反复交替收紧和放松肌肉。

把这个过程逐渐运用到左胳膊、右腿、左腿、腹部、胸部、肩膀、脖颈、下巴、喉咙、前额和嘴部周围的肌肉。最后，交替蜷曲脚趾并放松。

继续这些紧张—放松练习，直到全身彻底放松，这个练习可以在 5 ～ 10 分钟内完全放松身体。等身心彻底放松下来后，再回到教室准备考试。

三 每一次考试是发现问题、解决问题的过程

小贾这个学期学习很努力，考试没考好让她格外伤心，这不禁让我们想到，一个人努力了就一定会有结果吗？

所谓“种瓜得瓜，种豆得豆”，种子生长，是农夫将种

子种在土里，然后还需要有阳光、雨露，需要精心呵护、施肥、除虫等，经过一段时间，才会得到果实。

也就是说，从种子到果实，需要一定的时间，并且需要合适的外界条件，如阳光、雨露等。

明白了这个道理后，小贾可以调整自己的心态，告诉自己：

一次没考好没有关系，人生有成功，也难免有失败，也许是时间不够，也许还是缺少“阳光、雨露”，重要的是我从中学会了查漏补缺，将学习中缺少的、不足的地方找出来。

每个人的人生都要经历无数的失败，真正的失败不是失败本身，而是失败的时候自我否定、自我怀疑、自我放弃。

成功只是阶段性的结果，失败也是阶段性的结果。

在会学习的人眼里，每一次考试都是发现问题、解决问题，让自己成绩不断提高的过程。

明白了这些后，小贾可以对试卷进行分析，找到不会的、丢分的地方，利用寒假把发现的漏洞补上。当我们的知识没有了漏洞，好成绩自然会来。

考试是为了发现问题。在解决问题的过程中不断提升自己的人，才是真正的强者。

13 那次考砸后，我开始有点厌学了，怎么办？

我叫小雨，今年上初二，曾经是老师和家长眼里勤奋刻苦、名列前茅的好学生。

为什么说是“曾经”呢？也许，和那场考试的失败脱不了干系。

我从未没想过，有一天会在试卷上看到那样刺眼的分数。那是我引以为傲的英语啊，曾经能考到班里的前两名，这次却排到了下游。

鲜艳的红笔打下的分数力透纸背，好像在狠狠奚落我一直以来付出的努力。

出成绩之后，老师把我叫到办公室开导我，可我甚至不敢正视老师。回到教室之后，我总是控制不住胡思乱想，猜测班里的同学是不是会笑话我……

就这样浑浑噩噩地过了一周，我发现自己竟开始在心里逃避上学，似乎这样做就能抹去那个糟糕的成绩。

厌倦、恐惧、自卑……这些负面情绪不断交织成一张紧密的大网，将我禁锢得快要喘不过气来。

接下来的月考和期中考，我始终不在状态，成绩也滑坡得越来越厉害。我觉得自己沉没在水池里，头顶有千斤压力，在水中动弹不了。

我不甘心就此沉沦。我究竟该怎么做才能摆脱眼前的困境呢？

——14岁女孩小雨

一 感到厌学，可能是紧张焦虑的逃避心理在作祟

心理学上曾经有这样一个实验：

有两只猴子同时被关在笼子里。其中一只被捆住了，行动受到限制。而另一只可以在笼子里自由活动，不受束缚。

实验人员每隔20秒就会电击一次猴子。每次电击的前5秒，笼子里的红灯就会亮起来预警。

除此之外，笼子里有一个开关，通过这个开关可以打开笼子逃出去。行动不受限制的猴子在活动时发现了这个开关，每当红灯亮时，它就会利用开关逃出来。

而另一猴子由于被捆住，活动不了。

实验的最后，有一只猴子死了。猜猜是那只行动受限的猴子死了，还是来去自由的猴子遭了殃呢？

答案可能有些出乎意料——是那只能够自由活动的猴子不幸去世了。

这是因为猴子害怕电击，它们都希望逃避。

那只被捆住的猴子毫无办法，只好待在笼子里听从天命；但是来去自由的猴子看见红灯一亮，就迅速逃出笼子躲开电击。

那只可以活动的猴子之所以会去世，与它内心紧张、焦虑、恐惧等负面情绪，以及一味想要逃避的心理不无关系。

它没有因电击丧命，反倒是这些高压的心理状态结束了它的生命。

由此可见，紧张、焦虑、恐惧带来的逃避心理会给生命个体带来巨大的负面影响。

小雨之所以在考砸之后产生厌学心理，是因为她担心面对未知的考试时会重蹈覆辙，所以打心底里开始逃避学习、逃避考试，从而加重了对自身的不信任。

这种不自信的逃避心理会给自己带来一种“我不行，要不就这么算了吧”的暗示，从而影响考试发挥。

这就像多米诺骨牌一样，第一张牌一倒下，就会触发一系列牌的倒塌。

所以在遇到挫折时，我们不妨放宽心，告诉自己既然这件事的结果已经注定，那我们就在下一次考试中做得更好，争取让失败对自己的影响最小化。

二 正视失败，调整心态

遭遇挫折之后，产生“畏难”的回避心理是很正常的事。我们要学会的是如何不让自己被这样的情绪所支配。

首先，别将一场考试看得太重，它不是我们人生的全部。

对于一向成绩拔尖的小雨来说，拿到好名次是理所当然的事，这使她一开始就给自己戴上了枷锁。

老师和家长的期望对小雨来说既是一种肯定，也是一种无形之中的压力。

我们要知道，人生的道路上除了风和日丽之外，偶尔也会有电闪雷鸣。在向前奔跑的过程中，难免会有磕磕绊绊。

以平常心对待，放下过于沉重的得失心。总有一天，会守得云开见月明。

其次，学会归纳整理错误，以免下次再犯。

一次考试的挫折纵然很扎心，但是我们不能就此失意逃避。在失败中，我们也能得到许多启示。

比如，没考好是因为哪些知识点没有搞懂，还是因为粗心大意才丢分严重？

弄清楚情况之后，再对症下药，就能在很大程度上避免下一次失败。

最后，相信自己，千万不要陷入悲观的情绪内耗。

英国统帅威灵顿公爵曾在战场上吃了败仗，被打得落花流水。逃跑的路上风雨交加，他狼狈不堪地跑进一家农舍的草堆里避雨。望着漫天风雨，回想起自己落荒而逃的狼狈景象，他不禁生出穷途末路的悲凉之意。突然，他看见墙角处有一只蜘蛛在努力地拉丝织网。无情的风雨一次次摧残它结下的网，但蜘蛛又一次次吐丝重结，最终大功告成。这只愈挫愈勇的小蜘蛛无异于一道雷霆闪电，劈开沉沉暮色，驱散了威灵顿心中绝望的乌云。于是他重振旗鼓，化失败为前进的动力，终于在滑铁卢一役中打垮了对手拿破仑。

从这个故事中我们可以认识到：即便遭遇失败又如何？与其纠结于过去的失败，不如抓住机会，卷土重来。

三 梅花香自苦寒来

不因幸运而故步自封，不因厄运而一蹶不振。真正的强者，善于从顺境中找到阴影，从逆境中找到光亮，时时校准自己前进的目标。

经历过挫折的打磨，我们的生命才更加有厚度。这些在当时看来算是痛苦的经历，会逐渐沉淀在我们的身体里，托着我们攀过人生中一座又一座的高山。

人生犹如泡茶。在经过开水的反复冲泡后，我们才能闻见那一缕清幽的茶香。倘若用冷水去冲泡，即便再好的茶叶也难以散发出动人心魄的香气。人生亦是如此，只有通过那滚烫的考验，在杯中沉浮舒卷，才能寻到找生命的真谛。

正因为有波澜起伏，大海才更加壮阔；正因为有风雨洗礼，天空才更加澄澈。

纵使失意，也只是眼下暂时的坎坷而已。鲲鹏之志怎会甘心囿于如此狭隘的一小方天地?

继续坚定地踏上征程吧，勇敢地佩上宝剑、披荆斩棘。

待柳暗花明之时，你会发现我们已经抵达了更辽阔的山与海。

14 上课听不了多久，思想就飞到外太空了，怎么办？

我是一名初二的学生，上课总是听不了多久，思想就飞到外太空了。我知道这不好，但我就是控制不住自己的思维。每次上课，老师讲的内容都像是在耳边响起的噪声，我根本无法集中注意力。我感觉我的大脑一直在不断产生问题，想东想西，压力很大。

有一次，我在上数学课，老师讲的是新内容，我一开始还能听得进去，但是过了不久，我的思维就开始漂移了。我想起了昨天晚上看的一部电影，然后又想起了朋友跟我说的一个笑话，接着又想起了一首歌的歌词……我的思维像是一只蝴蝶，不停地在花丛中飞舞，根本停不下来。

突然，老师的声音变得尖锐起来："你在干什么？为什么不听课？"我被吓了一跳，赶紧回过神来，但是已经来不及了，我已经错过了老师讲的重点内容。

有时晚上回到家，忙碌一天的大脑好不容易停下来，准备开始读书学习，却发现口渴肚子饿，想喝水、想吃东西……

我感到非常沮丧和无助，我不知道该怎么办了。

——13 岁女孩小周

一 引起注意力不集中的因素是多样的

在信息化时代，每天我们周边都充满了各种各样的信息。这些信息除了给我们带来便利，也带来了多种影响。

首先是我们的大脑每天都会看到和处理大量的信息，这可能会导致大脑被过度使用。

其次是我们对感觉通道的刺激发生了一些变化，比如，我们可以坐在香气四溢的空间里，一边听歌，一边吃着美食，一边看着书，在这个过程中，我们同时打开了视觉、听觉、味觉、嗅觉四个感觉通道。但回到课堂上，我们的感觉通道变少了，就会觉得学习很单调，很容易分心。

此外，分心和大脑的特征也有关，我们的大脑是跟随注意力走的，注意力就是大脑的最高领导，掌管着我们的所作所为。

目前，小周大脑的领导似乎有点不友好，总是出现问题：她想要好好学习的时候，却总是产生很多其他想法，好不容易停下来，准备读书学习，却发现口渴肚子饿，想喝水、想吃东西……但其实，人类大都无法长久保持高度集中的注意力，在学习或者工作中，出现各种想法是一种很正常的现象。

小周可以试着收回对这些想法的关注，这样，注意力也会回到正在做的事情上。

二 重视听课的作用，学会记笔记

很多同学听课时会走神，这与不了解听课的重要性也有一定的关系。

课堂上老师的作用有哪些呢?

一是引发我们的好奇心;

二是讲解重点，老师知道知识的重点所在;

三是传授心得技巧。

而且，我们跟着老师所讲学习一遍，是适合中学阶段的一种非常好的学习方式。如果上课经常走神，小周可以尝试跟随老师的节奏记笔记，记笔记的好处有很多：一是可以防止走神；二是可以巩固记忆；三是可以帮助梳理课程的脉络；四是方便后面的复习。

为了让自己的专注力提高，记笔记的时候，不用记得太详细，而是要学会提取老师讲解的关键词。

关键词笔记法的听课过程，一共可以分为三个步骤:

1. 记录知识点的关键词;

2. 用符号将它们的逻辑关系表达清楚;

3. 听完课之后对着知识点地图用自己的话去提炼总结。

最终通过关键词，把这节课所学习的东西，内化成自己的知识，而且比内化还重要的是，能够帮助我们结构化学过的知识点。

随着时间的积累，我们的注意力会跟随关键词将所学的知识结构化，容易形成自己的记忆，我们的课堂效率也会越来越高。

三 拒绝给自己贴标签

关于标签效应，我们并不陌生：

小时候我们见到亲戚，还没有来得及打招呼："这孩子老实，不太爱说话。"见到老师："她就是数学不好，语文成绩挺不错的。"去买衣服："这件不行，他太胖了！你给他介绍一些宽松的。"

……

于是我们就神奇地在按照大人们给我们贴过的标签成长着，甚至真的成为他们标签里的那种人。

所谓标签，就是将自己或他人固化成一个刻板的印象，心理学中称为"标签效应"。当一个人被贴上标签的时候，他就会做出"自我印象管理"，使自己的行为与贴的标签内容更符合。

当小周上课"想东想西"时，她认为自己是"胡思乱想"，这时就会给自己贴上一个不太好的标签。在这种情况下，小周不愿意接纳自己现在的状态，会通过各种方式来杜绝这些想法再次出现。

可是她越用力，越会对这些想法投注更多的注意力，反而会强化了这些想法，甚至因而会陷入越用力越无力改变、越无力越用力的恶性循环。

这时候怎么办好呢?

小周可以来做一个思想实验：当下次脑海中出现各类问题的时候，先把它们记录下来。不要立刻批评自己，也不要抗拒，记下来之后，等下课后或者找一段相对空闲的时间，再来看看自己的大脑在告诉自己什么。

当小周允许这些想法在头脑中出现时，它一定会给她带来一些新的变化，或许还会伴随着意外的惊喜。

接纳这些想法的出现后，接下来就是要学会适当地放松自己。自己为什么会胡思乱想，一定是压力很大吧！这个时候，我们可以给自己一些放松的空间，还可以在周末约上两三个好友，一起去公园走一走，也可以探索一些放松的方式，比如听音乐、深呼吸、静坐一会儿等，让自己的精神放松下来。

试着对自己的注意力保持关注。

我们会发现注意力会成为我们人生中值得信任的指导者。

15 上网课效率低下，感到很焦虑，怎么办？

我叫吕晓辉，是一名初三的学生，因为特殊原因，老师让我们在家上网课，已经两个多月了。

最近我感觉自己上网课的时候，经常会被游戏或者是身边的课外书吸引，上课的时候，经常会想着我家的小猫是不是饿了，小鱼是不是该换水了？

但是老师规定我们几点上什么课，当我发现自己不能专心听课的时候，感觉越来越焦虑了。在家上网课没有了在课堂上的互动和讨论，每天就是各个科目轮番上课，然后课后完成作业。

上课时，脑袋里突然冒出一个问题和想法的时候，我也不能及时向老师提问；下课时，我又记不得问题了。因此，自己的学习效率特别低。我请教周边的同学，他们也遇到了同样的问题，互相倾诉吐槽了一番，但问题还是没有及时得到解决。

马上就要中考了，我的心一下子揪了起来：怎么办？怎么办？我该怎么办呢？我爸妈想让我考市里的重点高中，万一我考砸了该怎么办！我也想好好上网课，但就是不自觉地被周边的各种事物所吸引。我也不知道该怎么办！

——15 岁女孩晓辉

一 好的学习状态，从自我接纳和自我肯定开始

好的学习状态是线上或线下学习的第一步。那如何调整好自己的学习状态呢？首先我们要做的就是接纳自己。人因不完美才有成长进步的必要。

那什么是自我接纳呢？

自我接纳是对人自身不可避免的不完美性的一种积极包容，并被认为是心理健康的必备条件。

自我接纳包含自我理解，对自身优势和劣势的主观感觉。也就是虽然我充分了解到自己的缺点和不足，但是我依然认可自己、喜欢自己。

自我接纳意味着我们明白自己是一个普通人，当然会有优点和缺点，我们会为了自己的个人成长而努力，而不必放大自己的缺陷，抵制不完美的自己。

认识自己，接纳自己的不足很有必要。因为只有悦纳自己，我们内在才会更有力量。当我们感受到自己是有价值的、值得被爱的，我们才会拥有更多愉快的体验，才更有动力去面对未知和挑战。

真正地自我接纳需要经历一个过程：

首先，坦然地正视真实客观的自我，包括身体特征、家庭背景、成长经历等，仅仅是正视，不做任何好与坏的评价。在正视真实自我的基础上，再审视自己还可以做得更好的地方，我们能做的是接纳不能改变的，改变能改变的。不去追求一些

我们目前来说无法做到的事情，我们的心态就会发生改变。

其次，真正的自我接纳，除了要接纳自我本来的样子，更要接纳对自己的期望，以及接纳自己内在的一切情绪变化，接纳外界对自己的一切评判。我们要全然地活在当下，允许自己暂时做得不够好。

对晓辉而言，线上的学习就是锻炼我们自我管理的一种方式，当我们受周边环境影响的时候，先接纳，感觉到自己状态偏离了学习的时候，及时把注意力拉回到学习上。当自己做到的时候及时给自己积极的肯定和积极的自我暗示，这可以有效地帮助我们将心理状态调整到最佳。

二 养成提前预习的学习习惯，用番茄钟学习法提高效率

《礼记·中庸》有云："凡事预则立，不预则废。"也就是说：凡事提前做好准备，就更加容易成功。学习也要提前预习，这可以帮助自己厘清思路、找到自己不懂的知识点，上网课的时候，带着问题去学习，这样就可以有效提高学习效率，从而达到事半功倍的效果。

因为如果我们能做到提前预习上课的内容，那么我们上课时对学习的内容就可以做到心中有数，对不懂的知识点，在课后我们可以及时跟老师沟通，或者跟同学一起探讨，这样既能提高学习效率，又能有效提高专注力。我们在自主学

习的时候还可以用番茄钟学习法提高学习效率。

什么是番茄钟学习法?

番茄钟学习法是意大利人于 1992 年发明的，取这个名字是因为这位意大利人一开始使用一个类似于番茄的计时器来规划自己的学习和工作进度。

番茄钟工作法的心理原理涉及心流理论和记忆曲线理论相结合的认知规律。因为全身心地投入一件事情的心流状态效率是很高的，番茄钟将学习和休息结合可以有效地提升大脑的记忆能力和专注度。它可以让我们在学习的时候，避免被打扰，有效提升学习效率。

我们运用番茄钟学习法，就是在短时间内专注只做一件事，具体的做法是：①先准备好使用的物品：计时器、记录表和一支笔。②把学习分解成若干个内容。③专注学习 25 分钟，然后休息 5 分钟。然后再学习 25 分钟，如此循环，每 4 个番茄钟结束时，我们进行 30 分钟的长休息。④总结。

如此，我们就可以避免因为长时间的学习而感到乏累，既能够增加学习的有效时间，也能够劳逸结合，放松大脑，缓解学习压力，从而帮助我们提高学习效率。

三 制定学习目标

没有目标的人生是无意义的人生。

虽然没有人天生就会设定目标，大部分学生都不会制定目标，他们也许有想要实现的愿望，但是注意力很快就被其他事物带走，从而回归到零的状态，所以制定清晰合理的目标非常重要。

我们再来看一下哈佛大学关于目标对人生影响的跟踪调查：该项调查的对象是一群智力、学历、环境等条件都差不多的年轻人，调查结果显示：

27% 的人，没有目标；

60% 的人，目标模糊；

10% 的人，有比较清晰的短期目标；

3% 的人，有十分清晰的长期目标。

25 年的跟踪调查发现，他们的生活状况十分有意思。

3% 的人几乎不曾更改过自己的人生目标。25 年后，他们几乎都成了社会各界的顶尖成功人士，他们中不乏白手创业者、行业领袖、社会精英。

10% 的人大都生活在社会的中上层。其共同特点是自己的短期目标不断实现，生活质量稳步提升。他们成为各行各业不可缺少的专业人士。

60% 的人几乎都生活在社会的中下层。他们能安稳地生活与工作，但都没有什么特别的成绩。

27% 的人几乎都生活在社会的最底层，生活都过得很不如意，常常失业，靠社会救济生活，常常在抱怨他人，抱怨社会。

由此可见，清晰明确的目标对人生有巨大的导向作用，成功在一开始仅仅是一个选择。你选择什么样的目标，就会有什么样的成就，就会有什么样的人生。

那如何制定目标呢？我们推荐一个方法就是："SMART"原则。

"SMART"原则包括：

S=Specific（明确的），M=Measurable（可测量的），A=Adjustable（可调整的），R=Realistic（现实的），T=Time-based（基于时间的）。

我们应如何理解这些原则呢？

S（明确的）：我们的目标是准确而且清晰的。

M（可测量的）：我们能测量自己是否实现了目标。

A（可调整的）：我们可以对目标进行调整或者小幅度的修改，进而使其更加适合自己。

R（现实的）：我们的目标是能够在可以利用的时间、精力和资源的范围内实现的。

T(基于时间的)：我们所制定的目标与时间或日期挂钩。

我们可以根据"SMART"原则帮助自己制定学习目标。晓辉不妨思考一下这个问题，就是自己未来希望从事的行业以及自己的梦想是什么。当我们根据自己的梦想为自己制定明确的目标时，就可以根据自己的目标制订相对应的计划，具体到每一天，然后根据计划每天安排自己的学习内容。

通过有计划地提前预习，调整好上网课时的状态，课后及时回顾上课所学的知识点，再经过适当的练习，相信我们一定能够有效地提升学习效率，进而解决上网课学习焦虑的问题。

第 4 部分

CHAPTER 4

师生关系有妙招

16 不喜欢古板的生物老师，上课就是听不进去，怎么办？

我的生物老师是一个中年男人，戴着方正的眼镜，穿着笔挺的格子衫，说话还总是打官腔，给人一种莫名的紧张感。

起初我对生物老师很无感，只是按部就班地上课下课，内心对生物老师的印象就是：严肃和无趣。

有一天，我的生物作业忘在家里没有带，于是我去找生物老师解释。去他办公室的路上，我的心怦怦地跳，十分紧张。我为我的丢三落四向生物老师道歉，并承诺明天一定会带给他。

此时，正在批改试卷的生物老师缓缓地抬起头，向上推了一下他厚重的玻璃眼镜，面无表情地对我说，我的理由在他这里不成立，如果我今天不能按时交作业，他就会在家长群里通报批评，说完便让我回班里。

那一瞬间，我感觉自己颜面扫地，难受和尴尬的情绪一瞬间涌上心头。回到座位后，我久久不能平静，我仔细回想生物老师之前的种种行为……

我的同桌很热爱生物，生物成绩也十分优异。我回想起有一次，他只是在生物课上帮我讲了一道我不会的题，就被生物老师说成在课堂上无组织无纪律。他不仅当众严厉地批评了我们，甚至让我们每人写了500字的检讨书。

他不仅长相和穿着古板，语言和行为也十分古板。于是，我在心里给生物老师打上了古板的标签。现在只要一见到他，我对他的厌恶就油然而生，也完全不想听他讲课。我的生物成绩也越来越差，我该怎么办？

——15岁女孩小文

一 明确自己的目标，是第一步

人生有很多事情，我们无法决定，所以在自己能决定的事情中努力实现自己的目标，才是关键。

我们无法决定自己的生物老师是谁，更无法决定他的性格和授课方式。但是学习生物是为了丰富自己的知识储备，这将会为我们以后的中考、高考打下基础，甚至有一天可能会影响我们的专业和工作选择。

小文在生物课上无法集中精神，不喜欢学习生物，归根结底是因为目标不明确，所以没有动力去完成这件事。其实，生物老师古板与否并不重要，他只不过是小文目前学习生物知识的一个授课者。

小文可以先尝试着沉淀下来，明确自己学习生物的目标，当一个人内心坚定，许多问题就能迎刃而解了。

我们可以尝试给自己设立短期目标和长期目标，这样对生物学习会更有帮助。比如，设立“日计划”“周计划”，可以先学习一个小的知识点，把学习目标确立好，并且心中对学习生物有坚定的信念，这样我们便可以更加从容地面对生物课和生物学习。

有了长远的目标，才不会因为暂时的挫折而沮丧。

其实，生物的学习乃至任何科目的学习，过程都是枯燥乏味的。因为生物老师的教学方式比较古板，加剧了小文内

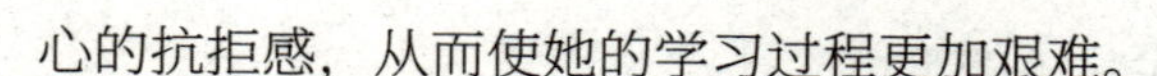

心的抗拒感，从而使她的学习过程更加艰难。

对自己的学习、生活，有规划，有目标，就能解决很多问题。

二 刻板印象不可取，尝试换个角度看待他

在社会心理学中，有一个名词叫作“刻板印象”。刻板印象主要是指人们对某个事物或物体形成的一种概括固定的看法，并把这种观点看法推而广之，认为这个事物或整体都具有该特征，而忽视个体差异。

生物老师“长相古板”“穿着打扮古板”“教育方式古板”……

这些会不会是小文对生物老师的刻板印象造成的认知偏差呢？可能因为某件事情，对生物老师有了这样的印象，所以之后他的任何行为方式都会让你感到厌恶。因为小文在心里已经对他形成了这种固有的认知，所以无论他怎么改变，都会觉得难以接受。

《刻板印象：我们为何歧视与被歧视》一书中论述了刻板印象带来的身份限制会对一个人的身心、生活、人生选择及终身成就造成什么样的影响。过度的刻板印象会带来很多的危害。像小文现在对生物老师的不认同影响了生物学习一样，未来如果这种心理持续作祟，可能会让一个人讨厌生物

这门学科，甚至讨厌学校和学习。

刻板印象带来的危害是巨大的，所以小文需要尝试从固定思维当中跳出来，重新审视生物老师和他的行为。比如，当他严格要求小文交作业时，会不会是因为他想给小文一个“提醒”，防止她以后再丢三落四呢？

如果换个角度想，也许只是生物老师对学生要求比较严格，那他这个人是不是也还不错呢？

三 不要被任何外界因素影响

小文因为不喜欢生物老师，觉得他“太古板”，而无法在生物课上集中精神，这一点也说明：小文太容易被外界因素干扰了。

爱因斯坦的“相对论”发表以后，有人曾炮制了一本《百人驳相对论》，网罗了一批所谓名流对这一理论进行声势浩大的反驳。可是爱因斯坦自信自己的理论必然会取得胜利，对反驳不屑一顾。他说：“如果我的理论是错的，一个反驳就够了，一百个零加起来还是零。”他坚定了必胜的信念，坚持研究，终于使“相对论”成为20世纪的伟大理论，举世瞩目。从这件事可以看出，坚定自己的信念，不受外界因素的干扰是非常重要的。

坚定自己的信念，就不会被任何人或事情干扰。学习

是自己的任务，老师只不过是我们学习知识的一个“中间人”。只要我们坚定自己的学习目标，就不会在意生物老师的行为古板与否！

17 因为怼了老师，被老师当着全班同学面批评，怎么办？

我的班主任是一个很古板的数学老师，她从不听取别人的意见，向来都是说一不二的态度。没有褶皱的白衬衫是她着装的标配，这似乎也为她的古板形象“增光添彩”。

我本是一个很内向的女孩，不爱说话、不善交际是我对自己的定位。

有一天轮到我和我的同桌值日。早上我们分配好了各自负责的区域，我早早就把自己负责的部分都打扫妥当。我的同桌很晚才开始打扫，恰好老师进来的时候她正在干活。

下课后，老师把我叫到办公室，阴阳怪气地说道：“别人没有义务帮你值日。”听到这句话，我感到无比委屈，也非常愤怒老师的断章取义，更反感她说话的态度。

那一瞬间，内心的正义感和荣辱感驱使我反抗，于是我回怼老师，说她凭什么没有经过核实就这样冤枉别人，并谴责她说话的方式，说完我便转身回教室了。

回去的路上，我既紧张又放松，我虽然发泄了内心的不满，但又为自己刚才的冲动后悔。

果不其然，下午上课前，老师当着全班同学的面叫我站起来，说我对老师极其不尊重，那一瞬间，我觉得自己无地自容，很想找个洞钻进去。

我心里觉得很委屈，明明是老师断章取义，我只是为自己辩护……又觉得很后悔，如果我没有反驳，就不会被她当着这么多同学谴责……现在我十分焦虑，觉得在老师和同学面前都抬不起头，我该怎么办？

——14岁女孩小丽

一 为自己辩护没有错，错的是你的说话方式

老师没有弄清事实而冤枉了小丽，小丽勇敢地为自己辩护，这并没有错。但小丽在与老师沟通的时候，没有意识到自己带着强烈的愤怒的情绪，从而导致言辞激烈。

所以，弄清老师批评小丽的原因很关键。

克里欧科夫是美国加州大学圣迭戈分校的数学高级研究员。一天上午，他驾车行驶到一个路口时，恰逢红灯亮起。正当他准备刹车时，不料鼻子突然发痒，接着便响亮地打了个喷嚏。他紧急刹车，车险些越过停车线。

就在他为没有闯红灯而庆幸时，距他 30 米开外的一名执勤交警不由分说就开了一张 400 美元的罚款单。于是他连夜撰写了长达 4 页的辩护状，几天后气宇轩昂地走上法庭进行申诉，以证明自己的“清白”，要求法官无条件撤销对他的“错误罚款”。

法庭上，克里欧科夫“义正词严”地指出事情的真相。同时，他还向法庭展示了大量的图形和方程式，作为自己无罪的有力论据。近 3 个小时的论证，最终，法官以克里欧科夫“有理有据的清晰陈述”为由，当庭撤销了对他的罚单。

克里欧科夫用沉着冷静的态度和大量证据证明了自己的清白。同样，小丽也可以用平和的态度告诉老师事情的真相，而不是在激烈的情绪下对老师进行指责。当一个人语气平和、态度坚定，所说的话也更容易被人信服。

晚清名臣曾国藩曾说：“大怒不怒，大喜不喜，可以养心。”当被老师冤枉时，即使内心再愤怒，也不要立刻表现在语言或行为中。冷静下来后，想好为自己辩护的说辞，再去跟老师沟通，效果会更好。

控制好自己的情绪，不在怒火中发泄，不做情绪的奴隶，是小丽要通过这件事反思的关键点。

二 用平常心应对“批评”这件事

越是经得起任何批评的人，内心越是强大。

当我们受到批评时，无论正确的批评还是不正确的批评，都要用平常心来对待。接受批评并不代表我们丢掉尊严，勇于接受批评，反而会让我们更加快速地成长。

一名作曲家曾在自己的书中提到一段往事：有一次他被邀请到一个电台的音乐节目中做评论，其间收到了一位听众的来信，这封信对作曲家大肆辱骂，称呼他为“骗子”。作曲家从容地面对，在下次的节目时，他反而将这封信当众念了出来，此举让听众觉得他很幽默。

不要把受批评看作一件令人尴尬、恼火的事情，即使在公众场合，被人批评，也要学会从容应对，化险为夷。

所以，当我们受到批评时，要冷静下来，思考出更好的

解决方式。如果我们感受到对方当时的情绪很激动，很难听进自己的解释，那么干脆就保持沉默，不做任何回应，过后再解释。如果发现对方情绪平和，那么要在对方把话说完以后，再把事情的前因后果细细道来。如果自己根本就不了解发生了什么事情，那么在被批评的时候也不要争辩，只要以后自己把事情弄清楚，再找对方解释，误会自然能得到澄清。

三 学会沟通是成长的必经路

高质量的沟通，应该把注意力放在结果上，而不是情绪上。会沟通是一件很重要的事情，沟通能力的提升，不仅要有意愿，还要学习沟通的方式。

被冤枉时，我们找老师沟通，应该怀揣一颗真诚的心。

小丽可以思考一下：自己说话的方式是不是不够好，所以伤害了老师，她才会当众批评自己？如果答案是肯定的，可以找到老师，重新跟她沟通。

我们可以为自己的情绪激动道歉，再把事情的真相告诉她。当误会解开后，心结自然也会解开。

青春期的中学生，正处于从孩子成长为大人的过渡阶段，生理和心理都在不断地调适和探索。这个时期，控制不住自己的情绪，不擅长与人沟通和交流都是正常的现象，不必为此过度焦虑。

随着我们经历的不断丰富、思想的不断成熟，我们也会对“与人沟通”这件事产生新的认识，所以，多听、多看、多学习，是成长最好的方式。

18 为什么很多人都在早读时聊天，老师却只批评我一个人？

今年夏天，太阳总是不留情面地炙烤着大地，痘痘总是占据整个鼻头让我难堪，我刚满17岁，正读高三。

我是个侠女性格的人，热情大方又仗义，所以跟周围同学的关系还不错。我承认，偶尔会在上课时讲小话，但那节英语课，我发誓我与同桌对话的内容确实都是单词！

我同桌小声地跟我说："Abandon就像一个男孩追女孩，就是'狂热（n.）'却没有收获后的'放弃（v.）'。"我回应道："好啊，这个记忆有意思。"

结果，英语老师在我话音刚落后就在讲台上向我吼道："你在干什么，成绩快垫底了，高考快来了，上课还在嘻嘻哈哈。"

我又羞愧又生气，首先，我们确确实实在讲单词，她冤枉了我；其次，为什么只批评了我，我难道是一个人在讲吗？为什么不批评我的同桌？因为她的成绩比我的好吗？当天吃午饭时，我尽量假装没事发生一样去食堂，故作轻松，但其实并不轻松。

本来一向演技还行的我，在快轮到我打菜的时候，没崩住，突然间哭了起来，招来了很多异样的目光。说实话，那是我第一次在别人面前哭。

嘻嘻哈哈的外表下，我也有一颗脆弱的心，委屈又无力……

——17岁女孩小尤

一　过度自卑敏感的人，总是活在困扰之中

阿尔弗雷德·阿德勒在《自卑与超越》中写道："自卑感本是个人趋向优越的动力，却常常因为我们对它的不同解读而给生活带来麻烦和桎梏。"

自卑本身有积极的一面，而过度的自卑，只有极度的痛苦。乐观向上地生活，超越自我，才会越来越好。

也许有些人说，生活中最怕相处的人，就是过度敏感的人。与他们相处，总是得小心翼翼，而敏感本身是个中性词，现在却被更多贴上了"玻璃心"的标签。

中国科学院心理研究所陈祉妍教授说："为了安全地生存下去，人类的大脑习惯于优先注意和加工负面信息，但在现代社会中，大脑的这种习惯让人们容易陷入焦虑、抑郁之中。"

这是大脑皮层的敏感。这件事中老师的处理方式固然不对，但小尤的反应也过于激烈，使这件事成了青春时的疼痛。这种过度敏感脆弱的人会掉入自己设下的陷阱，日益沉沦。

太多的负面信息除了会带来焦虑，还会带来自卑感。小尤可能最后高考失利，这种自卑感会带来很多本来不存在的困扰。

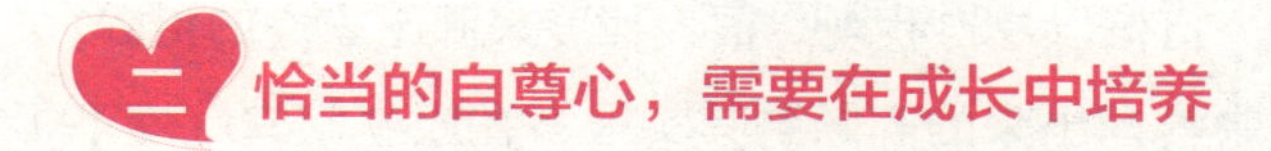

二 恰当的自尊心，需要在成长中培养

525心理网的调查结论显示：越乖的孩子，长大后心理问题越多。“乖”意味着什么呢？意味着失去自我，讨好他人，以及永远活在别人的评价里。越多的乖就越无限接近于失去自尊心。

怎样去判断自己的自尊水平是否适当呢？下面的三个问题，或许可以带我们找到答案。

1. 我能够全面接受自己吗？无论优缺点。

2. 我是否认为自己有能力采取恰当的行动？

3. 我如何评价自己？

法国作家克里斯托夫·安德烈在《恰如其分的自尊》中指出，构成自尊有三大支柱，即自爱、自信、自我观。

1. 自爱是无条件的。无论你现在的处境怎么样，内心深处的声音都是肯定的，即你值得爱和被尊重，通俗来讲，就是自己爱自己。

2. 自信是认为自己有能力在重要场合采取恰当行动。所以，自信也需要靠行动来建立。

3. 自我观是自己看待自己的眼光。每个人在对自我的评价中，主观占比为大多数。成功与否，优秀与否，在于你的心。但有一条铁律：自我评价良好的人会越来越好，自我评价很差的人会越来越差。

自爱、自信以及自我观，很大程度来源于家庭的滋养。

成长中暴露出来的问题，其实很多在原生家庭就埋下了种子。

如果你出生的原生家庭足够健康，那么，恭喜你，你是个幸运儿；如果原生家庭留有遗憾，但我们依旧有长长的一生能够学会自爱、学会自信和培养正确的自我观。

三 怎么去培养恰当的自尊呢

一个人只有学会爱自己，才能真正地爱别人。

自尊是一种内在的信念和态度，它是我们对自己的认可和尊重。只有拥有健康的自尊，我们才能够真正地爱自己和他人，积极面对生活中的挑战和困难，从而更好地实现自己的价值和梦想。

我们应该怎样去培养自己的自尊呢？

1. 认识你自己。很多时候人的意识会设下圈套，总以为自己就是以为的样子，从而限制了自己的发展。多去听听父母、朋友对自己的评价吧，重新认识自己，说不定能开发自己的新潜能呢。

2. 在自我感觉较差的时候，多做自己擅长的事情，多赞美自己。

3. 以对待朋友、家人的方式对待自己。

4. 给自己留点时间，总有个“点”会让你看到自己的长处，帮助你迈过那道坎，在这期间请多给自己点耐心，善待自己吧。

先爱己再爱人，成长的过程就是世界观不断崩塌又重建的过程，长长的一生我们需要做的就是不断地与自我和解。

让我们用力去生活，顺其自然地面对生活中的挑战和变化，珍惜每一次机会和经历，活出自己想要的精彩人生吧。

19 英语课老师喜欢叫人回答问题，整节课我都很担心喊到自己，怎么办？

英语课老师喜欢叫人回答问题，这是我最害怕的事情之一。每次上英语课，我都会感到非常紧张，因为我不知道老师会不会喊到我。我总是担心自己回答不出来问题，或者发音不正确，然后被全班同学嘲笑。

有一次，老师问了一个问题，我本来想回答的，但是我感到自己的嗓子有些发紧，喉咙像被什么东西卡住了一样。我试着清了清嗓子，但还是感觉不太舒服。

我看了看老师，他的目光正好看向我，我感到自己的脸颊热了起来。我不知道该怎么办，只好低下头，希望老师不要喊到我。

可是，老师还是喊到了我。我感到自己的心跳加速了，手心也开始出汗。我站起来，尽量让自己的声音听起来自信一些，但是我的声音还是有些颤抖。

我回答了老师的问题，但是我感到自己的回答并不完美，有些词发音不正确，有些语法错误。我感到自己的脸颊更加热了，我知道自己被同学们嘲笑了。

这种情况发生了很多次，每次都让我感到非常难受。现在，一看到英语老师拿着课本走进教室，我就开始紧张，整节课都在担心他提问我怎么办。平时课间碰到英语老师，我也有点害怕他，我该怎么办？

——13岁女孩小文

卸下思想包袱，正确看待老师的提问

有一种害怕，就是上课点你名字。

有一种恐惧，叫被点名回答不上来。

像小文一样害怕老师点名提问，这种现象在学校比较普遍。产生这种现象的原因有很多，最主要的是我们的心理作用，是我们对自己缺乏信心的表现。

上课时，同学们对老师的提问内容一般并不知情，一旦认为自己的知识存在漏洞，就会对能否回答这个问题失去信心。所以，一遇到老师提问，很多同学就会情不自禁地想到“这个问题我能回答上来吗？”“要是回答不上来怎么办啊！”“这个问题我没准备啊！”。

而一旦这种畏惧心理出现，伴随而来的就是紧张情绪。虽然我们对此会做出一定的自我调整，比如深呼吸或者进行自我暗示，但是我们越告诫自己不要紧张，紧张的氛围反而越强烈。

在这种情绪下，很多同学会感到发蒙，很多本来会的问题也答不上来。这样一两次的失败，或许并不可怕，但随着次数的增多，很多同学就会得出这样的结论：“不行，我肯定答不上来”“我没出息，老师一问我就不会了”“千万别叫我回答，肯定会出丑的”。

这种心理一旦形成，我们就会陷入恶性循环，难以自

拔，进而自我怀疑，最终形成自卑心理。

要阻断这种恶性循环，我们就要重新认识老师提问的意义，学会正确对待老师的提问。

老师在课堂上提问，首先在于调动我们的学习积极性，活跃课堂的氛围，让同学们取得更好的学习效果。其次老师不会因为我们回答错误，就批评和嘲笑我们。

因此，不要畏惧老师的提问，不要害怕出错，更不能由于一两次回答错误就否定自己的能力，给自己带上精神枷锁，背上思想包袱，应该以一颗平常心对待自己的失败，这样才能走出心理阴影，勇敢面对老师的提问。

二 通过扎扎实实掌握基础知识来提升自信

有一位同学问妈妈，什么是自信?

妈妈的回答是:“自信，就是老师让你回答问题，即使你回答错了，引起同学们的哄堂大笑，你也不会为此感到丢脸，而是暗自下定决心，一定要好好学习。自信，就是当别人表扬你，夸奖你的时候，你会大方地接受别人的肯定，因为他人的肯定和鼓励会让自己更努力，充满前进的动力。”

什么是自信？自信是相信自己，相信自己是有价值的，相信自己是有能力的，相信自己是有办法的。由相信自己所产生的正面能量，再由这些正面能量催生出心底的力量，从

而使自己勇往直前面对挑战，这就是自信。

自信的来源很多，其中包括：

1. 成功的经历。成功能激发我们的自信心，让我们更加坚信自己的能力。

2. 受到他人的认可和赞扬。他人的赞扬和认可能让我们从心理上获得满足，从而增强自信心。

3. 实力与经验。拥有专业知识、技能和经验能让我们感到自信，有底气去应对各种挑战。

4. 积极的思维方式。积极的思维方式能帮助我们保持自信心，面对困难能用积极的思维方式去解决问题。

5. 改善内心。内心的平和、宁静、健康会让我们更具自信心。

通过自信的来源，我们也知道提升自信有一个很重要的方法，就是让自己拥有实力。

“人生自信二百年，会当水击三千里。”

自信建立在我们扎实的基础知识之上，建立在我们科学的解题方法之上，建立在对自己有正确认识的前提之上。

作为学生，让自己拥有实力最快的方法是什么呢？那便是扎扎实实地掌握基础知识。

小文害怕回答不出老师的提问，关键是对自己的知识掌握情况不自信。如果她能够打下坚实的知识基础，那么面对老师的提问时，由于有牢固的知识基础做保障，她就不会害怕自己答不上来。

牢固的基础知识，是我们自信的基础。一个人拥有了稳固的知识体系，就能够游刃有余地面对老师的各种提问。

三 学会提问和沟通，改善和老师的关系

老师，在我们每个人的生命中都是不可或缺的人。

成长路上遇到一位好老师，是人生之旅的宝贵财富。

然而，很多同学却会因为迟到、未完成作业、考试不理想、回答不出问题等而害怕老师，像小文一样看到老师会有以下表现：

不敢主动与老师对话；

路过老师办公室感到紧张；

听说老师要约谈莫名焦虑；

见到老师下意识地躲避。

一旦害怕老师的心理形成，我们和老师之间的距离就会变得疏远。像小文一样，平时不敢和老师交流，在老师面前不能敞开心扉，遇到不会的题目也不敢主动向老师请教，老师也难以了解小文的心声，了解其他同学的真实情况，时间久了，和老师的距离就越来越远了，甚至可能导致对这门学科的厌恶。

那么小文可以怎样改善和老师的关系呢？

1. 冷静思考自己害怕老师的原因，做出针对性处理。

例如，针对自己性格上的怯懦，尽力去克服，跳出舒适圈，多参加一些挑战性的活动，从中看见他人身上的闪光点，纠正自身的不足。

如果自己的自尊心过强，可以适当降低对自身的标准和对事物的期待值。凡事要给自己留下进步的空间，避免陷入进退两难的窘境。

2. 进行角色转换，将老师视为自己的朋友。

很多的恐惧和害怕都是因为不了解、交流少。小文如果独自面对老师时感到害怕，可以与同学、好友一起找老师交流，迈出交流沟通的第一步。

学会提问是一种很好的和老师拉近距离的方法，我们如果能提出一个好问题，既能够求知解惑，又能够让老师发挥出他的专业优势。

我们可以把注意力集中在要提问的问题上，多次向老师进行提问，这样对老师的恐惧就会大大减少，也会拉近师生间的距离。

双方熟络之后，我们和老师就能够像朋友一样相互关心，谈论的话题就更广了，可以从学习到生活，我们会发现老师也有可爱的一面。此外，我们还可以和老师约定，让老师在提问之前，先给自己留出适当的思考问题和调整心理的时间，让我们有所准备，树立起“这个问题我会答”的信心，形成一种“这个问题我来答”的心理需求，从而最大限度地避免紧张情绪产生。

这样一来，我们会将回答老师的提问，当作一次展示自我的机会，而不是一次磨难。

20 把自己的“秘密”告诉了和我关系要好的老师，但是她立即告诉了我妈，怎么办？

我的班主任是一个温文尔雅的英语老师。在我的印象里，她总是穿着仙气飘飘的长裙，细腻的嗓音搭配着流利的英文，亲切感十足。

因为格外喜欢她，所以我在英语课上格外认真，跟她的关系也似乎超越了普通的师生情。在我心里，她就是可以无话不谈的大姐姐。

有一天放学，我恰好跟她坐同一辆公交车。因为聊得很开心，我便跟她说了我的心里话：我追星已经有一年多了，每天放学回家根本不想学习，只想看关于偶像的新闻，妈妈给的零花钱也都用来买了偶像的周边产品。我知道自己应该好好学习，但我就是控制不住自己。

说完我的烦恼后，我请求她不要告诉我的妈妈，她也说这就是我们两人的秘密。

第二天中午，我正要去她的办公室，却看到我的妈妈从她的办公室走出来，我的内心开始紧张，也很害怕。我在心里反复跟自己说：没关系，班主任已经答应这是我们俩的秘密，她一定不会告诉妈妈！

然而，现实却给了我当头一棒。晚上回到家，妈妈不仅没收了我的手机，甚至把我藏在房间里的那些偶像周边全部都撕碎了。我感到特别委屈，难过又无助……

第二天上英语课，当我再看到班主任时，心里不由地萌生恨意。原来我和她的“交情”，都只不过是我的一厢情愿和自作多情罢了。现在只要看到她，我满心就都是愤怒，我恨她的表里不一，也气自己过于相信她……

我不知道接下来该如何面对她，我该怎么办呢？

——14岁女孩小青

一 摆正好自己的位置是关键

小青因为信任老师把老师当作朋友，选择向她倾诉自己的秘密，而她却选择了“背叛”，小青感到气愤和无助。

良师益友四个字，“师”字排在“友”前，有时候，人际关系里的烦恼，是来自我们对关系界定的偏差。其实，老师即便是朋友，前提也是她是一名老师，她对我们负有“教育”的责任。归根结底，小青和老师，首先是“师生关系”，然后才是“好朋友关系”。

改变自己的心态，认清我们的位置，是需要做的第一步。

哲学家德谟克利特有一句名言：“很多显得像朋友的人，其实不是朋友，而很多是朋友的并不显得像朋友。”老师为人和善，这是她作为老师和长者的优点。这种优点给了我们与她深入交流的机会，她的耐心让我们有了“朋友”的错觉。

接受教育，是我们此刻最重要的事，无须纠结和老师的关系，只要可以从她那里获取知识，她便完成了她的任务，我们也达成了自己的目标。

二 真正气愤的，或许不是老师

小青是否反思过和老师出现裂痕的真正原因呢？老师将“秘密”告诉了妈妈，然后妈妈将偶像周边全部毁坏。在这个过程中，可能是妈妈的教育行为有些“激进”，所以引发了我们的“逆反心理”。

所谓“逆反心理”，是指人们彼此之间为了维护自尊，而对对方的要求采取相反的态度和言行的一种心理状态。

青春期的我们，经常会出现“不受教”“不听话”，与教育者“顶牛”“对着干”。这种与常理背道而驰，以反常的心理状态来显示自己“高明”“非凡”的行为，往往来自“逆反心理”。

“如果妈妈没有撕碎我的偶像周边，我会不高兴吗？”可以在心中尝试问自己这个问题，或许答案会帮助我们解开心结。追星，可能是此时此刻缓解压力、树立自我意识的一种表达方式。当有人破坏了这件事，我们会觉得自我的边界感受到了严重的侵犯。

所以，逆反心理使我们将所有的过错归责于老师，但老师并不是导致我们情绪的最终原因。要明白，老师跟妈妈说这件事，和妈妈的教育方式没有必然的联系。当我们弄清这一点，可能让整个事件变得不那么偏执。

三 换个角度理解其他人的善意

老师对我们有教育的责任，当她知道我们的问题时，作为老师，会担心我们“误入歧途”。所以，无论她采用哪种方式，或许有些激进，或许不符合我们的内心期待，但归根结底：她都是在为了我们的成长而努力。

俗话说：“一日为师，终身为父。”

当她成为我们的老师那天起，便如同父母一般，是对我们有恩的人。小青可以仔细想想，追星这件事是否是自己现在的困扰？是不是影响了自己的学习和进步？如果答案是肯定的，那么老师尝试联合妈妈帮助自己解决问题，其实并没有什么错。

1. 冷静思考事情的来龙去脉。

小青应该静下心来，仔细地思考整件事情的来龙去脉，而不是沉浸在被妈妈训斥的急躁情绪里，或许会发现，老师的出发点并没有自己想象的那么糟糕。

2. 尝试和对方沟通。

平静过后，可以尝试和老师、妈妈沟通，如果能帮助自己顺利地解决追星的烦恼，并且能回到之前“亲密”的状态，何乐而不为呢？

3. 给对方一个拥抱。

和妈妈、老师深情地拥抱一下，在拥抱中感受他人的温度，仔细想想彼此之前的温情时刻，内心的愤怒可能会自动消失。

与人相处时，记得“看人长处，记人好处”。如此，我们才能收获和谐的关系！

第 5 部分

CHAPTER 5

锻炼大脑更敏捷

21 羡慕学霸智商高、分数高，这世界上有变聪明的方法吗？

我的同桌小勇是个十足的“学霸”。不论大考还是小考，光荣榜上的第一排总是少不了他的位置。昨天，他又在市联考中脱颖而出，他站在奖台上接受大家掌声的样子，仿佛散发着万丈光芒。

上学期跟他同桌后，爸爸妈妈都很高兴，他们叮嘱我在学习上要多加努力，争取向小勇看齐，可是我的内心却感觉压力倍增：小勇学习那么好，我真的能跟他看齐吗？

后来的日子，小勇学习什么，我也跟着学习什么。不光借他的笔记弥补我课堂上的遗漏，还向他请教我攻克不了的难点。总之使出了“浑身解数”，所以我信心倍增，认为自己也变成了“学霸”。

晚上，我幻想着自己在考试中脱颖而出的样子：我站在讲台上接受老师的表扬、全班同学的掌声、爸妈的祝贺……那一刻我的内心无比激动和兴奋。

上周，拿到考卷的那一刻，我慌了神，很多似曾相识的知识点扑面而来，但没有一个能确定，我的脑子好像被一串串字符捆绑，让我无法思考……

爸爸妈妈对我很失望，他们说我守着一个“榜样”，却不好好利用。我委屈极了，明明我已经跟着小勇的步伐在努力，可是我的成绩还是跟他相差“十万八千里”。

我的内心对自己很失望，我不知道该怎么向爸爸妈妈解释这一切，也很迷茫焦虑未来的学习如何进行……内心更多的是对小勇的羡慕，他轻轻松松就能每次考第一，我也想变成和他一样智商高的学霸，世界上有变聪明的办法吗？

——14岁女孩小莫

一 智商不是决定成功的必要因素

对小莫来说，同桌每次考试都名列前茅，他的高智商、好成绩让她羡慕不已。

好成绩一定都是因为聪明吗？智商不是决定成功的必要因素，通向成功的道路也远远不止“高智商”这一条。

清朝一代名臣曾国藩的一生令很多人都羡慕不已：在当官期间，他十年之内连升十级，成为两江总督，封一等毅勇侯。他不仅在官场上顺风顺水，还为中国建造了第一艘轮船、第一所兵工学堂，可谓既赢得生前身后名，又造福了后代。

但是，曾国藩智商并不高，他从十几岁开始考科举，一直到二十几岁才考上了进士。如果不是他坚持不懈的努力和执着，也没有他日后在事业上的成就。

苏东坡曾说过：“古之成大事者，不惟有超世之才，亦必有坚忍不拔之志。”

曾国藩应该是属于后者。所以，成功的人不一定都是智商高，通往成功的道路有很多。我们大多数人都是普通人，所以首先要接受自己的平凡。除了智商高之外，决定成功的因素还有很多，例如：

1. 情商。为人处世圆融，交友广泛，很通人情世故的人情商较高。

2. 逆商。逆商高的人在面对逆境和困难时的态度积极，行动能力强，决策果断，心理承受能力强，能够战胜困难。

3. 性格。脾气好、乐观开朗的人，往往比较容易面对困难，擅长与人交往。

4. 品性。一个人对待人生、对待身边人、对待社会和世界的一种看法，良好的品性容易获得他人的助力，有助于一个人的成功。

5. 耐性。做事持之以恒的美好品德。拥有耐心，对于学习、生活、工作都会有很好的帮助。

爱因斯坦曾说："一个人的成功，不只取决于他的智力因素，更重要的是取决于他的品德修养等非智力因素。"

我们不需要纠结自己是否智商高，多去发现自己的闪光点，其他的品质一样很重要。同时，不要单纯地羡慕学霸的成绩好，他们身上可能有更优秀的地方值得你学习。

二 成功没有捷径，只有脚踏实地的付出努力

一个人最后在社会上占据什么位置，绝大部分取决于非智力因素。

不管是我们现在要面对的考试，还是你日后要面对的人生，智力都不是决定性的因素，脚踏实地的努力才是关键。

电影《新喜剧之王》里有一个片段：女主角如梦特别想成为一名演员，不管什么角色她都愿意去演。哪怕那个角色再小，扮相再丑，只要能磨炼演技，她都愿意去尝试。

但因为长得不够好看，她总是被导演拒绝。和如梦住在一起的朋友小米，每天得过且过并且嘲笑如梦的演员梦，但却因为长相漂亮，意外被选为女主角。

因为长相漂亮，小米轻易得到了如梦想要的角色，并且很快开始走红，享受到了大明星的待遇和光环。如梦依旧坚持自己的演员梦，抓住一切机会提升自己的表演能力。风水轮流转，一年后的颁奖典礼上，如梦成了当红演员，而小米只能坐在最后一排。

想要成功，靠运气、靠天赋都是不长久的。你想要成绩好，暂不说这个世界上是否真的有变聪明的办法，就算有，如果你不脚踏实地地努力，也不会拥有好成绩。

所以我们需要脚踏实地地集中精力在“学习”本身，不要幻想“变聪明的方法”，制订自己的学习计划、攻克不会的难题、持续地努力，才是提高成绩的有效办法。

三 拒绝盲目跟风，制订自己的学习计划

好的计划是事情成功的保障。

进入初中后，由于科目增多，制订合理的学习计划，分配好各个科目的学习时间，就变得十分重要。

小莫跟着学霸的学习节奏“努力”了一段时间，成绩

却远没有达到预期。其实是因为两个人对知识的掌握程度不同，所以盲目地跟着他的脚步努力是达不到预期效果的。制订学习计划，要根据自己的实际情况。你可以尝试着这么做：

1. 制订阶段性的计划和目标。

计划分为长期计划和短期计划，明确到什么时间点完成什么样的目标。比如学习英语科目，要制订背单词的计划，可以计划这个学期要掌握多少个单词，再根据学期计划，来设定每个月需要掌握的单词量。

分阶段地进行学习，逐步完成每一个阶段的小目标，直至完成一整个学期的大目标。有计划地学习，才能有清晰的目标，才能提高效率。

2. 吸取每次考试的经验和教训。

无论是大考还是小考，都是对你阶段学习成果的检测，阶段性考试的成绩不重要，总结自己的不足才关键。查缺补漏，在每一次考试中总结自己的薄弱项，才能更好地制订未来的学习计划。

3. 找准薄弱点，对症下药。

每个人或多或少都会有自己的薄弱环节，我们在制订学习计划的时候，要在薄弱科目上多花一些时间，多做一些安排，要找准自己的弱项，对症下药，这样才更加有效果。

4. 坚持良好的学习习惯。

任何事情都贵在坚持，在学习的道路上，多么好的学习计划，如果你不坚持去执行，那么都将是竹篮打水一场空。我们要一步一个脚印，通过不断地积累，让自己的知识更上一层楼，让自己的成绩有质的飞跃。

当小莫根据自己的情况制订好学习计划，并持续努力，相信她一定会看到自己的进步。只要我们一直在进步，就会不断接近成功。

22 背了很多次文言文翻译，老师听写时还是达不到预期，怎么办？

我是一个语文很差的学生。对文字不感兴趣、在语言表达方面也很欠缺……语文，一直是我最头痛的学科。

去年，我第一次接触到文言文这个新的知识领域。原本就不擅长语文的我，很担心自己对这个新板块的掌握情况。

果然，我的担心没有错。上一次语文考试，因为对文言文的掌握很不理想，我的语文成绩不及格。一向要强的我觉得受到了很大的打击，我在心里暗暗发誓：一定要好好学语文，把文言文梳理明白，让成绩提上来。

从那之后，我一直很努力地学习文言文。每天清晨和晚上睡前，都是属于我和文言文的“美好时光”。一向对语文没有信心的我，在反复背诵中也慢慢建立了信心。

正当我觉得一切都在朝着好的方向发展时，现实却给了我沉重一击。上周，语文课上老师进行了文言文听写测验。我信心满满地拿出纸和笔，准备大显身手，我心想：背诵了这么久的文言文翻译，这次测验我肯定没问题。但是，当老师开始念题目时，我的大脑一片空白……明明一直背诵的知识，可我却怎么也想不起来。

成绩出来后，老师把我叫到办公室谈话。我也跟老师说了自己的学习经历和苦恼……

我现在非常迷茫，不知道该怎么学习文言文，也不知道该怎么面对语文老师，更不知道接下来的语文考试该怎么做。我每天都很焦虑，我该怎么办？

——13岁女孩小爱

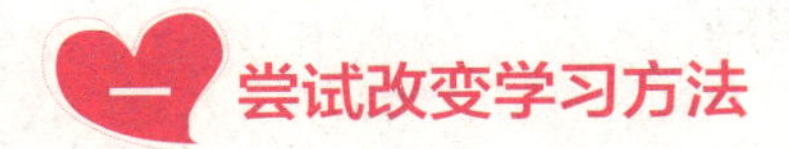

一 尝试改变学习方法

小爱的语文成绩一直不理想，新增加的文言文板块，让她的语文学习“雪上加霜”，但是她很努力地想把语文学好，这种想法是很积极的，值得肯定。

经过努力尝试后，小爱的语文成绩并没有达到心中的预期，这可能存在诸多原因，可以沉淀下来仔细分析，千万不要被一次不理想的成绩打败。

卓越的人一大优点，是在不利与艰难的遭遇里百折不挠。成功的路是困难重重且漫长的，所以坚持很重要，同样，在坚持中找对方法，更重要。

语文是一个很复杂、很感性的学科，它不像数学那样讲求逻辑。如果语文一直掌握得不好，可以尝试向老师请教，系统的讨论可能会帮助你找到学习上的漏洞，这样可以让你快速地“走向正轨”，语文学习也会轻松得多。

学习语文，最重要的就是多看、多读、多背诵。

这里有一个心理学的小方法：当你想长久学会或记住某样东西时，最好的方法就是把学到的教给别人，这样你不仅把平时没注意的细节都一并记住了，还把没用的东西从脑子里剔除了。学习语文也同样适用这个方法，可以尝试教给同学或父母，在这个过程中你不仅可以巩固记忆，还可以查漏补缺。

二 用平常心应对考试

初中阶段学业繁忙，面对新的知识领域和考试压力，不免产生恐惧情绪。恐惧是人人都会产生的心理情绪，但恐惧不应该是阻止你向前的魔爪，而应该转化成你成功的动力。产生恐惧的原因也来自诸多方面。

1. 考试失败的阴影。

对语文、对考试的恐惧感，来源于曾经考试失败的心理阴影。在经历几次考试失败之后，信心遭受巨大的打击，于是对考试产生了消极的抵触情绪，潜意识里就对考试产生了恐惧，自我暗示也是负面的，这样在答卷的过程中就很容易排斥，甚至怀疑自己的能力，从而导致成绩不理想。

2. 压力的积累。

把语文考试看得过于重要，给了自己过多的压力，导致过度在乎考试结果，对未来产生迷茫感与挫折心。

3. 过分在意他人的评价。

对自己的语文考试成绩期望过高，非常在意别人对自己的看法。比如害怕考试失败，没有办法面对老师和父母等。

其实，考试并不是衡量成功的标准。我们不需要因为语文考试而过度焦虑，从而形成极大的心理阴影。用平常心应对考试，是我们目前的情绪出口。

失败是成功之母，即使考试失败也没有什么大不了。

在每次失败中学会总结，会让我们更加优秀。考试本就是一种竞争，竞争必然有成败，全力以赴即可，而不能让自己的得失心太重。人的一生中会有无数次“考试”，而眼下的考试，只是成长必经的一个过程，重要的是我们从中学到了什么。

三 善于发挥自己的优势

人本来就不是万能的，每个人都有自己擅长的或不擅长的事，所以要学会发挥自己的优势。

杨振宁在美国留学时开始研究实验物理，可是动手能力较差的杨振宁并没有取得任何成绩，反而被同学取笑“有爆炸声的地方就有杨振宁”。在老师和同学的建议下，杨振宁开始从事理论物理方面的研究。自此以后，杨振宁如鱼得水，在这一领域取得了突出的成就，并且同李政道于1957年一起获得了诺贝尔奖，一举成为举世瞩目的理论物理学家。杨振宁扬长避短，善于发挥自己的优势，使他铸就了人生的辉煌。

心理学上有一个名词叫“框架优势”，它说的是，要承认自己的长处和能力。许多人将谦卑与自嘲混为一谈。

他们把所有的注意力都集中在自己的弱点上，而忽略了自己的长处。任何缺乏信心或动力的时候，我们可以提醒自己擅长什么以及能完成多少。

与其沉溺于自己的弱点，不如用优势来塑造自己的个性，因为我们比想象的更有能力。我们可以尝试着这样做：

1. 在语文学习中尝试找到自己擅长的部分。例如阅读或作文，在你擅长的部分继续拓展，持续深耕，从而提高你的语文分数。

2. 找到你的其他优势学科。在优势学科上继续努力，用其他科目的优势弥补语文学科的不足。

人生最大的遗憾，并不是我们没有足够多的优势，而是我们根本没有去发现和利用自己所拥有的优势。所以，即使我们不擅长语文也无伤大雅，重要的是发现自己其他的优势并且充分利用。

不要纠结于你不擅长的事情，要静下来思考自己的优势、自己擅长的部分。如何让这些擅长的部分发挥最大的价值，才是关键。

23 背了半天英语单词，一吃晚饭全忘了，怎么办？

我从小就对英语这门课“不感冒”。初一的时候，由于英语的学习难度变大，我一时间更加觉得难以接受，于是干脆放弃了学习英语。

今年的开学考试，英语成绩出来的那一刻，犹如晴天霹雳，我的内心无比绝望：硕大的数字58，那红色的字体格外显眼，好像红灯一般在警示我。我的内心感到无比压抑，难过、迷茫又不知所措。

我知道，这是我放弃英语的“报应”，但内心还是无法接受这个成绩。家长会后，我向爸妈和老师保证，一定好好学习英语。

从那之后，我踏上了艰难的“英语学习之路”，英语课上从不打盹，认真记笔记……我还特意向老师请教了学习英语的办法：“因为我的基础比较薄弱，老师建议我先从积累词汇量开始。”

背单词成了我的首要任务，我给自己设立了每天200个单词的目标。昨天是我开始学习计划的第一天，我信心满满，一个个英文字母好像跳动的音符，欢快地钻进我的大脑。过了一个小时，我胸有成竹地合上书，内心窃喜，学英语好像也很简单嘛！

吃过晚饭后，我打开英语书，准备检查一下自己的背诵成果。当我对照着汉语准备拼写英文时，我的大脑一片空白，我拼命地回忆刚才那些令我快乐的英语字母，但好像一切都“物是人非”。

明明我刚才已经记住了，为什么吃顿晚饭就全忘了？我恨自己“鱼的记忆”，更多的是对未来英语学习的迷茫，我该怎么办？

——14岁女孩小红

一 调整学习情绪，用积极的心态面对薄弱学科

到了中学阶段，青少年不仅会面临着生理和心理方面的一些变化，也面对着难度和强度越来越高的学习压力，在这个阶段，自我调节就显得至关重要。

升学后，进入一个新的环境，有许多同学发现英语的难度增大，加上英语原本就是薄弱项，所以自信心就受到了一定的打击，学习的积极性也难免下降了很多。

你是不是也一直将自己置身于负面的情绪中，从而对英语学科产生了抵触心理呢？比如一直纠结这样的问题：为什么英语这么难？英语作业这么多？为什么要学英语？一直看负面的观点，一直掉入自己的恐惧之中。

著名作家张德芬曾说：“负面情绪就像黑暗无法驱赶，唯一能做的，就是带进光来，喜悦是消融负面情绪最好的光。”

所以我们要把执念放在如何提升自己上，同时忘记负面的缺点，只看正面的优点。可以试着把观点写下来，然后变成积极正向的。比如我们可以告诉自己，学习英语可以提升语言技能，可以和外国人交朋友等。

实际上，每一门学科都有它的美，我们可以试着去发现不同学科的美，学着去欣赏不同学科的美，这样就比较容易喜欢上所有学科。用积极的心态面对薄弱的科目，会更好地帮助我们学习。我们可以尝试这样做：

1. 消除陌生感。

要喜欢一个东西，必须对其有一定的熟悉感，至少要对其中部分内容有熟悉感。比如可以在课余时间多看美剧，当我们渐渐熟悉英文的语境，对英语的排斥感便会降低。

2. 寻找有趣的内容。

学习过程有时是枯燥的，如果能增加一些趣味性，也许就能让自己喜欢上学习。就像制药厂会将药粉放到一个胶囊中或裹上糖衣，这样我们吃药时就感觉不那么苦了。同样我们可以找一些有趣的东西将枯燥的知识包裹起来，帮助我们慢慢对它产生兴趣。例如，可以尝试找一些英语单词的字谜游戏，这可能会让我们乐在其中。

3. 心理暗示。

俗话说："怕什么，来什么。"这就是心理暗示。我们越是害怕某门学科，可能就越是学不好它。因为这种负面认知会抑制我们的学习动力，降低我们的学习效率。这时，我们需要建立正面的认知。可以每天默念几次"我喜欢英语"，在便利贴上写"我肯定能学好英语"，并把它贴到我们的桌子上。坚持一段时间后，可能会发现英语也没那么令人讨厌了。

喜欢还是讨厌一门学科，本质上是一种个人的主观感受。如果我们不去改变，这种感受会一直存在，甚至不断加

强。所以，我们要调整自己的学习情绪，用积极的心态面对英语这门课。

二 “忘得快”不可怕，“对症下药”是关键

明朝一位著名的文学家叫张溥，他的经历或许对我们有所帮助。

张溥小时候就遇到过背书的困难，相比于其他同龄孩子，张溥的记忆力显得格外差。小时候的张溥虽然记忆力差，但是非常爱学习，为人非常有志气，知道自己不如别人，就比别人更加勤奋地学习。

有一次他想，既然我读一遍不能背下来，难道我读一百遍还不能背下来吗？于是他尝试着一遍又一遍读书，直到把一篇文章读了上百遍才肯罢休。以至于当其他孩子玩乐的时候，他还在一旁坚持读书，直到唇焦口燥，还不想放弃。

虽然这种方法有一定的效果，但他始终不如其他同学背得好，前一天刚背好的书，到第二天就忘得差不多了。当上课时先生让他起来背书，他磕磕巴巴背了一半就背不下去了；先生很生气，以为张溥因为贪玩而忘记了背书，于是狠狠用戒尺打他，还罚他把文章抄写十遍。

张溥并没有因为先生的责罚而哭泣，而是反省自己为什么记不住文章，他手掌红肿，但他忍住疼痛，夜晚点起灯抄写文章，直到抄写了十遍。第二天张溥把抄好的十遍文章交给先生，先生又让他背诵，张溥只好边回想边背了下去，却奇迹般地背完了一整篇文章，还非常流利。

这一次偶然的发现，让张溥找到了属于自己的记忆小窍门，他明白了抄写可以加深记忆力，于是他试着抄写其他文章，一遍又一遍，果然发现比以前记得更快。

此后，张溥便将抄写技巧运用到了日常学习中，背诵就再也没那么困难了。也许张溥这种记忆方法并不适用于所有人，但是他的勤奋好学，值得每一个人学习。

背诵单词很快就遗忘，这是很正常的现象，不要被遗忘打败，找到合适的学习方法很重要。

你知道艾宾浩斯遗忘曲线吗？这是德国心理学家赫尔曼·艾宾浩斯研究发现的，用于描述人类大脑对新事物遗忘的规律：随着时间的推移，人们之前记住的东西会不断丧失，因此为了防止背过的单词被遗忘，我们可以每天利用不同的时段反复记忆单词。

“滚动记忆法”是利用遗忘曲线来帮助巩固单词的好方法：每天分四个时段背单词，每次背单词的时间不超过一个小时。

第一个时段可以选在早上8—9点：在早上8—9点的时候“刷”一遍，目的在于区分认识和不认识的单词，并且把不认识的单词进行第一次概念性的记忆。

第二个时段可以选在中午 13—14 点：在第二次背单词的过程中，重点针对的是第一遍筛选出来的不认识的单词，对这些单词进行深度记忆。

第三个时段可以选在下午 18—19 点：在第三次背单词的过程中，对仍然不认识的单词进行重点记忆，对刚刚背下来的单词进行巩固记忆。

第四个时段可以选在晚上 11—12 点：第四次背单词，主要的目的是查漏补缺，把白天背过的单词进行最后一遍记忆，继续背诵仍然没有背下来的单词，并且做好重点标记。

在第二天背另外的新单词时，请务必把前一天没有背下来的旧单词加入第二天的新单词当中，进行滚动记忆，直到完全背下来为止，这种“滚动记忆”的方法可以使单词像滚雪球一样越背越多，而且多次重复不易遗忘，最终实现词汇量的稳步提升。

三 拒绝“拔苗助长”，制订合理的学习计划

制订了自己的英语学习计划，每天要背诵两百个英语单词，这个计划是否有些“激进”呢？这么大的任务量真的适合此时此刻的我们吗？

如果一味地追求“快”，完成计划的过程就可能会让我们很痛苦，结果往往也会不尽如人意。比如我们可以先设定每天50个单词的小目标，如果完成后感觉自己还有余力，可以逐步增加，每天70个、80个等。

另外，背诵单词是一个长期积累的过程，正确的记忆方法很重要。我们可以尝试着这样去背诵:

1. 归类。将单词的记忆归类在一个常用主题的基础上或许比较容易记忆单词。例如可以把有关职业的单词划分到一起，把走兽、飞禽、虫鱼等归为一类，联系起来记忆。

2. 建立联系。想一想有没有什么听起来或看起来和新学到的单词接近的单词，尤其是一些复杂的单词。将新单词和其他单词联系起来或许可以帮助我们记忆。比如，“Table”就是“桌子”，“Apple”就是“苹果”……可是，随着学习的深入，我们会知道“Table”除了桌子之外，还有“表格”的意思；“Apple”除了“苹果”之外，还是个著名的品牌，并且，还有很多其他的意思，比如“Amadapple”不是“一个疯掉的苹果”，而是“茄子”的意思。

3. 选择有趣的单词先记。一般情况下，感兴趣的话题比较容易学习。所以，应该要仔细选择我们认为有用的或有趣的单词。比如今天去了一个咖啡店，可以顺便记忆一下有关

咖啡的英文单词。

其实英语学习没有想象的那么难，在日复一日的积累中稳扎稳打地学习，我们的英语成绩一定会提高。

24 一天学习下来，我总觉得头晕，学不进去了怎么办？

我是一个没有那么聪明的小孩，从小到大我就被灌输“笨鸟先飞”的理念，我也一直默默地遵循着。

今年我上了初三，中考的压力席卷而来。一轮轮的刷题，接二连三的考试，每个同学都拼尽全力地在应对，我也不例外，每天都像是生活在一个巨大的鸟笼中，让我感到压抑。

即便如此，上个月的摸底考试还是给了我沉重的打击，不够理想的分数仿佛一个巨大的警钟，时刻提醒我努力得还不够。

后来的日子，每天5点15分，闹钟准时响起，叮铃铃的声音如同紧箍咒一般，在我的耳边盘旋，让我痛苦又烦躁，但我还是拖着疲倦的身体，按下闹钟……

体育课本是放松的时间，可是我一刻都不敢怠慢，我害怕自己的学习落后，害怕自己在考试中发挥失常，害怕看到爸爸妈妈失望的表情。所以我总是躲在没人的角落，继续学习。

直到夜里12点，我才会结束一天的学习。我拖着疲惫的身躯躺在床上，心里还是感到惶恐不安，同时又感到身心俱疲：这种日子什么时候才能结束？大概考试过后就能结束了吧？我在心中不断安慰自己。

最近一周，我慢慢发现对于这种学习和生活有点“力不从心”。我每天都感觉头晕眼花，书本上的字好像在跟我作对一般乱跳，让我看不清也读不进去。我害怕耽误学习，焦虑下一次的考试，也很担忧自己的未来。我该怎么办？

——15岁女孩小元

一 拒绝焦虑，正确看待“学习”这件事

小元刚刚进入初三，面对着升学的压力，出现焦虑的情绪是正常的，重要的是，如何在压抑的大环境下调节自己的情绪。

小元担忧自己考试失利、担心自己的未来，所以过度沉浸在学习之中，这其实是对“学习”这件事没有正确的认知。

“学习”的本身不是我们的终极目标，也不是我们的最终归属，它是一种让我们不断提高自己、完善自我、丰富人生、实现目标的方式。

但是，学习不是我们实现人生价值的唯一方式，更不是必须的方式。我们不必因为学习而感到焦虑，因为学习只是我们完善自我的一个过程，享受这个过程才是学习的意义。

当我们弄明白学习的真正意义时，焦虑情绪也许会有所缓解。

当焦虑、烦躁等消极情绪出现时，要学会心平气和、乐观、勇敢、自信。以下几点可能会对你有所帮助。

1. 摆正自己的心态。

当你对学习感到焦虑时，你可以尝试在心中反问自己：我的学习和生活目标是什么？我是不是每天有进步？摆正心态，认清自己的现状是缓解焦虑的第一步。

2. 适当地做一些放松训练。

如深呼吸法、肌肉放松法等。正确的深呼吸要点是：保持一种缓慢均匀的呼吸频率，如缓慢吸气，稍稍屏气，将空气深深吸入肺部，然后缓缓地把气呼出来，这样能很快地消除焦虑情绪。

3. 用音乐、瑜伽、冥想等方法来帮助放松。

当我们的注意力转移到新的事物上时，心理上产生的新体验有可能驱逐和取代焦虑情绪。

4. 制订一个计划。

给自己一定的放松时间来调节，这样也会帮助缓解焦虑情绪。

二 劳逸结合，有助于提高学习效率

每个人都不是冰冷的机器，大脑长时间运转后，我们会感到疲劳、烦躁、反应迟钝。学习固然重要，但跟学习比起来，身体健康最重要。为了成绩而牺牲健康是得不偿失的，所以要注意劳逸结合。

在学习时，也要注意适当的放松，放松会帮助你提高学习效率。当你觉得压力过大时，你可以尝试这么做：

1. 找他人倾诉。

把你的烦恼讲给你信任的、头脑冷静的人听，当你倾诉

过后，你内心的压力会减少很多。

2. 进行适当的体育锻炼。

进行体育锻炼既可增强体质，还能改善大脑的功能，增加脑细胞的活动。同时，运动可以调节大脑的兴奋和抑制过程，减少大脑过度紧张带来的负面影响。例如慢跑、跳绳、游泳等运动都是不错的选择。

3. 听听音乐。

适度的音乐时间会让你快速放松下来，尤其是纯音乐，不仅可以陶冶情操，还可以缓解疲劳，减轻学习压力。

4. 和朋友聚会。

在课余时间约上三两好友看一场电影，既可以增进你们的友谊，还可以放松心情。

劳逸结合，会让你更好地面对学习。

制订合理的学习计划同样也是“劳逸结合”的一种方式。想要做好任何一件事情，必须要有计划才行。我们可以做一份属于自己的时间规划表，但是要和自己的实际结合。

小元每天5点起床，12点才休息，明显休息时间是不够的，所以要制订一份合理的学习计划。比如早上6点起来背半小时单词，课间休息和体育课的时候就好好放松。

合理安排时间，就等于节约时间。合理制订学习计划，效果会事半功倍。

三 保持良好心态，不要拿考试失败“惩罚”你的人生

考试是检验我们阶段学习成果的一种手段和方式，它的意义不在于最终的分数，而是弄清楚这个阶段学习还存在哪些问题。所以，不要因为一次或几次的考试失利而恐惧，即使中考，也不会100%决定我们以后的人生。

小元考试成绩不够理想，总结原因很重要，以下有三点可以帮助我们正确对待考试结果：

1. 自我反省。

正视自己的成绩，了解自己的不足，并进行自我反省。到底是因为粗心大意，还是因为知识点掌握得不够，或者是由其他因素造成的。

2. 巩固知识，完善不足。

已经通过自我反省了解了自己存在的不足，那么下一步自然是积极地巩固知识，完善自己的不足之处，让自己不在同一个地方摔倒两次。

3. 正视成绩，摆正心态。

经过自我反省和完善不足，接下来要正视成绩，摆正心态。其实一次考试对于我们整个人生来说只是一件微不足道的小事，所以不要给自己太大压力。

输了一次考试，并不代表输了人生，而好心态则会是你人生路上的“好帮手”。

美国前总统罗斯福在还未成为总统前，家里曾遭到小偷盗窃。一位朋友闻讯后，赶忙写信安慰他。而罗斯福却在回信中说自己很幸运：第一，他偷去的只是我的东西，而没有伤害我的生命。第二，他只偷去我一部分东西，而不是全部。第三，也是最值得庆幸的，做贼的是他而不是我。

罗斯福的积极心态，也让他在大萧条背景下获得美国民众的支持，当选总统。

心态好的人，不仅拥有快乐，更能拥有意想不到的惊喜。所以不管是面对考试还是学习，都要保持良好的心态，不要拿考试失败“惩罚”自己的人生。

25 上课回答了半天，老师还是不知道我在讲什么，怎么办？

妈妈说，小时候的我是一个很开朗的女孩：大大的眼睛，总是上扬的嘴角，每个见到我的长辈都忍不住夸赞一番。

不知道从什么时候开始，我的性格发生了翻天覆地的变化：我开始觉得和别人交流"很麻烦"，心里也很害怕与别人打交道。每次在外面遇到熟悉的同学或亲戚，我总会选择把头低下去，绕着走开。

可是，生活中有很多时刻，我还是不得不硬着头皮"与人交流"。

上周语文课上，老师叫我起来回答问题。这个问题很简单，语文又是我擅长的学科，我信心满满，但是被叫到名字的那一刻，心里还是不自觉地紧张。

我小心翼翼地站起来，鼓起勇气开始回答。"小阳，请你大一点声音，老师听不太清。"老师打断了我的发言，于是我调整了"音量"，重新回答。

老师一脸疑惑："小阳，你直接回答就好了，不要说一些与问题无关的内容。"我很疑惑：明明我就是在回答问题。

全班同学的目光都聚集在我身上，那一刻我好像犯人，接受着全班的"审判"，我开始浑身不自在，内心紧张不已，又不知所措，我的脸"唰"的一下红了，手心也开始不自觉地出汗。

"小阳你先坐下吧！"老师说。

我慌乱地坐下，内心觉得如释重负。

晚上回到家，我重新思考白天的问题：明明我回答了问题呀，为什么老师就是听不懂呢？以后如果再被叫起来回答问题我该怎么办呢？

——14 岁女孩小阳

一 找到你“不爱说话”的原因

青春期的孩子，通常具有很强的自主性，特别想要自己的空间。这个阶段的青少年性格突然变得内向，可能是觉得没有人能理解他们，也有可能是因为某些事情导致他们缺乏自信。总而言之，如果想改变现状，找到性格改变的原因是第一步。

一个人的性格，是在遗传、成熟和环境、教育等先、后天因素的交互作用下形成的，具有一定的稳定性。瑞士著名的人格心理学家荣格认为，内向的人格善于自我剖析，做事谨慎，深思熟虑，但是交往面窄，有时很难适应困难。看看以下几点是不是你改变性格的原因：

1. 环境原因。

父母疏于陪伴，导致青春期的你与父母没有建立亲密的亲子关系，从而对他人缺乏安全感与信任感。

2. 家庭教育原因。

父母的教育方式比较严厉，经常当众批评你。即使你有了很大的进步也很少受到表扬，长期处在这种教育环境下，有可能使你缺乏自信心，从而不愿与他人交流。

3. 自身原因。

口头表达能力有所欠缺，所以你不敢主动与人交流，害怕不能把意思表达清楚而被嘲笑。或者曾经你有过被嘲笑、被批评的经历，觉得封闭自己会安全得多。

如果是因为前两点而不愿与人沟通，那么你可以尝试跟父母交流，表达自己的想法。如果是因为自己的原因，要学会自我调节，勇敢迈出主动交流的步伐很重要。

二 打开心扉，主动建立沟通渠道

想要别人了解我们，首先我们要主动与别人交流。

李先生是一个能力很强的员工，他在工作方面有很多想法和建议，但每次都因为不敢开口说话或者害怕说错话，而不敢与总裁交流。所以，在进入微软公司很长一段时间里，李先生都没有与总裁直接交谈过。

直到有一次，总裁召开公司改组会议，要求到会的所有人都必须轮流发言。此时，李先生再也不能回避说话了。当时，他心里想："管他呢，哪怕是说错话又怎么样，反正是一定要说话的，干脆就放开胆子说好了。"

轮到李先生发言时，他在心底给自己反复打气，然后鼓足了勇气，义无反顾地说："在我们公司里，员工普遍的智商都会比别人高一些，但现实是，我们的效率却是最低的。这是因为我们每天都在忙着改组，员工内心总处于不安全不踏实的感觉中。在其他公司，员工智商是相加的关系，唯有我们，却因为改组而不得不相互'斗争'，这让我们所有人

的智商变成相减的关系……”

总裁接受了李先生的意见，改变了公司的改组方案。

所以，主动沟通交流是很重要的，或许会带给我们惊喜。

可以尝试先从以下几点做起，先打开你的心扉，跨出主动沟通的第一步：

1. 制造机会和朋友们多互动。

如请朋友们唱歌，或者积极参加家庭聚餐等人多的活动，让自己和家人、朋友开开心心，融合在一起。

2. 设立固定的沟通时间。

我们可以找一个比较亲近的“聆听者”，比如爸爸妈妈，每天设立固定的时间和他们交流。可以跟他们倾诉遇到了什么高兴的事，有什么困难和烦恼，长此以往可能会让我们喜欢上与人交流。

3. 主动倾听他人的心声。

倾听是跟人沟通的前提，要想和他人交流得比较愉快，首先就要学会倾听，在别人说话的时候不要中途打断别人，双眼要正视对方，并不时地点头表示认同。

美国作家爱默生曾说：“我们所知道的最好最可靠最有效而又最无副作用的兴奋剂是社交。”当我们尝试主动和他人沟通时，沟通困难的问题就解决了一大半。

三 锻炼逻辑思维，提升表达能力

小阳回答问题时，觉得自己回答的是正确的，但老师却听不懂，可能是因为逻辑思维和表达能力有所欠缺。在与他人的沟通和交流中，逻辑思维和表达能力是很重要的，良好的技巧会让沟通变得容易很多。

教育家谢贵哉曾说:“说话不在多，在于说得对，说中了合理的要害，能感动听者的心。”这也说明了逻辑思维和表达能力的重要性。

怎样提高说话的逻辑思维和表达能力呢？看看以下这几点:

1. 明确说话目的。

一般来说，人们说话无非是为了传达信息和知识，引起注意或兴趣，赢得理解和信任，鼓励、说服或建议。所以，在开口之前，问自己:“我为什么要说这些？”或者“为什么会有人想让我告诉他？”提前想好可能的结果，把想要的结果作为目标，并为之努力。

2. 不放过在公开场合说话的机会。

把话说错没关系，但如果连开口说话的勇气都没有，那就连发现错误的机会都没有。在公开场合说话的机会并不需要刻意寻找，日常生活中俯拾皆是，比如课堂主动发言，主动申请主持班会，等等。在实践中锻炼自己的表达能力更加

有效。

3. 找一个榜样学习。

在生活中，并不是所有的人都是说话的天才，这时候，我们应该找到一个能说会道的人作为自己的榜样。找到榜样的好处就是，可以通过观察他的言语、神态或是肢体动作等，来学习他的表达方式，从而提高自己的表达能力。

一些语言表达类的综艺节目中，就有很多表达能力极强的人，这些人在综艺上不停地辩论，不停地表达自己的观点，这些都是可以供我们参考借鉴的。

与人沟通交流是一门很深的学问，要勇敢地迈出第一步，不断地在实践中锻炼自己，终有一天我们会变得“爱交流”“会交流”。

女孩，青春期你要懂的事儿

|安全篇|

苏星宁 —— 著

北京理工大学出版社
BEIJING INSTITUTE OF TECHNOLOGY PRESS

图书在版编目（CIP）数据

女孩，青春期你要懂的事儿. 安全篇 / 苏星宁著. — 北京：北京理工大学出版社，2024.4

ISBN 978-7-5763-3383-1

Ⅰ. ①女… Ⅱ. ①苏… Ⅲ. ①女性－青春期－健康教育 Ⅳ. ①G479

中国国家版本馆 CIP 数据核字（2024）第032048号

责任编辑：李慧智　　　文案编辑：李慧智
责任校对：王雅静　　　责任印制：施胜娟

出版发行 / 北京理工大学出版社有限责任公司
社　　址 / 北京市丰台区四合庄路6号
邮　　编 / 100070
电　　话 /（010）68944451（大众售后服务热线）
　　　　　（010）68912824（大众售后服务热线）
网　　址 / http://www.bitpress.com.cn

版 印 次 / 2024年4月第1版第1次印刷
印　　刷 / 唐山富达印务有限公司
开　　本 / 880 mm × 1230 mm　1/32
印　　张 / 4.75
字　　数 / 85千字
定　　价 / 168.00元（全6册）

第1部分 居家安全要注意

第2部分 出门危险要谨防

第 3 部分

擦亮眼睛鉴他人

第 4 部分

校园隐患需警惕

第 5 部分

青涩果子不要摘

第1部分
CHAPTER 1

居家安全要注意

1 炒菜的时候，如果锅烧着了，怎么办？

我的妈妈是一个做饭特别好吃的人，可以很骄傲地说：从小到大我吃过的很多餐馆里的饭菜的味道都没有妈妈做得好。可是妈妈是一个很忙的“女强人”，她很少有时间给我做饭，于是吃妈妈做的饭就成了我的“小愿望”。

上个寒假，因为爸爸妈妈每天都很忙，我经常吃外卖，一段时间后我决定跟妈妈学做饭：既美味，又健康，还省钱！一举三得，简直是太棒了！

于是当天晚上，我就找妈妈说了我的想法。妈妈很欣慰，也很开心我愿意学做饭，于是我的“大厨计划”就这样开始了。

上个周末是妈妈的生日，我想着多做几个菜让妈妈开心，毕竟她那么辛苦地工作……

菜市场采购完毕，我照着网上的步骤和妈妈给我留的笔记，开始做饭。没想到一个手忙脚乱，锅里竟然冒火了！

我害怕极了！很疑惑为什么会出现这样的情况！于是我赶紧打电话跟妈妈求助，妈妈让我盖上锅盖然后什么都别动……

妈妈火速赶回了家，很担心地问我有没有受伤……晚上我躺在被窝里回想今天的事，有点后怕。我不想放弃做饭，但是万一下次做饭锅里又着火了，我该怎么办呢？

——14岁女孩悠悠

一 学会独立，是青春期的必修课

居里夫人说："路要靠自己走，才会越走越宽。"

无论爸爸妈妈多爱我们，都没办法陪伴我们一生。

青春期的我们，通过学会做饭和掌握其他的生活技能，可以获得更多的独立自主和成就感，同时也能为未来的生活奠定坚实的基础，是一种学习和锻炼自理能力的好方法。

青春期，是个人成长和独立生活的黄金时期。独立是一种强大的能力，值得我们用一整个青春期去培养它。

有这样一个故事：一个老翁在河边垂钓，两个年轻人走来，都非常羡慕老翁鱼篓中闪耀着金光的大鲤鱼。其中一个聪明人说："老丈，您的鱼太美好了，我想得到它。"于是老翁将金色的大鲤鱼送给了他。另一个愚钝的人说："老丈，您的渔艺太神了，我想得到它。"于是老翁让他坐下来静心学习垂钓。多年过去了，两个年轻人也成了老汉，聪明人因为只会吃现成的而一事无成，而愚钝者却凭着自己手中的渔艺和耐得住寂寞的劳动，成为富有且受人敬重的人。

悠悠在学会自己烧饭之前，可能只会在外面就餐或者向家长求助，但是，她一旦掌握了烹饪的技巧，就可以不依赖他人地满足自己的生活需求，甚至可以享受到烹调带来的乐趣。

洗衣服也是一样，虽然很多人会觉得洗衣很麻烦，但是

学会自己洗衣服，能够让我们更好地照顾自己，同时也能让我们养成讲卫生的好习惯。

独立是我们成长过程中必须具备的能力之一，它是我们掌握自己生活和未来的关键。

尽管培养独立能力可能需要一定的时间和耐心，但我们相信只要持之以恒，坚持不懈，一定会拥有独立的能力。这种能力将会在我们成长的道路上起到关键的作用。

三 为什么炒菜的时候锅会着火

炒菜的时候锅着火的原因很多，一般包括以下几种情况：

油温过高：烹调时，如果油温过高，达到一定程度就会产生油烟，这时如果继续加热，很可能会发生油着火的现象。

食材易燃：烹饪过程中，如果食物含有的水分较少、含有大量蛋白质和脂肪等易燃物质，也容易导致着火。

食材太小、火太大：食材切得太小，且火力调得很大，极易引燃油脂。

锅底沾有食材碎渣：锅底沾有食材残渣，特别是油渍、碎末，容易着火，所以在烹调之前一定要把锅底清理干净。

锅底受损或锅质不佳：锅底表面被刮或划伤，金属裸露后如果过度加热，也容易着火。而质量不好的锅具，比如，容易变形、表面不光滑等，也容易出现着火现象。

如果炒菜的时候，锅烧着了，千万不要惊慌，可以采取以下措施：

首先，立即关火，停止加热。

其次，盖上锅盖，切勿打开锅盖，避免火势变大。

再次，如果火灭不了，可以用毛巾或其他可湿润的物品捂住锅底，使其灭火。

最后，等到火灭之后，再小心将食材取出，然后清理锅底。

在做饭的过程中，一定要时刻将注意力集中在炉火上，不要离开厨房，以免发生类似意外。

至于悠悠下次做饭害怕再次着火的困扰，可以向妈妈请教厨房用具和炊具的使用方法和安全操作规范，学会正确使用各种设备，并且采取必要的防火措施。比如，在做饭时准备一个水桶或者灭火器等（注意油锅着火不能直接用水灭火）。除此之外，做饭时要保持头脑清醒、冷静、细致，不要急躁，这样也能够减少意外发生的可能性。

三 厨房是潜在的火灾和污染区域

因为厨房是一个潜在的火灾和食品污染的高风险区域，

所以厨房安全非常重要，主要包括以下几个方面：

1. 火灾：在厨房里，烤箱、面包机等大功率电器设备易引起火灾。在烹饪过程中长时间离开炉灶或制作油炸食物时不小心溅出油，也可能会导致火灾。

2. 食品污染：厨房是加工和储存食物的地方，如果不能正确处理和储存食物，就可能引起食物污染，导致健康问题。

3. 滑倒或摔倒：在厨房里常常有水或油滴落在地面上，如果不及时清理，就会增加滑倒的风险。

因此，为了确保使用厨房时的安全，应该采取一些措施，例如，定期清理厨房、合理地储存和处理食物、使用正确的厨具、保持警惕并遵循使用指南等。

以下是厨房安全的注意点：

1. 使用厨房电器前，应先了解其用法、规格和电源电压。

2. 在烹调过程中要时刻保持对炉火及电器的监管，不要让炉火或电器空跑。

3. 在做饭过程中，勿离开厨房，保持警惕，以免发生意外。

4. 使用刀具时需保持手部干燥，尽量使用优质刀具。

5. 使用刀具时，应该将切菜板置于刀具下面以减少刀口带来的危险。

6. 不使用燃气灶时，要使气阀处于关闭状态，关闭时用力不得过大。

7. 使用燃气灶时要保持通风，以免积聚的燃气燃爆。

8. 使用微波炉时须使用专用器皿，不可以使用金属器皿。

9. 用电炖锅时，要确保所有接口牢固，避免水沾湿电线。

10. 使用燃气灶时，在烹饪过程中不可离开厨房。

认真地学好各种生活技能，会让我们的人生越走越宽阔，而在具体的操作过程中，谨慎与细心是必不可少的。

2 晚上回家时，好像被人跟踪了，怎么办？

我家住在一个小巷子里：因为是奶奶留下来的老房子，所以基础设施很差，巷子里的路很泥泞，很难走，而且还要拐好几个弯，甚至里面连路灯也没有……

妈妈说等我上完初中，就可以搬家了，因为现在的房子离我的学校很近。我每天都在期待“搬家”……想赶紧结束在这里的日子！

上周，我像往常一样，放了学去上舞蹈课，因为马上就要舞蹈考级，所以我多待了一会儿，想着能多练习一会儿。下课的时候已经是晚上八点了，我坐上爸爸的车，疲惫席卷而来……

不知道过了多久，爸爸喊我下车，让我自己先回，他去隔壁的停车场停完车就回家。我没多想，迷迷糊糊地走下车，往巷子里走去。突然身后传来一个喷嚏声，我以为是爸爸，转头想拉着他一起走。没想到身后却是一个陌生男人。我后背一凉，很疑惑：“巷子里的邻居我都见过，他是谁呢？”

脑子里突然想到上周在抖音上刷到的一个女孩被绑架的视频，我开始感到害怕，于是加快了步伐，没想到后面的脚步声也开始急促起来，我害怕地跑起来，一边大喊：“爸爸妈妈！救命啊！”

“鑫鑫怎么了？”远处传来妈妈的声音，我一抬头看见妈妈的身影，忍不住大哭起来：“吓死我了，有个男的跟踪我……”

妈妈往远处张望，没发现我说的陌生人，便安慰我可能是我太累了，应该没事……

回到家我越想越不对劲：我明明看见了有个男的跟踪我，难不成是我眼花看错了吗？下次他还跟踪我怎么办？

——14岁女孩鑫鑫

一 不给坏人机会，发现坏人术

在新闻报道中，我们经常看到有少女失踪的事件发生，网络曾报道河南商丘的一名 18 岁少女，在凌晨与朋友聚餐后离奇失踪，至今没有消息。

类似的新闻让我们想到，近几年频频发生的女子夜晚失踪、被害的事件。夜晚是坏人出没的最佳时机，对于单独出行的女孩子来说，存在安全隐患。

青少年涉世未深，有些女孩子不知道社会上存在着很多危险和不确定性，在她们眼里，一切都很美好，殊不知身边就有“恶狼”，正在虎视眈眈。

那在平常的学习生活中，如果我们发现自己被人跟踪了怎么办？

英国警察教给公众的一个行之有效的个人防范技术叫“发现坏人术”。

当我们夜间在马路上行走时，发现后面有人在尾随，这时不要惊慌，马上走到马路对面去。

如果后面那个人跟随过来，就有一定的危险。我们再走回马路对面，如果那个人又跟过来了，可以判断此人就一定是坏人。这就叫“发现坏人术”。

这时，我们要迅速跑到人多的地方，如超市和商场，有灯光的地方等。千万不要往地下通道或过街桥上跑，这样都

有危险。

当然，避免危险最好的办法就是不给坏人任何机会，尽量不要在夜晚独自出门，如果必须出去也尽可能地与家人或朋友同行。

当我们无法找到较为安全的环境而跟踪者实实在在地逼近时，那么可以放开喉咙高声大叫，因为叫声很可能会吓退跟踪者，引起附近行人的注意，甚至给我们带来意想不到的帮助。

二 从家人和朋友那里获得支持

当鑫鑫爸爸去停车时，鑫鑫独自一个人走过阴暗的胡同，她感觉自己被跟踪了。鑫鑫的做法很直接，也值得称赞，就是告诉家人自己的处境，这一点非常重要，让别人知道自己在被跟踪。

假如我们像鑫鑫一样，感觉自己被跟踪了怎么办？

首先，告诉你信任的人你的遭遇，这会让你得到更多获助的可能。他们也能够持续关注你，协助保护你的安全。

你信任的人包括家人、亲密朋友、老师、同学或者其他小伙伴。

如果有跟踪者的照片，可以伺机将其照片传送给大家，或者对跟踪者的外貌进行详细描述，告诉他们如果看到这个人应该怎么做。举个例子，“如果你看到他请马上报警。同时请记得发短信给我，让我有心理准备”。

其次，在社交媒体上保护好自己的隐私。可以考虑完全删除账户里的信息，或严格限制使用。因为跟踪者很可能会利用你社交媒体上的信息来追踪你，知晓你的日常活动。如果你知道跟踪者和他的在线身份，一定要屏蔽他。

再次，制订一个当你自己受到威胁时可以迅速反应的计划。这个计划包括：找一个可以安全停留的地方，可以放置重要文件、留下可以联络到自己的电话号码，或在紧急情况时及时给他人发出求助信息。如果你觉得有必要，可以买一个应急包。

最后，还可以和家人、朋友约定一个暗语，在不能自由说话时可以表明你处于危险之中。例如，“今晚的课程我去不了了”，以此作为让朋友和家人报警的信号。

三 保障自身安全，从点滴细节开始

为了保障我们的自身安全，可以从注意点滴细节开始。

1. 改变作息习惯，尽量避免任何固定的模式。

放学路上换不同的途径，避免一直走一条路，避免一直一个人走路，尽量不要一个人夜晚出行。

2. 在公共场合要保持警惕。

在公共场合不要只顾埋头看手机，或是戴着耳机听音

乐，记住这句话：“人多处才更安全。”如果有必要的话，让朋友或家人陪着你，或者让朋友或同学送你。

3. 不要独自运动。

去健身房或户外运动时尽量在人多、光线充足的地方锻炼。不要戴耳机，随身携带防狼喷雾之类的防身物品。

4. 学习自我防卫技巧。

知道在受到攻击时怎么保护自己。在陌生环境中，要先熟悉周围的环境；学一些防身术，随身携带防身物品，并确保会使用它们；也可以让父母带我们去咨询警察，让警察推荐防身的工具。

夜晚外出时，要注意四周的动静，尽量避免走一些黑暗、偏僻的小马路，遇到事情一定要冷静慎重，切忌惊慌失措。

保障自身安全，需要我们从点滴细节入手，切不可大意。

3 一个人在家吃外卖，食物中毒了怎么办？

作为一个15岁的学生，我一般很少在家承担做饭的任务，但是今晚，我的父母都需要加班工作，所以我只能独自在家。不过我并不慌张，因为我已经习惯了一个人独处的状态。

晚上我决定点外卖，我选了一家看起来不错的餐馆。外卖看上去不错，我吃得也很开心。但是第二天醒来时，我开始感到非常不适：胃部剧烈疼痛，头痛，甚至开始恶心呕吐，我意识到自己可能食物中毒了。

我有些慌张和恐慌，不知道该做什么。我想打电话给家长，可是他们还在单位加班，一时回不来。这时，我想起了奶奶曾经说过，可以喝点醋，我也不知道行不行，不管三七二十一，我就倒了半碗米醋喝下去。

可是，我的肚子还是疼，于是决定找邻居帮忙。我敲响了邻居的门，邻居阿姨帮我拨打了急救电话，经过医生的帮助，我现在感觉舒服多了。

经过这件事后，我开始责怪自己："为什么没有慎重选择外卖呢？"如果我在点这家餐馆之前，多做一些调查和比较，或许现在就不会陷入这种境地了。

——15岁女孩琦琦

一 了解食物中毒及其特征

学生食物中毒似乎并不是一个陌生的话题，几乎每年都会发生此类案件。那么，该如何预防食物中毒？食物中毒后又有什么急救措施？

食物中毒包括细菌性食物中毒（如大肠杆菌食物中毒）、化学性食物中毒（如农药中毒）、动植物性食物中毒（如木薯、扁豆中毒）、真菌性食物中毒（毒蘑菇中毒）。食物中毒来势凶猛，时间集中，无传染性，夏秋季多发。群体食物中毒的表现是，在短时间内，吃这种食物的人单个或同时发病，以恶心、呕吐、腹痛、腹泻为主，往往伴有发烧。严重的，还可能出现脱水、酸中毒，甚至休克、昏迷等症状。

虽然食物中毒的原因不同，症状各异，但一般都具有如下流行病学和临床特征：

1. 潜伏期短，一般由几分钟到几小时，食入“有毒食物”后于短时间内几乎同时出现一批病人，来势凶猛，很快形成高峰，呈暴发流行。

2. 病人临床表现相似，且多以急性胃肠道症状为主。

3. 发病与食入某种食物有关。病人在近期同一段时间内都食用过同一种“有毒食物”，发病范围与食物分布呈一致性，不食者不发病，停止食用该种食物后很快不再有新病例。

4. 一般人与人之间不传染。发病曲线呈骤升骤降的趋势，没有传染病流行时发病曲线的余波。

5. 有明显的季节性。夏秋季多发生细菌性和动植物食物中毒，冬春季多发生肉毒中毒和亚硝酸盐中毒等。

食物中毒后第一反应往往是腹部的不适，中毒者首先会感觉到腹胀，一些患者还会腹痛，个别的还会发生急性腹泻。与腹部不适伴发的还有恶心，随后会发生呕吐的情况。

二 紧急情况下的自救措施

一旦出现上吐、下泻、腹痛等食物中毒症状，首先应立即停止食用可疑食物，同时，立即拨打急救电话120。在急救车来到之前，可以采取以下自救措施：

1. 催吐。对中毒不久而无明显呕吐者，可先采取用手指、筷子等刺激其舌根部的方法催吐，或让中毒者大量饮用温开水并反复自行催吐，以减少毒素的吸收。如经大量温水催吐后，呕吐物已为较澄清液体时，可适量饮用牛奶以保护胃黏膜。如在呕吐物中发现血性液体，则提示可能出现了消化道或咽部出血，应暂时停止催吐。

2. 导泻。如果病人吃下去的毒物时间较长（如超过两小时），而且精神较好，可采用服用泻药的方式，促使有毒食物排出体外。用大黄、番泻叶煎服或用开水冲服，都能达到导泻目的。

3. 解毒。如果是因吃了变质的鱼、虾、蟹等引起的食物中毒，可取食醋 100 毫升，加水 200 毫升，稀释后一次服下。此外，还可采用紫苏 30 克、生甘草 10 克一次煎服。若是误食了变质的防腐剂或饮料，最好的急救方法是用鲜牛奶或其他含蛋白质的饮料灌服。

4. 保留食物样本。由于确定中毒物质对治疗来说至关重要，因此，在发生食物中毒后，要保存导致中毒的食物样本，以提供给医院进行检测。

当然，以上这些紧急处理措施只是为治疗急性食物中毒争取时间。在紧急处理后，患者应该马上进入医院进行治疗。

值得注意的是，当出现呕吐、腹泻、舌苔和肢体麻木、运动障碍等食物中毒的典型症状时，要注意：

1. 为防止呕吐物堵塞气道而引起窒息，应让中毒者侧卧，以便吐出呕吐物。

2. 在呕吐中，不要让病人喝水或吃食物，但在呕吐停止后应马上为其补充水分。

3. 留取呕吐物和大便样本，给医生检查。

4. 如腹痛剧烈，可取仰睡姿势并将双膝弯曲，有助于缓解腹肌紧张。

5. 腹部盖毯子保暖，这有助于血液循环。

6. 当出现脸色发青、冒冷汗、脉搏虚弱时，要马上去医院，谨防休克症状。

一般来说，进食短时间内即出现症状，往往是重症中毒。学生敏感性高，要尽快治疗。食物中毒引起中毒性休克，会危及生命。

7. 病人出现抽搐、痉挛时，应马上将病人移至周围没危险物品的地方，并取来筷子，用手帕缠好塞入病人口中，以防止病人咬破舌头。

“舌尖上的安全”很重要

琦琦出现类似中毒的情况，首先应拨打急救电话 120，在等待的过程中，根据自身情况，可以自己催吐或解毒，注意保暖，保存体力，等待医生的到来。

防止食物中毒，哪些食物不要吃？

1. 不吃变质、腐烂的食品。

2. 不吃被有害化学物质或放射性物质污染的食品。

3. 不生吃海鲜、河鲜、肉类等。

4. 不食用病死的禽畜肉。

5. 不吃毒蘑菇、河豚、生的四季豆、发芽土豆、霉变甘

蔗等。

中学生食品安全应注意的问题有哪些？

1. 应到正规商店里购买食品，不买街边的“三无”食品。

2. 购买正规厂家生产的食品，尽量选择信誉度较好的品牌。

3. 仔细查看商品标签，食品标签中必须标注：产品名称、配料表、净含量、厂名、厂址、保质期、产品标准号等。不买标签不规范的产品。

4. 了解食品是否适合自己食用。

5. 区分保质期和保存期。保质期（最佳食用期）是指标签指明的储存条件下，保持品质的期限，在一定时间内食品依然可以食用。保存期（推荐最后食用日期）是指标签指明的储存条件下，预计的终止食用日期，超过保存期的食品不宜食用。

预防食物中毒，我们需要在平时保证“舌尖上的安全”，学会挑选食物，拒绝不安全食物入口，这是保证身体健康的根本。

4 冬天用热水袋取暖，手被大面积烫伤，怎么办？

由于没有取暖设备，每年到了深冬季节，我都会觉得很冷。从小学开始，每当晚上我准备睡觉的时候，妈妈总会贴心地为我准备好热水袋。

一天晚上，当我正接过妈妈灌好开水的橡胶热水袋时，热水袋瞬间从中间爆裂，滚烫的热水喷涌到了我的手上。我感到一阵钻心的疼痛，就像是被火灼烧了一样。妈妈吓坏了，赶忙打开冷水喷头给我冲伤口。我的手被大面积烫伤，疼得说不出话来。

冲冷水时，烫伤处的灼烧感减轻了很多，冲了很久后，妈妈简单给我包扎好伤口就带我去了医院。医生诊断为二度热液烫伤。医生告诉妈妈，多亏她处理及时，为我后续的治疗打下了好的基础。

现在，我的手上有一条长长的伤口，伤口已经愈合，但留下了难以去除的红色瘢痕。我觉得，烫伤急救知识太重要了，我也要像妈妈一样，掌握一些烫伤知识。

——13岁女孩小甜

一 烫伤后正确的处理步骤

冬季是烫伤事件的高发期，当我们不小心被烫伤后，该如何进行急救呢？下面我们从三个部分来进行学习。

被热水烫伤的处理方式主要看烫伤的程度，不同程度烫伤有不同的处理方式，具体如下：

一度烫伤，也就是烫伤只损伤到了皮肤表层，局部出现轻度红肿，没有水疱，疼痛不明显。一度烫伤急救措施如下：

可以拧开水龙头，用凉水冲 10 分钟左右，水别开得太大，否则不小心又伤到已经烫伤的皮肤了。凉水冲的目的是对烫伤部位进行降温处理。

如果烫伤的时候是穿着衣物的，请不要脱掉衣物，不然会使烫伤的皮肤第二次受伤。直接穿着衣物用凉水冲 10 分钟左右，再用剪刀小心把烫伤部位的衣物剪开。

如果家里有白酒或者酒精，可以在烫伤部位轻轻擦白酒或者酒精。白酒或者酒精挥发得很快，一会儿就干了，多擦几遍，烫伤部位能迅速降温。

二度烫伤，也就是有真皮损伤，出现红肿，并且有疼痛感，有水疱出现，水疱是需要挑破的，否则容易化脓感染。最好去医院找医生挑破之后涂上烫伤膏，然后进行包扎，包扎的松紧度要合适，不宜过紧，不然会影响血液的流通。

三度以上的烫伤就要去医院进行治疗了，在就诊的过程中不要大量饮水，否则烫伤处就会出现水肿现象。并且在治疗期间，不要吃颜色深的食物，比如酱油，这样会导致人体的色素沉积，会导致烫伤处留下疤痕和印记，同时也不要吃一些辛辣刺激、容易上火的食物，比如辣椒、大蒜，不然会延长伤口的愈合速度。

烫伤处理常见误区以及可能造成的危害

很多人都知道一些烫伤后的处理方法，会自己进行简单的处理，但你知道这些方法是否科学吗？其实烫伤后有些处理方式是错误的：

错误做法一：烫伤后立刻冰敷

我们都知道高温会伤害皮肤，其实低温也会伤害皮肤。烧烫伤后，受损的皮肤已经失去表皮的保护，所以不可以直接冰敷，以免冻伤。要立刻以缓和、流动的冷水冲 30 分钟，或冲到不痛为止。

错误做法二：烧烫伤后立刻涂抹药膏

涂抹药膏会让热能包裹在皮肤上继续伤害皮肤。立刻冲水降温，待伤口不痛后涂抹药膏，才是正确的处理方式。

错误做法三：用力包扎

伤口紧急处理后要用无菌纱布轻轻包扎伤口，用力过度

则会弄破水疱，对伤口造成更大的伤害。

错误做法四：涂抹酱油、咖啡、蜂蜜等

涂抹酱油、蜂蜜等并不是科学的方法，反而有可能帮倒忙。酱油、蜂蜜等不仅本身不卫生，而且还有利于细菌的生长，是没有任何治疗作用的。

我们需要注意的是，冬季是烫伤事件高发期，可能因摔倒手按在暖气片上被烫伤，脚不小心踩到烤火炉上被烫伤，或者晚上睡觉时皮肤直接接触热水袋导致低温烫伤，这些烫伤虽然看起来面积较小，但深度可能较深，处理不当，可能会导致疤痕产生。烫伤后的急救主要包括冲、脱、泡、盖、送。我们不要盲目急救，一定要先冷静下来，运用平时所学到的知识进行正确的急救。如果不知道如何急救，最好是赶快寻求父母的帮助，赶紧到附近的医院进行治疗。

三 烫伤的预防措施

在日常生活中要预防烫伤，需要注意的方面如下：

1. 应保持地板干燥以免拿热东西时滑倒。端茶倒水时应招呼一声，以免烫伤他人。

2. 用微波炉或烤箱加热食物后，要先断电，然后戴上隔热手套，从中取出食物。

3. 家里的热水瓶不要放在地上，容易被踢倒，要放在安全处。

4. 洗脚时，泡脚前要养成先试水温的习惯，以防止被热水烫伤。

5. 冬季，热水袋、暖气片等保暖设备的操作不当都可能引发烫伤危机。冬季要特别注意保暖器具使用安全。

小甜的烫伤可能是热水袋使用时间太久，老化破裂所致。意外伤害无法预料，重在防范，我们一定要注意冬季取暖安全，提醒父母及时更换老化的取暖设备。

此外，我们取暖时，注意时常观察取暖设备及使用者，确保设备的安全使用及使用者的安全；使用烤火炉时，距离不要太近，不要长时间对着一个位置；使用电热毯，温度不要设置得过高，待被窝暖和后，应在上床前断掉电源；使用暖宝宝需隔着几层衣服贴用；使用热水袋取暖时，水量不宜太满，水温不宜过高，热水袋外面最好用布包裹隔热；如果想用热水袋暖被窝，把热水袋放于两层毯子中间，使它不直接接触皮肤或仅在睡前使用，睡觉时取出。

安全问题，预防第一。我们要在平时生活中不断增强预防危险的意识。

5 都快半夜了，好友约我出去聚会，怎么办？

这是一个寒假结束前的晚上，爸爸妈妈去外地出差了。

我独自在家做寒假作业。家里很安静，窗外能看到路灯微弱的光芒，还能听到时不时传来的树叶摩擦声。

九点的闹钟刚响不久，突然我的手机响起了信息提示音。我看了一下，是好友发来的："今晚我们几个同学玩桌游，你一起来玩啊！"

看着屏幕上的消息，我很犹豫，脑海中有两个声音在激烈对抗。

一方面，这段时间努力赶作业很辛苦，开学后就要紧张地学习了，真的很想趁这个机会放松下；另一方面，想着妈妈千叮咛万嘱咐过的："晚上要关好门窗，早点睡觉，不要随意地出门。"

"怎么办呢？"在我内心挣扎之际，我还是在微信上和好友说："好的，等我一会儿，我准备一下过来。"我真的太想放松了，我开始换衣服，拿上包，打开门出去。

当大门打开的刹那，叮咚，手机上很巧地跳出妈妈的信息："笑笑，你今天睡前牛奶喝了没啊？电视不要看太久，早点睡觉哦，做个好梦！"

我心里瞬间泛起了害怕和后悔，自责自己怎么能瞒着妈妈出去呢？至少要和爸爸妈妈说一声，让他们知道我去了哪里……

——15岁的笑笑

一 保护自己，是一种责任

安全，是我们需要植入脑海和心灵深处的一个词。

安全包含哪些方面呢？除了人身安全之外，还有财产安全，这两者不同，但又息息相关。

我们都知道，保护自己是人人都应该做的事情。

在青春期的路上，我们经历快速发育，需要不断探索自我、完善性格。在这个过程中，我们往往敏感而脆弱，想要保护好自己，需要我们尊重生命，重视安全。

临近半夜，独自外出，是有一定的安全隐患的。隐患像隐藏的小狼，观望着我们，一旦我们哪个行为让它有机可乘，可能就来猎食我们。

日常生活中，我们出行时要注意以下方面：

1. 路线和时间：尽可能选择人流量大、灯光明亮、治安良好的安全路线和时段，避免走偏僻地带。

2. 防身的工具：携带一些防身工具，如防狼喷雾、警报器等，以便在紧急情况下能够自卫。

3. 注意周围环境：如果发现可疑人员或者形迹可疑的陌生人，要保持警惕并及时离开。

4. 行踪记录：共享自己的行踪记录和联系方式，以便在紧急情况下得到帮助。

5. 不要随意暴露个人信息：注意在社交媒体或者其他公

共场合的信息保护，以避免被人盯上或者跟踪。

6. 遇到需要转钱的情况要及时告知父母，以防被人诈骗。

有效的技能和常识，是我们保护自己安全的基石，我们必须留心掌握。

二 家庭的安全，需要彼此守护

有一名行人在一团漆黑的路上小心翼翼地走着，心里懊悔自己出门时为什么不带上照明的工具。

忽然，前面出现了一点光亮，并渐渐地朝他靠近。灯光照亮了附近的路，行人走起路来也顺畅了一些。待到他走近灯光时，才发现那个提着灯笼走路的人竟然是一位盲人。

行人十分奇怪地问那位盲人："你双目失明，灯笼对你一点用处也没有，为什么要打灯笼呢？不怕浪费灯油吗？"盲人听了他的问话后，慢条斯理地回答："我打灯笼是为了给别人照路，因为在黑暗中行走，别人看不见我，我便很容易被人撞倒。而我提着灯笼走路，灯光虽不能帮我看清前面的路，却能让别人看见我。这样，我就不会被别人撞倒了。"

这位盲人用灯火为他人照亮了原本漆黑的路，帮助了他人，同时也保护了自己。

我们为爸爸妈妈着想，就是为自己考虑。家庭的安全，需要一家人共同守护。

在笑笑目前这种情况下，爸爸妈妈在外地，所以不适合在深夜参加好友的聚会，以免家人担心。

笑笑可以用婉转的语气，向好友解释今天爸爸妈妈出差了，自己需要早些休息。积极的沟通解释，有助于别人理解并尊重我们的选择。

虽然聚会可能会让笑笑感到放松和愉快，但是这么晚一个青春期的女孩子独自外出，站在爸爸妈妈的角度，该有多担心啊！

三 近朱者赤，近墨者黑，多交益友

保护自己不是自私，而是一种责任。

美国著名主持人奥普拉一直非常注重自我保护。她外出时经常携带防身用品，如喷雾剂等，以备紧急情况。同时在她的个人生活中，也会十分谨慎地打理自己的社交圈，只和那些值得信任的人交往，避免在人际关系中遭受不必要的伤害。

奥普拉表达了她对于保护自己的看法，而且她通过自身的经历向人们提醒了保护自己的必要性。在青春期的成长过程中，我们也需要关注自己的个人安全和健康，明确自己的底线和原则，并慎重地选择社交圈子。

伟大的诗人歌德也说过："只要你告诉我，你交往的是些什么样的人，我就能说出，你是什么样的人。"

我们要选择与那些值得信任、具有正面影响的人建立友好关系，以减少不必要的伤害。

晋代傅玄的《太子少傅箴》有一句话是"近朱者赤，近墨者黑"，即靠近朱砂会被染成红色，靠近墨水会被染成黑色。

环境会影响和改变人的性格和习惯。我们选择社交圈子时要慎重，明确自己的底线和原则，时刻注意以下两点：

1. 要学会观察。观察对方的着装、礼仪、言谈举止、有无不良嗜好等。

2. 要学会说"不"。假如自己对一些邀约存在疑惑，要语气坚定、勇敢地说"不"。

笑笑也可以和爸爸妈妈经常沟通关于自己朋友圈的情况，这样即使出去聚会，只要是爸爸妈妈认可的，他们就不会太担心，自己的安全也会是有保障的。

希望每一个青春期的女孩子，都能照顾好自己，保持警惕，为自己的青春保驾护航，让青春之帆潇洒前行！

6 一个人在家，楼道里传来一股很浓的煤气味，怎么办？

我是一个15岁的女孩，今天放学回家后，发现家里只有我一个人。我打开电视，准备看一会儿，突然间，闻到了一股很浓的让人不舒服的味道。我立刻关掉了电视，仔细闻了一下，发现味道应该是楼道里传来的。

我有些紧张，不知道该怎么办。我走到门口，打开门，发现楼道里的味道更加浓烈了，是一股明显的像臭鸡蛋一样的味道。

我开始感到害怕，我知道这是一种危险的气体，恐惧让我头皮发麻。

在给父母打电话无人接听后，我开始感到头晕，不知道该怎么办。我走到邻居家门口，按响了门铃，最后邻居打了燃气客服热线报险，在客服的指导下，我们才迅速做了转移，脱离了危险。

我现在回想这个事件，还是很害怕。我想知道，遇到煤气泄漏，我该怎么办？

——15岁女孩君来

一 燃气安全，正确操作非常重要

燃气安全，关乎你我，因为煤气泄漏可能会导致爆炸或中毒，在这种情况下，你可以按照以下步骤处理：

1. 立即打开门窗，让新鲜空气流通，以减轻室内的煤气浓度。

2. 切勿打开火源及任何电器的开关。

3. 勿使用手机、电话、对讲机等可能会发出火花的工具及设备。

4. 避免使用电梯，应选择楼梯下楼，并戴上口罩以防止吸入毒气。

5. 如果有其他邻居在家，可以敲响他们的房门，并寻求帮助。

6. 如果没有邻居在家，可以拨打当地的燃气公司、消防救援局等相关单位的应急电话，报告自己的危险情况，并请求支援。

总之，在这种情况下，最重要的是不要慌乱，要尽快采取措施并寻求帮助。记住要时刻保持清醒，以确保自己的安全和健康不受影响。

二 不使用一点点明火

有这样一则新闻报道，河北石家庄行唐县一女子进厨房准备做饭时闻到了浓烈的煤气味，她喊来丈夫给厨房通风，然而，丈夫没有第一时间开窗而是想用排风扇通风，不料，插电时插头和插座产生电火花，导致爆燃瞬间发生，这对夫妻被冲击波冲到了院内双双重度烧伤。

燃气泄漏时，为什么不能使用一点点明火？

这是因为，当空气中天然气浓度达 5% ～ 15% 时，遇到明火便会发生爆炸。

在日常使用燃气时，如果发现燃气泄漏，必须严格遵循以下要求：

1. 家中不要出现明火！

2. 不要去开关任何电器（电灯、冰箱等）！

3. 就连门铃也不要按！

因为一点点电火花都可能引发爆炸。

所以，君来在没有这方面知识时，先是关掉了电视开关，又拨打了电话，这些都是存在危险的行为。以后我们要谨记，遇到燃气泄漏，先关闭总开关，开窗通风，不碰任何的电器，让自己撤离到一个安全的环境，再拨打燃气客服电话电话抢修。

三 燃气泄漏发生失火怎么办

燃气一般包括天然气、人工煤气、液化石油气。

天然气和人工煤气以管道方式输送到居民家中，液化石油气通常以瓶装方式供应居民。天然气和人工煤气密度比空气小，泄漏后容易扩散；液化石油气密度比空气大，泄漏后易积聚，不易扩散。

燃气泄漏发生失火怎么办?

这时切勿惊慌失措，切断气源是扑救燃气火灾的关键。

1. 首先关闭钢瓶角阀或燃气管道阀门，以切断气源。（在一般情况下，只要关闭阀门，断绝气源，火焰就会逐渐熄灭。）

2. 为了防止在关闭气瓶阀门时被火烧伤，手上可以戴蘸水的手套或垫上条湿毛巾，侧着身子，面部避开火焰。

3. 如果气瓶阀门失灵，可以将气瓶挪到空旷的地方，并保持气瓶直立，将其以燃烧的方式自然排空。

4. 使用干粉灭火器进行灭火。

5. 如果感觉火势无法控制，应及时撤离现场，立即拨打灭火急救电话 119，有人烧伤需同时拨打急救电话 120。若发现有人一氧化碳中毒，应立即将患者转移到通风处，并采取保暖措施，拨打急救电话 120。

同时，拨打燃气客服抢险电话，并做好接应的工作。

6. 气瓶着火时，往往有呼啸声，这时不要因担心爆炸而惊慌失措，只要气瓶仍然竖着放置，液化石油气会稳定燃烧，只要周围环境的气温不超过六十摄氏度，气瓶就不会爆炸。而在一般情况下，气瓶周围温度是不容易达到爆炸温度的。

7. 把喷嘴处着火的气瓶碰倒十分危险。因此，如果气瓶碰倒了要及时扶起来，并立即把阀门关紧，这样就能够排除险情。

居家生活，燃气安全非小事，人人都需要有安全意识和安全知识。

第2部分

CHAPTER 2

出门危险要谨防

7 爬山时不小心被蛇咬了，怎么办？

上周末爸爸去参加公司举办的爬山活动，可以带一名家属，爸爸果断选择了“年轻力壮”的我。

前一天晚上，我就把爬山的衣服、鞋子、帽子、水杯……能想到的全部找出来，蓄势待发，随时准备着和老爸一起：王者出击。

兴奋了一晚上没睡，第二天早上，我早早起来等爸爸……到了地点，简单说了下规则，我们的爬山活动就开始了：谁先到山顶拍照，谁就可以获得一等奖！

我兴奋极了，拉着爸爸就开始爬……爬到一半，爸爸喘得上气不接下气……眼看着有人已经超过我们，我心里开始焦急起来，我随口吐槽了一句爸爸，然后甩开步子努力往上走，爸爸在身后叮嘱我要小心，我却并没有当回事，还喃喃道：不就爬山吗？能有什么危险？

凭着自己的年轻，我一路冲到了最前面，眼看着后面的人都没了踪影，我心里暗自窃喜……到了山顶以后，我拍了“冠军照片”发到群里，心里美滋滋的，随便找了块石头坐下。正当我沉浸在群里的夸赞声中时，突然感到小腿有点痒，我拿开手机低头一看：居然是蛇！

我吓得立马起身甩开，没想到它却咬着我不松口……我害怕极了，大声呼救着，还好后面的叔叔马上赶到，帮我赶走了蛇，把我背下了山……

医生说没什么大事，我和爸爸便回了家。晚上妈妈知道后，一顿批评教育爸爸和我，并警告我以后不许单独爬山！

我觉得很委屈，我喜欢爬山，但是又很害怕下次爬山会再次被蛇咬……我不知道该不该继续这个运动。我该怎么办呢？

——13岁女孩梅梅

一 保持冷静，做好减毒措施

被蛇咬伤后，我们感到害怕、伤心、恐惧，这些负面的情绪是正常的，它们有利于我们打起精神，来应对这个突发事件。

在被咬后，如果蛇还没走远，我们需要给蛇拍张照，以备后用，如果需要注射血清，可以更有针对性。同时，拍完照立即请求周围人的帮助或者打电话告知亲人。

由于一般人无法确定咬伤自己的是不是毒蛇，因此，为了以防万一我们要做好减毒的措施：

1. 立即脱掉被咬部位的衣物，以免阻碍血液循环。

2. 保持身体平静，不要剧烈活动，以减缓毒素扩散的速度。

3. 将患肢制动，尽量放低肢体，迅速从远心端向近心端挤出伤口内的血液，减少毒素的吸收。

4. 在到医院之前，用清水或生理盐水清洗伤口，切勿使用酒精、碘酒等进行消毒，避免刺激伤口。

5. 尽快到医院寻求专业治疗，医生会根据蛇的种类和伤情给予相应的治疗。

既然事情已经发生，我们需要让自己迅速冷静下来，有频率地深呼吸，调整自己的情绪，同时在心里进行自我暗示：“一定会没事的！”

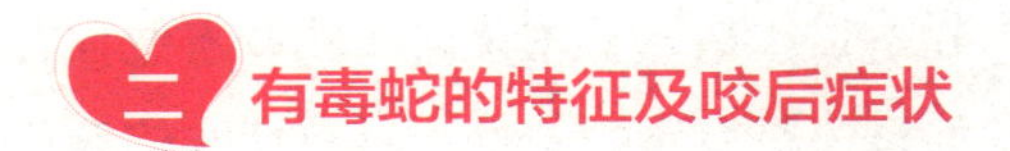

二 有毒蛇的特征及咬后症状

蛇咬伤后，如果15分钟后没有出现疼痛、发红等表现，很可能是非毒蛇咬伤，或是毒素尚未进入体内，一般无须特殊治疗。但一定要警惕下列症状：

1. 伤口剧烈灼痛。

2. 伤口肿胀和淤青，可能延伸到四肢。

3. 恶心、呕吐。

4. 呼吸困难、全身无力感、感觉异常。

5. 皮肤刺痛、发声困难、自发性出血等神经系统症状。

6. 口腔有橡胶味、薄荷味等特殊气味。

症状严重时，我们要立即就医。

当被蛇咬伤后，如何判断蛇是否有毒呢？可以根据以下几点：

1. 观察蛇的眼睛：大多数有毒蛇的瞳孔呈扁圆形，而无毒蛇则呈圆形。同时，有毒蛇的眼睛比较小而深陷，无毒蛇则相对较大而突出。

2. 观察蛇的头部和身体形态：有毒蛇的头部一般比无毒蛇宽且呈三角形，这是由于有毒蛇的头部里面有毒囊所致；而无毒蛇的头部相对较小而圆润。此外，有毒蛇的身体通常比无毒蛇厚实，这是因为有毒蛇需要储存毒液以应对外界的风险。

3. 观察蛇的颜色和斑点：虽然并不是所有的有毒蛇都有明显的颜色和斑点，但是一些有毒蛇的身上具有特殊的颜色和斑点，例如红色、黄色、黑色等醒目的颜色，三角形或菱形的斑点等。因此，如果发现蛇身上有这样的颜色或斑点，需要格外小心。

4. 观察蛇的行动和攻击方式：一些有毒蛇在攻击时会进行预警，如摇头、嘶声、猛扑等，而无毒蛇则相对比较温顺，不会轻易攻击人类。

5. 需要注意的是，以上方法不能 100% 地确定一条蛇是否有毒，如果我们不了解该蛇种的特点，请尽量避免与其接触，以防意外发生。

三 做好准备，减少意外发生概率

虽然爬山伴随着一定的风险，但爬山是一项非常健康、能够锻炼身体的运动，只要提前做好准备，我们不必过于担心。

那么爬山时需要做好哪些准备呢？

1. 选择适合自己的路线：不同难度级别的路线对身体的耗费不同，选择与自己身体状况相符的路线既可以很好地保存体力，又可以减少意外发生的概率。

2. 了解当地的气候情况：在爬山之前，最好查看气象预

报，避免遇到恶劣天气，从而减少出现危险的可能性。

3. 携带必要的装备：根据所在地区的情况，携带必要的装备，如登山鞋、手套、防滑鞋等，以便在爬山过程中更好地保护自己，避免受伤。

4. 注意营养摄入：爬山需要较大的体力支持，因此在爬山前要保证充足的能量供给，以免身体因为缺乏营养而出现疲劳等症状。

5. 保持水分摄入：爬山期间要随身携带水，保持身体的水分供应，避免脱水。

6. 与伙伴一起行动：推荐与朋友或者有组织的爬山队一起行动，这样可以彼此照应，万一出现危险情况也能及时援助。

7. 注意其他野生动物和植物：了解当地的野生动物和植物，以避免意外伤害，如毒草等。

总之，在进行爬山活动之前，一定要对自己的身体状况做好评估，并注意安全事项，以减少发生意外的概率。

8 春天到了，怎样预防被传染感冒？

春天是一个美好的季节，鲜花盛开，草木萌生。但我每年春天总会感冒，真是太糟糕了。

几天前，我感觉身体有些不适，喉咙痛，打喷嚏，我知道马上就要感冒了。在学校，我无法专心听老师讲课。下课后，同学们都相继离开了教室，只剩下我一人待在教室里。

突然，我感觉一阵寒意袭来，但我很快发现不是外面的风在吹，而是教室里变得异常冷清。我用胳膊抱紧自己，试图以此取暖。

记得有一年，还因为感冒去住了一周院，这让我不禁后怕，我知道自己需要赶紧想办法治好这次感冒。我跑到健康中心，医生给我调配了一副药方，并告诉我应该多多锻炼身体，保持充足的睡眠。

回到家，我对着镜子自己检查了一下，喉咙非常疼，而且还全身酸痛……当别人享受春天的时候，我却要考虑如何克服春季带来的健康问题。我什么时候才能像其他人一样可以无忧无虑地享受这明媚的春光呢？

——14岁女孩芳芳

 关于感冒的三个“一”真相

感冒看起来是小病，实际上是一种全身性疾病。细菌、病毒可侵入血液循环系统，其所到之处可引发多种疾病。感冒特别容易侵害体质弱的人群。而一些人由于生活不规律，身体缺乏锻炼，学习压力大，精神紧张，加之出入人员密集场所，接触细菌和病毒感染的机会增多，就容易感冒。

不论何种疾病，都是机体免疫力与致病因素之间相互作用的结果，如果机体抵抗力强于致病因素的作用，那么机体就会非常健康，反之，则会发病。感冒更是如此，过度疲劳、睡眠不足、心情不好以及患有一些慢性疾病、体质虚弱者更容易患上感冒。

威斯康星大学医学与公共卫生学院 2010 年 10 月发布的一份《感冒白皮书》，为我们揭露了有关感冒的三个“一”真相。

第一个“一”：感冒是一种由病毒引起的上呼吸道感染“综合征”，有超过 100 种的病毒可能诱发感冒。

第二个“一”：一般来说，感冒的症状会持续一星期，不论服药与否。

第三个“一”：感冒的起点，应该是出现症状的一天前，此时病毒已经在你的体内驻扎。

更确切地说，感冒病毒会在体内潜伏 18~48 个小时，然

后突然爆发。最早出现的症状主要包括咽喉肿痛、打喷嚏、鼻塞流涕、身体疲倦。在英文中，由于“感冒”和“寒冷”为同一词，很多人都觉得感冒是“冻出来的”。“事实并非如此。不管你是衣服穿得太少、光脚走在地上还是头发没吹干就出门，这些都不会导致你感冒——但是会导致抵抗力下降，让病毒有机可乘。”美国注册护理师菲利斯·布朗说。相比之下，干燥更容易带来感冒，因为身体黏膜的抗病毒能力会因为缺水而下降。

感冒攻击每个人的次数也不一样。根据美国疾病预防控制中心的统计，儿童每年会感冒 8~10 次，上学的学生会达到 12 次之多，这不是因为学生抵抗力差，而是因为学生们关系更亲密，病毒传播的概率更大。

二 预防感冒，物理疗法也有效

预防感冒除了吃药治疗外，也可以用一些物理疗法。

1. 热水泡脚。每晚用较热的水（温度以能接受为度）泡脚 15 分钟。要注意泡脚时水量要没过脚面，泡后双脚要发红才可预防感冒。

2. 盐水漱口。每天早晚、餐后用盐水漱口以清除口腔病菌。流感流行的时节应注意用盐水漱口，此时仰头含漱使盐水充分冲洗咽部效果更佳。

3. 坚持有氧运动。每天到户外进行有氧运动。根据个人爱好，可选择步行、慢跑、打球、广播体操等。这样可有效增强心肺功能，促进血液循环和新陈代谢，提高身体抵抗力和对气候变化的适应能力。此外，有眼睛干涩症状者，可在工作间隙做一分钟眨眼运动，以促进泪液的分泌和循环。咽干舌燥者，可做舌头操，每天晨起后微闭口唇，舌添上腭，当唾液满嘴时，随意念徐徐咽下，如此反复3~4次，可起滋润口腔，濡养脾胃的作用。

4. 冷水浴面。每天洗脸时要用冷水，用手掬一捧水洗鼻孔，即用鼻孔轻轻吸入少许水（注意勿吸入过深，以免呛着）再擤出，反复多次。

5. 按摩鼻沟。两手对搓，掌心热后按摩迎香穴（位于鼻唇沟内、鼻翼外缘中点）十余次，可以预防感冒及在感冒后减轻鼻塞症状。

三 对付感冒三件宝和感冒后要做的九件小事

感冒虽然不是大病，但持续不断的症状却让很多人坐立难安。对此，《感冒白皮书》针对喉痛、咳嗽、鼻塞三大症状，给出了缓解的小窍门。

喉痛：淡盐水。将7.5克盐溶解在250毫升温水中，缓慢漱口可以缓解咽喉肿痛，每隔6~8小时漱口一次。不要使用刺激性的漱口水，它们可能会加剧呼吸道干燥。吞咽较硬的食物，最好慢些，以免划伤咽部。如果声音沙哑，就避免在嘈杂的环境中说话或大声叫喊。还可以准备一些含片或喷雾，症状较重时使用。

咳嗽：止咳糖浆。咳嗽是身体清除外源性物质的一种手段，但剧烈地咳嗽会影响睡眠或导致胸痛。最好的办法是，在咳嗽剧烈的时候喝点止咳糖浆。

鼻涕：热蒸汽。擤鼻涕的时候最好使用软纸巾，这样可以防止鼻子被蹭破。擤鼻涕切忌太用力，程度的标准是以耳朵听不到嗡嗡声为宜，以免对耳膜造成损害。如果鼻涕难以擤出，可以“闻闻”热蒸汽或薄荷油，或使用滴鼻液。

感冒后必做的九件事：

1. 多睡觉：睡觉就是“最好的感冒药”，每天一定要保证 8 小时睡眠。如果可以的话，最好请假在家休息 1~2 天，这样可以避免将疾病传染给他人。

2. 补充维 C：不管是服用维生素 C 补充剂，还是吃点富含维 C 的水果，比如枣、橙子、猕猴桃、橘子、柚子等，都能起到缓解感冒症状的作用。

3. 吃块黑巧克力：英国伦敦大学的研究还显示，它不仅能补充抗氧化剂，其中所含的可可碱有止咳功效。

4. 打开加湿器：干燥的空气会让呼吸道感到不适，在床边或沙发边放置加湿器，可以让呼吸更顺畅。

5. 吃流体食物：热汤和热粥都是不错的选择。热汤和热粥的蒸汽也有助于缓解鼻塞。

6. 多喝水：换个大水杯，注意补充水。

7. 远离乳制品：奶酪等较难消化的奶制品，感冒时最好别吃。

8. 服用非处方药：布洛芬、对乙酰氨基酚或止咳糖浆等非处方药都能减轻感冒的症状。

9. 耐心等它过去：一般感冒需要 7 天左右才会自行消失。但如果症状持续或没有好转，就需要及时就医。

9 夏天在小河边看到有人溺水了，怎么办?

奶奶家在乡下，那是我最喜欢的地方。从小学一年级开始，每年的寒暑假我都要回奶奶家：可以在菜园子里摘喜欢的菜，可以在院子后的小河里捉虾，简直是太开心了！

上个月15日，是我放假的第一天。早上六点，我早早地起床，快速地洗漱过后，跟着爸爸来到火车站，坐上了回奶奶家的火车。沿途的风景很美，而我在幻想着自己去奶奶家无忧无虑的田园生活，心里感到期待又兴奋……

一到奶奶家，我就像脱缰的野马一般，拿起自己的"捕捞工具"直奔后山的小河……

正当我玩得起劲，隐隐约约听见上游传来呼救声："救命……救……"。我猛地一惊，抬头发现小河最湍急的地方，似乎真的有一个女孩溺水了！

我一下子懵住了，在心中不断地对自己发问：我该怎么办？我该怎么办？！耳边不断地传来的呼救声，让我来不及多想便飞身跑到女孩落水处，刚想跳下去，旁边路过的一个大叔抢先一步，把女孩救了上来……

幸好女孩没事，大叔也没事，但我也开始后怕：因为我忘记了自己不会游泳！幸好没有跳下去，不然……

现在事情已经过去很久了，但我还是心有余悸，以后如果再遇到这种情况，我该怎么办呢？

——13岁女孩只只

一 阴影背后，往往暗含成长的可能

每个人的一生中，或多或少会遇到一些阴影，考试失利、意外事故等，这些都可能让我们在一段时间内消极沉沦、一蹶不振，变得茶不思、饭不想。

然而，阴影有时候不是悲剧，而可能是一份天赐的礼物，暗含着许多成长的可能。

一个人的情绪没有好坏之分。许多因为意外事件产生的负面情绪，都有它正面的意义，比如：恐惧，是让我们保持警惕、逃避危险的；愤怒，是让我们维护边界、宣示主权的；后怕，是让我们重新审视生活，做一些更周全的准备的。

情绪是一阵风，来得快，去得也快。就让它们在我们的身体里稍稍待一会儿，让我们仔细听听它们在说啥。

溺水是指在水中呼吸系统遭受损害或失能而导致死亡或严重伤害的情况。只只因为看到小女孩落水，不会游泳的自己差点跳下去而产生了阴影，经常感到后怕。

对于只只来说，也许有一个声音是在责怪自己的冒昧，不会游泳却想要跳下去救溺水女孩，但也一定有一个声音，在肯定只只在关键时刻站出来伸出援手的这份勇敢和热心。这也足以让她借用这份能量变得更强大。

后怕可能是一段痛苦的回忆，但也可以成为催人奋进的动力。让我们勇敢面对内心的阴影，把过去化为未来的动力，迎接更加美好的明天。

二 自我成长的行动，让阴影翻转出暖光

盛夏时节去河流里畅游一番，是青春期的我们普遍喜欢的运动。夏天是戏水的好时节，也是溺水事件的高峰期。

根据世界卫生组织的统计数据，全球每年因溺水而死亡的人数约为 23.5 万人。而在我国，据国家卫健委和公安部不完全统计，每年约有 5.7 万人死于溺水，其中少年儿童溺水死亡人数占了总数的 56%，每天有超过 87 个孩子因溺水死亡。溺水已经成为中小学生非正常死亡的“第一杀手”。

只只可以把后怕化为行动，报个游泳班学习。这不仅可以帮我们应对溺水等突发状况，还有益于我们的身体：

1. 改善肌肉质量：游泳是一项全身参与的运动，相比其他的运动，它能动员全身更多的肌肉参与代谢功能，提高肌肉的力量和协调性。另外，游泳时需要克服水的阻力，经常进行游泳锻炼能够锻炼肌肉力量、速度、耐力和关节的灵活性。

研究表明，随着年龄的增长，人体的肌肉会有逐渐流失的趋势，经常游泳锻炼能有效缓解肌肉流失，达到进行抗阻

训练一样的效果。

2. 保持关节健康：在游泳时，人体关节不会像平时一样不停地连续用力，水会对人体关节产生一种机械应力，起到良好的按摩作用，使平时磨损、僵硬的关节得到放松。由于水的浮力作用，人体在水中是最自然的状态，在水中运动时受到的冲击力也比陆上运动小很多，各个关节均能获得放松和休息。

3. 有益心血管健康：作为一项水中有氧运动，在游泳时，需要控制呼吸节奏，它能强化人体呼吸肌力量，提高肺功能。

皮肤受到水温的刺激，血管收缩，使大量外围血液进入心脏和人体深部组织，使内脏器官的血管扩张，血液在管腔内的流动会比平时造成更大的冲击，能改善血管壁的弹性。

三 做好准备，掌握必要急救知识

我们应当如何预防溺水呢？

1. 不要私自下水游泳。

2. 不要擅自与他人结伴游泳。

3. 不到不熟悉、无安全措施、无救援人员的水域游泳。

4. 不熟悉水性、水下情况不明时，不要擅自下水施救。

5. 不在无家长或教师带领的情况下游泳；不在水中互相嬉戏打闹，防止呛水窒息。

溺水的临床医学术语为淹溺，溺水后首先应脱离溺水环境，可以用长木板或其他漂浮装置将患者从水中救起，同时注意自身安全，避免不慎落水，之后应尽快对溺水者进行上岸急救和院内急救。

上岸后应立刻拨打急救电话120，评估溺水患者的意识，先拍打溺水者双肩，并大声呼喊。还要进行控水，把患者的面部朝下，身体垫在腿上，拍打其背部，尽量将水控出。查看患者的呼吸和脉搏，用手触及颈动脉，即喉结旁两横指处，观察患者有无胸廓起伏。如果没有呼吸心跳，应立即进行心肺复苏。

1. 开放气道：先清除口鼻中的污泥、杂草，保持呼吸道通畅。如果有呕吐，需要将头部偏向一侧，用手指或毛巾清除呕吐物。

2. 建立通气：保证周围空气流通，让溺水者得到氧气供给。用两指捏紧溺水者的鼻孔，口对口连续吹气2次。

3. 胸外按压：解除患者的衣领和腰带，手掌根部放在两乳头连线中点，两手十指交叉、重叠，两臂垂直，用身体向下压5~6厘米，按压频率每分钟不少于100次。按压30次后，再进行人工呼吸2次，如此交替循环，直到急救人员的到来，同时注意为溺水者保暖。

10 上了网约车，发现路线不对劲，怎么办？

3月22日夜里9点左右，我和同学小秋在网球俱乐部打完网球后打车回家。我在某App平台上叫了一辆网约车，师傅是一位中年大叔，从建邺路上车之后，我就安静地坐在后面，偶尔和小秋发微信聊天。

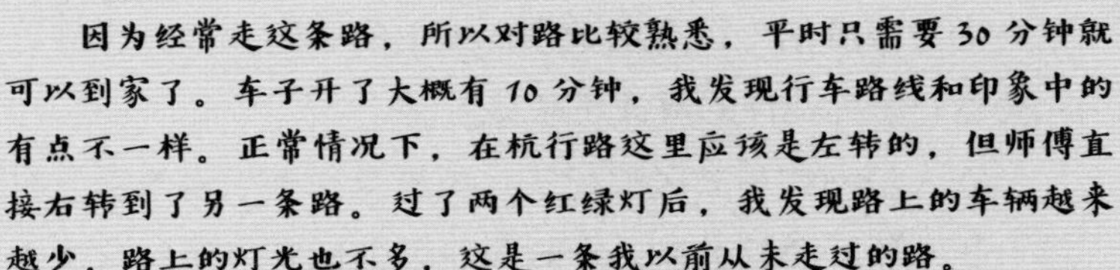

因为经常走这条路，所以对路比较熟悉，平时只需要30分钟就可以到家了。车子开了大概有10分钟，我发现行车路线和印象中的有点不一样。正常情况下，在杭行路这里应该是左转的，但师傅直接右转到了另一条路。过了两个红绿灯后，我发现路上的车辆越来越少，路上的灯光也不多，这是一条我以前从未走过的路。

当我想按车窗时居然没有反应，车窗是被锁死的状态，而且我无意中看到师傅抬起头看了眼后视镜，和我对视了一眼，从后视镜中看到师傅的表情感觉像在笑。我特别紧张，立马就低下了头，不敢直视他的眼睛。

师傅是在绕路，还是另有所图？联想到前两天的新闻，某App网约车司机打骂乘客事件，我非常害怕，难道我这么倒霉也遇上了坏人了吗？我该怎么办？

——14岁的小杨

一 君子不立危墙之下

与乘坐公交车相比，网约车的便捷是显而易见的。然而，在习惯于高效方便的同时，殊不知安全隐患也潜伏在我们周围。

之前，一名21岁空姐搭乘顺风车被害案件引发了全民关注和热议。

在为一条鲜活生命香消玉殒而痛惜的同时，我们也应该引起警觉，因为类似的事情还在发生：

一病人坐网约车去医院检查，司机全程微信讲电话，车开得七扭八歪，急转急刹，导致车身剧烈颠簸，致使该病人的手术伤口因此崩开。

济南机场查获一网约司机，携带刀子和电击器等工具。

这些触目惊心的案例告诉我们：网约车有风险。

正所谓害人之心不可有，防人之心不可无。

孟子有言："莫非命也，顺受其正，是故知命者，不立乎岩墙之下。尽其道而死者，正命也；桎梏死者，非正命也。"

所谓"君子不立危墙之下"，意思是君子要远离危险的地方，这句话包括两方面：一是防患于未然，预先觉察潜在的危险，并采取防范措施；二是一旦发现自己处于危险境地，要及时离开。

我们在乘坐网约车出行的同时一定要注意自身的安全问题，具有防范意识。

二 时刻牢记自我保护

我们在出行的时候要时刻牢记自我保护。

在乘坐网约车时一定要注意以下几点：

1. 选择具有资质的网约车平台。

现在市场上的网约车平台很多，选择一家正规的具有资质的网约车平台是安全乘车的前提条件，因为具有资质的平台对司机审查相对比较严格，把好这一关是保证安全的第一道防线。

2. 注意核对车牌信息。

网约车抵达时注意不要着急上车，一定要核对一下车牌信息和约车信息是否一致，倘若车牌信息与约车信息不一致则不要上车，因为存在安全风险，且出现事故时很难获得理赔。

3. 将乘车信息发送给亲朋好友。

如果确认车牌号与约车信息一致，那么就可以拍张车牌照片，发送给自己的亲朋好友，并告知乘车起点和目的地，这样让亲朋知道你所在的位置，也可以直接将约车信息截图发送给他们。

4. 选择后排座位乘坐。

乘车选择座位时，尽量选择后排座位，这样可以避免和司机近距离接触，倘若有什么不测，则有一定的距离和反应时间。

5. 尽量保证车窗处于开启状态。

条件允许的情况下，尽量将车辆的窗户打开，如果不安全则可以立即呼救。

6. 与司机聊天适度，不要泄露个人信息。

很多司机喜欢和乘客聊天，这时候，我们要注意不能泄露个人的信息，俗话说财不外露，同时自己的钱财要保管好。

7. 使用网约车“叫车”功能服务时，最好设置“紧急联系人”。

上车之后，点击“行程分享”，以便紧急联系人掌握我们的实时行程路线以及司机的关键信息。

8. 平时可以随身携带一些辣椒喷雾、尖锐钥匙、迷你强光手电等防身物品，以备不时之需。

三 保持稳定情绪，创造第三人在场状态

据网络报道，大部分乘客和司机发生纠纷是因为乘客没能控制好自己的情绪，从而刺激了司机的情绪，最终发生斗

殴伤害等行为。

因此，我们在乘车的过程中，要学会控制自己的情绪，尤其是感知到危险的时候，更要让自己保持冷静。

社会心理学有一个侵犯模型，除了经验老到的惯犯，有很多犯罪分子也是会退缩的，让歹徒退缩的最好办法是你能通过声音呼救或者联系外界，致使他的犯罪行为可能会被曝光。联系外界需要时间，呼救马上能做到。

当小杨发现网约车存在危险的时候，她可以主动地创造第三人在场的假象或者是真相，即使是车上只有小杨一个人，小杨也要给司机营造出一种时刻有人和自己保持联系的状态。

首先，小杨可以将手机打开定位导航，将自己的实时位置分享给家人。

同时，小杨可以打开手机拨打电话，比如他可以打给爸爸，主动地向爸爸描述司机的一些状况，“爸爸我坐上车了，你放心啊，车牌是粤 ××，司机师傅人很好，长得高高大大的一米八多，二百多斤。我现在到建业路了，还有十多分钟就到了，我们一会见”。

当创设第三人在现场时，一方面司机的信息和车牌还有我们到达的时间，已经提前告诉了爸爸，一旦我们出现危险，超过了指定时间没有到达指定地点时，也会引起家人的重视。

我们在乘坐网约车的时候一定要保持一颗警惕之心，加强防范意识，遇事不要惊慌，保持冷静，权衡利弊，在保护自身的前提下，利用周边的一切有利因素来与坏人对峙。

此外，当情况紧急时，如果我们不方便直接拨打报警电话，担心惊动对方，可以假装在玩手机，然后拿出手机来编辑短信报警，将短信发送至 12110，在短信中尽可能详细地说明情况和位置，车牌号等重要信息。

12110 是全国公安系统的短信报警电话，关键时刻可以保命，我们一定要记在心里。

11 地铁里很挤，感觉到被性骚扰了，怎么办？

那是一个很平常的周末，朋友小青约我去她家玩，于是我便搭上了那班地铁。那时恰好是人流高峰期，我勉强才挤上地铁。我正戴着耳机，专心地刷手机，突然感觉到身后传来一种异样的感觉。

那种感觉起初并不明显，随后却越来越清晰。隔着衣服，我清楚地感受到那双手肆无忌惮地在我腿上游走，我甚至还感受到他紧紧贴着我，粗重的呼吸喷在我的脖颈上。我的胳膊上顿时起满了鸡皮疙瘩。

刹那间，周围人们的交谈声都如海水退潮般离我远去，仿佛时间都被凝固了。等我终于从突如其来的冲击中回过神来，才后知后觉地明白自己遭遇了什么。

我假装镇静，偷偷打开手机前置镜头，用自拍的方式看清了身后的咸猪手，出现在屏幕上的是一张戴着眼镜的中年男人的脸，年龄估摸着和我爸爸差不多。

他好像看见了我的镜头，所以慌乱地收回了那双手，若无其事地把目光投向别处，假装什么都没发生过。

我真的好想大声说出我刚刚的遭遇，但是内心深处又觉得这是一件让人羞耻的事，难以启齿，更难以反抗。这件事被我隐秘地放在心里，我刻意地逃避它，就当作它从未发生过。妈妈看出了我有心事，想和我沟通，但是我实在不知道该如何开口，只能说自己没事。

大半个月之后，我又在论坛上刷到了和我有着相似遭遇的帖子。于是那些刻意被我掩埋的记忆再度在脑海中复苏，并且愈演愈烈，最近我一直在纠结这件事：在地铁上被性骚扰，我究竟该怎么办？

——15 岁女孩苏苏

一 对羞耻感说“不”，这不是我们的错

近年来，由“性骚扰”一词引发的话题在网络上屡见不鲜。

打开微博、知乎、小红书等社交软件，总能看到有人发求助帖：“在地铁上被性骚扰了，我应该怎么办？”可以看出在公共交通工具上遭遇性骚扰是很普遍的问题。

有的人选择站出来勇敢地控告，让坏人无地自容。

然而，也有许多人选择默默隐忍，自我煎熬。

是不是因为觉得这件事很不好意思说，也不知道如何说出口，所以才积压在心里变成了心结呢？

因为我们难以避免这种自然本能的驱使，所以大都将这些事埋藏在心中，试图淡化痛苦的痕迹。然而这份创伤并不会那么轻易地消失，它会成为扎在心底的一根刺，时不时让人隐隐作痛。

同时，世俗的眼光也增加了女孩儿的顾虑。可能苏苏十分担心说出这件事后，会惹来其他人异样的眼光。

但是，如果一直陷于这样的羞耻感中，对这件事避而不谈，真的就是最好的结果吗？

学会对羞耻感说“不”是很有必要的。我们要知道，被性骚扰不是受害者的错，所以不要给自己戴上沉重的枷锁。应该羞耻的，是那个伤害他人的恶魔。

据《中国在校和毕业生遭遇性骚扰状况调查》显示，被性骚扰后选择忍耐的人数比例达到了46.6%。

如果这些“沉默的大多数”能够挣脱羞耻感的束缚，勇敢表达自己的感受，即便最初的发声只是涓涓细流，但最终也会汇聚成汪洋大海，成为震撼人心的力量。

二 掌握小技巧，避免大伤害

假如在拥挤的地铁上被性骚扰，我们不妨采取以下方法来保护自己：

1. 冷静下来不要慌张，越慌张越会自乱阵脚。

美国社会心理学家费斯汀格（Festinger）有一个著名的判断，被人们称为“费斯汀格法则”：生活中的10%是由发生在你身上的事情组成，而另外的90%则是由你对所发生的事情如何反应决定的。

所以，在地铁上遇到性骚扰事件时，首先要保持冷静的头脑，既然那已经发生的10%无法改变，那我们就尽力做好剩下的90%。这样，我们才能避免事态发展得更糟糕。

2. 用眼神或者言语来及时制止对方的不当行为，让对方看到自己坚定的抗拒态度。

在汉代乐府民歌《陌上桑》中有这样一个小故事：

故事背景是从前有一位叫罗敷的美丽女子，有一天和一位太守偶遇。太守被罗敷的美貌所吸引，于是便派遣小吏过去，问这是谁家美丽的女子。原来是秦家的美丽女儿，自家起名叫罗敷。而后使君邀请罗敷一同乘车，却被罗敷严词拒绝。她说："使君一何愚！"她掷地有声地谴责使君愚蠢，从而打消对方的轻佻想法。

从这个故事我们不难看出，想拒绝性骚扰，第一步就是要勇敢地用言语表达拒绝，扼杀对方进一步的举动。

3. 倘若对方执意继续进行伤害的行为，则可以选择向四周呼救求助，甚至报警。

在四周都是人的情况下，向他人求助往往都会得到回应。

青岛的一辆公交车上，一名中年男子趁人多之际，向女孩伸出了魔爪。女孩没有默默忍受，而是立马向周围呼救："有色狼！"

在热心群众的帮助下，男子最终成功被控制，并移交给了警方，结局大快人心。

如果苏苏以一味地忍耐来应对性骚扰，在施害者眼里很有可能会觉得这是一个很好欺负的"软柿子"，从而会激发出更阴暗的恶意以及得寸进尺的恶劣行径。

不过，这一切的首要前提是确保自身安全。地铁上人多眼杂，对方不敢乱来，所以苏苏在地铁上遇见性骚扰可以勇敢发声。

三 向家人倾诉，家是温暖的港湾

“家”的意义是什么?

家，是游子漂泊在外时最想停靠的港湾。

家，是亲人闲坐、共话家常的幸福温暖。

家，是海面上指引你不再迷航的那盏灯。

有了家，灵魂才算不会四处游离。

有了家，我们倦时有归处，累时有可依。家人是这个世上和我们最亲近的人，尤其是爸爸和妈妈，他们给予了我们生命，能感知我们的喜怒哀乐。

当我们取得好成绩时，他们由衷地为我们高兴；当我们悲伤失意时，他们感同身受，为了让我们更开心，会拼命给我们许多的支持与鼓励，让我们重新振作，展翅高飞。

所以，苏苏在遇到地铁上的性骚扰之后，倘若内心始终无法排解这股郁闷与羞愤，为此纠结不已，那么就向家人诉说吧。

父母是更有社会经验的人，在遇到坎坷时向父母求助，他们会给予孩子最大的安全感，从而驱散阴霾，带来光明。

他们会用最温暖、最深沉的爱意来接纳子女的一切，用春雨般柔和的话语来滋润每一道伤痕，治愈子女受伤的心灵。

当苏苏卸下沉重的包袱，坦率地向家人敞开心扉，诉说完心事之后，或许就会发现，自己早已不再被那件事困扰，恰似轻舟已过万重山。

12 去少年宫的路上，发现被人跟踪了，怎么办？

今天放学后，我像往常一样去少年宫参加社团活动。可是，当我走到路口时，突然感觉有人在跟踪我。我回头看了一眼，发现有一个陌生男人一直跟在我后面。我心里开始有点紧张，但我还是试图保持镇静，继续往前走。

路上，我一直在观察那个男人，他一直跟在我后面，没有离开过。我开始有些害怕，不知道他到底想干什么。我加快了步伐，但他也跟着加快了脚步。我开始有些慌乱，不知道该怎么办。

我想到了打电话给妈妈，但我又觉得这样做可能会引起那个人的注意。我开始后悔没有和朋友一起走，不然，我就不会这么害怕了。

我试着摆脱他，但他还是一直跟在我后面，我越来越害怕，开始想象各种可怕的事情。

幸好，终于到了少年宫，我松了一口气。当我再回头看时，发现那个男人已经不见了。我还是很担心，不知道他到底去了哪里。

我感到非常困惑：我该不该告诉妈妈？该不该报警？我该怎么办？

——13 岁女孩岩岩

一 保持镇定，冷静观察

一个人出门时遇到岩岩的情况，觉得被人跟踪，却又不确定，该怎么办呢？

首先，保持镇定。一旦发现疑似被跟踪，一定要保持冷静，不要做出过激的动作，因为这时我们并不知道跟踪者的人数和目的。如果突然做出激烈反应，他们很可能也会做出激烈行为。

其次，我们应该在不会打草惊蛇的情况下，尽量利用周围的工具不露声色地观察跟踪者。我们可以利用的东西包括包里的小镜子、手机屏幕、路边汽车的后视镜、街边商店的玻璃橱窗。

此外，确认是否被跟踪的方法也可以使用听、停、看、转等方法。

所谓“听”，就是听听有什么动静、有什么人讲什么话、有没有特殊的声响。

所谓“停”，就是发现有些情况异常后，及时停下来。如走在路上发现几个陌生人总在附近，这时我们可在安全的地方停下来，观察可疑人员的情况。

所谓“看”，就是注意观察环境和人员，包括宿舍、楼道、家门口附近是否有异常。

所谓“转”，就是当怀疑有人跟踪时，可在安全地带转，如在路的两侧反复变换位置，看有没有陌生人总在附近，一般跟踪你的人会随着你位置的变化而变化，据此可以判断他的嫌疑。

二 安全从细节做起

安全从细节做起。平时无论是上下学、出门跟朋友玩儿，还是外出购物，我们都应该及时告知爸爸妈妈自己的位置。

在打车后要拍下车牌号，发送给家长。

将 110 报警电话和家长的手机号存成手机的快速拨号，在情况紧急时可以马上拨打电话或发送信息。

上学和放学的路上，最好与同学结伴而行，遇到意外时可以互相帮助。不要单独到荒凉、偏僻、灯光昏暗的地方。

我们平时可随身携带一个哨子，遇到坏人时就用力吹哨子，引起路人注意，吓退坏人。

当发现有人一直跟着自己时，我们不用害怕，可以尽快到繁华热闹的街道、商场等地方，想办法摆脱尾随者！一定要往人多的地方走，寻求其他人的帮助。谁能帮我们呢？比如警察叔叔、保安叔叔等都可以。

此外，还可以向路边的机关单位求救，如去机关单位的值班室；向身边的大人求救；如果是在校门口，就给家里打

电话，让大人来接。关键是当只有自己一个人时，要有警惕性，多动脑筋。

总之，我们在生活中要多观察、牢记家庭、学校周围的环境特点，尤其应熟悉派出所、治安岗亭、部队营区、大机关单位的地点。紧急情况下，可以在这些地方得到帮助。

三 在人少的地方发现自己被跟踪了，怎么办

在人少的地方发现被跟踪了，这种情况必须沉着冷静，不要慌，应对方法如下：

1. 拨打报警电话。报警时需要注意周围的环境情况，确保自身安全。

如果跟踪者距离较近，你可以假装在和朋友或父母说话，借机说出自己所在的位置，最后一定要说“我马上就要到了，怎么还没看到你”之类的话，坏人听到这些会觉得你是有同伴的，也就不敢轻易下手了。

2. 走到有人的地方，或者开着的店铺前面假装晕倒。正常人在走路的时候突然晕倒，会引起其他人的关注，并且拨打救助电话，而歹徒也会见势作罢。

3. 推翻路边摊位，或者拍打有防盗系统的车辆。因为这样做，会引起旁边人的关注，从而吓退坏人。

岩岩因为有了一次糟糕的体验，不知道是不是要告诉父

母，是不是应该报警，如果确实感觉到此事危害到自己的身心健康了，当然可以果断报警。

那如何正确报警呢？

接通电话后：

第一，准确描述求助事项的基本情况，如时间、地点、事由，对于陌生的地方，可以向接警员提供附近的标志性建筑物。

第二，告诉接警员自己的姓名、住址或所在的学校、班级或者老师的联系方式，说明报警时的电话号码，便于联系。

第三，对于重大报警案件，我们最好能够告知更详尽的信息，如涉案的人数、涉案人的体态特征、携带物品和逃跑的方向等。最重要的是，报警时应尽量克服焦躁的情绪，吐字清楚，如实反映情况。

日常生活中，我们在不同的情境下，可能会遇到各种各样的困难，学会自救、求助极为重要。

第3部分

CHAPTER 3

擦亮眼睛鉴他人

13 在宾馆、试衣间里，很怕被偷拍，怎么办？

一次我和家人去旅游，住在一家很高档的宾馆里。我跟妈妈说：“我想先去洗个澡，换上干净的衣服后再出去玩。”妈妈点了点头，然后就开始整理行李。

我来到浴室里，打开了水龙头，正享受着暖暖的水流时，心情却莫名变得紧张起来，担心这个时候是否有人正在偷看偷拍我。

心里想着，我忍不住停了下来，静静地听着外面的动静。除了妈妈在整理行李的声音之外，我什么都没听到。可能只是我过分紧张了吧？但是我经常会在洗澡或者换衣服时出现这种感觉，总担心有人在偷窥自己。

有一次我去商场，看中了一套衣服，便拿到试衣间里试穿。但我刚脱去身上的衣服，就感觉到有人猛地推开了试衣间的门。吓得我马上把衣服抱在胸前，回头一看，发现原来是一个保安在巡视。

“你没事吧？有什么需要帮忙的吗？”保安很和蔼地问道。

“没什么，谢谢。”我感到脸颊通红，随即又急忙把衣服穿上，出了试衣间，直接离开了商场。

无论是在宾馆还是试衣间，我都不敢完全放松自己。我在网上看到很多关于偷拍的新闻，每当我换衣服时，我都会联想到那些新闻画面，这让我感到很焦虑。每当这种情况发生时，我就会变得抑郁沮丧。我该怎么办？

——15 岁女孩云云

一 了解有关偷拍的知识

前段时间一则关于试衣间偷拍的新闻报道，引起了大众的关注。一位女士在深圳一家服装店的试衣间试衣服，忽然注意到镜子上方边缘有个白色的“线盒”，周边用口香糖粘住，只露出芝麻那么大一个黑点。她戳开看了一下，发现了一套针孔摄像头。

类似的新闻报道不少，作为青春期的女孩，我们要多了解一些相关的信息和知识。

偷拍是指在未经当事人同意或当事人不知情的情况下，用摄像机或手机等设备拍摄别人的隐私照片或视频。这种行为常常涉及侵犯他人隐私和尊严的问题，而且很可能会对被拍摄者造成伤害和不良影响。因此，偷拍是不道德的行为，也是被法律所禁止的。

一般的偷拍都有哪些手段呢？

偷拍手段多种多样，以下是一些常见的手段：

1. 普通摄像机：使用普通摄像机对他人进行拍摄，但对方并不知情。

2. 手机：利用手机内置的摄像头进行偷拍，有些卑鄙的人还会使用特殊的手机外壳、相机镜头，以便达到更好的拍摄效果。

3. 非法窥视器：一些别有用心的人会使用非法窥视器，

例如针孔摄像头、隐蔽录音设备、红外线探测器等进行偷拍，以达到更隐蔽的效果。无论采用何种手段进行偷拍都是不道德的。

二 如何发现试衣间、宾馆等地方的摄像头

进入一个试衣间或者陌生的宾馆房间，首先我们需要提升自己的安全意识，同时也要了解哪些地方容易隐藏摄像头，并做好及时的检查和弥补措施。

一般试衣间里藏的针孔摄像头，主要有两类，我们可以在换衣服之前做重点检查：

1. 偷偷摸摸藏在其他物件里，比如：衣帽钩，螺丝钉，拉帘四周，坐凳边缘，顶灯边缘等不易察觉的物品中。

2. 光明正大摆在空白处，比如：伪装成试衣间里的装置，如伪装成“电线盒”，粘在镜子上方等。

后面这一类，反而会因为太光明正大，而被我们忽视。但它们的存在多少有点异常，注意觉察也能发现。

如何发现其他密闭空间的针孔摄像头？

一些例如合租房、宾馆酒店、民宿以及公共卫生间、澡堂等密闭空间中，若隐藏了摄像头，检查起来也要多花不少精力和时间。

如在酒店民宿里需要检查重点区域。从上往下看，最有

可能藏针孔摄像头的区域有：

- 天花板上的烟雾探测器；
- 空调出风口；
- 对着床或卫生间的装饰画 / 摆设；
- 电视机附近；
- 桌椅下沿；
- 插座、纸巾盒、挂钩等小物件上；
- 路由器上。

据报道，韩国一位反偷拍专家，花 30 分钟在酒店房间里安装了 30 个摄像头。两名记者在知道房间里有摄像头的情况下，找了半个小时也只找到 20 个。

有些不起眼、不合逻辑的物品，也需要我们在平时细心关注。比如有人在隔间外扔的包中发现了针孔摄像头。

在换衣服、洗澡时，保持室内光线昏暗，这样也能大幅降低被偷拍的概率。

三 学会用法律武器保护自己

《中华人民共和国民法典》（以下简称《民法典》）第一百一十条：自然人享有生命权、身体权、健康权、姓名权、肖像权、名誉权、荣誉权、隐私权、婚姻自主权等权利。

《民法典》第一千零三十二条：自然人享有隐私权。任

何组织或者个人不得以刺探、侵扰、泄露、公开等方式侵害他人的隐私权。

隐私是自然人的个人生活不愿为他人知晓的秘密，包括私密空间、私密活动、私密信息等。

《民法典》第一千零三十三条：除法律另有规定或者权利人明确同意外，任何组织或者个人不得实施下列行为：

（一）以电话、短信、即时通信工具、电子邮件、传单等方式侵扰他人的私人生活安宁。

（二）进入、拍摄、窥视他人的住宅、宾馆房间等私密空间。

（三）拍摄、窥视、窃听、公开他人的私密活动。

（四）拍摄、窥视他人身体的私密部位。

（五）处理他人的私密信息。

（六）以其他方式侵害他人的隐私权。

《民法典》第一千一百九十八条：宾馆、商场、银行、车站、机场、体育场馆、娱乐场所等经营场所、公共场所的经营者、管理者或者群众性活动的组织者，未尽到安全保障义务，造成他人损害的，应当承担侵权责任。

因第三人的行为造成他人损害的，由第三人承担侵权责任；经营者、管理者或者组织者未尽到安全保障义务的，承担相应的补充责任。经营者、管理者或者组织者承担补充责任后，可以向第三人追偿。

国家的法律法规保障我们的隐私安全，所以，如果我们遇到隐私被侵犯的事件，要勇敢地拿起法律武器来捍卫自己的权利。

某女明星曾被恶意拍裙底，并且遭到对方勒索。她果断报警，把相关证据交给了警察，目前坏人已经受到应有的法律制裁。

面对变态的行为，我们要学会用法律武器将他们绳之以法，让他们付出应有的代价。

胡适说过，看一个社会的文明程度有三个标准：第一，这个社会是怎么对待孩子的；第二，这个社会是怎么对待妇女的；第三，这个社会闲暇的时候，人们都在干什么。

当我们遇到偷拍的行为时与其害怕，不如拿起法律武器保护自己，相信坏人一定会受到严惩。

14 陌生人给我食物、饮料，对我各种赞美，怎么办？

我家的小区里有很多流浪猫，那些可爱的小猫咪，如同天使般惹人爱。我经常买各种火腿肠和罐头，希望能给它们一些力所能及的帮助。但它们却也一直是我的“软肋”。

一天，在我喂猫咪时，一个长头发的阿姨凑过来：“这孩子真有爱心，知道心疼流浪猫狗。心肠好的嘞，长得也那么漂亮。”突如其来的夸赞，让我不知所措，尽管内心感到有点紧张，不过被别人夸，还是开心的。

我微笑着对她点了点头，继续和我的猫咪们互动……

“你叫什么名字呀？”阿姨笑眯眯地看着我。

“叫我小雅好了，阿姨。”我礼貌地回应。

她好像“十万个为什么”一般，对我频频发问。

我实在觉得和陌生人聊天尴尬，于是找了个借口走掉了。

我觉得很蹊跷，想不明白为什么这位和我素不相识的女人要和我搭讪。“但是她长得也不像坏人啊，或许是看到我喂流浪猫觉得我很善良吧。”我喃喃自语道。

第二天，我喂猫时，那个阿姨又来了，对我又是一顿猛夸……

被陌生人这么夸奖，从小到大还是第一次，我不禁感到有些害羞，所以我跟她说我要回家吃饭了，借机赶紧“逃离”。

“哎哟，你不说阿姨还忘了，阿姨今天做了桂花糕和酒酿圆子，香的嘞，你等一下，阿姨去拿给你尝尝。”说着她便转身跑去，我留在原地不知所措。“阿姨，不用了，我妈妈做好饭了，下次再吃吧！”我大喊道……

我被阿姨的热情吓到了，内心不禁感到害怕。她为什么对我这么好呢？如果下次还遇到她我该怎么办呢？我该不该接受她的食物和赞美呢？

——13岁女孩小雅

一 提高辨别能力，拒绝他人莫名的“善意”

我们每个人都在这个社会中生活，社会生活是有风险的，这无法避免。所以，提高辨别风险的能力，是自我保护的前提。

青少年时期的我们，心智还不够成熟，生活经验也不够丰富，导致我们在面对社会风险时，尤为脆弱。

我们要不断地探索世界，和陌生人打交道是我们适应社会生活的过程中不可避免的。准确地识别出身边陌生人中的坏人，辨别陌生人的意图，会帮助我们远离风险。

英国著名戏剧家莎士比亚曾说：“判断人，绝不是光凭眼睛，不用耳朵；可还得经过深思熟虑，并不轻信所见所闻。”

“防人之心不可无”，如何提高自己的辨别能力呢？看看以下三点：

1. 明辨生活中的是非善恶，自觉抵制各种诱惑。

陌生人接近我们，给我们食物和水是物质上的诱惑，夸赞我们是精神上的诱惑。当诱惑出现时，不要被一时的欲望冲昏了头脑，要时刻提醒自己：陌生人不会无缘无故地夸自己，更不会无缘无故地给自己食物。当我们抵制住诱惑后，再冷静思考接下来如何应对。

2. 明确正确的判断标准。

在心里建立一个与陌生人交往的标准。比如陌生人给的

食物，无论什么情况都不能接受，因为很可能有危险。把这种原则当作与陌生人交往的准则，会帮助我们远离危险。

3. 加强学习。

我们要多学习知识，比如可以通过多看新闻，了解一些社会上新近发生的危险事件等。在不断学习中，我们的经验会丰富很多。

如果我们还是无法识别陌生人的意图，寻求帮助是个好选择。可以求助于我们比较亲近的人，比如爸爸妈妈或者老师等，他们会帮助我们更好地抵抗风险。

著名作家毕淑敏曾说："拒绝是权利，就像生存是一种权利。"

面对陌生人莫名其妙的善意，我们要懂得拒绝：

1. 委婉拒绝。

如果我们不清楚陌生人接近我们的意图，出于礼貌，可以首先选择委婉拒绝的方式。比如对方给我们食物，我们可以说已经吃过饭了，并感谢他的好意。语言婉转一点拒绝对方，是礼貌拒绝的好方式。

2. 直接拒绝。

如果婉转拒绝后，陌生人还是执意给我们东西，或者我们已经知道他接近我们的目的并不单纯，这个时候必须坚定地直接拒绝，告诉他自己不会接受他的东西，让他以后不要再送了。

二 增强防范意识，建立“防御准则”

著名作家毕淑敏曾说：“世上有一种伪坦率，最需提防。人们常有一种善良的错觉，以为只有隐瞒才是欺骗，殊不知最高明的骗术，正是在光天化日下进行。伪坦率是一种更高水准的虚伪，他利用的是人们对坦率的信任。坦率其实不说明更多的问题，它只是把双方的意见公开，本身并不等同于真诚。”

坏人不会告诉我们他是坏人，所以对陌生人一定要有防范意识。下面是几种常见的对青少年实施的诈骗手段：

1. 假冒熟人诱惑法。

陌生人能叫出我们的名字，甚至我们家人的名字，谎称他们是父母的朋友，来跟我们“套近乎”，从而骗取我们的信任感而进行诱骗。

2. 给予礼物利诱法。

陌生人谎称有礼物送给我们，从而进行一系列的诱骗。用物质利诱的方法激发我们的好奇心，最终实现他们的目的。

3. 帮忙带路法。

对一些年龄比较大的老爷爷和老奶奶，也不要轻易相信。他们可能会利用我们单纯、善良、乐于助人的心理，引诱我们。如果陌生人让我们带路，我们可以告诉对方大致的

方向，让对方自己去找。

总之，对一切陌生人，我们都应该保持警惕心，同时要在心里建立一个“防御准则”，例如：不接受陌生人的礼物，不告诉陌生人自己的信息，外出时尽量要走人多的马路等。

三 学习安全知识，建立“自救通道”

英国剧作家奥特韦曾说：“对任何人都不可轻信，因为人的本性就是狡猾虚伪，欺诈残忍，言行不一。”

面对陌生人，我们要处处留心。

对陌生人的鉴别力和防范意识提高后，我们还要多了解一些安全知识，让自己尽量不要处于危险中，或者能在危险的时候更好地保护自己。

1. 外出游玩时要告知父母游玩的时间和地点，以及同行的人等，最好留一个同伴的联系方式给爸爸妈妈，确保他们可以随时联系到我们。

2. 不给陌生人开门。

如果我们自己在家，一定要养成进出家门随手关门的习惯，并且将门反锁。如果陌生人来敲门，不要开，要等父母回来后再开门。

3. 尽量结伴而行。

外出游玩、购物时，最好和爸爸妈妈或者同学等结伴同行，节假日人流比较多，外出游玩时，一定要紧随家长。

4. 抵制诱惑。

不搭陌生人的便车，不接受陌生人的礼物，坚决拒绝各种形式的诱惑。

5. 寻求帮助。

如果遇到危险的情况，记得第一时间寻求警察的帮助。牢记火警电话 119，急救电话 120，公安报警电话 110。

15 发现自己的照片被P图后放在网上做广告，怎么办？

我喜欢在微博上分享生活，这不仅记录了我的生活碎片，还让我收获了许多“粉丝”。

上个月，微博上又有一个商家找到我，问我可不可以跟他们合作拍一个产品广告……但是我知道网上有很多骗子，并且我还是个初中生，不想因为赚钱耽误自己的学习，所以我从来都没有答应过类似这样的邀请。

第二天，在浏览微博的时候，我突然在那个商家的微博里发现了我的照片：他们把我手里拿的奶茶P成了一个不知道是什么牌子的减肥药，并且说这是“我”服用了很久的产品……

我顿时感到无比的气愤！我明明已经拒绝过他了，为什么还要用我的照片发广告，并且我从来都没有吃过减肥药，他们怎么可以骗人说我吃过！

于是我找到那个商家，质问他为什么要这么做，但是，商家却告诉我：你的照片已经发到了网络上，就代表别人有下载和保存的权利，并且那是他们自己的账号，所以想发什么就发什么。

看到这个消息的那一刻，我感觉好像有一个巨大火球在胸膛里乱滚……我不知道该怎么回击他们。现在我又生气又迷茫，该怎么办呢？

——14岁女孩小兴

一 遇到侵害，合法保护自己的权益

“街拍侵权吗？”

“普通人的肖像，被商家随意使用了怎么办？”

互联网盛行的时代，信息高度公开，侵犯肖像权的事件时有发生。我们在各种社交平台分享自己的生活，收获赞美和肯定的同时，所发的信息也让我们在大数据面前成了“透明人”，被别有用心者非法利用。

《民法典》第一百一十一条规定，自然人的个人信息受法律保护。任何组织或者个人需要获取他人个人信息的，应当依法取得并确保信息安全，不得非法收集、使用、加工、传输他人个人信息，不得非法买卖、提供或者公开他人个人信息。

减肥商家没有征得小兴的同意，擅自使用小兴的照片和个人信息，属于侵犯了小兴的肖像权和隐私权，应当立即撤掉照片，应承担何种责任需要根据具体的情况进行分析：

如果行为人利用他人照片实施了毁损他人人格、名誉等行为，构成了对肖像权、名誉权的侵权。

但是一般利用他人肖像照片进行盈利或未经同意而进行展出、陈列，这种行为构成肖像权侵权，可以对该行为人提起民事上的侵权诉讼。

生活中处处是规则，生活中处处是法律。

具备一些法律常识，不仅可以让我们在生活中防患于未然，也让我们在自身权利受到侵害时维权变得容易。

比如小兴，在没有联系商家前，第一步需要将对方网站盗用照片的广告网页取证，可以自己截图，但最好是找到公证人员来做公证。防止对方删掉后置之不理。

青春期的我们，关注法律，每天积累一条法律小常识，日积月累，积少成多，一定会对我们的成长之路大有裨益。

二 遇事冷静，温和坚定地摆明立场

人生在世，难免遇到挫折和意外事件，平复情绪，保持冷静和理智，是我们妥善解决问题的前提。

《大学》开篇即讲道：“知止而后有定，定而后能静，静而后能安，安而后能虑，虑而后能得。”

诸葛亮的空城计中，只有 2 500 军士，却吓跑了司马懿的 15 万大军，凭的就是遇事不慌张，沉着应对。

冷静，才能思考解决方法；

冷静，才能大事化小，小事化无；

冷静，才能展现解决问题的态度，赢得别人的尊重。

当小兴发现商家盗用她的照片去做广告后，应在第一时间把事情的原委都告诉爸爸妈妈，请求他们一起参与解决问题。在父母的参与下联系盗用照片的网站，要求他们撤下照片，然后赔礼道歉、赔偿损失。

如果能和他们协商一致，小兴及父母同意的话也可以授权允许他们继续使用照片，但应该支付相应费用。

同时，我们还可以在当地的在线维权平台或政府监管机构进行投诉。

如果协商不成，还可以诉诸法律，到法院起诉商家。通过法律途径进行维权，是一种合法、有效的手段。

三 互联网时代，学会保护自己的隐私

互联网时代，网络生活已成为人们的常态，人人都可以成为自媒体，传播网络信息。

青春期的我们，正处于一个自我探索和成长的阶段，很容易受到外界的影响。在使用社交媒体时我们需要给自己创造一个健康、积极的网络环境：

1. 设置合理的隐私权限和筛选朋友圈：只将自己的动态和照片分享给那些真正信任和支持自己的人，同时关闭定位服务。

2. 仅在可信的平台上上传照片：选择可以信任的平台上传照片，例如社交媒体平台、云存储服务等。确保平台已经通过安全检查，并且遵守了用户隐私和保密政策。

3. 水印照片：在照片上添加水印可以保护自己的照片被

盗用。在水印中包含自己的名字或标识符号，这样即使别人盗用了我们的照片，也很难完全消除水印。

4. 不要共享敏感照片：不要在社交媒体或任何其他网络平台上共享敏感照片，例如带有敏感资料或会危及安全的个人照片，减少被人盗取或滥用的风险。

5. 定期删除照片和账户：网络平台五花八门，有时候自己都忘了传了什么到哪个平台，特别是那些含有敏感信息的账户，我们需要定期清理。

6. 外出时，能够显示姓名、身份证的车票、机票、护照等不要“晒”。尽量不要在照片中出现个人特征明显的东西，例如家门钥匙、车牌号、身份证等重要物品。

无论何时，我们都要认真地对待自己的个人信息，并且采取措施保护它。

如果我们能够保护自己的隐私，也就意味着我们能够保护自己的自由和独立。

16 暑假里，表哥说带我去酒吧玩，想去又不敢去，怎么办？

暑假到了，我感到无聊。一个下午，表哥打电话来说要去酒吧玩，问我是否想一起去。我心里矛盾极了，因为我知道酒吧这种地方不适合像我这个年纪的人去玩儿，但是又觉得这可能是一次难得的体验。

“你去过酒吧吗？”表哥问我。

“没有。”我低声回答他。

“那就来一次呗，保证你会很开心。”

我的内心很挣扎，不知道该如何是好。去，我能够体验新奇的地方，但也可能会置身于危险之中；不去，就会错过这个难得的机会。

“去了那里，我们可以结交新朋友，还可以尝尝鸡尾酒，高兴了还可以去舞池跳舞。”表哥兴奋地和我介绍着。

可是，会不会有危险呢？我在心里打鼓，毕竟网上看到很多女孩因为去了各种娱乐场所而出事的新闻。我真的可以去吗？我犹豫不定，不知道该怎么办。

——14 岁女孩芳菲

一 斗闹场，绝勿近

有人描述酒吧的场景：

闪烁的灯光下，一颗颗心被震耳欲聋的音乐拨动，这些声响使人的身体开始亢奋，开始麻木和感觉不适。这时，人们开始喝酒，放纵自己，喝得酩酊大醉后，就去跳舞，或者和周围的人打闹嬉戏。

很多初入酒吧的女孩会被问道：“你要喝点什么吗？”一般的女孩子最初都会说自己不喝酒。“那你尝尝啤酒也行，很好喝的。”就会有人继续在耳边说。于是自制力差的女孩、不好意思拒绝的女孩会选择尝试，而往往很多人一旦开始，就难以控制自己。

当看到身边的人都在喝酒，我们也很容易因为受到影响而跟着喝起来。

人是环境的产物，我们很容易被周围的环境所影响。为了避免在青春期就染上喝酒等不良习惯，我们首先要学会拒绝去不良的场所。

《弟子规》中说：“斗闹场，绝勿近。”意思是说那些不好的、不健康的地方，容易发生吵闹争斗的地方一定不要去靠近。而在我们今天看来，一些娱乐场所，比如洗浴中心、夜总会、网吧、KTV、酒吧等，凡是可能会发生不良事件的地方，我们都可以将其归类为斗闹场。这些地方斗的是人心，闹得也是人心，显然并不适合我们青少年进入。

芳菲虽然对没有去过的地方有好奇心，但是也要知道，酒吧这样的场所并不适合未成年人进入，要学会果断地拒绝。

二 青少年还不具有真正的消费能力

网络上有一个新闻事件：黑龙江的一名初中生小溪，在一次偶然的机会瞒着父母去了当地的酒吧。在那里认识了酒吧的一个服务生，服务生对他们非常热情，还和他们一起喝酒做游戏。

由于自己没有钱，小溪就和同学分别盗刷了父母的银行卡，仅两个多月的时间，他们就在酒吧消费了 2 万多元。小溪甚至按照酒吧的规定，办理了一张 5 000 元的会员卡，并偷偷把妈妈的银行卡绑定在了自己的手机上。

直到一个月后，妈妈才发现了小溪的异常。随后小溪的妈妈带着聊天证据向警方举报了这家酒吧，认为他们接纳未成年人进入歌舞娱乐场所。当地的综合执法支队对这件事介入了调查。

小溪因为好奇就和同学一起去了酒吧，他们大手大脚地花钱消费，却忘了自己根本没有经济能力。

酒吧的消费一般都比普通的场所高，同样的酒在酒吧卖的价格可能是外面的几倍，而我们作为没有经济能力的青少年根本无法承担。

为了避免小溪这样的事情再次发生，芳菲要对自己有一个清醒的认识，在还没有独立经济基础的时候，在还不具备足够社会阅历的时候，要坚定地远离酒吧等娱乐场所。

三 健康成长，遵守国家法律法规

新修订的《中华人民共和国未成年人保护法》第五十八条中明确规定："营业性歌舞娱乐场所、酒吧、互联网上网服务营业场所等不适宜未成年人活动场所的经营者，不得允许未成年人进入，经营者应当在显著位置设置未成年人禁入、限入标志；对难以判明是否是未成年人的，应当要求其出示身份证件。"

很多人对未成年人禁入 KTV、酒吧等娱乐场所的规定不甚了解，认为未成年人去 KTV 唱歌、酒吧喝酒也不是大事，殊不知这类场所对青少年的成长影响非常大。

这类场所内通常灯光比较昏暗，里面的人形形色色，青少年耳濡目染，难免染上恶习。

此外，KTV、酒吧等场所的音量和灯光对青少年的健康成长也是非常不利的。

《道德经·第十二章》中讲："五色令人目盲，五音令人耳聋，五味令人口爽，驰骋田猎令人心发狂，难得之货令人行妨。"

老子从色、声、味以及打猎、藏宝的角度说明声色犬马的物质享受、感官刺激具有极大的危害性。比如很多颜色混合在一起，就会让人眼花缭乱；很多声音混合在一起，就会让人烦躁不安；很多味道混合在一起，就失去了食物原本的味道。它会使人眼花耳聋、不辨滋味、心思狂乱，甚至德行受到妨害。

国际上公认保护听力的方法是"60至60原则"，即听音乐时，音量不超过60分贝，连续听的时间不超过60分钟。60分贝相当于人在室内一般交谈的音量。而KTV和酒吧的音量肯定是大大超过60分贝的，当我们的身体没有完全发育好的时候，如果长时间待在这种环境下，听力肯定会受损。

另外，人有追光的天性，置身酒吧，我们会不自觉地盯着闪烁的彩灯看。包厢里灯光晦暗，绚亮的电视屏幕是我们视力的"杀手"。长时间处于噪声环境的人很容易发生眼疲劳、眼痛、眼花和视物模糊流泪等眼损伤现象。卫生部门曾对1400名长期生活在噪声环境下的学生进行调查，发现59%的学生有不同程度的近视或视力下降，这一数据高于一般学生群体。

为了自身健康，我们青少年都应远离不良的场所，面对诱惑，学会坚决地抵制。

17 不小心把私人视频，发到了微信群里，撤不回了，怎么办？

我是一个普通的学生，最近发生了一件非常尴尬的事情。昨天，我在和朋友聊天的时候，不小心把一段私人视频发到了一个微信群里。当时我还没有反应过来，等我意识到的时候，已经有人在群里回复了。

“哇，这是什么啊？”

“哈哈，你不会是发错了吧？”

我当时真的是惊慌失措。我赶紧想要撤回这条消息，可是发现已经晚了。这个群里的人都已经看到了我的视频，而我却束手无策。

这个视频是我自己录着玩的，视频里我说了很多私人的内容。可是现在它却被群里的很多人看到了。

我觉得自己已经无地自容了。我一直以来都是一个比较内向的人，不喜欢在别人面前暴露自己的隐私。现在发生了这种意外我真的不知道该怎么办。

我想要在群里解释，可是大家都已经看到了，他们还在讨论这个视频的内容。我感觉自己已经成了一个笑柄，所有人都在嘲笑我。我希望这个噩梦可以快点结束。谁能告诉我该怎么办？

——14 岁女孩倩倩

一 学会勇敢面对自己的错误

俗话说：“人非圣贤，孰能无过？”人生在世，犯错是在所难免的，很多人都想着犯了错，尽快改正，然后赶紧把这一篇翻过去，自己就又能继续新生活了。这种想法是可行的。

像倩倩一样，她不小心把视频发到了群里，被大家看到了她的私人内容。她以为这件事情非常的大，但实际上很有可能，看到的人并没有放在心上。

所以，倩倩也没有必要过于紧张和担心，即使自己的隐私暴露在了大家的面前，也没什么大不了，不至于无法生活了。

每个人成长路上都会犯错，而每一个错误都有可能成为改变我们人生道路的节点。

犯错不可怕，关键是我们要学会去面对和应对。

如果有可能的话，尽量不要犯这种低级的错误，不要将自己的视频轻易地上传到网络。一旦不小心发生了意外事件，我们最先应该想到的是怎么去减少损失，怎样调整好自己的心态，让自己能够更好地去面对他人。

内心的勇敢是我们面对问题的第一步。

如果说犯下的错误就像是泼出去的水一样，覆水难收，那么让自己勇敢地面对问题，就像将这盆水置于阳光下一样，过不了多久，这盆水就会随着阳光带来的热能蒸发掉

了，大家也都会慢慢地忘记这件事了。

二 专心提升自己，增强防范意识

塞尔维亚行为艺术家玛丽娜·阿布拉莫维奇曾做过一场名为《节奏 0》的表演，在这场演出中，玛丽娜麻醉了自己除了头部以外的身体所有部位。旁边的桌子上摆放了 72 种样式各异的道具，其中包括枪、子弹、菜刀、钉子、铁链、鞭子等危险物品。她签署了声明，告知参观者一项令人震惊的规则，就是任何人都可以使用这些器物来对她做任何事情。

最后的结果是人们的恶意被逐步地释放出来，没有人选择去拥抱玛丽娜，更多人选择了毫无理性地去伤害她。

后来玛丽娜在访谈中说："这次经历令我发现，如果你将全部决定权交给公众，那么你离死也就不远了。"

倩倩不小心将自己的私人视频发到了群里，在这个群里会不会有人也充满了恶意呢？玛丽娜的故事告诉我们，不要低估了他人的恶意。

在现实生活中我们常会感受到来自两方面的恶意，一个是现实的，另一个是虚拟的。网络中的世界就是虚拟世界，网络世界中的恶意可能伤害性更大，它会从心灵深处伤害一个人。

那么倩倩应该如何面对来自他人的恶意呢？

首先，做好自己，认真地学习，好好地生活。不断提升自己的综合素质，与人相处要真诚，要努力锻炼身体。当我们自己变得更好的时候，我们身边的环境也会变得好起来。

其次，要树立正确的“三观”，这样就不容易被周围恶劣的环境所影响，从而让自己积极健康地成长。

最后，平时可以多看新闻，学习借鉴其中的案例来提升自己的能力，学会未雨绸缪，增强自己的防范意识。

三 爱惜自己的羽毛，端正自己的言行

网络上充斥着大量的信息，有好的也有坏的，对此我们要学会鉴别。同时我们更要学会保护好自己，自己的隐私尽量不要发布在网络上。

如何提升我们的网络安全意识呢？

首先，要学会文明上网。当我们不去过度关注一些低俗的东西时，我们的思想就不会受到坏东西的诱惑。平时可以多看一些正能量的内容，关注网上正向的新鲜事物，浏览正规的网站。

其次，谨慎地拍摄自己的私人视频，谨慎地发表言论。在录制私人视频或发表言论之前，问一问自己，如果从长远来看，这个视频有必要录制吗？如果没有必要，我们可

以选择放弃。要学会在虚拟世界中保护自己，不要轻易地暴露自己的真实姓名、性别、出生年月日、学校家庭住址等信息。

最后，来自他人的恶意评论，我们没法阻止，但是我们却可以决定自己的行为，比如在网络上发表正能量的言行，不说恶言恶语，不随便地评论他人，不恶意地攻击他人。

在网络世界中，我们要学会爱惜自己的羽毛，端正自己的言行。

第 4 部分

CHAPTER 4

校园隐患需警惕

18 班里几个捣蛋男生经常用言语侮辱我，怎么办？

我是一个皮肤很黑的女孩。不知道是因为遗传，还是从小就不注意防晒的原因，我比其他同学都黑了一个度，这一点也一直成为我被同学们嘲笑的话柄……

上了初中之后，我发现自己皮肤黑这个缺点越来越成为大家课间休息的“谈资”，尤其是班上的男生，时不时就会拿我开玩笑……

上个月的一次体育课上，抽测八百米跑步，我不幸“中招”。当我以第一名的成绩冲过终点线后，内心满是骄傲和自豪……但之后却听到那些捣蛋男生说：“呦，非洲人跑得是快啊，牛……哈哈哈哈哈！”

那些话很刺耳，如同万箭穿心一般让我难受。我委屈极了，但是又无力反驳他们的话，只能边哭边跑回教室。

晚上，我越想越委屈：妈妈为什么把我生得这么黑！我疑惑、怨恨，感觉憋屈得喘不上气来……其他的事情我都可以努力改变，但是我皮肤黑，又能怎么办呢？

这种无力感真的让我饱受折磨。第二天早上，我跟妈妈发火，责怪她没有给我好的基因，让我被人嘲笑！还告诉她我再也不要上学了！我把卧室的门重重一摔，又很后悔跟妈妈这样说话。

我不知道皮肤黑该怎么办，也不知道怎么应对那些侮辱我的话，更不知道怎么面对同学和妈妈……这些问题谁能给我答案呢？

——14 岁女孩小灵

一 嘲笑他人者才是真正的自卑者

哲学家叔本华曾说："人性一个最特别的弱点就是在意别人如何看待自己。"

青春期的我们，尤其希望得到群体的认可和喜爱。希望改变别人的评价，这种想法让我们产生焦虑和不安，继而引发各种负面的情绪，比如抱怨、怨恨、后悔、自责等。

《自卑与超越》中写道："任何一种凌驾于他人之上的举止背后，都有一种亟须隐藏的自卑感存在。"

所以，那些恶意评价你的人，其实内心比你脆弱多了。正因为他们心里有欠缺，所以需要一种优越感来掩饰内心的自卑。

面对这些恶意，我们可以用"长高长大法"来应对：想象自己正在不断地长高长大，直至变得像大山一样，而那些嘲笑者就像山脚下的蚂蚁一样，微不足道。

记住，如果你能忍受住他们的嘲笑，你就赢了这些人！

二 保持淡定和自信，让别人说去吧

曾有一位叫康农的美国众议院议员在当众演讲时遭到了其他议员对他的嘲笑："这位从伊利诺伊来的先生，口袋里现在恐怕还装着一些雀麦吧！”引得听众哄堂大笑，他们其实是在嘲笑他的“老土气息”。面对恶意，康农从容不迫地承认：“是的，不仅我的口袋中有雀麦，我的头发里还藏着草籽呢！我就是一个来自西部的乡下人，自然会有些乡村气，不过，我们的雀麦和草籽却能长出最好的苗。”

康农从被嘲笑的身份中找出诚实而亲民的点来反击，不否认，不躲闪，不害怕，不用恶劣的语言反击，反而坦率承认这个缺点。康农最终获得了民众的拥护，被民众亲切地称为“伊利诺伊最好的草籽议员。”

被嘲笑者表现得越淡定，嘲笑者就越不能得逞。正如拳头打在了空心棉花上，白打一拳。

小灵可以微笑地对捣蛋男生说：“你开心就好，你说爽了吗？我洗耳恭听，没说爽再多说一会儿。”或者也可以开玩笑地反击说：“呦，我是黑，但你也别这么上心，操心的事多了容易伤身。”

这样的反击，从容不迫，幽默智慧，让对方觉得自己讨不到什么乐趣，自然也就作罢了。

自信，是我们抵御恶意言语的基石。走自己的路，让别人说去吧！智慧的人，不舍得浪费自己宝贵的时间和精力在别人的错误上。

三 为自己负责，照顾好自己的人生

我现在很难过，因为我没有得到好基因；我数学学不好，因为数学老师教得不好；我考试考不好，因为我没分到好的班级。

想想看，在生活中，当我们成功时，是否喜欢把原因归纳为内在因素，比如个性、意愿、智力等，而当失败时，却喜欢把原因归咎于外部环境和情境因素的影响。

这是一种不公正的判断，也是一种片面的归因方式。

小灵因为被人嘲笑，不想再去上学了，责怪妈妈没有给自己好的基因。遇到困境，责怪妈妈，这是一种逃避心态。

在面对他人嘲笑时，自己没有努力寻找有效的解决方法，而选择了责怪妈妈和逃避现实，这是不值得提倡的行为。

我们人生中很多失望和不幸的来源就是逃避现实，它会让我们一遇到困难就责怪别人为什么不给自己安排好。

其实，我们每个人都是自己命运的“负责人”。爸爸妈妈给了我们生命，接下来的很多事情要靠自己去解决。

人生的道路上，唯一需要对我们负责的人，是我们自己。学会面对挫折和困难，勇于维护自己的权益，思考解决问题的方法和途径，为自己的选择和行为负责，是我们一生

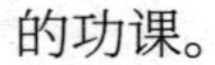

的功课。

愿我们带着自信和智慧高飞，穿越青春里所有的恶意，对自己和他人都温柔以待。

19 我帮了她，她却在老师面前诬蔑我，怎么办？

我今年上初二，平时我会注意和同学保持好关系，很乐意帮助同学。因为我的数学成绩比较好，所以老师希望我多带带后桌的小芸。

那天快放学的时候，小芸拿着数学卷子来找我，希望我能够帮她看一下数学试卷的最后一道题怎么解。我给她讲了解题思路，并且又重复了一遍后，凑巧爸爸妈妈来接我了，因为着急去亲戚家吃饭，我就和小芸说，如果你还是不明白，可以回家后再用微信联系我。

第二天，体育课后我回教室时，教室还没什么人，刚好老师在问小芸：“为什么这种类型的题目做了那么多次还做错？不是让你请教下小信吗？”

然后小芸却告诉老师，她问过我，但我没帮她。

当我听到小芸在老师面前这么说时，顿时感到非常愤怒和失望。我真心地帮助她，她自己算错了，却来诬蔑我，难道我要替她写好每一个步骤吗？

这让我感到十分委屈和无助，就像是一只被无端伤害的小鸟，无助地在空中挣扎，觉得自己的真心被辜负了。

我很难理解她的做法，这到底是为什么呢？

——15岁女孩小信

一 放长远看，平和自己的情绪

当我们被人误会，觉得很委屈、难过的时候，一般都会很想向别人解释清楚。

“明明不是这样，他为什么要这么认为？”

“明明我这么真心帮助她，她为什么要诬蔑我？”

糟糕的是，在这种情况下，我们感到自己受了委屈，特别想去跟对方说清楚，但往往结果却总是不尽如人意，甚至事与愿违。

如果解释不清楚，心里又感受到无比的愤怒，我们该怎么办呢？在那一个当下，我们可以试想一下：

10 分钟后，你会怎么看待这件事情，依然觉得这件事情重要吗？

10 个月后，你会怎么看待这件事情，依然觉得这件事情重要吗？

10 年后，你又会如何看待 10 年前的这件事情呢？

也许到时候这些让我们纠结委屈的事情，已经成为一片浮云飘走了。

我们首先要感受到自己的情绪，是委屈、伤心，还是难过？然后再用有规律的深呼吸或者离开现场 12 秒钟的方法试着让自己恢复平静。

二 放下心结，每个人都会犯错

请坚定自己的信念，自己做了正确的事情，并且已经尽力去帮助了别人。

一棵歪脖子树长在路旁，画家为之激动，又可以作一幅画了；木匠路过波澜不惊，在他眼里那不过是棵废材，做不了家具。一棵树的美与废一念之差。

同样，一件事情的好坏，也是如此。

小信可以向老师解释清楚整件事情的过程，并让老师帮忙去了解，小芸为什么会这样说。了解清楚背后是不是有误会，还是对方有难言的苦衷?

同样发生一件事，每个人的认识角度不一样，讲出来的故事就不一样。

如果存在误解，那么解释开就行了。

如果确定不是误解，而是对方恶意为之，那我们更没必要去计较。

每个人都会犯错误。接受别人犯错，也接受自己会犯错，其实是对自己的一种爱。把我们人生的主动权掌握在自己手里，是对自己负责的表现。

放下心结，包容的心态会像一把伞一样保护你在雨中前行。人和人的学识不同、见识不同、修养不同，对事物的看法自然就不一样。

如果你学不会放下，可以列一个曾经伤害过你的人的清单，入选标准是他们都是不能轻易原谅的人。

按照你被伤害的程度列一个从1到10的等级，1为严重程度最轻（但仍然无法轻易原谅），10为最重。按照这个标准为这些人排好序，可以按照从程度最轻到最重的顺序排列。

你可以看到，值得列入这个名单的人并不多。

三 自我保护，更加珍惜爱我们的人

青春期是人生中的一个特殊时期，不仅身体发育迅速，心理也发生了很大变化。在这个时期，我们也开始面对更多的社交压力。

在人际交往中，保护自己的心理健康变得尤为重要。有时候人们可能会遇到一些不友好的人，这时候需要学会自我保护，避免受到伤害。

自我保护可以通过多种方式实现，例如沉默、不理睬、寻求帮助等手段。

比如小信，可以装作自己没听见小芸和老师的对话，就当小芸的撒谎是为自己做错题目的开脱；也可以在以后再帮助别人讲解题目时，将整个过程做好记录，并在开始之前告诉对方自己的意图，以避免出现类似之前的情况。

不过，过度的自我保护也会对人际关系产生负面影响。

因此，我们需要根据具体情况灵活运用自我保护的手段，同时也需要学会正确地处理人际关系，尽可能地减少关系上的矛盾和冲突。

对于值得交的朋友，我们要学会珍惜。

东汉时，有一对知己——范式和张劭，完成学业后各自回乡，范式说："两年后我要去拜访你！"之后两个人还约定了具体的时间。

约定的时候快到了，张劭跟母亲说起这件事，母亲问："分别两年，而且远隔千里，你相信他一定能来吗？"张劭回答："范式是讲信用的人，他会来的！"到了约定的日子，范式按期到来了，两人都非常开心，畅叙往事。

梁实秋先生说："事实上世界上还是有朋友的，不过虽然无须打着灯笼去找，但也是像沙里淘金而且还需要长时间的洗练。"

茫茫人海里，我们会遇到很多人，有人给我们温暖，有人给我们伤害，有人助我们成长，有人教我们做人。而终会有三两知己，陪伴着我们点亮彼此人生的灯塔！

20 一下课同学们就飞奔食堂，我脚扭了，怎么办？

上了初中以后，学习压力越来越大，每天都是忙忙碌碌，感觉根本没有放松的时间……每天最期待的就是中午去食堂吃饭，看着琳琅满目的美食，内心仿佛被治愈……不光是我有这种感觉，好像大家都格外期待中午去食堂！

每次下课铃一响，同学们好像赶火车一样着急又疯狂，乌泱泱地冲出教室，奔向食堂……场面相当混乱。我也是其中的一员，虽然不会担心没饭吃，但还是很怕去晚了选不到自己喜欢吃的。每次人挤人，都让我很烦躁，但没办法，谁让这食堂不是我自己一个人的呢？

上周的一天，我像往常一样，下课铃一响，就起身冲向食堂……下楼梯的时候，在人群里我被别人踩了一下，于是我紧急向旁边躲避，却听见嘎嘣一声！那一刻，我知道我的脚完了！

内心慌乱又害怕，脚完全不敢动，大家还在推搡着下楼梯，我被夹在中间不知所措，霎时间号啕大哭起来……后来好心的同学把我扶到医务室，我饿着肚子，看着肿起来的脚踝，心里又委屈又失落……眼泪不觉又从眼角流下来！

老师们一个劲地安慰我，但是我还是感觉特别难受。一想到后面的很长一段时间，我都不能再去食堂，甚至都不能再自己去厕所，我就觉得自己的生活再也没有乐趣了……我该怎么办？

——14岁女孩木木

一 困境是暂时的，难关终会渡过

宋朝苏洵的《心术》："为将之道，当先治心，泰山崩于前而色不变，麋鹿兴于左而目不瞬，然后可以制利害，可以待敌。"意思是说：即使泰山在面前崩塌也脸不变色，即使麋鹿在旁边起舞也不去看它一眼。

生活中，经常会发生意想不到的状况，特别是在受伤时，我们总会感觉到沮丧和无助。但是，请相信，这只是暂时的困境，我们会渡过这个难关。同时，也要相信自己有能力克服这些困难，积极寻找解决问题的方法和途径，并勇敢地去尝试和实践。

我们该如何调整自己的心态呢？

首先要尽量对事情进行分析，少沉浸于对人的分析。

比如，脚扭了，我们可以分析一下为什么会扭脚，接下来我该如何安排自己的生活和学习，我可以求助哪些人，可以从哪里入手……而不是一味沉浸在难受的情绪，埋怨自己怎么这么倒霉，怎么这么笨！

在学习中也是一样，如果一次考试失败了，我们要分析的是为什么会失败，有没有改进的可能和机会，如何提高考试成绩等。

为了保持好心情，我们还可以积极地阅读、听音乐等，以缓解紧张和焦虑的情绪。

二 扭伤后，可以这样缓解疼痛

《庄子·让王篇》："能尊生者，虽贵富不以养伤身，虽贫贱不以利累形。今世之人居高官尊爵者，皆重失之，见利轻亡其身，岂不惑哉？"

无论在何种情况下，我们都需要顾及自己的身体，避免伤害到身体的潜在危险。

足踝扭伤是一种常见的运动损伤，轻度的足踝扭伤主要是软组织损伤，在扭伤之后还可以站立。如果扭伤严重导致肌腱撕裂、韧带断裂，那么需要进行手术治疗。

木木可以通过以下步骤来缓解疼痛：

脚扭伤之后，建议在 24 小时之内进行冷敷加压措施，这样可以使血管收缩，缓解早期的渗出和肿胀，可以用冷水泡脚或将冰袋放在扭伤处。

24 小时后一般病情会得到控制，但是还会有肿胀疼痛的问题，这时可以做热疗，促进局部肿胀的消退。

将扭伤的部位抬高，以减少疼痛和肿胀。如果疼痛严重，可以使用止痛药缓解症状。

可以适当口服一些活血化瘀的药物，如三七片、舒筋活血片等，按时按量服用。

这些方法可以帮助缓解脚扭伤后的疼痛，并促进损伤部位的康复。此外，对于较为严重的扭伤情况，或者治疗多日症状反而加重的，应及时去医院。

三 积极锻炼，增加身体骨骼密度

青春期是骨骼生长发育的关键时期，由于身体发育尚未完全成熟，加上青春期个体的生长速度快，身体某些部位的骨骼密度不足，各种骨骼关节受到影响可能更容易扭伤。

活水贵在流动，生命贵在运动。

适度的运动不仅可以提高身体素质和骨骼密度，还有助于改善身体状态并预防各种损伤的发生。

骨骼密度的提高对未来的骨质健康具有重要意义。以下是一些提高青春期骨骼密度的方法：

均衡饮食：摄入足够的钙、维生素 D 和蛋白质等有助于骨骼生长所需的营养元素。

运动锻炼：适当的有氧运动，如跑步、跳绳、游泳等可以促进骨骼生长，提高骨骼质量。

强化训练：进行一些负重训练，如举重、俯卧撑等，可以刺激骨骼增加细小的骨组织，提高骨骼质量。

同时，我们在日常生活中还要注意走路姿势，小心行走；运动前要做好热身准备；穿适合的鞋子进行运动；如有受伤，应尽快给予处理，避免延误治疗时机。

保持健康的心态，让身体更健康、更强壮，是每个人的必修课。

21 被校园霸凌，我低落了8年，我的未来在哪里？

我现在是一名高三的学生，小学四年级的时候，在班级的一次活动中，跟隔壁班的一位身材壮实的男生发生了口角。之后有几次放学，他都在校门口堵我。我总是担心他会来欺负我。

记得有一次放学，我被几个男生包围了，他们把我带到了附近的一所废弃的房子里，扇了我耳光，还对我拳脚相加。我当时害怕极了，也不知道如何反抗。之后，他们还威胁我说："如果你报警的话，下次打得更厉害。"

事后，我压抑不住内心的惶恐，整理好衣服回家了。记得那时妈妈刚好出差，奶奶问我怎么了，我说自己不小心摔了一跤。等爸爸妈妈回来的时候，我也不敢告诉他们真相，后来去了医院才跟爸爸妈妈说了实情。从那以后，我每天晚上做噩梦，抑制不住心中的恐惧。记得当时我休息了一段时间，妈妈也找到了对方的家长，对方的家长在经济上给了我们一些补偿，可是我内心的阴影一直都在。

从那以后，我的学习受到了严重的影响，妈妈后来几次带我去医院检查身体，都没有发现大的问题，可我的情绪一直处于低迷的状态。

有段时间我甚至差点辍学了。这些事虽然已经过去8年了，可是我一直没有走出来。现在我已经高三了，对未来感到很迷茫，不知道我的未来到底在哪里。

内心的这份恐惧和害怕一直都在，从来没有离开过我，我的心理一直处于紧绷状态，经常会陷入这种无休止的恐惧当中。我该怎么办？

——18岁女孩夏严

一 把负面情绪丢进情绪垃圾桶

大仲马说过，自信和希望是青年的特权。

冼星海曾说，每个人在他的生活中都经历过不幸和痛苦。有些人在苦难中只想到自己，他就悲观、消极，发出绝望的哀号；有些人在苦难中还想到别人，想到集体，想到祖先和子孙，想到祖国和全人类，他就得到乐观和自信。

当我们经历不幸的时候，我们会把一些负面的情绪压抑到身体里，但是实际上我们需要把自己的经历和想法表达出来，释放出来。心理学中有个“情绪垃圾桶”的概念，情绪垃圾桶是一个比喻，它指的是我们内心过多地承载了负面情绪而未能及时处理，最终会导致情绪积压和爆发。如何应对负面情绪呢?

1. 认识到自己内心的负面情绪：可能是因为一些原因没有及时处理，或者是长期忽视了自己的情绪状态，我们的内心会积压一些负面情绪，我们需要自我觉察，直面这些情绪。

2. 自我观察：留意自己内心的情绪变化，比如焦虑、愤怒、不安、沮丧等等，同时也要注意身体的反应，比如失眠、食欲不振、头痛、肌肉紧张等等。

3. 找到情绪垃圾桶中的“垃圾”：思考导致自己情绪不良的原因，或者是让自己难以释放负面情绪的原因，帮助自己找到根源。

4. 与他人交流：找到可以倾诉的对象，可以是朋友、家人或专业心理医生。通过与他人交流，可以有效减轻负面情绪的压力。

一个人只有在安全的地方才能让自己的情绪释放出来。我们还可以找一个安全的空间，通过摔枕头、击打枕头或者布娃娃的方式将自己压抑已久的负面情绪释放出来，让紧绷的身体得到充分的释放，从而帮助自己释放压抑的情绪。

二 找回自我，提升自己内在的力量

毕淑敏曾说：“岁月送给我苦难，也随赠我清醒和冷静。”

一个人只有回归自我，找到内在的资源，才能对未来重拾信心和勇气。关于内在资源，本质上是一个人在面对痛苦、压力和冲突时保持自我意识、整合自我的能力。

夏严具体可以怎么做呢？

首先，将自己和事件剥离开来，看见自己，面对自己受的伤，接纳自己，让自己的内心放松下来，从心底里认可自己的价值，并给自己积极的心理暗示。

其次，回顾过往，看看我们是否有一些让自己满意的时刻，是否曾克服过一些困难，从而帮我们找到自己内在的资源，找到我们的高光时刻。

再次，向外界寻找资源，找到自己的突破点。

小张是一名初二的男生，原本不善于表达，通过自我认知和积极参与社交活动，不断锻炼自己的交际能力和口头表达能力后，最终成为学校的学生会主席，并在学生代表会上发表了精彩的演讲，赢得了全体师生的掌声。

一段好的关系可以让自己内在的资源得到很好的发展，多与内在资源丰富的同学、朋友、师长、家长和老师互动，可以让我们拥有更多的安全感、信任感和希望。

最后，一成不变的校园生活会限制我们的想象，尝试多与外面的世界发生链接和交流，可以让我们获得新的内在资源。尝试更多的社会角色，例如：参加一些公益活动、找到自己的榜样力量，这些都可以帮我们在拓展自己的过程中丰富自己的内在资源。

三 未来景象法，重拾对未来的信心

《华严经》中有句话说：“心如工画师，能画诸世间。”世间万物，原都是由我们的心所描摹。万物万象，都是我们的心所幻化出来的。

对于夏严的遭遇她可以通过未来景象法重拾对未来的信心。

未来景象法是什么？就是当我们去建立未来目标时，在脑里把这个目标想象成一个有视觉、听觉和感觉的细节，就像电影般的思想记忆，放在自己大脑的某个位置。这样会给

我们巨大的动力，而且画面越清晰具体，感觉就会越强烈，学习的动力就越强，实现的可能性越大。

当我们知道事情不只有一个选择的时候，当我们知道任何事情都有三种以上的选择办法的时候，我们可以与内在的自我进行连接，凭不同选择的未来景象来让我们知道潜意识的取向。

让我们与自己的潜意识进行连接，从而，发挥出我们潜意识的力量。

未来景象法的具体步骤是：

1. 站在时间线“现在”的位置，放松。用一句话清晰说出符合自己条件的目标。

2. 在“未来”的方向，选择一点代表达到目标的时间指标。

3. 看着路，先不起步，想想过程中可能出现的困难，如何解决。

4. 然后起步，慢慢走，充分地去感受，提示一些可能性，比如会遇到一些什么样的人，有什么问题可能会出现等等。

5. 当我们到达目标时，充分去感受那份美好的感觉，深呼吸，储存、加强。反复几次直到足够为止。

总之，当我们被心中的问题所困，面对未来充满迷茫的时候，我们可以通过各种方式释放我们的情绪，并用未来景象法帮助我们找到心中所向往的目标和方向。

有了目标，才能让自己找到学习的意义并发挥出自己的能力和潜力，从而找到自己的人生价值。

22 寝室里，室友偷偷使用热得快，我要告诉老师吗？

我是一名初二的学生，自从上了初中，学校规定我们每位同学都要住校。虽然我家离学校不远，但是老师说，因为晚上要上晚自习，为了统一管理，我们无论离家远近学生都要统一安排住校。

经过一年的过渡，我慢慢地适应了住校的生活。最近，我发现一位室友经常晚上吃夜宵，为此他买了一个热得快。我记得前段时间看到一则新闻，因为寝室的同学晚上使用热得快，忘记拔电源开关，寝室早上通电后，热得快因自行加热而导致了起火。这就是我感到非常担心的原因。

我曾几次提醒室友，他口头上是答应了，但是我后来发现他把热得快藏了起来，并没有处理掉，导致我晚上睡觉的时候，都感觉非常不安心。

关于这个问题，我要不要告诉学校的老师呢？如果告诉老师，我担心会会伤害自己与室友的关系，如果不说又担心这件事会对我们的宿舍安全造成威胁，这真的是让我感到左右为难。不知道该怎么办。

——15岁女孩晓婷

一 热得快虽然本身并不危险，但仍会存在安全隐患

热得快作为电器产品，本身并没有危险性，如果按照正确使用方式来操作，应该是安全的。但是，如果使用不正确就会带来安全隐患。

热得快的使用原理是什么呢?

热得快的结构大致由发热体、温度控制系统和外壳三部分构成。当热得快插上电后，发热体开始加热，温度逐渐升高，在一定温度下，温度控制系统将发出信号，控制发热体停止加热。当热量流失从而使温度降低时，温度控制系统又会重新开启发热体，继续进行加热。这样循环往复，就达到加热液体、保持温度的目的。

需要注意的是，在使用热得快时应注意其安全性能，如不要让水超过最高水位线、避免碰伤热面、不能干烧等。

热得快使用时需要注意以下几点:

1. 避免干烧：热得快需要加水才能使用，如果没有加水或者水已经烧干，电器就会过热，可能出现负载失效、线圈熔断等问题，甚至可能引发火灾。

2. 避免超载：热得快功率较大，如果电线超过其承受范围，容易造成电线超载，引起电线发热，甚至引起火灾。

3. 避免长时间连续使用：长时间使用热得快可能导致过热，从而引发故障和安全隐患。

因此，对于热得快这一电器产品，我们一定要做到安全使用。特别是在学生寝室等场所，更应该禁止使用，以免发生事故。

作为住校生有权利和义务保证自己的人身安全不受损害。如果认为室友有隐瞒使用电器的行为，并且可能会对大家的安全和健康造成危害，可以先和室友沟通，或者向学校相应的管理部门反映情况，以便及早解决问题，确保寝室的安全和秩序。最好的方式是与室友进行沟通，协商解决问题，以维护好寝室的安全和良好的人际关系。

二 建立良好的室友关系，共建良好的学习环境

为了维护好寝室的安全和良好的人际关系，应该做些什么呢？

先和室友进行沟通，了解原因并协商解决。如果室友不配合或者认为他的行为没有问题而拒绝改正，我们可以向相关部门举报或者告知老师。但是，在做出决定之前，我们需要谨慎权衡利弊因素，并充分考虑情况的复杂性和可能产生的后果。

校园安全，是学校顺利开展教育教学工作的前提和基础，是家庭幸福的保证，是我们健康成长的保证。

同时，在同一个寝室里，维护良好的寝友关系也是很重要的，可以让我们的住校生活更加舒适和幸福。在宿舍生活中遇到问题时，如何才能更好地协商和解决呢？以下是一些建议：

1. 注重日常交流：在日常生活中要与室友有足够的交流，可以谈论你们的兴趣、学习、生活等话题，这有助于增进彼此之间的了解，建立起信任和友谊。

2. 一起分担生活琐事：在寝室里生活，可能会遇到很多琐事，如食宿、卫生等。分担这些琐事既可以减轻自己的负担，也可以增强室友之间的互助精神。

3. 互不干扰：在寝室里住，需要注意互不干扰。我们要尊重室友的生活习惯，避免影响彼此的生活、学习和工作。

4. 遇到问题，积极应对，从而解决分歧：如果出现了分歧或矛盾，要及时沟通并解决问题，不能放任不管。在解决问题时，要遵循以理服人的原则，保持冷静、理性。

5. 尊重隐私：在寝室里，每个人都有自己的隐私，如个人物品、行为等。我们要尊重彼此的隐私，避免侵犯室友的隐私权。

三 学校规定要遵守，这是学生安全的保障

无规矩不成方圆，有敬畏才知行止。

遵守学校规矩，就是一种美德。

学校通过制定和执行校园规定，可以确保师生的安全、促进校园文明、增强学生的自我约束能力及责任意识，建立积极向上、和谐美好的校园氛围，提升整体教育教学质量。

学校规定所涉及的方方面面，如学生行为准则、课程管

理、考试制度、校园安全管理等，对学生的日常行为和学习有着相当大的约束力。如果不遵守学校规定，不仅会影响个人的学习和生活，也有可能对校园秩序和其他师生的安全和健康造成影响。

因此，作为一名学生，遵守学校规定不仅是应尽的义务，也是良好素养的体现。同时，学生遵守规定的行动还可以树立正面形象，为自己和他人营造和谐的校园环境。

遵守校园规则是每个学生应该具备的基本素养，需要做到以下几点：

1. 认真阅读并理解学校的行为规范，明确各项规定的含义和目的。

2. 培养良好的自我意识和遵纪守法的习惯，自觉遵守规则。

3. 时刻保持警觉，注意校园安全，不乱扔垃圾、不破坏公共设施、不携带违禁品等。

4. 积极参加各种有益的活动，如运动会、文艺比赛等，增强自我管理和自我约束能力。

5. 多与老师、同学沟通交流，尊重他人，建立良好的人际关系，不进行欺凌和打架等不文明行为。

6. 向老师和学校管理员报告任何不符合规范的行为，维护校园秩序。

我们在平时的生活中，要时刻牢记这些内容，并且要通过实际行动去践行，这样才能在校园中建立良好的个人形象，成为一名优秀的学生。

第 5 部分

CHAPTER 5

青涩果子不要摘

23 新闻里15岁女孩需要做人流，会怎么样？

自从来“大姨妈”之后，不管是我自己还是身边的女生，好像都跟之前不太一样了：有的单相思，有的想谈恋爱，有的热恋中……

上周，我的大表姐跟我说，她和她男朋友进行了亲密行为。刚听到这件事，我感觉无比震惊，我想我们还没有完全独立，她怎么能做出这样的事？虽然不能理解，但毕竟是别人的事，我也没有说太多……

后来，我的大表姐时不时地就要跟我分享她和男朋友之间的事……我根本就不想听，但是她每次都喋喋不休，我也不忍心破坏她的兴致。上周晚上，我在网上看到一条新闻：15岁女孩意外怀孕……

看到这个标题，我立马联想到自己的大表姐，出于担心，也出于好奇，我点进去浏览……新闻里说一个15岁女孩被男生骗，怀孕了之后男朋友不承认，最后没办法要去堕胎……报道中还提到无痛人流，真的不会痛吗？再说，那可是鲜活的生命啊！我本想继续往下看堕胎会造成什么影响，结果妈妈刚好进来找我，我也只好作罢。

不过，这则新闻还是勾起了我的好奇心，我很想知道15岁女孩做人流到底有什么后果，一想到我的大表姐，我就陷入了深深的担忧。

——15岁女孩小静

一 远离禁果，世上没有后悔药

“如果有重新选择的机会，你会后悔吗？”

“可是，没有如果。”

我们本该追求学业，可是美好的青春，或许就因为一次偷尝禁果，就彻底改变了方向。

处于青春期，我们的思想还不太成熟，自我保护意识也是很薄弱的，判断能力也比较差，很容易相信别人的话。还有些人，因为父母常年在外上班，从小缺乏父母的疼爱，没有安全感，所以容易陷入早恋中。

根据心理学家与社会学家的研究，其实很多偷食禁果的女孩，并不愿意发生亲密关系，大都是在半推半就中同意的。

青春期怀孕的征兆，和成年女性类似，可能表现出以下征兆：

1. 月经延迟或缺失。

2. 乳房胀痛、乳头变色和乳晕加深。

3. 恶心、呕吐和食欲改变。

4. 疲倦、头晕、头痛和背痛。

5. 非经期时出现不规则阴道流血。

6. 其他身体不适症状，如尿频、便秘等。

需要注意的是，这些症状不一定都代表怀孕，有些症状也有可能是其他妇科疾病引起的。青春期怀孕的后果是非常严重的，我们每个人都一定要对自己的人生负责。

从身体健康角度来看，在青春期怀孕，可能会影响我们的身体发育和生殖系统健康，增加以后分娩风险，并对孩子的健康产生长期影响。

从心理健康角度来看，青春期怀孕，可能会导致我们的情感波动，增加抑郁症和焦虑症的风险，也会对父母和家庭关系产生一定的压力。

从教育和家庭关系角度来看，青春期怀孕可能会中断女孩子的学业，会对我们的成长和发展产生影响，需要付出更多的物质和精神代价。

两性亲密的行为，只有在取得结婚证、受到国家法律法规的保护后，才能得到美好的发展，而寻求刺激的过程，可能会把青春期的热烈情感变成炸弹。

二 守护生命，远离堕胎陷阱

据世界卫生组织统计，全世界每年有 5 000 万胎儿流产，两年一个亿，平均每分钟有 104 个小生命被扼杀，每年 10 万多名女性因流产堕胎而意外死亡。

2012 年“石家庄妈妈团”的新闻轰动了全国。这些妈妈团的成员，大多数是年近中年的妇女，她们有的是事业有成的企业家，有的是忙碌的工薪族，有的接受过高等教育，有的只是初中毕业，而这些妈妈们共同做了一件事情，就是揭露无痛人流的陷阱，让每一个女孩儿都远离堕胎陷阱。

堕胎又称中断怀孕或人工流产，故意结束妊娠，取出胚胎或者导致胎儿死亡的行为。

关于小静在新闻里看到的“无痛人流”这个名词，其实是一种炒作，大量的医学专家一致表示，无痛人流，其实是在人工流产手术前给患者注射麻醉剂，让患者因被麻醉而感觉不到疼痛，患者在没有意识的情况下，就算出现危险也无任何反应，无法给医生准确的提示，其实是具有更大的风险。

青春期的我们涉世未深，但有些安全意识一定要具备。

你知道多少人因为堕胎导致日后不能生育吗？

你愿意因此失去做母亲的权利吗？

去观察一下医院前来堕胎的女人，有几个不是一个人来的？

想想这些女人的处境，负责任的男人会这样对待自己的爱人吗？

一旦出现问题，留下心理阴影，还有与他相濡以沫的未来吗？

无痛人流绝非无痛，同时，它会带来如女性卵巢功能早衰、内分泌失调、妇科炎症、产后风等多种后遗症。对发育未成熟的女性很容易造成子宫穿孔、大出血，甚至死亡。目前很多女性不孕症的根源就是人流堕胎。很多人正在走着这样一条可悲的道路——前脚做人流，后脚成为治疗不孕不育医院的顾客。

三 一次青春的冲动，付出一生的代价

新闻报道：重庆云阳某中学一名16岁的女生意外怀孕后到当地妇幼保健院堕胎，不料医院在做“无痛人流”手术时，两度失误将其治成植物人。

该女生是某中学初三的学生，寒假期间她与同学相约聚会，在外面饮酒后彻夜未归，偷尝禁果，后来发现怀孕，化名到了当地的妇幼保健院进行无痛人流手术。在手术中她出现了嘴唇青紫、呼吸停止、血压骤降等症状，院方紧急抢救无效后将她转入了更好的医院，治疗6个多月仍不见好转，最终她被确诊为完全植物人的状态。

而她的男朋友因承受不了内心的责任和舆论的打击，逃离了家乡，去向不明。两个花季少年，因为一时的冲动而付出了惨重的代价。这次事件给双方的家庭也带来了巨大的痛苦，130万元的高额医疗费为他们的冲动买了单。

不懂得守住自己的贞洁，随意地放纵自己，在应该专注学习的年龄偷尝禁果，使得原本青春年少的女孩，却终身要与病床为伴，全天候地依靠他人维持和延续生命，这是多么让人痛心。一次青春的冲动，却要让两个少年为此付出一生的代价。

堕胎除了会造成身体上的伤害，还会带来心理上的伤害。如心理方面的后果包括罪恶感、有自杀的冲动、退缩、遗憾、懊悔、失去自信心、降低自尊、怀有敌意、愤怒、绝望、无助、憎恨与堕胎有关的人、结束与伴侣的关系、失去

性欲、不能原谅自己、做噩梦等。

芬兰政府国家财政与健康发展研究中心的研究报告表明，堕胎还会使女性死亡的危险性增加。

堕胎女性于堕胎一年内死亡的比例是怀孕生产妇女的3倍。堕胎女性于堕胎一年内自杀的比例是怀孕生产妇女的6倍。堕胎女性于堕胎一年内，遭遇致死性意外的比例是怀孕生产妇女的3倍。堕胎女性于堕胎一年内，遭遇他杀过世的比例是怀孕生产妇女的13倍。

美国一项研究报告指出，堕胎也会使女性罹患乳腺癌的危险增加。此外，堕胎对少女的伤害更为明显。一项美国明尼苏达州的研究显示，少女堕胎在半年内的自杀比例，是未堕胎少女的10倍。其他相关研究也指出，有多次堕胎纪录的少女，在堕胎半年内，自杀的危险性与精神上失序的危险性大为提高，这些数据值得我们注意与深思。

深刻地认识到堕胎的危害的同时，我们更要真正避免其对身心的危害。

真正的爱是尊重，是为彼此的身体、学业、未来等方方面面考虑。一个男生真正爱一个女生，他一定会珍视她，等待她，而不是不负责任地偷尝禁果。

青春就像一朵含苞待放、娇艳动人的玫瑰花儿，作为女孩，我们必须学会拒绝婚前亲密行为，远离堕胎，学会等待。女孩好比娇嫩的玫瑰，只有精心呵护，才能开得灿烂，不然就可能因过早地被外界的狂风暴雨摧残而凋谢枯萎。

24 男朋友拉我到校园里的一个角落，想亲我，怎么办？

在我升初三的时候，由于父母工作的原因，我被迫来到乡下和爷爷奶奶一起住，所以就在本地的一个普通初中就读。刚来到这个陌生的地方，大家都是陌生的面孔，加之我性格比较内向，经常一个人独来独往。我心里觉得很孤独，父母不在旁边，还没有结交新朋友，性格逐渐变得更内向了起来。

突然有一天，班主任开班会说：“同学们，为了班级更好地发展，提高全体同学成绩，我们现在成立学习小组，互相帮助，一起进步，接下来我会把小组名单发下去，大家记得看看。”下课后，当我过去看名单时，突然有一个男生凑过来，对我说：“你好呀同学，以后咱们一起努力呀！”听完这句话，可能由于靠得有点近的原因，我的脸忍不住微微泛红，然后窘迫地说了一句“好的”，就赶紧走开了。

接下来的一个月，我们的距离慢慢拉近。他喜欢玩电子游戏，有时候会给我讲里面的事情。他有时候会晚自习旷课，但是回来时却给我带小零食吃。我心里感谢他的好，可是也希望他认真学习。

又过了一个月之后的一个周末，晚上没有事情，他喊我去学校说一起跑步锻炼。可是当我到了以后，并没有看见他的身影。后来，他突然从后面走过来，蒙住我的眼睛，我把身体往后转，然后眼神和他对视，他对我说：“我喜欢你，咱们能在一起吗？”处于青春期的我，第一次面对男生的表白，脸迅速涨红，又想到在这里的这段日子，都是他陪着我，心里不禁涌出一丝暖流，便害羞对他说：“我愿意！”就这样，我们在一起了。

慢慢地，我们牵手、拥抱了。可是有一天，他把我带到校园一个角落，我害羞又紧张，看着他慢慢靠近的脸，我心里很想回应但是又惴惴不安，虽然我们互相喜欢，可是我们才上初中，我不知应该怎么办……

——15 岁女孩邱艳

一 所谓的喜欢，可能是青春期荷尔蒙作祟

在青年心理学中，有一个概念叫心理断乳（Psychological weaning），它是1928年由Holing Worth提出来的。在这个发展时期，人们逐渐开始脱离父母，走向自立。因为在脱离父母的过程中，每个人都会感到迷茫和恐惧。为了降低这种不安定的内心，我们会选择和父母以外的一个人建立亲密的关系，来获取安全感。因此，依赖的对象也从父母开始转向朋友、恋人。

在生活里，一般脱离父母或者是缺爱的孩子，在青春期更容易发生早恋现象。缺爱的女孩，一旦遇见给予她更多关心的男生，便容易沉溺爱河，容易做出一些错事。由于女孩父母忙碌，给予女孩的爱太少，而女孩性格内敛，在陌生的地方，男孩恰恰给予女孩一些她所需的温暖，所以邱艳在精神上可能有点依赖于这个男生。如果女孩的父母给予了她足够的温暖，女孩有更多朋友可以一起玩耍，可能她对男生的想法就会不一样了。

希望青春期的我们不要把一点点关心就当作喜欢，而应该不断提升自己，这样才能弥补心里缺失的不足。

二 无论什么年纪，都要学会保护和提升自己

在我们国家，因为全社会对中高考的过度关注，所以家长、学校和社会都会在有意无意中压缩青春期孩子的生理、心

理的发展需要。从人的角度来说，除了学习，我们还有人际交往、爱好兴趣等方方面面的发展需要。“但是目前学习是头等大事”，其他方面的需求就只能暂时被压制下去。但是，就像一颗种子遇到合适的温度、湿度，自然就会发芽、开花一样，我们到了这个年龄，对另一个人产生情愫也是一件正常的事情。

小羽是一名初三的学生，面临升学的挑战，父母的要求与学校的压迫让她逐渐喘不过气来，小羽觉得每天都很累，在那段时间，她觉得有想放弃的念头。某周末放假，小羽在 QQ 上发现有一个陌生人申请加自己好友。在以后的聊天之中，陌生人经常问她吃没吃饭，二人互道晚安，一起打游戏……在这种“美好”交往之中，小羽逐渐沦陷了，她喜欢上了手机里面的那个陌生人。再后来，她就把手机带入学校，和陌生人一起聊到大半夜，她感觉已经离不开对方了。就这样，在中考结束后，小羽并没有考上自己想去的高中。

青春期对异性产生好感是正常的，无须压抑，但是要理智地对待。正如邱艳的困惑一样，在这个年龄阶段，与异性适当的接触是可以的，但是一定不能偷吃爱情的禁果。

在成年之前，适当地与异性接触会让我们体会到一些青春的美好，可是一旦超过一定的尺度，那就可能造成追悔莫及的后果。小羽因为承载着升学压力而选择了错误的解决方式，开始了一场不适宜的恋爱，所以反而迷失了方向。因此，我们要正确看待青春期恋爱，把握尺度，认清当前的年龄阶段的主要任务，拒绝不合理行为，努力奔赴更好的青春。

三 正确处理感情，明确当前重心

为什么青春期我们容易互生情愫？原因有两个：

1. 由于我们对于爱的索取从父母身上逐渐转移到外界。

2. 心中对未知事物的好奇心理与追求。

一段感情，可能从一次热烈的心跳开始，而后需要长期的相处、彼此的陪伴和对未来的计划，才能走得更长久。

也许在有些青少年看来，两个人只要合得来就行，只要有了“爱”，就可以什么都不在乎了，其实不然。因为青春期的我们还不能完全判断这个“爱”到了什么程度。

喜欢是一种很美好的事情，在一定的年龄阶段，我们对异性产生异样的情愫很正常，但也要有底线和原则，切不可产生不当行为。两个人如果在一起后能互相鼓励，一起进步，考同一所大学，奔赴一样的未来，并且明确底线，那这样的感情便是正向的。如果在一起只是为了新鲜感或者对异性接触的那种好奇感，并且不能保护好自己，那这样的感情只是在浪费自己的青春。

青春期对异性的喜欢，无可厚非，喜欢并不一定要恋爱。也许喜欢的意义正在于帮助我们练习爱的能力，让我们成为更好的自己。

巴尔扎克曾说：“拼一切代价，去奔你的前程。”青春期的我们，可以把这份喜欢藏在心里，努力学习，把这大好的时光用来提升自己。只有让自己更加优秀，才能在未来拥有一段美好、成熟的感情！

25 男同学喜欢对我勾肩搭背，说我们是兄弟，我该怎么办？

我是一名初二的女生，自从上了初中，学习的压力越来越大了。我们在学校的时间都安排得很满，每次晚上放学都很晚。

因为压力大，在同学的介绍下我认识了几位隔壁班的朋友，我们都会互相倾诉自己的困惑和烦恼。在这个过程中，我的压力明显得到了释放。

去年的时候，我因为学习乐器，认识了几个校乐队的朋友，我们经常一起学乐器，课后经常一起聊天，渐渐地，我们什么都聊，经常一起聊各种各样的八卦新闻，大家都感觉很开心。

可是，最近一起学乐器的一位隔壁班的男生，老是喜欢对我勾肩搭背，还宣称我们是兄弟。当他每次这么说的时候，我感觉好别扭。但是因为我们是朋友，我不想伤害朋友之间的友谊。当他手搭我身上的时候，我感觉非常不舒服，可我又不知道怎么拒绝。我该怎么办？

——14岁女孩晓群

一 明确与同学相处需要注意的原则

在和朋友相处的过程中，当朋友一些越界的行为让我们感觉不舒服的时候，我们要及时地表达自己的感受。

勾肩搭背是一种身体接触的方式，这种接触方式通常被视为友好和亲密的姿势，可以用来表达信任、支持和关注等情感。

在学校的公共场合，勾肩搭背也可以被看作是社交技巧的一种。当人们想要通过身体接触来表达自己的情感或者与他人建立更紧密的关系时，勾肩搭背可能是一种非常有效的方法。然而，需要注意的是，在使用勾肩搭背等身体接触方式时，应该尊重他人的意愿和边界，避免侵犯别人的隐私和权益。

勾肩搭背的身体接触方式，并不是所有人都喜欢或者接受。当你面对这种问题时可以这样做：

1. 直接与朋友交流：如果你觉得不舒服或者不喜欢勾肩搭背的方式，应该直接与朋友坦诚交流。告诉他你的感受，并尝试寻找更适合自己的身体接触方式。

2. 尊重彼此的界限：在交往过程中，应该更加关注对方的想法和边界，如果对方表达了不喜欢或者不接受勾肩搭背的方式，我们应该尊重并调整自己的行为。

3. 保持适当距离：如果你觉得勾肩搭背的频率或者强度

过高，可以试着通过其他方式来维持朋友关系，例如聊天、一起玩游戏等。

总之，朋友之间的交往方式应该建立在相互理解和尊重的基础上，尊重彼此的意愿和边界，并且寻找适合双方的身体接触方式。

在学习的过程中，为了更好地与同学相处，我们需要注意的基本原则有哪些呢？

1. 互相尊重：对待同学要如同对待自己一样，尊重他们的人格和意见，遵循基本礼仪，不要嘲笑、侮辱或诽谤他人。这有助于建立彼此之间的信任和友谊，让交往更加愉快。

2. 宽容包容：同学之间差异很大，包括兴趣、性格、文化、价值观等等。了解这个事实，为他人留下空间，学会接受别人的不同之处，而非批评或指责。

3. 坦诚相待：在与同学交往中，要及时表明自己的真实感受，及时与对方沟通是非常重要的。如果你对某些事或某人不满，应该提出来并诚恳地表达，以便解决问题和改进关系。

4. 合作共赢：在某些情况下，我们需要与同学合作做任务或项目，这时候应该积极配合，互相支持，促成共赢。

5. 知识分享：分享知识是同学交流的常见方式。在课堂内外，应该开放心态，愿意分享自己的知识和技能，也要有耐心和欣赏之心，接受他人的知识分享。

6. 谦虚和感恩：同学之间能够相互帮助、共同进步是一种值得感激的机会。谦虚接受帮助、懂得感恩是相处的有效策略，也让同学之间的关系更加友好和健康。

 朋友之间相处建立界限，为友谊保驾护航

朋友之间保持一定的距离，会使友谊更加长久。

为了同学之间的友谊能够更好地维持，我们在与朋友相处的过程当中，需要建立自己的界限。关于朋友关系的界限，我们可以这样做：

1. 保持互相尊重和信任：在朋友关系中，应该互相尊重、信任和支持，同时也要注意个人隐私和边界，不过问他人私事或者过分干预对方的生活。

2. 不要依赖对方：朋友之间应该是平等的关系，而不是一方对另一方存在过分的依赖。如果朋友间出现了过分依赖，那么这种关系就可能变得不健康。

3. 知道何时说“不”：如果朋友给出的请求或者要求超出了我们的承受范围或者价值观念，我们有权利说“不”。有意识地维护自我边界的同时，也需要理解并尊重对方的需求。

4. 尊重彼此的立场和观点：不同的人有不同的价值观念和思维方式，朋友之间也可能会有分歧。在关键时刻，需要

通过沟通和理解来协商解决，而不是过度强调自己的立场或者放弃自己的原则。

5. 关于朋友关系的界限，我们可以通过一些案例来了解。比如当你的朋友向你借钱时，你需要考虑自己的能力和边界，而不是盲目地助人，从而导致自己受到财务上的困扰。又比如在与朋友沟通过程中，如果遇到了无法接受的意见或者态度，我们有权利表达自己的不满和困扰，但也应该尊重并理解对方的立场和视角。

总的来说，朋友关系的界限需要根据实际情况来灵活处理，同时保持互相尊重和信任，理解彼此的需求和边界，维护自己的立场和原则。

三 树立正确的交友意识

“近朱者赤，近墨者黑”，就是说我们结交什么样的朋友，我们就会成为什么样的人。“物以类聚，人以群分”也是这个道理。在交友的过程中，我们应该注意以下几点：

1. 不用讨好的方式来交朋友。

2. 敢于对不友善的人说“不”。

3. 远离消耗你的人，同学之间情绪会传染。

4. 守住身体的底线，不要随意被人伤害。

5. 去了让你感到不舒服的地方，请马上离开，不要害怕失去朋友。

6. 强大自己，和正能量的人交朋友。

校园时期的交友观念，将为成人时期的交友观打下基础。那么如何树立正确的交友观呢？

1. 交朋友要有选择性：不是每个人都适合成为你的朋友，因此要慎重选择。要尽可能去结交一些有素质且有相似兴趣爱好的人，这样可以建立更深层次的友谊，做到精而不泛。

2. 培养良好的交往习惯：遵循基本礼仪、真诚对待别人，尊重别人的感受和想法，不要嘲笑、侮辱或歧视他人，也不要拿别人的隐私开玩笑。

3. 保持独立思考：不要盲目追随别人，有自己独立的思考，并坚守自己的原则和信仰。

4. 真实相处：不要为了讨好别人而隐藏自己的真实想法和感受，相反应该诚实面对和解决问题，这样能建立更深层次的互信关系。

5. 关注质量而非数量：交友贵在质量而非数量，要注重培养深层次的友情和信赖。

人生离不开友谊，但要得到真正的友谊却是不容易的。友谊总需要忠诚去播种，用热情去灌溉，用原则去培养，用谅解去护理。

26 被性侵后，女孩该怎样对自我的身心进行修复？

我是一位初三的学生，记得在我8岁那会儿，暑假的时候，我来到乡下外婆家玩，妈妈把我送过去就回城里上班了。

有一天，一位不认识的大叔给了我一些糖吃，他说，他是我的叔叔，看到我很可爱想送我一件礼物，说要带我去他家玩，我不愿意去，但是在他的糖果诱惑下，就傻傻地跟他走了。

他把我带到了一个偏僻的小屋，我感觉不对劲，想跑出去，可是被这个大叔紧紧地抱住了。这个时候大人都在山上干活，村里没什么人。发现自己无法挣脱，我当时害怕极了。他还威胁我说，如果我不听话就打我。爸爸妈妈都不在身边，我也无力反抗。

于是他对我进行了侵犯，具体我也记不清楚了，就是感觉好害怕，悄悄地回外婆家后我不敢告诉任何人，外婆看到我异常的模样以为是我不适应农村的生活。

从那以后我在外婆家再也不敢出门，特别是一到天黑就特别的害怕，晚上也开始做噩梦，感觉自己很无助。于是我让外婆给妈妈打电话，让妈妈来接我回家。当妈妈来接我的时候，我顿时就大哭了起来，我跟妈妈说了被大叔欺负的事情以后，妈妈并没有帮助我，还指责我，说我太贪吃，那个大叔精神有问题，谁叫你这么容易被骗。我当时感觉自己到了崩溃的边缘。

回城以后，我就开始闷闷不乐，每天活在恐惧和害怕当中，为了不被人看出来，我选择了压抑和逃避。但是这么多年了，我一直没有从阴影中走出来。我不想因为这件事影响到我的未来，我该怎么办？

——15岁女孩晓夏

一 面对侵犯，寻找帮助很重要

由于我们的生理发育还不完全成熟，遭受侵犯时，除了身体上会出现伤害以外，心理上的伤害更会让我们陷入恐惧、焦虑之中，产生强烈的羞耻感、罪恶感，导致自卑自责，行为表现有退缩、攻击，睡眠失调、梦魇，从而影响今后的人生。

晓夏由于未成年，自身的体力智力发育不成熟，认知能力、辨别能力以及反抗能力都比较差，而且缺乏有效的监护，因而让她受到了伤害，这件事应当引起我们的关注。

从往年的数据来看，熟人作案的比例很高，相对于陌生人犯罪，熟人更容易利用自己的身份优势去接近少年儿童，并且取得他们的信任。

晓夏当年事发时还很小，会觉得害羞，内心有一些负罪感，无法向家长寻求帮助。其实，发生这样的事情并不是我们的错，我们应该大胆地把自己的经历告诉家长，从而得到家长的帮助。

伤害发生后，家人无条件的接纳、信任、陪伴对于我们是最好的帮助。如果家人的帮助不足以解开我们的心结，还可以请家长带我们一起去寻求专业的心理咨询人员的帮助。

二 直面问题，全新开始

面对性侵，我们该怎么办？

1. 了解发生这样的事不是因为你不好，你没有做错任何事，不要因为别人的错误惩罚自己。寻求专业的帮助、积极配合治疗是可以治愈我们的心灵创伤的。

2. 试着去建立安全、平等、稳定的关系：即使经历过那样的伤害，你应该相信世界上还有人爱你，被伤害是人生的一部分，被善待也是。

3. 学会哀悼、接纳和原谅：人生是有意外和遗憾的，我们需要为失去的宝贵的东西好好哭一场，打个包先收起来。我们要接受人生中的意外和遗憾，它会成为经历，不再重复，别再用反复回忆来伤害自己。而原谅绝不是失去立场原谅坏人，而是原谅由于苛刻自责而加重了痛苦的自己。

4. 最后，也是最重要的一点：增强防范意识，提高辨别能力，在伤害来临之前保护好自己。但要记住，如果不幸遭遇性侵，一定不要自责！你是受害者。这并不是你的错，而且你有权翻篇重新开始。

如果无法借助他人的帮助，我们该如何释放内在的情绪，从心理的阴影中走出来呢？

1. 运动：可以进行打球（各种你喜欢的球类）、跑步等活动，这些运动可以帮助释放身体和情绪中的紧张能量，达到缓解内心压力和发泄情绪的效果。

2. 写日记：把自己的情绪变成文字，可以帮助人们更好地理解和面对自己的内心，并找到解决问题的方案。

3. 音乐疗法：听音乐可以帮助人们调节情绪，消除内心的不安和紧张感。

4. 深呼吸：可以通过深度呼吸来慢慢平静自己的情绪，达到缓解压力和发泄负面情绪的效果。

除了以上的方法，我们还可以将积压在内心深处的情绪，通过撕纸法、摔枕头法、放声大哭一场等方式，将自己积压已久的负面情绪发泄出来，并告诉自己："那不是我们的错，我只是经历了一些事情。我选择放手，我选择放过自己。""因为一件事已经伤害了我这么久，我已经为这件事买单了这么久。""我选择从中走出来，给自己重新出发的勇气，为自己的未来重新做一个选择。我要放下心中的负担和盔甲，重新出发。"

每个人的情绪表达方式可能都不同，我们需要根据自己的实际情况来选择合适的方法。同时，要学会管理自己的情绪，避免在发泄情绪时对自己造成不必要的伤害。

女孩，青春期你要懂的事儿

沟通篇

苏星宁 —— 著

北京理工大学出版社
BEIJING INSTITUTE OF TECHNOLOGY PRESS

图书在版编目(CIP)数据

女孩，青春期你要懂的事儿. 沟通篇 / 苏星宁著. — 北京：北京理工大学出版社, 2024.4

ISBN 978-7-5763-3383-1

Ⅰ. ①女… Ⅱ. ①苏… Ⅲ. ①女性—青春期—健康教育 Ⅳ. ①G479

中国国家版本馆 CIP 数据核字（2024）第032047号

责任编辑： 李慧智　　**文案编辑：** 邓　洁
责任校对： 刘亚男　　**责任印制：** 施胜娟

出版发行 / 北京理工大学出版社有限责任公司
社　　址 / 北京市丰台区四合庄路6号
邮　　编 / 100070
电　　话 /（010）68944451（大众售后服务热线）
（010）68912824（大众售后服务热线）
网　　址 / http：//www. bitpress.com. cn

版 印 次 / 2024 年 4 月第 1 版第 1 次印刷
印　　刷 / 唐山富达印务有限公司
开　　本 / 880 mm × 1230 mm　1 / 32
印　　张 / 4.75
字　　数 / 85 千字
定　　价 / 168. 00 元（全6册）

图书出现印装质量问题，请拨打售后服务热线，负责调换

第 1 部分
做牵线木偶的烦恼

第 2 部分
我和父母间的冲突

第 3 部分
父母可以更懂我吗

第 4 部分
父母的爱缺失了一角

第 5 部分

妈妈唠叨的背后是爱

第1部分
CHAPTER 1

做牵线木偶的烦恼

1 妈妈喜欢偷看我的日记，怎么办？

周日的下午，我独自在树林里漫步，将落叶踩得咔嚓作响。思绪在秋风里起舞。一片叶子轻轻落在自己的影子里。瘫坐在公园的长椅上，我长长地舒一口气，醉心于让阳光将自己晒透，拿出心爱的日记本，尽情地书写自己的心情和感受。

书写日记，是我从小养成的习惯，细细数来，我已写了有十几本了。它是我生命的起舞，也是我孤独的玩伴，更是我贴心的聆听者。它让我感觉自己还能快乐地支配着时间，将细密的小情绪安放其中，抵达一方乐不可支的理想天地。

晚自习提早回到家，昏黄的灯光在秋的夜色中多了一丝温暖。

“妈，我回来了，今天下课早了。”

“噢，噢，来了。”

推开房门，客厅里却没见妈妈，映入我眼中的却是，妈妈正在我的房间，手忙脚乱地弄着书本。

“妈，你在做什么？这不是我的日记本吗，你拿它做什么？”

“啊，没什么，妈妈刚好帮你收拾下桌子。”妈妈轻轻地走出我房间。

我心想：又是同样的借口，肯定又偷看我的日记了。

果不其然，日记本被翻倒在桌，昨天刚记下的内容清清楚楚。

这不是第一次了，小学时我就发现妈妈经常偷看我的日记，那时候我都忍下了，觉得没什么，可初中后，我觉得我也该有自己的隐私了，妈妈应该不会再偷看我的日记了，事实上是我太天真了。

我想反抗，可又怕伤了母女关系，要是沉默，我又压抑得难受，屡屡想反抗和回击，到底我是该反抗还是该沉默呢？

——14 岁女孩小桃

一 我的隐私同样值得被尊重

鲁迅曾经说过这样一句话：“任何人把他脑子里的东西全部公布于众，都会吓人一跳。”

这句话是告诉我们每个人其实都有隐私，刚刚进入青春期的我们同样如此。在父母的心目中，总觉得我们还小，能有什么心思呢，其实是他们不懂我们。

日记属于非常私密的东西，里面写满了我们内心最深处的秘密，自己与自己的对话，以及不可言说的愿望。日记本存在的意义也是让我们在这个纷繁复杂的社会里找到一片只属于自己的净土，一个安全的港湾。在这个日记本里，我们才可以做最真实的自己。

研究数据表明，女孩 10 岁、男孩 12 岁左右进入青春期。美国心理学家霍林沃斯将它称为“心理性断乳期”，“身心巨变”让原本乖巧的我们一反常态。

青春期我们开始试着宣示主权。

随着自我意识的不断觉醒，思想的逐渐成熟，我们开始拥有独立思考能力，内心会强烈抗拒父母的耳提面命、事事监督，渴望自由和独立。自己的日记不想被别人看到，就是一个很好的例子，我们渴望有独立权和隐私权，渴望被尊重和有自己的自由空间。

而我国法律也在这方面对我们进行了保护。《中华人民共和国未成年人保护法》第三十条明确规定:“任何组织和个人不得披露未成年人的隐私。”未成年人不愿公开的日记，应属于个人隐私的范围，任何组织和个人，如无其他特殊情况，在未经本人允许的情况下，是不能看的。

妈妈偷看日记的行为是不可取的，若我们通过顶嘴、反抗、发脾气等叛逆性行为与父母针锋相对，来宣示主权，是不是也可能伤了妈妈的心?

二 愤怒，我看见你了

奥里森·马登在《一生的资本》里写道:

“任何时候，一个人都不应该做自己情绪的奴隶，不应该使一切行动都受制于自己的情绪，而应该反过来控制情绪。”

虽然失控的情绪像一只暴怒的狮子，但再凶猛的野兽，都可以被驯服。

其实，越大的情绪包含着越重要的信息，如果我们不能够接受，也不去解读，它就会反复出现，提醒我们看见，因为在情绪给我们的这封信里，包含着我们内心重要的需要。

日记被妈妈多次偷看，我们无比愤怒。

反抗还是沉默，这是一种选择，选择的结果是让我们变得更好。

反抗，容易造成对立；沉默，容易心生委屈，不了了之。

其实，愤怒里包含着力量、自尊和自重。当我们不断地退缩和被侵犯界限的时候，我们是很难不愤怒的，所以，这股愤怒力量是我们改变的动力。

身体就像一个容器，当情绪压抑积攒到一定的地步，就会像火山爆发一样失控。

其实，每次情绪的产生，都是成长的机会。觉察，就是机会的开始。

多数时候，我们在相似而重复的日子里平稳流淌，拾取一些细节以镌刻无法回头的往昔。日复一日，某天，当泛着巨澜的水波堆叠出雄浑壮阔的样子时，我们依然也能淡定地与之相处。

对于愤怒情绪，我们要做的不是去“压抑控制”，而是去接纳它，看到它，并转化它。

或许，接纳情绪的这几句话可以很好地帮我们安静下来，并获取新的力量。

“我看到……，我听到……，我感受到……

我接纳我的……情绪，我和你在一起

我的下一步是……”

小桃可以如此转化：

"我看到妈妈偷看我的日记，我听到此刻家里静悄悄的没有一点声音，我感受到内心非常的愤怒，我接纳我的愤怒情绪，我和你在一起，和情绪待一会，慢慢地我平复下来，我的下一步是和妈妈谈一谈。"

学习、生活累了，有情绪了，就让心静一静。

静能平复心中的波澜，静能产生智慧。

三 用日记，进行一场爱意与尊重的对话

我们静下来想想父母会偷看日记的心理是什么？

很多家长偷看孩子日记的心理是：孩子上了中学，内心世界变得复杂了，只有真切地了解孩子的思想，才能有针对性地帮助教育孩子。所以，很多父母出于关心，希望能够通过阅读日记来了解孩子的想法，虽然这种做法并不对，但他们还是会去做。

另外，父母想知道孩子在想什么，其实，是在依赖孩子，他们需要通过了解孩子的内心来满足自己对孩子的不确定感。不得不说，为人父母也需要安全感。

妈妈多次偷看日记，是不是妈妈也需要我们给予一定的安全感呢？没有安全感后，妈妈也是一个孩子。

那么，我们如何能给予父母一定的安全感呢？

主动沟通是爱的基础。在空闲时，我们可以邀请妈妈坐

下来聊会天，可以谈学校的、班级里的事、自己的见闻以及朋友的情况。当父母安全感增强，彼此更加了解后，谁又会去偷看日记呢?

此外，我们还可以专门用一个本子来搭建“家庭日记”，用日记，与妈妈进行一场爱意与尊重的对话。

彼此难以启齿的柔弱与刚强，通过一行行精美的字，你一句我一句，与妈妈碰撞出心灵的火花，让两颗心越来越近。

渐渐地，我们会发现妈妈的爱，原来也藏在了“家庭日记”里。

日记是一个人温暖的隐私，家庭日记是一个家庭温暖的隐私。

给出什么，就会收获什么，当我们主动给予父母沟通交流的空间，父母也一定会给予属于我们自己的空间。

2 喜欢的男孩约我去看电影，要和父母说吗？

今年夏天舞蹈考级时，我认识了我们学校同年级其他班的一个男生，因为我们在同一个考点，考试的时候也互相加油打气，每次遇到了会和对方打招呼。

考完之后他就主动来加我微信，我们这几天也经常在一起聊天，处于互相了解阶段，我对他很有好感，今天他磨磨唧唧找我聊天问东问西，想要约我在周末下午去看电影。

以前我也和同学一起去看过电影，不过，从来没有单独和男生去看过电影，第一次收到这样的邀请，我内心还是很激动的，但与此同时，我又觉得纠结不已：去还是不去？要不要和父母说？父母会同意我去吗？如果去了但是不告诉父母是不是很不好？

——15岁女孩小芝

一 成长中我们面临的选择越来越多

随着年龄增长，我们的人际交往范围会越来越广泛，会与越来越多的人产生各种关系，这是一个正常的能力发展要求。所以，我们会不可避免地遇到各种各样的邀约，也会拒绝很多邀约，还会在某些时候去赴各种各样的约会。

当我们接到一个邀请的时候，先要注意这个邀约的内容，看看对方想要约你去做什么。即使我们也喜欢这个男生，但面对问题时也要学会多方面考虑，首先就要回避“恋爱脑”，不要先觉得“只要是男生发来的约会邀请就都是在‘约’我去谈恋爱”，要更客观地判断一下对方约我们的内容，因为这有着很多的可能性。

如果是其他方面的事情，在斟酌过自己的能力和时间之后，或是拒绝或是直接同意就可以了。如果真的是想要发展感情的约会，那我们就要慎重一些了，可以多加思考。

二 主动和父母沟通，让彼此更安心

遇到异性第一次单独邀请，我们可以大大方方地和父母说，别担心父母会拒绝，也别担心自己会选错。

不论要不要去，不论是怎样的约会，和父母沟通都是有

必要的，父母只有知晓我们的行踪才能真正放心，这也是我们有孝心的体现。

另外，和父母沟通这件事的过程，也是建立信任和梳理自己的过程。当我们和父母商量自己可能要做的事情，包括去见谁、去哪里、去做什么、来去时间、持续时间等，看似是一个简单的交流，却可以让彼此做到心中有数，甚至在我们不能很好地判断和解决的情感类约会问题上，父母还会帮助我们分析对方的心理，也会给我们出主意，可以让我们紧张、兴奋、恐惧的情绪得到缓解，并给出更合理的是否赴约的建议。

在和父母沟通后，我们面对事情应该如何、不应该如何，这件事有几种结果，我们想要哪个结果，心中也会更加清晰，这也有助于我们建立自信。

别害怕和父母说这件事，当父母发现我们尊重他们、愿意主动交流时，他们也会讲道理并且愿意尊重我们。

学会尊重父母的孩子，也会得到父母的尊重。

三 长大的标志是我们开始拥有选择权并为此负责

青春期的我们更在意自己的独立人格，遇到事情，当我们有选择权的时候，我们才是有自我的，才能成长为理智、成熟的大人。

在和父母沟通后，结合自己的感受并综合父母的意见，我们可以做出决定，给对方一个准确的答复。

不管去与不去，这个选择和沟通的过程也是一种成长。

如果我们去赴约看电影了，有可能也是一种美好的新体验，和男生彼此之间有了更多了解，体验到了从未有过的感受，这也有助于我们变得成熟。在看完电影后，我们若是还愿意和父母交流，那何尝不是一种关于成长的总结和复盘，也许会加速我们的成长呢。

即使我们决定不去看电影，我们的内心也就没有了纠结，更能安下心来学习。在面对男生时，会更加坦荡，与异性交往的经验也会增多。

在一次次的事件和一次次的沟通中，我们懂得了尊重自己的内心去做选择，学会了重视与父母的沟通，懂得了尊重父母的意见，我们与父母的关系更亲密了，又成长了一步。

3 妈妈一定要我学钢琴，怎么办？

每个人都有自己的烦恼。比如：学习的烦恼，和父母相处的烦恼，交友的烦恼……我也有自己的烦恼，就是——练钢琴。我真的希望我的烦恼能像落叶一样随风飘走，做一个充实快乐的人。

一年一度的期末考试结束了，令我每天都能快乐度过的假期来了，可是今年的假期让我想起来就头疼，妈妈为了我能学好钢琴，成为像贝多芬那样赫赫有名的钢琴家，逼着我每天去钢琴班练琴，回家还要给乐感很强的妈妈弹一遍，如果弹不好，还要被妈妈训斥一番。真是苦恼呀！每天长时间面对那台枯燥的钢琴，一想起来我就烦。可是那又能怎么样呢？虽然我很不想面对钢琴，可是我一向是个孝顺的孩子，妈妈让我学，我肯定要学。

我会去听妈妈的话练习，可是我将来并不想成为一个钢琴家啊。

我学什么兴趣班都是三分钟热度。其实，一开始也是我让妈妈给我报的钢琴班，可现在我却产生了放弃弹琴的想法，而妈妈已经给我买了钢琴，静下心来思考，我发现自己已经离不开每天不得不练琴的生活了。我该怎么办呢？

——13岁女孩夏雅

 一 很多人都曾遇到过这个困难，坚持练钢琴不容易

“如果让你对 10 岁的自己说一句话，你会说什么？”

著名钢琴家郎朗的妻子吉娜，在一次节目中面对这个问题，突然崩溃大哭。

小娜回忆起小时候的练琴经历，从 4 岁开始，直到今天，生日、圣诞节、新年……她没有一天不用练琴。尽管如此，她依然想对小时候的自己说，“辛苦没关系，一定要坚持，听父母话的，好好练琴”，这也让镜头外的钢琴家深有感触。此刻，我们看到这里是怎样的感受呢？有没有看到自己的影子呢？

在学琴过程中，每天至少一小时的练琴对于任何人都是很难忍耐的，有位教授做过一个实验，要求家长每周拿出孩子练琴时间的十分之一，也就是 15~20 分钟来练琴，大部分家长都没有坚持超过一个月，因此家长们也明白，能坚持下去真的很不容易。

 二 莎莎的困难解决之道，给我们带来新启发

莎莎和我们一样，曾经也被钢琴“劝退”过。当她把放弃学琴的想法告诉妈妈时，妈妈给她画了几个小人。

第一个小人在开心地弹琴，但周围有说话声、小孩的吵闹声、隔壁邻居的装修声等各种嘈杂的声音；

第二个小人在开心地弹琴，但她前方有一块大大的挡板，上面画了个“×”号，表示此路不通；

第三个小人在焦虑地弹琴，脑海中冒出作业、考试、其他兴趣班等各种事情；

第四个小人在哭丧着脸弹琴。

妈妈问莎莎：“宝贝，你是哪一个小人？”

莎莎立刻指着第二个小人：“我是这个！其实我很喜欢弹琴，但是上回有一首曲子太难了，我怎么也练不会。我担心以后学不会高难度的曲子。”

妈妈问：“那你觉得有办法可以解决这个问题吗？”

莎莎想了想，点点头：“小灵儿（莎莎同学）会弹这首曲子，我可以问问她是怎样练习的。”

莎莎随即登门拜访了小灵儿。小灵儿大方地分享了自己的练琴秘籍：“我会提前把谱子唱一遍，熟悉曲子后，再把它拆成四五个部分练习，每个部分的琴谱，平均一页都不到，练起来会简单很多。每个部分都练熟后，再把它们串起来，这样就是一首美妙的乐曲啦！”

莎莎的练琴经历对我们是不是也有启发呢?

看完莎莎的故事，如果让我们来做选择，我们会选哪一个弹钢琴的小人呢？又或许，我们可以给自己画一个小人，是不是可以找出不愿上钢琴课的真正原因？比如，学业太忙，上钢琴课耽误时间；学习新曲子遇到了困难；妈妈每天的练琴要求过于高了，会给自己带来很大压力；老师、同学的原因……

三 将问题逐个攻破，办法总比困难多

当我们找到原因后，就可以寻找解决办法了。假如找出原因后，我们依然喜欢弹琴，可以借鉴小灵儿和莎莎的办法：

（1）把大目标拆解成小任务，逐个击破；

（2）把美好感受前置，在脑海里不断勾勒自己想成为的那个样子。

当然，我们还能求助爸爸妈妈、老师同学。要相信，办法总比困难多。

假如弹钢琴已经成为我们的负担，是真的不愿意再去上课，那就坦诚地和妈妈沟通，争取她的理解。毕竟，自己拥有一台钢琴，我们随时可以用琴键表达自己的喜怒哀乐。只要我们每天坚持练习，不一定非要上课，钢琴也能为我们提供心灵滋养。

爱好是我们的朋友，而不是包袱。

遇到困难，产生畏难情绪很正常。当我们找出“退怯”

的真正原因，就有机会完美地解决它。

找一个榜样目标，为自己勾勒一个“美好画像”，朝着自己想要的样子，一步步前进吧！

4 每次和朋友出去前，都要焦虑怎么和父母说，怎么办?

今年我已经13岁了，我和我的朋友们计划在周末一起去公园野餐和游玩。这是我第二次自己出门，一方面我很兴奋，另一方面我也觉得非常矛盾。我想要自由地和朋友一起玩，但是我也知道需要得到父母的同意和支持才行。

记得第一次和同学计划出游时，我也很焦虑，一方面害怕他们拒绝我，另一方面不知道该怎么向父母提出请求，怕他们反对我的计划。

上次出游多亏了好朋友打电话来家里，我父母刚好在旁边，好朋友和父母说了会确保安全，并且她妈妈也会一起去，我父母才同意的。

“这次，没有大人陪伴，我们几个独自活动，爸妈会放心吗？”

“万一妈妈说不放心，想要陪着我们一起去怎么办？”

“如果我向父母提出此事，他们说不同意，并且告诉我这样独自出门有安全隐患，怎么办？”

我试图想了好几种方法去面对父母，但每次都无法克服自己的内心障碍，这几天我焦虑得晚上都失眠了。每次话到嘴边就是说不出来，我该怎么办呢？

——13岁女孩小晴

一 呼吸放松法，缓解焦虑

“心态决定了结果，勇气升华了力量。”这句话告诉我们，我们的心态会决定我们的结果，勇气让我们感觉更加强大，从而达到我们想要的结果。

你无法控制外在的事情，但你可以控制自己的内在。

在和父母沟通之前，小晴的焦虑情绪已经影响到她的睡眠。这种焦虑状态，让她持久地出现强烈的担心、烦躁不安的情绪体验，让她常常感到不安或紧张。此时，如何才能安抚自己的内心，让自己变得更加镇静和自信呢？

用“呼吸放松法”，可以帮她缓解焦虑。

首先，找到一个安静的地方坐下来，闭上眼睛，开始深呼吸。每次吸进去的空气让胸膛膨胀并慢慢把它呼出来，直到感到自己的身体放松了下来。

然后，开始聆听自己的呼吸，并想象自己正被一阵温暖的空气包裹着。随着继续深呼吸，每次呼气时，想象自己能够把自己的焦虑和不安轻轻地呼出来。

当小晴睡前感到焦虑时，她可以多做几次练习，让自己内心安静下来。此外，在任何时候、任何地点都可以使用呼吸放松法。

比如，当她和父母沟通前感到不安时，她可以开始深呼吸，闭上眼睛想象一个美好的场景：一朵花在慢慢地绽放，在一呼一吸之间，她看到花儿在对自己微笑，爸爸妈妈也出现了，也对自己微笑，这能够让她很快地平静下来。

呼吸放松法可以成功地帮助一个人调整自己的情绪和情感，一个人学会了放松自己，会极大地提高自己的生活质量。

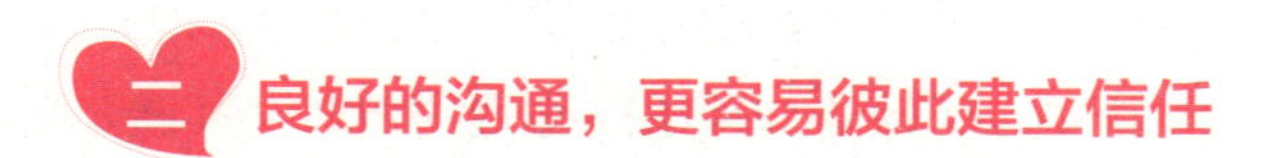

二 良好的沟通，更容易彼此建立信任

沟通是人际交往的重要一环，尤其是家庭中的沟通。良好的沟通可以帮助家人更好地理解彼此的需求、担忧和期望，从而减少矛盾、增进人际关系。良好的沟通作用体现在：

（1）增强相互之间的理解和信任。通过沟通，家庭成员可以更好地理解彼此的想法、感受和需求，从而增强相互之间的理解和信任。

（2）加强家庭成员之间的联系。沟通是家庭成员之间建立联系和沟通交流的基础，可以增加亲密度和加深感情。

（3）促进问题的及时解决。通过沟通，家庭成员可以及时发现并解决问题，从而避免问题越积越多，最终爆发。

良好的沟通能力是一种宝贵的人际交往技能，能够帮助我们更好地处理人际关系，并在工作和生活等各方面都更有优势。

马克思说：沟通是心灵的桥梁。

彼得·德鲁克说：沟通是艺术，更是一种技巧。

苏珊·罗亚尔说：沟通是一个人在人际交往中展示自我能力的关键。

小晴可以通过沟通，与父母建立信任，解决父母的担忧。

其实，小晴的父母并不是不支持她出去玩，只是他们很在乎小晴的安全。小晴知道这一点，也理解父母的希望和担忧。

所以在跟父母沟通的时候，她可以告诉父母自己的计划，计划里包含他们要去哪里，都有谁一起去，大概什么时候回家，还可以向父母展示她对安全问题的考虑和应对措施。

比如，“爸妈，你们看，这是我和同学们准备的出游的物品照片，有食物，有防晒用品，有安全装备，有路线图，等等”“我们这个计划已经有好多天了，还有小队长，大家把能考虑到的问题都想到了，安全问题你们也不必担心，我们带着电话，还有紧急联系人呢”。

好的沟通是成功的关键，不管结果怎样，当小晴勇敢地说出这些话后，已然是自我的突破，这些话会让父母感觉到她成熟了很多，也会对她更加放心。

三 为最好的做好准备，为最坏的有所准备

乔治·华盛顿说：“为最好的做好准备，为最坏的有所准备。这句话的意思是，我们应该为最好的情况做好充分的准备，但同时也要有一定的预见性和应变能力，为最坏的情况做好应对准备。这样一来，我们在面对任何情况时就都更有制胜的把握。”

如果小晴试着和父母沟通，失败了怎么办？

小晴应如何平衡自己的需要和父母的担忧呢？

这时可以有 Plan B，它是指一个备选方案，是在原计划受阻或失败时备用的替代方案。在面临特定挑战或困难时，我们通常会制订一个 Plan A，即最初的计划。但情况可能发生变化，计划也可能受到干扰。这时，我们就需要制订 Plan B，并在需要时调整计划，以保持灵活性和应对困难。Plan B 可能是对原计划的细微调整，也可能是完全不同的解决方案，根据具体情况而异。创建 Plan B 是为了更好地应对风险和挑战，并为成功创造多个途径和选择。

小晴的 Plan B 可以是：邀请朋友来家里玩，或者将野餐地点更改到小区附近的公园，或者说服小组成员，允许父母陪伴，等等。

做一件事情，如果总是有 Plan B，就会让自己更加从容不迫，心态更加松弛。

5 我像是爸妈的牵线木偶，我怎样才能改变大人的想法？

我妈妈年轻时是有名的“金嗓子”，非常喜欢唱歌，还考上了当地一所艺术学校。但由于家里子女多，经济负担重，父母没有同意她继续去读书。初中毕业后就直接参加工作了。正因为这样，我从小就被妈妈逼着去学习声乐、钢琴，参加各类声乐比赛。我每天除了学习，就是练习发声、练琴，几乎没有一点属于自己的时间。

其实，我一点都不喜欢唱歌，我也觉得自己的嗓音条件没有那么好。我喜欢画画，也不止一次和妈妈提过，想放弃学声乐去学习画画，但都被妈妈拒绝了。

上学期，学校增加了课后服务时间，妈妈竟然没和我商量就给我把两个时间段都报了。看着班里大多数同学上完第一个时间段就放学了，我还得坐在教室，那时真的是非常生气。而且，我一般到下午5点就饿了，还得饿着肚子坚持学习到6点多，感觉自己真的好惨。

很多时候，我觉得自己就像一个牵线木偶：

按照爸爸妈妈想要的样子弹钢琴，穿白色的连衣裙，剪一个齐刘海，梳一个高马尾，我知道他们爱我，但我好像完全没有自己的思想和灵魂，一举一动都被爸妈控制着，我怎样才能改变他们大人的想法呢？

——15岁女孩清华

想摆脱控制，是要寻找失落的自我

就像我们所说的，在我们小的时候，还没有是非观念，也不知道很多事情应该有选择的权利，所以我们没有想到要为自己的生活做决定。

那个时候的我们需要引路人，也会依赖这个引路人。

父母便充当了引路人的角色，以他们的人生经验，为我们做出了许多安排，我们也一直遵循这些安排。

《无条件养育》一书中写道："孩子学会做正确决定的方式就是通过做决定，而不是遵循安排。"

所以当我们有了自己独立意识的时候，便想要打破这些安排，找寻自己想要的生命价值。

这种对控制欲的反抗，也正是在寻找失落的自我。

在某综艺节目中，有一封一位研究生写的信，他吐槽自己已经25岁，却还要在母亲规划的路线里生活。他不能做出自己的选择，不能有不同于母亲的想法，这让他感觉完全没有了自我，而是作为母亲的附属品在生活。

所以当面对父母对我们的管控时，我们都有在压迫中寻找自我的欲望。

渴望冲破父母的束缚，拥有自己的世界，获得自由。

二 稳定情绪，用一致性沟通表达自己

武志红说：你的所有感受都是有道理的，尤其是那些灰暗的感受。

父母从小的安排，我们都应该一一落实吗？当然不是，随着我们的成长，我们可以向父母表达自己的想法。尤其是清华放学后很饿，如果还要继续学习，其实对身体和学习是没有好处的。

清华可以用三部曲来和父母沟通：

（1）学会稳定情绪，准确地表达出自己想说的话。你如果不能清晰明了地表达自己的感受，而是带着情绪与父母辩驳，他们是听不进你的任何话的，只会认为你在无理取闹。

（2）选择一个合适的时间段与妈妈沟通，也就是在妈妈心情愉悦时与她沟通，这样才能达到良好的效果。

（3）学会用一致性沟通方式的语句与妈妈交流。

我看到……/ 我感到……/ 我希望……

比如课后服务时间这件事，就可以套用这个模式。

“妈妈，我看到你帮我选择了两个时间段的课后服务，我感到很疲惫，因为我上了一天的课，到 6 点钟我的肚子也饿了，导致我学习学不进，效率不增反减。所以我希望我能和您商量一下，下次能不能只参加第一时间段的课后服务，这样能最大化地提高我的学习效率。”

当我们平和又坚定地和父母说出自己的想法时，父母也会做出行为调整的。

 三 用启动 20 秒法则，勇敢地追求自我

日本超感人的短片《第一天上学》里，一位妈妈勇敢地鼓励孩子自己一个人去学校，并不停给她加油：“没问题的，没问题的。”

孩子一转身，母亲的眼睛里已噙满泪水。

小女孩走走又停下来往回看，这时候，妈妈立马绽放微笑，向她点头。

得到妈妈的肯定和鼓励后，女孩似乎放松了许多，开心地大步向前迈去。

“去吧，孩子，我会永远看着你努力的身影。”

多少人羡慕这个小女孩能够如此幸运，有这样的母亲？

多少人渴望改变父母的操控？

《青春变形计》中的美美，是妈妈的乖乖女，在妈妈面前，她习惯性地压抑天性。可是，终有一天，她大爆发了。

也许，在父母传统的教育观念里，“听大人的话，好好学习才是懂事”，他们生养我们，怎么能不懂感恩？但爱不意味着无条件的服从，成为父母手中的“牵线木偶”。要知

道，你也有自己的思维见解，也需要被父母尊重。清华也和美美这个“好孩子”一样，有着深藏内心的纠结和痛：我爱你，但我不是你的复制品。我的人生，请让我有落笔的权利。

越早知道：你作为孩子不是父母的答案，你有自己的人生选择，这对你们都会更好。

我们不可能改变父母，但这不妨碍我们讲出自己的心声。

美美选择用保留自己的变身能力，来勇敢地追求自我。

清华可以用哪些方式呢?

（1）从改变自己的发型开始。心理学有个启动20秒法则：启动所需能量的时间越短，事情越容易开始，改变发型是最简单最容易做到的事情。

（2）以帮助父母的方式来争取主动权。比如，主动做家务，倒垃圾，扫地洗碗等，一方面减轻父母的生活压力，另一方面也会让父母看到你长大了，能力在一天天提升，他们也会慢慢尊重你。

（3）给父母写一封信，感谢父母对自己的付出，勇敢地向他们表达自己的感受和内心想法。

勇敢地做自己，这是对自己最深的爱。

第 2 部分

CHAPTER 2

我和父母间的冲突

6 和家人说话时我控制不住发脾气，怎么办？

我叫张凌，出生于农村一个普通家庭，在我出生一年后，父母由于生活压力，便离开家乡去往远在千里之外的城市打工，一年只能回家一次，而我就被留在爷爷奶奶身边长大。

每年暑假我都会去爸妈那里玩，可是爸爸妈妈很不讲诚信，每次答应我的事情都会反悔。在爸妈身边时，他们上班前，会要求我好好写作业，不能看电视，我经常会觉得不高兴。

初三暑假结束了，我得到了妈妈的旧手机，当时我高兴坏了。接下来的每一天，我沉迷于 QQ 聊天之中，慢慢地，我认识了一些网友，后来基本一整天都沉迷于 QQ 聊天。

后来妈妈发现了，她非常生气，一下子把手机抢了过去，翻看我的聊天记录，我感觉我的自尊受到冲击，便哭着跑出去了。

有时候晚上爸妈会以帮我清理手机垃圾的理由，偷偷看我手机，我觉得心里很难受。后来，由于爸妈买房了，家里压力变大了，他们更加节省了，让我不要乱花钱。我自认为自己比较懂事，没有和朋友攀比，没有买自己想要的东西，吃饭方面也比较节省。但是他们还是喜欢拿我和其他同学对比，说其他同学多么能干、优秀，我感觉我的一切努力好像都没有被他们看在眼里。

初三那年，我中考发挥失常，爸妈知道我平时成绩可以上高中的，想要我重新再来一年，争取上公办高中。

但是我不想再努力一年了，我就想找一个中专读书，可是中专的学费特别高，爸妈就对我说："小凌，家里面的条件你是知道的……"还没有等他们说完，我忍不住回怼："你们没有这个能力为什么还要把我生出来，没有这个能力为什么还要生我！"然后我就跑出家门，找了一个角落蹲下来。但是冷静过后，我很后悔，想到爸妈也很不容易，也怪自己没有好好努力，我很懊恼，每次和家里人说话我都容易发脾气，我应该怎么办？

——15 岁女孩张凌

一 冷静思考，常怀感恩

俗话说：“越是更亲近的人，我们就更容易伤害她们。”我们总是把好脾气留给了他人，把坏脾气留给了家人。因为我们知道，不管我们对父母怎么样，他们都不会离开我们。

我们常常对身边的人小心翼翼，怕他们远离我们，但是对待父母，我们相信他们永远会在我们身边，所以可以任意发泄脾气。

血肉亲情将我们联系在一起，父母把我们抚养长大。

当我们坐在教室打瞌睡时，父母可能在工地中忍着高温工作；当我们在食堂抱怨饭菜难吃时，父母可能为了省钱顿顿粗茶淡饭。每当想到这些时，我们都应怀着感恩之心，忍住脾气，对父母好一点。

人生的遗憾有“子欲养而亲不待”，我们总是习惯于在拥有时挥霍，在失去时后悔，所以我们应该一直对父母抱着感恩之心，时常体谅他们。在发脾气之前，先冷静情绪，亲和对待。

鸦有反哺之义，羊知跪乳之恩，身为人类的我们更应该顾及父母的情绪。

如果我们能够在发脾气之前好好思考，冷静下来，慢慢地就会形成习惯，也许以后就不会轻易对父母发脾气了。

二 学会沟通，敞开心扉

孔子曾经问礼于老子，回来后对弟子说，我知道鸟在天上飞，鱼在水中游，但老子和龙一样，不知道是什么样子的，对老子的评价高得惊人。正因为有了这次沟通，孔子决定要做一个老子那样的人。由此可见，沟通于人的意义是，可以让我们明确方向，可以让我们彼此了解，提高效率。

如果父母和我们可以花时间好好沟通一下，倾诉彼此的难处与努力，多一丝体谅理解与包容，那么家庭内部的矛盾就会减少很多。

如果我们能够和爸爸妈妈好好聊天，好好沟通，爸爸妈妈能够多花点时间在我们身上，彼此敞开心扉，那么家庭关系会变得更加和睦。

如果说两个有隔阂的人中间隔着一条汹涌的长河，那么，沟通就是让两人互相拥抱的桥梁。沟通可以让两个人敞开心扉，彼此轻松，让心灵相贴。如果两个人都各执己见，而不愿意互相沟通，那么隔阂只会越来越深。

孔子周游列国，兵荒马乱，大家都没有什么粮食吃，有一天，颜回好不容易要到了一些白米煮饭，饭煮熟时，孔子看见颜回把一口米饭塞进嘴里，觉得很心寒，但是并未责怪。饭煮好后，孔子说要拿些饭祭祖，但是颜回赶忙说："这饭我已经吃了一口了，不能祭祖。"孔子问为什么，颜回羞愧地说："刚才这饭中掉了灰，我就把那口吃掉了。"如果孔子与颜回没有沟通，那么孔子也许会认为颜回偷吃米饭，再也不是他最喜欢的弟子了，沟通过后，颜回却让孔子更加欣赏了。由此可见，沟通是化解误会的根源。

三 学会掌控情绪，避免伤害家人

良言一句三冬暖，恶语伤人六月寒。

我们要学会控制情绪，不能用愤怒伤人。解释和争论，只在两种情况下有意义，一种是这个人很重要，一种是这件事很重要。

不好的情绪不能给我们带来任何帮助。不好的情绪在伤害自己的同时，很可能成为伤人的利器。

张凌与父母发生争执以后，说出为什么要生我这句话，可想而知父母肯定也很懊悔与愧疚，身为父母，谁都希望可以陪在孩子身边，希望给孩子好的条件，可是自己做的一切都没有被孩子理解，父母也觉得很心酸。

小军从小和张凌的经历相似，都是由爷爷奶奶抚养长大，父母常年不在身边，对其要求也很严厉，但是小军和张凌性格不一样。张凌从小便要强，偏固执，而小军则脾气较好，知道事情不能憋在心里面，知道要与别人沟通，当自己觉得委屈或者觉得父母有错时，会把自己的想法说出来，即

使再生气，一般也会选择隐忍一会儿，等父母和自己冷静下来之后，再一起好好聊天。

安东尼·罗宾斯曾说:“成功的秘诀在于懂得怎样控制快乐与痛苦这股力量，而不为这股力量所反制。如果你能做到这点，就能掌控自己的人生，反之，你的人生就无法掌控。”

所以我们要好好控制情绪，而不要让情绪超过理智吞没了我们。

7 和爸爸争吵后，看到他一个人在流泪，我怎么办？

我和父亲之间从来没有什么矛盾，但那天晚上我们突然发生了一场激烈的争吵。我们因为学习问题而产生分歧。我觉得自己已经很努力了，但父亲却认为我的成绩还不够好。于是我们的争吵就这样爆发了。

我感到非常委屈，脾气也逐渐变得暴躁。最后，在我说出一些难听的话后，我父亲的眼泪就再也忍不住掉了下来。他默默地放下了手里的东西，走向沙发坐了下来，一个人默默流泪。

我的心情变得十分复杂。当我看到父亲一个人在客厅里流泪的时候，我感到非常的心痛和无助。我知道自己刚才说的话有些过分了，但是我并没有想到会让父亲这么伤心。我感到非常内疚和难过，也觉得自己应该去安慰他。

但是，我也有些犹豫和害怕。我不知道该怎么安慰他，也不知道他会不会拒绝我的安慰，我感到非常焦虑和紧张。我觉得自己太冲动了，不该对父亲撒气。看到他被我气哭了，我非常想给他道歉，但我又不知道该怎么开口。

——13岁女孩雨琪

一 父亲对女儿的教育，是女儿一生的宝贵财富

网上有个问题：有个好爸爸是什么体验？一位女生的高赞回答是："无论做什么事情都很有底气，因为我知道，后面永远有人做我的靠山。"

作为女儿生命里的第一个异性形象，父亲对女儿的影响，至关重要。就像作家梅格·米克在书里写的那样："比起其他任何人而言，父亲才是能奠定女儿人生轨迹的那个人。"好的父亲，就像一座灯塔，不仅照亮女儿前行的路，也给她带来一生的幸福。

李娜是中国第一位获得网球大满贯赛事女单冠军的球员，她的成功离不开自己和家人的共同努力。然而，在她成长的过程中，和父亲的关系却曾经历过一些波折。

李娜的父亲曾是一名职业体育教练，从小就开始指导李娜的网球训练。在教练的眼中，李娜是个有潜力的选手，并对她施加了很大的压力。在成长的过程中，李娜时常因有些不成熟的言行让父亲感到不满，甚至因此而遭到鞭打。

这样的家庭环境让李感到十分沮丧，也让她长期以来都对父亲有一定程度的怨气。在一次采访中，李娜曾经表示，小时候，她和父亲之间的关系是"尴尬和压抑的"，因为父亲时常拿比赛成绩来要挟她。

随着时间的推移和成长阅历的增加，李娜渐渐发现父亲

的关心和操劳，以及自己对父母的疏忽与忽视。十几年后，李娜凭借自己的努力实现了自己的目标，获得了丰硕的成果，并在比赛后感性地说出了自己的心里话："感谢我的家人，没有他们我不会有今天的成绩。"

尽管经历了曲折，但李娜始终未曾放弃与父亲的和解和改善关系。在退役后，李娜回忆称，曾经和父亲不和的时候，有一次因为一局比赛而吵了起来，但最后李娜胜利了，父亲却用一句"你真棒"，就把她推向了比赛场上的巅峰。

李娜的故事告诉我们，当我们与父母之间的关系出现裂痕的时候，我们需要学会反思自己的言行举止，试图从对方的视角去看待问题，同时坚持自我，认真去做每一件事，凭借自己的努力成就自己的梦想。

二 父女关系与弓箭模型

研究表明，良好的父女关系与女儿的精神健康密切相关。一项针对 1 000 多名青少年的研究指出，父女之间的沟通质量越好，女儿就越有可能保持良好的心理状态。

美国前第一夫人米歇尔·奥巴马在自传《成为》中写道："我的父亲是我人生中最重要的人之一。他教会了我如何坚强、如何自信、如何独立。"她的父亲是一名水管工，但他却给了米歇尔无限的爱和支持，帮助她成为一名成功的

律师和第一夫人。

美国作家玛格丽特·阿特伍德曾说过："一个女孩的父亲是她一生中最重要的男人之一。"父亲的陪伴和关注可以帮助女孩成长为自信、坚强、独立的女性。

理想的父女关系，我们把它叫作弓箭模型，就像季伯伦在《你的儿女》这首诗里面写道，"你是弓，儿女是从你那里射出的箭"，而对于弓箭来说，只有弓是坚定有力的，箭才会射得又快又远。

2021 年度"感动中国"人物颁奖会上，一位叫江梦南的女孩，进入了全国观众的视线。她从小双耳失聪，但凭借不屈的毅力，考上了清华的博士。那江梦南是怎么做到的呢？

回望她的成长经历，她父亲赵长军的支持功不可没。江梦南失聪后，父亲为了锻炼她的自理能力，坚持让她和健全孩子一起上学。刚开始，小梦南还会因为身体的缺陷感到自卑，父亲就对她说："不要和别人比，每个人都有难题，需要自己克服。"在父亲的鼓励下，江梦南养成了坚强独立的个性。在学校里，梦南靠着坐在教育前排，读老师口型"听课"，并凭借惊人的努力和记忆力，发奋学习，成绩一直名列前茅。甚至，为了补上学前班多读的那一年，她在四年级暑假自学了五年级所有课程。

小学毕业后，她主动提出去 300 多里外的学校上初中。母亲一开始还不同意，她担心江梦南生活不能自理，赵长军安慰妻子："女儿有自己的想法，这很可贵。孩子终究是要独立生活的，我们不可能呵护她一辈子。"

在父亲的支持下，江梦南从三线小城市，一步步考进了顶尖学府。江梦南曾说："我从来没有因为自己听不见，就把自己看成一个弱者，我相信自己做的不会比别人差，我相信我想做好的事情可以做得很好。"

父亲的教育潜移默化地影响了江梦南，让她成长为如今光彩照人的模样。美国密歇根大学的一份心理报告曾指出，69%的女孩认为自己的自信，来自父亲的鼓励。这是因为父亲的关爱，能让她们更有勇气和自信，去面对生活的挑战。

她们内心坚定有力，外在明媚阳光，无论面对怎样的艰难险阻，都不能阻拦她们变好的脚步。能被父亲认可的女孩是幸福的，她们身上永远散发出蓬勃的生命力，既能照亮自己，也能温暖他人。

三　沟通，架起融洽父女关系的桥梁

英国文学家哈伯特曾说："一个好父亲赛过100个校长。"

作为女儿生命中不可或缺的男人，父亲对女儿的成长，有着深远的影响。好的父亲，不仅能让女儿更懂得爱，也能让她通达事理，修炼出强大的内心。

美国 *Bringing Up Girls* 一书里提到："女孩从小强烈需要

来自父亲的认可，这是她们自我价值和自信的源泉。同时，父亲如何看待女儿、如何表达爱意，会影响到女孩女性特质的形成，以及和男孩如何相处。”

在青少年时期，女儿和父亲之间的关系可能会面临一些挑战。女儿正处于成长发展的关键时期，需要更多的自我探索和独立性。同时，父亲也可能会感到女儿的变化令他们感到困惑和无所适从。那么，在建立一个融洽和谐的父女关系方面，女儿也可以做出很多努力。

作为一个女儿，我认为建立融洽和谐的父女关系需要以下几点。

（1）建立良好的沟通渠道。

父母和女儿之间的沟通非常重要，可以通过谈话、发信息、写信等方式进行。例如，当我们在学校遇到困难时，我们会向父母倾诉，他们会耐心地听我们说，并给我们一些实用的建议和帮助。这让我们感到非常温暖和安心。

（2）建立共同的兴趣爱好。

我们可以和父母一起做一些家庭成员都可以参与的事情，例如看电影、旅游、做手工等。这样可以增加彼此之间的了解和互动，也可以让女儿感受到父母的关心和陪伴。我们也可以和父母一起去旅游，一起探索当地的美食和景点，一起拍照留念，这都会让我们感到非常开心和满足，促进家庭关系和谐双向流动。

（3）给予适当的自由和独立。

睿智的父母会给予女儿适当的自由和独立，让她们有机会独立思考和做出决策。这样可以培养女儿的自信心和独立性，也可以让她们感受到父母的信任和支持。例如，当我们想要尝试一些新的事物时，父母会给予我们一定的自由和支持，让我们有机会尝试和探索自己的兴趣和爱好。

总之，建立一个融洽和谐的父女关系需要双方的共同努力。女儿应该尝试开放和坦诚地与父亲交流，并且理解和尊重父亲的想法和观点。在这样的基础上，女儿与父亲之间就可以建立一个更加健康和融洽的关系，这对女儿的成长和发展非常关键。

8 不和父母说话，父母说话也不想回答，怎么办？

小学时，我喜欢各种毛绒玩具狗，喜欢芭比娃娃，还喜欢跳舞，有很多次，学校举办活动，我都会上台演出。

可自从上了中学后，爸妈说跳舞会影响学习，再没送我去练习过跳舞，也不再给我买毛绒玩具狗了。他们给我定下的目标很明确，一门心思埋头学习，三年后，考上我们这里最好的高中。再三年后，考个好大学，至少也要是211大学。因为，我爸妈都是985毕业的，所以他们希望自己的女儿一定要优秀。

初中后，我除了学习，还是学习。我做着父母的乖孩子，内心却有头小兽在叫，不，不，这不是我想要的生活。

那天，我听到妈妈在我耳边念叨，“这学期语文成绩怎么退步了，不能光想着玩了！”“我什么时候有自己的时间玩了！”我很气愤，头似乎要爆炸了。我顺手扔掉我的毛绒玩具狗，把文具和笔统统扔进了垃圾桶。爸妈骂了我几句。从此之后，我就觉得对生活没有了以往的热情，学习也提不起劲来，不想和爸妈说话，他们喊我，我也不想回答。

——13岁女孩小静

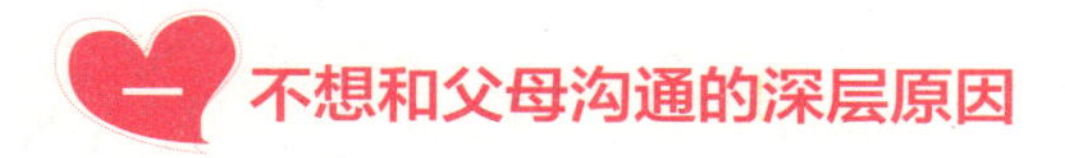

一 不想和父母沟通的深层原因

从小学到初中，步入青春期的我们会出现很多变化。

第一大变化是从依赖到独立。这是一个渐进的过程，从事事依赖父母到我们想有自己的话语权。

第二大变化是从自我懵懂到有更明显的自我觉察、自我定位、自我认识，有自知之明。

第三大变化是从幼稚走向成熟。

这三种变化必然带来很多矛盾。

第一个大矛盾是，我们在依赖父母的惯性中，开始有独立自主的强烈愿望。

第二个大矛盾是，心理闭锁和渴望理解。我们心里可能有很多想法，但不再主动说出来。

小静从热爱舞蹈的活泼女孩成为父母的乖乖女，她的内心有自己的想法，不想天天为了升学而学习，可是她觉得即使和父母说了，也回不到自己想要的小学时的生活了。

一个人为什么会选择不再表达了？

这是因为我们的行为大多由“趋利避害”的动机驱使。人们大都喜欢追求令人愉悦的事物，如美食、优美的音乐等，而这些事物能促使大脑分泌多巴胺，给予我们“奖赏”，即带给我们快乐的感觉。一旦一件事情让我们产生不好的感受，我们就会选择逃避来让自己免受伤害。

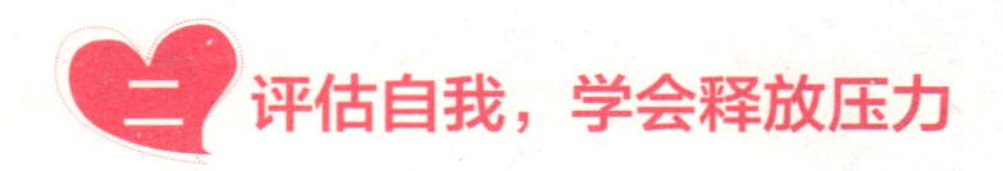

二 评估自我，学会释放压力

压力是成长的必然，人的每个阶段都会有不同的压力，驱使我们向下一个阶段前进。对小静而言，学习压力是最主要的压力源，也是她在学习活动中的精神负担。

作为中学生产生学习压力的原因，无外乎外因和内因两方面。

我们经常听到这样的话：

父母：孩子，我这么辛苦都是为了你呀，你要努力考个好大学……

同学：有本事咱俩比比，考试上见真功夫……

自己：这次考试，我一定要取得好成绩，不让父母失望……

这样的外因和内因作用在一起，就会产生学习压力。

那么，有学习压力到底好不好呢？

耶克斯一多德森定律指出动机的最佳水平随任务的性质不同而不同：在比较简单的任务中，工作效率随动机的提高而上升；而随着任务难度的增加，动机的最佳水平有逐渐下降的趋势。动机强度和工作效率之间的关系不是一种线性关系，而是倒U形曲线关系。

中等强度的动机最有利于任务的完成。

对于学习来说，在压力曲线中，随着压力达到高峰值，人的动机水平就会下降，学习水平也就跟着下降，趋向于疲劳。

适度的学习压力会给我们带来学习动力，但学习压力过大就容易产生一系列问题，如厌学、忧虑、烦躁、注意力不集中等。

因此我们的压力程度要保持在适中状态。

小静如果对自我进行评估，显然她的压力值过大了，这时，她可以通过以下几种方式来缓解自己的学习压力。

（1）宣泄。如大声唱歌、哭泣、跑步、打篮球、游泳等，通过体力的消耗释放压力。

（2）倾诉。跟自己信得过的人倾诉、跟大一些的哥哥姐姐倾诉或者写日记倾诉。

（3）转移注意力。如去爬山、骑自行车、看电影、看画展等。

三 情绪是流动的能量，宜疏不宜堵

每个人都需要表达生命的出口，情绪就是其中重要的一种。从某种意义上说，情绪也是一种能量，你不让它流动，它也总要有一个归处。

上了中学后的小静，自己热爱的舞蹈被迫停下来，父母又把焦点一直放在学习上，她不知道如何表达自己的压力情绪，只能默默在心里反抗。

本该向外流动的情绪无法流露，只能用强烈的情绪表达自己，比如摔东西，丢文具等。

情绪是生命通向世界的桥梁，是一种能量。

难道只有强烈的情绪才能被父母看见吗？

当然不是。

小静可以用四个步骤来表达自己的情绪，分别是：观察、感受、需要和请求。

第1步：观察。

先表达自己观察到上了初中后，自己没有舞蹈学习的机会了，爸爸妈妈一心想让自己学习，自己的娱乐时间很少。

第2步：感受。

表达自己的感受，我感觉到很压抑，压力很大，却无处发泄，以前还有自己喜欢的舞蹈，现在跳舞时间也很少有了。

第3步：需要。

说出自己真实的想法，比如，我想要每周六有小时自己的时间，在这个时间里可以做自己喜欢的事情，父母不催促学习。

第4步：请求。

请求爸妈同意自己可以有这个自由时间。

当我们平静地表达后，父母自会有他们的考量，自会考虑我们的感受。

与其压抑自己，不如表达心声，

与其强烈表达，不如缓缓道来。

9 长大后越来越觉得很难和爸爸相处，怎么办？

我和爸爸的关系很好。他总是陪我玩游戏、看电影，还会带我去吃好吃的。但是，随着我长大，我们之间的关系变得越来越复杂。最近，我越来越觉得和爸爸相处很难，矛盾越来越多，甚至开始觉得他完全不了解我的想法和感受。

有一天，我正在听音乐，准备写作业。爸爸走进了我的房间，跟我说他看到我的作业还没有交。我认为自己的成绩都不错，他也应该知道我有自己的学习方法。我轻轻地说："爸爸，我有自己的学习计划。你不用太担心我的成绩。"爸爸听后沉默了一下，然后说："可是你还年轻，应该多花些时间学习。我想你以后一定会感谢我的。"但这样的话却让我觉得父亲不了解我的想法和成长需求，甚至有些自以为是。

我开始愤怒起来，认为他对我的信任和个人成长充满了质疑。我试图同他细说自己，但是似乎没人愿意倾听我的心声。我越来越心慌意乱，就像是坐在一辆加速行驶的跑车里面。

我试着和妈妈谈论这个问题，她说爸爸的出发点是好的，只是因为太关心我才会这样。但是，我觉得他的方式不对，我不想和他相处了。我甚至开始盼望自己长大后离开家，不再和他有任何联系。

——14 岁女孩小芳

一 青春期大脑的发育特点，让我们和爸爸越来越不亲

青春期女孩变化惊人，身体一天一个样，行为越来越有个性，这和激素分泌有关。而最新研究表明，青春期的大脑也许才是问题根源所在。

世界卫生组织将青春期定义为10~20岁，但大脑要到25岁才能发育成熟，所以这个年龄段的孩子正经历着“身心风暴”。大脑边缘系统对批评和否定能轻易感知，更容易产生委屈和愤怒情绪，如果这时额叶没有很好的控制和调节，就容易情绪化。

青春期的女孩，随着心理和生理的发展成熟，女孩会进和父亲关系的疏离期。

这个阶段的女孩内心是充满矛盾的，我们渴望独立，却又需要依赖；渴望交往，却又敏感封闭；希望自制，却又屡屡冲动。

女孩进入青春期后，情感发展和儿童期相比有很大的变化，此时我们的内心更为敏感，丰富，若父母对我们缺乏了解，不能相互理解，彼此间缺乏共同语言，我们就会选择和父母保持距离，甚至冷战。

但女孩真的不需要爸爸了吗？不是的。

美国育儿专家里克·约翰逊分享了一个故事：“随着心理和生理的发展成熟，女孩会进入一个和父亲关系的疏离

期。表面上看父女间冲突不断，女孩似乎不需要爸爸了，可实际上，她比任何时候更需要爸爸的关怀和爱。”

二 父亲的肯定，是照亮孩子的光

美国密歇根大学研究发现：69% 的女孩认为自己的自信心，更多来源于自己父亲的称赞和鼓励，40% 的女孩显示出与男性交往的能力与父亲有关！

爸爸的认同和妈妈的认同是不太一样的，爸爸的认同会让我们在碰到自己喜欢的男孩子时，还能保持自信，还能保持清醒的头脑。也就是爸爸的认同，可以更大限度地避免我们长大之后被男孩欺负。

2012 年伦敦奥运会上，傅园慧与冠军失之交臂，但傅园慧并没有遗憾、沮丧，取而代之的是拼尽全力之后的洒脱与释怀，其更是凭借多个表情包一炮而红。

别人总说傅园慧是天才少女，但殊不知她的率真与幽默离不开傅爸爸的关怀和肯定。自从傅园慧开始学习游泳，傅爸爸基本就把所有时间都花在她身上。每天早上起来给她做早饭，然后送她去训练基地，训练完再把她接回来……

悉心的照料和陪伴，让她没有任何后顾之忧，自始至终都能全身心投入到训练中。傅园慧说起父母从小对自己的教育方式，最让她感动的，就是从未改过口的三句话：“你是最棒的”“你是最好的”“你是个天才”。

从小在父母鼓励与肯定的氛围中成长的傅园慧变得越来越自信，就算难免遭遇失败，没有取得最好的成绩，她始终相信自己：“我是最棒的”“我是最好的”。

心理学家林文采博士表示：孩子经过3岁后和妈妈的分离及独立自主后，会开始找爸爸，非常希望和爸爸互动，特别是得到爸爸的肯定、赞美和认同。

尤其是对于女孩来说，爸爸有着非凡的意义。

从爸爸那里获得的鼓励、肯定，会让我们觉得自己是被重视的，是被爱的，我们会更容易获得自信和成就感。

三 思想有光芒，行动有力量

青春期是一个充满挑战和变化的时期，日常的生活中我们要多多注意和爸爸的沟通和互动，比如说在周末的时候可以主动邀请爸爸一起参加活动，在增进感情的同时，相信对我们的学习也会有很大的促进作用。

如果你跟爸爸之间感觉有难以跨越的鸿沟，也可以尝试按照以下步骤自己去梳理自己的心境。

（1）在一个安静的环境中，深呼吸让自己安静下来，想象着那个你无法走近的人的面孔，设想他出现在眼前。

（2）盯着爸爸的脸，不要让他的脸移开。告诉他，你想

说却从来没有说出口的话。穷尽所有，说出所有你想说的。记住：不是指责和抱怨，而是告诉他，你的担忧和害怕，你希望他如何对待你。

（3）说完后，深呼吸三次，用心体会你此时的感受。

（4）然后，想象对方听完你所说的一切会有什么样的感受，爸爸会对你说些什么。穷尽所有，说出他想对你说的话。

（5）深呼吸三次，再次感受听完爸爸的话，你此时的内心感受。

相信经过这样的一个梳理，你的心情会平复很多，带着这份美好感觉继续加油。对于女孩来说，思想有光芒，行动有力量，远比“懂事”更重要。

10 和男孩子称兄道弟，被爸妈批评怎么办？

从我出生起，我记得每天都是妈妈给我梳头发，送我去学舞蹈。在亲戚们的眼里，妈妈把我打扮得和芭比娃娃一样，尤其是我那一周内不重样的辫子、齐齐的刘海、干干净净的裙子、白色的袜子、锃亮的小黑皮鞋，让人不得不信我是乖乖女。

上了小学高年级后，我们新分了一个班，班里的女生都很注重自己的外表。我因为是学习委员，负责收作业，不经意间会听到几个女生小分队在说我坏话，“她不就是外在形象好才让她做升旗仪式代表发言吗？”“是呀，说不定学习委员也是这样当上的呢！”

类似的话听多了，我也不愿意和这些女生一起聊天了。放学回家路上，我有时会将这些苦恼告诉我的好朋友小军，“哎呀，你们女生就是麻烦，我妈妈说她上学时，班里也有女同学分小团队玩，要不你和我们男生一起玩吧！”

听了小军的话，我下课后会经常找小军玩，然后就和他的哥们成了朋友了，有时候我们一起看漫画，在班里哈哈大笑，声音很大，有时我还会和他们一起去操场踢足球，白色袜子上很快就多了泥巴块。我们小队里还按照年龄大小排列了顺序，大家喊我“小五”，对于这个称呼，我觉得很酷。

那天傍晚，爸爸来接我回家，老远听到有人喊我“小五”，“哎，我在这，三哥”，我大声地向他挥着手，“明天一起去学校玩我的新设备吧”，“行，明天下课找你”，我爽快地回答。

一旁的爸爸脸色却不好看，回到家，他和妈妈说了我和男同学称兄道弟的事，妈妈竟然很生气，她认为女孩子和男孩子玩在一起不好，会影响我的形象。“小小年纪不好好学习，和男孩子混在一起，你真是不一样啊！”

面对爸爸妈妈的反对，我既生气又烦恼，自己真不知道该怎么办了。不过妈妈有一点骂得对，我确实和其他女生不一样，我的苦恼和谁说？

——12 岁女孩小暄

一 问问自己，你的诤友多吗

在我们看来，评判青少年人际交往的得与失，并不仅仅是看交友的多与少，还要看交友的质量和分寸感。那么，这个具体要怎么把握呢？

诤友要多交。

我们交朋友的目的不仅在于找到一个倾诉的对象，还在于使自己变得更好。

诤友的“诤”字怎么理解？就是诚挚直爽的劝告之意。

人无完人，每个人都有缺点，都有需要改进的地方。但这些不足，很多人因为当局者迷的原因并不能清楚地意识到，这时候诤友的作用就体现出来了。因为朋友是旁观者，比较容易看出你身上的不足，但他不像有些普通朋友那样明知你有危险却视而不见，而是能及时地指出。因此，身边有越多的诤友，对你的成长就越有利。

尼采说过：你有你的路，我有我的路，至于正确的路和唯一的路，这样的路并不存在。

想想看，小暄和小军他们称兄道弟，这些朋友有没有起到类似诤友的正向作用？小暄有没有因为他们而变得更好，比如成绩提升了，视野开阔了，心情变好了？还是说，小暄仅仅想要混入一个圈子，去避开女同学的议论？

如果和男同学一起玩，让小暄有看得到的提升，比如，心情不再郁闷，更喜欢和男同学探讨数学题等进步行为，那小暄可以坚持自己的友谊，但是，如果仅仅是为了逃避，小暄就需要停下来看看自己的内心了。

二 形象好，并不影响与女生打成一片

海明威说：生活让我们遍体鳞伤，可是后来，那些受过的伤终将长成我们最强壮的地方。

也许是女生背后的议论，让小暄不想与她们靠近。青春期女孩的嫉妒心理会明显比男生强，很多女生会有这样的经历：在学习上，当看到有同学的成绩超过了自己，心理便觉得很不舒服；当看到自己的朋友与其他同学来往密切，便会生气、怨恨；当别的同学获得老师的赞扬、称颂时，心中便会愤愤不平，充满妒意……

小暄可以仔细想想，自己是否也有过这样的嫉妒心理呢？其实，这几乎是每个青春期少女会遇到的问题，也就是说，不止小暄一个人有这样的苦恼，其他女生也会遇到。

伏尔泰说过，外表的美只能取悦于人的眼睛，而内在的美却能感染人的灵魂。

当班里的女生因为你的形象好而在私下里议论你时，除了生气，你有没有想过这是你的优势，她们说不定非常地羡慕你呢？

好形象是一个女生宝贵的名片。

形象好，其实也是一种实力。

既然这样，那我们是否可以利用这种优势来和女同学们打成一片呢？

例如：

（1）主动和女同学分享自己喜欢的电影和漫画；

（2）下课后教给她们简单地让形体挺拔的舞蹈动作；

（3）分享妈妈给你形象搭配的小方法；

（4）不怕脏不怕累，主动加入女生的劳动和体育活动中；

……

在综艺节目《我们的客栈》中，有一名女演员唐嫣很受欢迎，有人笑称节目组请她来做颜值担当，结果却成了幽默担当，受到大家的一致欢迎。她在节目中所展现给大家的，不仅是形象好，气质独特，更多的是性格好，和男女都能打成一片。

小暄，无须害怕失败，好的性格是在一次次磨炼中形成的。相信你做出改变，坚持去做后，在女同学当中也会收获良好的人际关系的。

三 不怕批评，主动与父母说出内心想法

南宋诗人戴复古在《寄兴》中写道：“黄金无足色，白璧有微瑕。”黄金、白玉都存在缺憾，人也一样。

作为一个人，不要怕人批评。

这世上，只有两种人不会受人批评。一是已经离世的人，另一个是还未出世的人。既然如此，对于批评，那就既不要没头脑地全盘接受，也不要玻璃心地自我蒙蔽。

《傅子》中有句话：人皆知涤其器，而莫知涤其心。人们都知道洗涤器具，却不知道洗涤心灵。

“打扫思想灰尘、祛除不良习气、纠正错误言行永无止境，永远都是进行时。”

天下没有什么是一成不变的。父母和我们的观念同样如此。

王守仁说：“破山中贼易，破心中贼难”，曾子说：“吾日三省吾身”，曾国藩说：“虽妄念偶动，必即时克治”，这些都是说“洗心”的重要。

面对父母的批评，自省与沟通会让我们避免犯错。

当想明白了与男同学称兄道弟背后的真正原因，总结了自己从中的收获后，我们就可以和父母做一次真诚的沟通：

（1）将女生嫉妒自己带来的烦恼告诉父母，一起和妈妈讨论后续是否需要注意自己上学时的打扮。

（2）说明和男同学的相处会把握好分寸。“和男同学一起玩，我发现自己的视野开阔了不少，性格也更开朗了，关键是心情好，学习也有劲。只是之前没有把握好度，在班里称兄道弟确实不合适，以后我也会适当注意保持距离的，这点请爸妈放心。”

（3）感谢父母的批评和关心。

如此一来，让爸爸妈妈了解了事情的来龙去脉，再结合你最近的变化，相信他们也会更加理解与支持你的。

一花独放不是春，愿你在万紫千红中依然笑得灿烂。

第3部分

CHAPTER 3

父母可以更懂我吗

11 妈妈一直帮我保管钱，但我想自己保管，怎么办?

作为一个孩子，拥有或管理自己的零花钱是一件非常令人兴奋的事情。我知道很多同学现在都有权利决定自己的花费和储蓄方式，他们可以不必依赖于父母或其他人做决定，比如，想要买什么最新的物品，自己有很大的决定权。我也渴望能自己管理钱。

这一天，我找到了妈妈，请求她能够把零花钱交给我自己管理。“妈妈，我想把自己的零花钱和压岁钱存到银行里，这样不仅可以安全地保管自己的钱，还可以赚取利息，买我需要的东西呢！”

但是，妈妈却摇了摇头，拒绝了我的请求。我有些沮丧，感到妈妈并不信任我，而且不给我自主支配零花钱的机会。

妈妈说：“你现在还不够大，不足以管理自己的钱财，等你长大了有足够的判断力和经验再说吧。”

“可是，妈妈，我已经12岁了，如果现在我不去学习管理钱，什么时候我才能有判断力和经验呢？”我反问了妈妈一句。

“过几年再说吧，现在你太小了，还不懂得如何理财，存钱也需要一些技巧，而且你钱包里的钱并不多。”妈妈耐心地解释道。

听了妈妈的话，我有些失望。前一天晚上我还在想象自己成了一个理财专家，想象着我有了一个小金库，这些钱在生更多的钱呢，现在理想却化为了泡沫，突然觉得有些郁闷。

——12女孩慕云

一 展现个人自信，让妈妈刮目相看

对慕云来说，妈妈觉得慕云还太小，慕云感觉妈妈不相信自己，对此很失望。换个角度想想，如果慕云在日常生活学习中向妈妈展示了自己的能力和成果，妈妈会不会对慕云刮目相看？

也许，管钱方面慕云还是小白，但可以从自信的方面来做起，比如，每次妈妈去买菜，慕云都能快速地算好账，时间久了，慕云的心算能力变得非常棒，而且数学成绩提升明显。

在妈妈面前，数学好也是一种自信。

简单来说，自信是发自内心的自我肯定与相信。

只有自己相信自己，他人才会相信你。

就像诗人塞缪尔・厄尔曼所说的那样："岁月悠悠，衰微只及肌肤；热忱抛却，颓废必致灵魂。忧烦，惶恐，丧失自信，定使心灵扭曲，意气如灰。"

积极主动的人生是更加自信的人生，自信的本质是自主。

保持好你的自信，保持好你对自我管理钱的热情，保持这种高能量的状态，相信自己一定可以，通过自己日常生活的改变，会让妈妈对你的信心倍增。

二 学习财商，用知识武装自己

卡耐基说：“生命中的多数烦恼都来自金钱。”

卡尔·拉卡罗夫说：“你可以掌控自己的钱，也可以让钱成为你的主人。你应该让自己成为你的主人。”

金钱在我们的人生中扮演非常重要的角色。青少年时期培养自己的财商，及早建立一个正确的财务观念和良好的理财习惯，将对今后的财务状况产生重要影响。

成功者不是运气更好的人，而是更好地利用每一次机会的人。

面对妈妈的拒绝，这是一次自我成长的机会，我们可以借助资源来学习财商知识。

财商是指理解和管理个人财物的能力，包括预算、储蓄、投资、保险和退休规划等。

具有良好的财商能力可以帮助个人实现自己的财务目标、提高生活品质、减轻财务压力、增加竞争力等。因此，学习和提升财商能力是非常重要的。

以下是一些可以帮助慕云学习和提高财商的方法：

（1）从家庭中学习。从父母那里了解家庭收入和开销情况，观察父母的消费习惯，学会总结。

（2）自主学习。可以通过看书、上网或参加线下课程等方式自主学习一些基本的财商知识。

（3）关注财经新闻。可以多关注新闻报道，了解政策和经济趋势，从而更好地理解金融市场。

（4）建立消费意识。学会控制自己的消费行为，做好预算，根据自己的收入情况和需要合理分配和使用资金。

也许你的零花钱并不多，通过自己管钱，你能赚到的钱，可能远不如这个过程中你得到的知识和经验来得宝贵。

三 从小处实践，与妈妈深入交流

青春期是一个人生命中很重要的阶段，这个阶段我们开始逐渐独立，开始有自己的想法和主张。关于金钱，我们也有了自己的想法，自己的需求和消费计划。

本杰明·富兰克林说：“真正的财富是人类智慧的使用。”

财务自由并不是每个人都会拥有的东西，但是每个人都应该努力争取。

面对拒绝，慕云可以通过沟通向妈妈努力争取自己保管压岁钱的机会。

（1）理解妈妈对自己的担心，学会尊重她。听听妈妈拒绝自己背后的声音，“你平时花钱大手大脚的，妈妈要是把钱全交给你保管，我怎么能放心呢？”

（2）要明确自己的想法和目的。在了解了妈妈的心声

后，主动告诉她为什么想自己保管钱，以及要用这些钱做什么。比如，“妈妈，其实这次我是打算存钱的，我一天天长大了，将来看到心仪的物品，我想用自己存的钱买下来，而不是每次都伸手问您要钱。同时，您也不必担心，我以后会合理规划自己的消费计划，避免乱花钱。”

（3）听从爸爸的意见，从小额管理开始。

还可以把自己的想法告诉爸爸：“爸爸，我想存钱，可是妈妈不让我保管钱。”

“存钱是很好的习惯，但是你需要知道如何管理自己的钱。你可以先从小额开始，比如说每周存一点钱到自己的钱包里，然后记录下来，看看自己的钱是如何增长的。”

有了这个实践后，还可以向爸爸请教一些关于理财的问题，也可以邀请妈妈共同参与进来。

沟通和实践，会让你在青春期里成为一个更加独立和自信的人。

12 觉得父母没有真正关心我要什么，怎么办？

在升入初中之前，我是很喜欢和爸爸妈妈腻在一起的，有什么心里话也会对他们讲。

但是进入初中以后，我相处更多的是自己的同学，也有了更真挚的朋友，许多没办法对父母讲的心事，慢慢习惯对他们说。

和家里人一起吃饭的时候，父母都会问我许多在学校里的事。今天问问我们的老师怎么样，明天问问我和同学相处得怎么样，过两天再问问我的学习情况如何。

刚开始我还能耐心地和他们说，但是渐渐地，我觉得父母的关注点很无趣，说来说去永远只有那几个话题，我从一开始的耐心回答变成了敷衍。

有时候我也尝试着说自己感兴趣的话题，他们也会倾听我的话。但是没过几天，依然会回到那些老话题。所以我也不愿再开口说自己在学校的一些事了。

直到有一天，父母又在餐桌上询问我学习成绩的事，并责问我怎么成绩又退步了，我忽然觉得很生气，直接怼回去说："天天就是学习、名次、老师、同学，我早就听腻了，你们就不能关心点别的吗？"

他们也许没有想到我反应这么大，氛围一时变得很尴尬。

之后的几天，他们似乎为了缓和关系，对我嘘寒问暖，也开始跟我聊些别的话题。

但是一想到他们可能过段时间就会打回原形，我就不想和他们说话，他们问什么也不想回答。

我心里清楚，父母是关心我，可是总让我觉得过度且无趣，更觉得他们根本没有真正关心我想要什么。

所以我宁愿他们和我少一些沟通，也不想每天重复那些无聊的话题。

看着他们因为我的态度而受伤，我也感觉到自己的做法是不对的。但是我又不知道应该怎么办，怎么做才能让我们更好地沟通，让双方都感到比较舒服。

——12岁女孩小琳

一 对父母的冷漠，恰是对共情的渴望

在伍绮诗的《无声告白》中，女儿莉迪亚原本是父母眼中的“乖孩子”，她让母亲看到了年轻时的自己，母亲认为她能替自己完成少女时期的梦想。同时，她也承载着父亲的期望，父亲认为自己对生活的不满，在莉迪亚身上可以有好的结果。

正如社会学家费孝通曾说：“在父母的眼中，孩子常是自我的一部分，子女是他理想自我再来一次的机会。”

父母都在用自己的“期待”去看待莉迪亚，可是真实的莉迪亚，直到离开前，也没有人发现并理解。

故事的结尾家人才明白，莉迪亚一直想要真正理解、支持自己的人，可惜她的父母都没有做到。

所以比起期待，也许我们更需要的是“共情”。

共情（Empathy），是由人本主义创始人罗杰斯所阐述的概念，它有多种中文译法，比如共情、投情、神入、同感心、通情达理、设身处地，等等。按照罗杰斯的观点，共情是指体验别人内心世界的能力。

青春期的我们本身就心思细腻，更需要父母的“共情”。

所以我们需要父母共情，便是需要父母真正能够从我们的角度出发，以我们的角度去关心我们所处的世界。

张元导演的电影《看上去很美》中，主人公方枪枪被当军人的爸爸送进了幼儿园。3岁的年纪却已经有了生存的本能，虽然只是一个幼儿园，对于孩子来说，却相当于一个社会。他亲近温柔的唐老师，害怕不苟言笑的李老师，并靠近其他小朋友，寻找自己的盟友。

导演正是以孩子的视角，拍摄孩童眼中的世界，让我们感受到了孩子眼中的天地。

成人眼中孩子就只是孩子，但是原来他们的世界与成人想象的有着莫大的不同。而父母很容易忽略这点，也就在与我们的交流中没有了共同话题。

因此在我们最需要“共情”的时候，父母反而让我们有些失望。我们对他们渐渐冷漠，正是因为有着对得到“共情”的渴望。

爱默生曾说：“家是父亲的王国，母亲的世界，儿童的乐园。”

家庭，父母，应该是最能给予孩子快乐的。

所以我们希望父母能够用合适的方式、有趣的话题、对我们的真正了解，来走进我们的世界，这是我们内心的渴望。

二 父母的不适度关心，是因为反向依赖

其实关于父母对我们的过度关心，或者让我们觉得很无趣的话题，在知乎上便有很多类似的问答。

“每天妈妈都会发来微信问我在干吗，吃饭了没有，今天做了些什么。每天一个字不差的重复三连问，让我越来越不想回答。”

“小时候喜欢和父母沟通，可是现在一聊天就是关于学业、工作、生活这些万年不变的话题，很多想说的话都被这无趣的话题驳了回去，也导致我对父母想说得越来越少。”

……

中国人民大学社会与人口学院教授李婷，曾对这种现象进行过研究，认为这是“老黏小”。意思是长辈在孩子长大以后，反而更加黏着自己的孩子。

这种现象不只是存在于我们的青春期，等我们成家立业以后也许还会存在。

而父母之所以会对我们有不适度的关心，像孩子一样黏着我们说一些无趣的话题，是因为他们对我们的反向依赖。

小的时候我们依赖父母，也会对他们说很多其实他们并不感兴趣的话题。当我们长大后，思想独立，也有了自己的社交圈，不再依赖于父母。可是父母却觉得不习惯，这就是“反向依赖”。

当我们长出了自己的翅膀，父母此时就会患得患失。

他们怕我们不再留恋家庭的温暖，飞向和他们有隔阂的空间，离他们越来越远。

没有了安全感的父母，便会产生反向依赖。

他们总想再对我们多些了解，掌握我们的动态。可是又不知道说些什么我们才能有兴趣，所以只能重复着他们所了解的话题。

父母的无趣，也许只是想努力追赶，以便跟上孩子的脚步。

三 换位思考，让爱意流动

沟通心理学者马歇尔·卢森堡说过："你越是留意自己内心的声音，就越能够听到别人的声音。"这是在告诉我们，应该换位思考。

父母只关心他们想要关心的话题，确实让我们觉得不舒适。但是我们也应该反思，是否自己没有多给父母换话题的"机会"。

正因为我们在学校里发生的事情父母无从得知，所以他们只能在老话题中打转。

我们之所以无法理解父母的做法，是因为仅仅关注到了自己内心的声音。

你只抱怨父母没有弯下腰用我们的眼光看世界，那我们又何曾稍微踮起脚，站在他们的角度看世界呢？

在《超级育儿师》中，有个孩子也习惯对父母冷漠。妈妈确实也有不当的地方，总是安排孩子的学习，却不考虑其他孩子想做的事情。

但是同时，孩子也没有想过要去和妈妈好好地沟通，更多的是选择沉默以对。

我们和父母都没能换位思考，所以反而给爱上了枷锁。

马克思有这样一句话："我们每个人都是平等的，你只有用爱来交换爱，用信任来交换信任。"

其实我们可以主动说一些别的话题，让父母明白自己更喜欢的是什么。

那些不好意思说出口的话，那些餐桌上不方便透露的心思，也可以通过书信的方式表达出来。

我们还可以像父母对我们一样，多去关心父母的事情。

只有我们同样付出真心，彼此之间的联结感才能更强。

父母对我们的关心，很多时候是单方面的过剩爱意。

那么学会换位思考，可以使家人之间的爱意流动。

13 喜欢依赖爸爸妈妈，不敢自己做主怎么办？

从小我和父母的关系就非常亲密，爸妈对我也是呵护备至，除了学习，其他事情他们都会帮我做，这也导致我动手能力差，而且没有主见。比如，当我遇到麻烦的时候总是想到先向父母求助，而不是自己想办法解决问题。

我常常认为父母才是解决问题的正确方法，而我自己是个弱者。

有一次，放学后突然下雨了，我急需要一条雨披，可是我忘记带来学校，又不敢自己去买，于是就立刻给爸妈打电话请求他们来帮助我。妈妈冒着雨赶到学校时，整个裤子和鞋子都湿了，那一刻，我很后悔为什么不能自己解决，而要去麻烦妈妈。

对我来说，在学校里，好像只有我自己时就总是会面临各种问题，而有了父母在身边，一切似乎就是安全的。

有时想想我已经长大了，但依然像小孩一样，需要不断地得到父母的关怀和照顾。

我也想改变，可自己却非常缺乏自信和独立的能力。

一遇到问题，我总是认为自己的能力很差，容易变得惊慌失措。最近，我更担忧的是，自己独立思考并解决问题的能力非常弱，有时我情愿放弃面对问题，也不敢让自己去尝试。我对未来充满了迷茫和焦虑，只有在父母的鼓励和支持下，我才会感到安心和舒适。

——13岁女孩小雨

一 经历风雨，方见彩虹

你见过海棠树开花吗？

一棵海棠树就像人的生命一样，刚开始生长时枝干上满是疤痕，只有长到参天大树时，它才会盛开在春天里。

人生艰难，成长就如这一棵海棠树。只有经历了风雨和伤痕累累，才能傲然挺立，在春天里绽放。

处处依赖父母，让小雨犹如温室里面的花朵。温室里的花朵虽然漂亮，但是经不起外面风雨的吹打，只能一辈子待在塑料大棚里；逆境中的凤凰虽然要经受一时的痛苦，但是涅槃之后就能自由地飞翔。

大自然是最好的老师和朋友。

温室里有两朵玫瑰，一朵开得艳丽而茂盛，非常漂亮，另一朵开得非常不起眼。有一天不起眼的玫瑰对漂亮的玫瑰说：“咱们在温室里待了那么长时间，不如去大自然看看吧？”而漂亮的玫瑰却说：“我不去，外面环境太不好了，又刮风又下雨的，我们温室每天都是晴天，阳光充足，还有人照顾我们，这样的生活不比外面好吗？”

不起眼的玫瑰说：“我们都没有见识过风雨和很多美丽的风景，也没有见过彩虹和晚霞呢！”

经过争论，漂亮的玫瑰还是决定待在温室里，不起眼的玫瑰却和照顾它的人商量：请你把我挪到大自然中吧。

从此，那朵不起眼的玫瑰，每天都能看到朝霞和晚霞，雨天和晴空，还可以看到雨后的彩虹，它还结交了很多新朋友：小草弟弟、大树爷爷和小花妹妹。这朵不起眼的玫瑰一天天成长，接受着大自然的阳光雨露，变得越来越漂亮，在森林选美中还获得了“最美之花”的称号。而温室中的玫瑰非常脆弱，不久就枯死在了温室中。

你想做哪朵玫瑰呢？

二 培养独立思考的能力

有独立思考能力的人，做事情不会随波逐流，不会人云亦云，他们会通过自己的思考和认知，寻找问题的答案。

培养思考的能力可以让我们在生活、学习、工作等各个领域更好地发挥自己的潜能，取得更好的成果和效果。以下是一些培养思考能力的方法。

（1）多提问题。好的思考需要从提出问题开始。多提问题可以挖掘更多的可能性和方案。不要害怕提出问题，也不要把问题简单化。

（2）树立目标。目标可以为你的思考提供方向。通过定目标，我们可以在思考过程中更好地明确和执行自己的目标，从而更好地洞察问题的本质。

（3）细分问题。将问题分成更小的问题可以让我们更深入地思考和理解它们。这些小的问题可能更容易回答，通过回答这些问题，我们可以逐步地深入问题的细节和核心。

（4）多角度思考。在思考时，应该避免单一的视角，尝试从多个角度考虑问题，这有助于得到更全面的解决方案，可以从多种思想角度进行激励。

（5）多交流。多与其他人交流思考成果，可以帮助我们发现自己的盲点和错误，并可以从其他人的经验和观点中获得启发和灵感。

（6）学习和了解新事物。思考的能力和获得的信息和知识是密不可分的。反过来，通过学习和了解新事物，可以不断开拓思考的领域，进一步提高自己的思考水平。

（7）观察和思考。在日常生活中，经常观察和思考周围的情况，总结经验，这有助于提升我们的思考能力。还可以经常练习思考、写作和表达的技巧，提高沟通和表达能力。

总之，要培养思考能力，就要不断锤炼自己的思维能力、学习能力、思考方法及永不放弃的毅力。只有经过长期的耐心训练和实践才能让自己的思考能力持续进步和提升。

三 在父母的支持下，打造成功初体验

有个词语叫“成功感”，它是指一个人成功地完成某种活动任务时所产生的一种自我满足、积极愉快的情感。

成功感可以帮助一个人逐步获得自信。

小雨觉得自己能力差，不敢自己做主，那是因为她之前没有成功的体验。

有心理学家说："成功感"对人的有效功能有三个，一是成功感可以促使人产生积极的情绪体验，促使人的身心与所处的环境保持平衡状态，促使人更好地适应所处环境，进而增进身心健康；二是成功感可以使人认识到自己的力量潜能，从而增强信心；三是成功体验能为一个人以后学习新知识提供良好的心境，又为解决新问题提供抗挫折的心理承受能力。

所以，摆脱依赖，可以怎么做？

先从打造成功体验开始。

首先，小雨可以和爸妈沟通，说出自己想要更加独立的心声，得到他们的支持。

其次，和爸妈一起制定一个对自己有点难度，可是靠努力也能实现的小目标，比如，先从自己做主买东西开始，周末，由小雨带父母出去玩，父母提供 300 元的活动资金，由小雨全权负责所有开支，让全家人吃好玩好。

再次，总结这次成功的经验，再尝试新的小目标，经过一段时间的锻炼，相信小雨的独立能力会越来越强。

居里夫人说："路要靠自己去走，才能越走越宽。"

让自己越来越独立，不能一蹴而就，而要靠一步一步的努力去实现。

14 放假时想穿超短裤，妈妈不允许，怎么办？

上个学期，我转到新的学校，学校统一要求穿运动服，因为我还在长身体，所以订校服的时候妈妈给我报大了几码，导致我的裤子用线缝住裤脚才能穿出门，为此，我很自卑。

而我们班有几个特别时髦的女生，别看她们平时课堂上天天穿着校服运动鞋，可到了周末，风格大变：超短裤、迷你裙，露肩的衬衫，露洞的裤子，立马变成了潮男潮女。

放暑假了，天气越来越热，我也想穿上超短裤，一边体验，一边享受一下夏日的清凉。可是，妈妈却不允许我这样穿。我特别困惑，不知道该怎么办。

"妈妈，我想穿超短裤，可以吗？"我问道。

"不行，太短了，不合适。"妈妈回答道。

"可是，其他女孩都穿啊，我也想试试。"我有些不满地说道。

"你不是其他女孩，你是我的女儿，我不希望你穿得太暴露。"妈妈语气坚定。

我感到很困惑，我不明白为什么妈妈不让我穿超短裤。我觉得自己已经长大了，应该有自己穿衣服的选择权。

——13岁女孩笑笑

一 妈妈态度坚决的背后，自有原因

也许笑笑想不明白，对于穿超短裤，妈妈为什么态度如此坚决，其实，除了女孩子要举止优雅这一点，妈妈也是为笑笑的身体健康着想。

在古代，无论天气多么炎热，女子出门也是穿着长袖长裤，大方得体，除了脸部、手指，身体别的部位都不能让其他人看到，也许笑笑不明白，为什么要这样做呢？

其中一点，可以从中医的角度来解释。

人体的腰部有命门穴，是带脉所行之处，又是肾脏所在之地。穿着超短裤会让腰部暴露在外，寒凉之气会由此入侵体内，损伤身体的阳气。

而我们的肚脐又叫神阙，是人体对外界抵抗力较为薄弱的部位，吸进冷气会导致肚子疼，也可能会出现腹泻、呕吐等现象。女性带脉受寒还会引发妇科疾病。

穿超短裤，会把丹田和命门这两个大穴暴露在外边，所得到的结果是什么？就是让子宫受寒。

而且，超短裤会将下肢暴露在外边，在人体的腿部更是分布着无数的重要穴位，暴露的大腿让寒气一吹，肝经和肾经经络受到痹阻，将来易得妇科疾病、风湿、类风湿等疾病。

人的衣服、纽扣就如同家里的围墙窗户一样，有着防护的作用与功能。

如果拆了一个家的围墙或是窗户大开，是不是就等于把这个家好的能量给破坏了？小偷、强盗是不是可以随便进出了？

了解了相关的知识后，笑笑会不会更能理解妈妈的坚决态度了呢？

二 美丽，有更高级的穿衣法则

爱美之心，人皆有之，时尚圈的流行风如今也刮到了校园里，笑笑的同学还是未成年人，可是周末放假的着装已经开始追求成人化了，这背后反映出来的是青春期女孩对自己形体美的在乎，以及想要吸引他人眼光追求标新立异的感觉。

美是什么？

美是穿着得体，符合场景，符合年龄。

以下的场景，你会是什么感受？

严肃的课堂，老师和同学们正在探讨数学题，突然一位同学站起来，给大家大声朗读一个笑话；

安静的图书馆，大家都在看书，突然有人闯入引吭高歌；

他们的行为在如此的场景中是不是显得很“突兀”？

同样如此，我们的着装也要符合所处的公共环境。相对轻松热闹的环境，我们可以选择活泼一些的衣服；相对严肃安静的环境，我们可以选择有书香气的衣服；相对夏天海边，凉爽的环境，我们可以选择轻盈、舒爽的衣服。

此外，美还体现了一个人的穿衣品位。

笑笑可以认真关注一下那些沉稳知性大气的女性，她们的服装是怎样的？她们会不会刻意地去追求薄、露、透、短？这些女性对自己的身体有足够的尊重，不允许自己把内衣当成外衣穿，也不会任由自己的身体大面积地暴露在外面，她们的着装往往会令人赏心悦目，而又不会让人产生邪恶的想法，这才是更高级的穿衣法则。

尽管笑笑还是青春期的孩子，但这并不影响她提升穿衣品位，想要穿得好看，并不是只有展露身体曲线，暴露大片肌肤才能做到的。笑笑可以怎么做穿着得体又不失个人特色呢？

（1）定期翻看时尚杂志，学习色彩搭配等知识；

（2）向身边穿搭好看的人学习，并注意观察她们，比如，看看妈妈和她的朋友是怎么搭配的；

（3）多学一些衣服穿搭的法则，不同场合的打扮要点。

三 此路不通，还有其他选择

古罗马哲学家塞内加说过：“教诲是条漫长的路，榜样是条捷径。”

国外一位父亲为了阻止 14 岁的女儿穿超短裤上学，竟然“以身试裤”。

这位父亲认为在公众场合穿超短裤“不妥当”，为劝说女儿不要穿超短裤，于是亲自试穿，他露出自己的大腿，惹得女儿爆笑不已，并且放言“你要是敢穿这个去上学，我就敢穿着这裤衩每天去校门口接你放学！”

也许妈妈的方式让笑笑难以接受，但是父母希望孩子穿着得体、大方、安全是不分中外的。

你知道黄山上的迎客松吗？它扎根的地方是岩石，几乎看不到泥土。想想看，当初它的成长是如何的艰难？纵使环境恶劣，也没有阻挡它成长的脚步。

想穿超短裤，遭遇妈妈的强烈反对，有没有别的出路呢？此路不通别路通。

如果说穿超短裤是一种体验，可以展现自己的身材美，让自己成为焦点，那有没有别的方式也可以达到这个效果呢？

追求美是人的天性。笑笑何不向妈妈说出自己的心声：“妈妈，我也想和同学一样，穿出自己的风格，有自己的个性，而且我都这么大了，是不是我也该学着挑选衣服、搭配衣服了？”

当妈妈听到这里时，笑笑可以和妈妈一起探讨，哪种类型的衣服既会让自己保持得体，又能穿出新鲜感。

也许是汉服，也许是长款连衣裙，也许是背带裤、连体裤，笑笑可以和妈妈一起去体验去尝试不同的风格，让自己丰富起来。

有句名言说得好：你可爱因为你丰富。何必执着于超短裤呢？你的选择多着呢！

15 爸爸总说凡事以和为贵，但我在学校里受欺负了，怎么办？

我是一个14岁的女孩，每天都在学校里面对各种各样的人，有好的，也有坏的。我父亲总是告诉我凡事不要太计较，和为贵。但我认为当自己在受到欺负时这个格言并不能帮助我。

有一次，我在教室里遇到了一个不是很熟悉的男孩，他一直在用恶毒的话语来评价我的外貌，并且发了几张不太友好的图片。尽管我质问他并拒绝了他，但是他还是对我很不友好，甚至让其他同学也开始对我起哄。

从那之后，我感到被排斥和孤立，因为他们不愿意跟我玩耍或者聊天了。我觉得糟透了，像是失去了朋友和支持者。我开始怀疑自己，觉得是不是自己做错了什么。

我越来越难过，甚至有些抑郁。我不知道该怎么办，只能想着忍一会儿，可能问题就会解决。我不断告诉自己“和为贵”，但我却无法忘记他们伤害我的事情。

其实，我也知道我需要采取行动。我需要向学校的老师和领导反映这些情况。但我害怕他们不会相信我，或者会认为我是在找麻烦。我害怕我父亲会对我失望，并告诉我“和为贵”。

我该怎么办？

——14岁女孩小雅

一 礼之用，和为贵

中国是一个关系社会，“和为贵”体现在人际关系上就是和睦相处。清朝时就有这么一个“以和为贵筑成六尺名巷”的故事。

清代康熙年间，宰相张英和吴氏比邻而居。有一次，两家都要起屋造房，吴家企图占据张英家的宅子，双方发生纠纷，告到县衙。因两家都是高官望族，县老爷想偏袒相府，但又难以下决断，便高呼全凭相爷做主。于是，张家人修书一封送去了京城，希望张英能管一管吴氏。谁知张英竟回：“一纸书来只为墙，让他三尺又何妨；长城万里今犹在，不见当年秦始皇。”家人接到回信，主动让出了三尺，吴氏因受感动也主动让了三尺，三三即六，便成了著名的六尺巷。

以和为贵，是儒家倡导的道德实践的原则。出自《论语·学而》：“礼之用，和为贵”。就是说，礼的作用，贵在能够和顺。意思是，按照礼来处理一切事情，就是要人和人之间的各种关系都能够恰到好处，都能够调解适当，使彼此都能融洽。

在奴隶社会，各等级之间的区分和对立是很严肃的，其界限丝毫不容紊乱。上一等级的人，以自己的礼仪节文显示其威风；下一等级的人，则怀着畏惧的心情唯命是从。但到春秋时代，这种社会关系开始破裂，臣弑君、子弑父的现象已属常见。

对此，孔子提出“和为贵”，其目的是缓和不同等级之间的对立，使之不至于破裂，以安定当时的社会秩序。但从理论上看待这个问题，我们又感到，孔子既强调礼的运用以和为贵，又指出不能为和而和，要以礼节制之，可见孔子提倡的和并不是无原则地调和。

二 父母观点的适用性，当受到欺负时并不适用

当父母与我们观念相悖的时候，应该闭嘴接受，还是据理力争？与父母相处过程中，不免想起“代沟”这个词，我们总是埋怨父母不理解我们，让彼此之间无法深入沟通，转念一想，时代的不同赋予我们的思想、价值观念、行为方式和生活态度必定存在差异，当我们总是站在“自我”的角度去思考问题的时候，我们的沟通其实是不对等的，因为“认同”系统的迥异，让我们产生无数个“我觉得”与“对你好”，而父母也只是用他们认为正确的方式来爱着我们。从这个角度上，有效沟通十分必要，父母需要被子女理解，子女需要被父母认可。

接受还是争论？我们不妨选择与最爱的人和解，当父母表达自己并不认同的观点时，给自己一个聆听他们内心的机会，知道他们真实的想法，用这样尊重的方式就表达了我们的爱。健康的家庭关系，就是求同存异，即使在对人、对事的认知上存在差异，也并不会妨碍我们和谐共处，寻求一个双方都接受的平衡点，才是一种好的选择。

面对父母的权威，我们可以试着开拓除了顺从、闭嘴以

外的应对方式，学会质疑、挑战、沟通，用独立人格和批判性思维与这个世界相处。如果面对与父母有不同的观念，我们都懒于、不敢、不屑去沟通，长大后面对大众流行、行业权威，我们更不会提问和沟通了。

当我们闭上了争论的嘴，也就闭上了带父母去看看这个新世界的眼睛。父母的固执有时候是来自信息不对等和好奇心的丧失，所以我们更要帮助父母活在新世界里。

如果我们想要把沟通继续下去，一定不要害怕这一刻的情绪影响了我们与父母之间的和谐，而先要把心里最真实的那个想法表达出来，争论未必是要对方认同自己，而是要在我们自己坚持的事情上，让父母看到我们对一件事情的态度有多坚定。

我们证明自己心智成熟的方式恰恰是在观点不同于父母的事情上，我们越来越坚定并且成功地证明了自己是对的。

三 直面问题，合适沟通

当你在学校受到欺负时，与父母沟通并得到他们的帮助非常重要。下面是一些方法，可以帮助你与父母沟通，得到他们的帮助。

（1）保持冷静。

沟通前，你需要保持冷静，不要把负面情绪带到沟通中。谈话前，先深呼吸，放松自己，让自己变得平静。这样可以让你更清楚地表达自己的想法和感受。

（2）找到适当的时机和地点。

在谈话时，你需要找到适当的时机和地点。避免在争吵或忙碌的时候进行谈话。选择一个安静、舒适的环境，这样可以让你们更好地交流。

（3）坦诚地表达自己的感受。

不要隐藏问题，即使你觉得很难启齿，也不要试图掩盖你正在经历的困境。如果你不将问题告诉你的父母，他们就无法提供帮助。与父母沟通时，你需要坦诚地表达自己的感受。告诉他们你受到了欺负，以及欺负的具体情况。不要隐瞒或夸大，要实事求是。

（4）请求父母的帮助。

告诉父母你需要他们的帮助，他们会帮助你应对这种情况。他们可能会和你一起找到解决问题的方法，或者提供其他形式的支持和鼓励。

（5）寻求其他人的帮助。

除了父母外，你还可以向其他信任的成年人求助。例如老师、辅导员、心理咨询师等，他们可以帮助你应对欺负，并提供必要的支持和建议。

总之，与父母进行细致并充分的沟通，这是帮助你应对欺负的重要一步。他们可以给你提供帮助和支持，并且与你一起找到最合适的方法处理问题，在合适的时候，也要考虑向有关部门报案，以得到必要的法律保护。

第 4 部分

CHAPTER 4

父母的爱缺失了一角

16 爸爸妈妈偏心弟弟，我老想惹事，怎么办？

我生活在一个四口之家，弟弟比我小6岁。他刚出生的时候，我是很开心的，觉得自己有个伴儿再也不孤单了。爸爸妈妈也很疼爱我，并没有因为多了个弟弟而减少对我的爱。我觉得自己的家庭是很幸福的。

但是到了弟弟6岁之后，我觉得身边的一切都变了。

弟弟不再像小时候一样，黏在我的屁股后边，凡事都听我的，有了好吃的，也都给我留着；而是开始调皮，甚至和我作对。

我不让他做的，他还是会去做。我有什么总是会和他分享，但是他开始喜欢吃独食，还喜欢要我的那一份。

而这个时候，即使我觉得委屈，爸爸妈妈也总是说，他年龄小不懂事，我作为姐姐应该让着他。

我听从了爸爸妈妈的话，觉得他小，这些都很正常，所以还是选择包容他。可是一次两次，无论弟弟做了什么令我觉得不开心的事，爸爸妈妈都是让我忍让。

我觉得自己也是个孩子，也想当个被宠的人。可是和弟弟在一起，却总是让我承受委屈。

我有时候心里会想，为什么听话的孩子得不到糖果，反而惹事的孩子却被父母呵护呢？我一直听爸爸妈妈的话，照顾弟弟，可是谁又来照顾我的情绪呢？

看着爸爸妈妈给弟弟买的玩具、零食，以及不愿和我分享的弟弟，我忍不住想，是不是我和弟弟一样，惹一些事，做一个不那么听话的孩子，爸爸妈妈才能对我像对弟弟一样关心，才能不再偏心，让我有存在感呢？

我知道这个想法不对，也知道弟弟只是到了调皮的年龄，爸爸妈妈也不是不疼爱我，可是每当看到他们总是偏心弟弟的时候，我心里还是会有这些念头。这样的心理正常吗？我应该怎么办？

——13岁女孩小雨

一 不用怀疑父母对自己的爱

心理学家阿德勒曾说过，“家中的老大，都经历过一段‘独生子’时期，但随着后边孩子的出生，他（她）必须和别人一同分享父母的爱，这样的改变会对他产生很大的影响。”

在第二个孩子出生之前，我是家中唯一的宝贝。也是爸爸妈妈第一次为人父母，所以给了我们很多的宠爱。

那个时候的我们，因为不用在父母给的爱中进行“竞争”，就可以得到关心、照顾，所以会觉得是最幸福的时光。

然而等到我们作为老大，已经可以完全照顾自己，也有了自己的小小世界，不需要父母在身边呵护的时候，小一些的孩子便会因为不懂事、没有独立能力，而得到父母更多的关注。

渐渐地，自己原先平衡的心理也不再平衡，父母原先平等的关爱，在自己眼中也似乎不再平等。

所以我们不禁会觉得，是不是要像小孩子一样不懂事，反而更能得到父母的关注。

以至于我们的想法与行为退行，想从乖巧的孩子变成一个爱惹事的“大宝宝”，这样也许父母就不再偏心，能把更多的精力放在自己身上，让自己像弟弟一样被宠爱。

这些都是因为我们认为父母偏心，而在怀疑中产生焦

虑，认为自己不再被父母疼爱，认为自己越是懂事越是不被父母理解。所以宁愿成为家人眼中的“坏孩子”，也想在父母的爱里重新获得一席之地。

然而，在这个过程中，也许父母比我们更加焦虑。手心手背都是肉，孩子对于他们来说，同样都是宝贝。只不过在面对一大一小的时候，工作的繁忙，家事的琐碎，以及照顾小一点儿的孩子的疲惫，让他们分心乏术。

要求大的让着小的，也许只是父母眼中的权宜之计，他们只是想让家庭更和谐，让事情变得更简单，并不是减少了对我们的爱。

此时的弟弟，又怎么不是小时候的我们？我们也曾调皮过，大哭过，不懂事过，其实父母当初也像对弟弟一样对待我们。在父母眼中，孩子都是一样的重要。

所以，不用怀疑父母对自己的爱，也不用在这场爱里有焦虑感。静下心好好感受父母对自己的爱，一定会有所收获。

二 远离对爱的怀疑，拥有爱而自知

认为父母偏心弟弟，产生对爱的怀疑，并且想靠“惹事”获得关注，可能是因为我们被“父母偏心”的想法蒙蔽，导致无法从这个想法中走出来，并且越来越怀疑他们对自己的爱减少。

也许我们潜意识里会有一种，弟弟是在“争宠”的心思，把原本属于自己的东西都给夺走了。比如在电影《被人嫌弃的松子的一生》中，主人公便认为父亲一直偏心小的。

但是，其实弟弟只是在做孩童时期再正常不过的行为，我们却想要苛求他能够像自己一般懂事，进而更渴望父母能够看到自己的乖巧，能够指责弟弟的错误。父母没有按照自己设想的去做，渐渐地便会认为他们偏心。

一旦“偏心”的念头出来，我们便深陷其中，凡事都往这个方面想。有时候即使父母给两个孩子都买了零食，自己也会猜测是不是给对方的更多，将自己的猜测夸大，反而忽略了父母对自己的爱。

其实并不是父母不够爱自己，而是我们处于对爱的怀疑中，并且这样的想法越来越坚定，反而让我们在无形中远离了这份爱。

拥有爱而不自知，才是莫大的悲哀。

三 拥抱爱，只需发现与看见

为什么会怀疑疼爱自己的父母偏心呢？由于正处在青春期的我们此时心智尚不够成熟，不能站在父母的角度思考问题。表面看起来已经长大，在父母面前却依然是孩童心理，仍然希望父母可以把自己当幼时的孩童一般偏爱。

但是我们静心想一想，不管大的还是小的，都是父母的心头肉。他们肯定在用其他方式爱着长大了的我们。

只不过长大后的我们，尤其是处于青春期的我们，心思更细腻，感觉更敏感，往往在矛盾与坚定中挣扎。所以我们会忽略很多细节，只关注自己在意的那些，反而无视了我们身边的很多温暖与爱意。

想明白这一点以后，我们会发现生活中父母对我们的付出。比如，他们对我们功课的关心，在夜间和我们促膝谈话，到学校探望我们，这都是被我们忽略的爱。

亲人之间的爱，本身就是无形且沉默的。它无法像实物一样被我们轻易地看到、捕捉到，想要拥抱它，便需要自己去发现，去找寻，细心去感受。

所谓的“偏心”，只不过是我们作为孩子，在青春期不小心生出来的执念。那么多的爱在我们的身边，我们为何只能看到那份“偏爱”呢?

学会在爱里发现与看见，才是获得幸福的根本。

17 我从小到大没有爸爸陪伴，我会不一样吗？

妈妈说我父亲是一个商人，在我6岁之前，他由于工作原因经常出差，很少有时间陪伴我们。上小学那年，父亲迫不得已离开了我们，去了国外，从此，我们这个家就少了一个人。

记得我小时候，每次看到我的同学们和他们的爸爸在一起玩耍，我都感到非常孤独和不安。我母亲是一位勤劳的家庭主妇，她一直在尽力地照顾我和我的弟弟。但是，母亲的爱并不能代替父亲的陪伴，我始终感到缺了点什么。

记得有一次，我在学校里因为一个小错误被老师批评，非常难过，想要一个能够安慰我和支持我的人。但是当我回到家，家里还是没有父亲的踪影，我母亲也因为忙碌而没有时间陪我，那一刻，我躲在家里的角落，觉得自己就像一叶小舟在空荡荡的水中漂行，又无力又害怕。

老师说，父母是我们的榜样，可我每次听到这句话，都感觉心里很失落，我有时候会想，没有父亲的陪伴，我会和其他同学不一样吗？

——12岁女孩小樊

一 缺少爸爸的陪伴，并不会影响你成为一个优秀的人

一个人成长中缺少父亲陪伴，他会和别人不一样吗？当然会的，每个人的成长故事和经历都是独一无二的，每个人和其他人都是不一样的。

虽然父亲的缺失对于小樊的成长有着不可忽视的影响，但是，要记得，这并不会影响你成为一个优秀的人。有些人在没有父亲的陪伴下，依然能够取得成功，其中一个著名的例子就是美国前总统奥巴马。

奥巴马的父亲是一个肯尼亚人，他在奥巴马 2 岁时就离开了家庭。奥巴马的母亲安·邦尼·达瑞尔是一位美国人，她在奥巴马父亲离开后，独自抚养奥巴马长大成人。

在奥巴马的成长过程中，他确实感受到了父亲的缺位。在他的自传《我的父亲之梦》中，他写道："我曾经试图用自己的方式了解父亲。我研究过他的历史，我读过他的文章，我对他的生活做出了种种猜测，但是我永远也不可能真正地了解他。"

然而，尽管没有父亲的陪伴，奥巴马依然取得了很多的成就。他毕业于哥伦比亚大学和哈佛法学院，成为一名律师，之后进入政坛。2008 年，他成为美国历史上第一位非裔美国人总统。

奥巴马的成功并不是偶然的。他通过不断的努力和自我提升，克服了父亲缺位的心理障碍，不断地追求自己的梦想。他说：“我的母亲教会了我，如果我想要做成一些事情，我必须要努力奋斗。”

父亲的缺位对于一个人的成长有着重要的影响，然而，一个人的成功并不是取决于他是否有父亲的陪伴，而是取决于他是否能够克服心理障碍，不断追求自己的梦想。像奥巴马一样，小樊也可以通过自我提升和努力奋斗，实现自己的人生价值。

二 寻找替代父爱，让自己更优秀

尽管父亲的缺位会让小樊产生不安和遗憾，但是，小樊可以通过寻找替代的父爱来弥补这种缺失。

从心理学的角度看，爸爸对孩子的意义有部分在于：在爸爸的心中，一直住着一个“大男孩”，勇敢地冒险，大胆地尝试，他们会以独特的视角和体会，带孩子去体验不同的人生。

知道了这点后，小樊也可以通过其他亲人、朋友、老师等人来寻求情感支持和安全感，从而让自己更加积极向上。比如，主动和妈妈说出自己的苦恼：“妈妈，我从小到大，一直因为缺少爸爸的陪伴，觉得自己少了点什么，但我知道，成长得有好的领路人，我想让自己更好，您能帮我引荐

一位有力量的男性，让我可以从他身上学习吗？”

借助妈妈的帮助，找到家族中的一位叔叔或其他男性长辈，也可以是体育教练等，定期与他们互动，体验不同的事物，在活动中、在运动碰撞中，接触他们的肢体，与他们建立深厚的感情，让自己增强男性的力量。

拥有资源的人不一定成功，善用资源的人才能取得成功。

如果说爸爸是小樊的一份资源，当这份资源缺失以后，一定要记得自己身边还有其他的资源可以开发和使用。

贝佐斯是亚马逊公司创始人，他父亲在他很小的时候就离开了家庭，但他没有自暴自弃，而是从身边的养父母那里找到了足够的爱和支持，这最终帮助他成为全球最富有的人之一。

此外，小樊还可以告诉自己：“虽然我没有父亲的陪伴，但是我并没有放弃自己。我能够积极地参加各种社交活动，结交新朋友，并且努力学习，我有资源和能力让自己变得更加优秀。”

三 建立健康的自我认同，培养自我价值感

电影《你好，李焕英》热映时期，在网上有这样一个热门话题：“假如我穿越到妈妈年轻的时候……”当你像女主

角一样，突然穿越到了过去，遇见了正值花季的妈妈，你会做什么呢?

不知道你的答案是怎样的，但很多网友给出了惊人一致的答案——“千万别嫁给我爸”，如此“嫌爹”的背后，指向的是什么？是“父亲缺位”这一社会问题。

由此可以看到，很多人都感觉自己的成长中父亲是缺失的，这不是小樊一个人面对的问题。所以，小樊你不是孤独的一叶小舟，有很多像你一样的小舟漂在水中，那具体可以怎么做呢?

想象一下，当你将自己这个小舟点亮，犹如一点星光，因为你照亮了自己，引发了更多的小舟也点亮了自己，整个水面慢慢地变成了万家灯火，充满了温暖与希望。

怎样点亮自己呢？——学会建立健康的自我认同，培养自我价值感。

一方面，接受自己的性别和身份，保持乐观健康的心态，积极地融入社会和生活。可以在笔记本上写下一句话并每天大声朗读：“我深深地爱和接纳我自己的性别和身份，我每天让自己保持快乐并充满力量。”

另一方面，积极地培养自我价值感，可以通过学习、艺术、运动等方式培养自我价值感，从中获得成就感和自信心，进而增强自我成长的动力。

不必因为缺乏父亲的陪伴而自卑和沮丧，相反，你可以通过自己的努力和坚持，成为一个更加优秀和自信的人。

18 妈妈再婚了，我该怎样接纳继父？

我记得那是一个周末的早上，阳光洒在客厅，窗台上的黄色小花开得正盛，妈妈把我喊过来，“来，坐下来，妈妈和你说一件事，我决定结婚了”。听到这句话，我突然一愣，内心悲喜交集。喜的是妈妈终于迎来了自己的幸福，悲的是爸爸真的成为过去式了。

奶奶和我说有句老俗话，“天要下雨娘要嫁人”，这不是我能左右的。

妈妈结婚后，我们和继父搬到了一起住。他经常带我们出去旅游，给我们买礼物，有时还会帮我辅导作业。我能从妈妈的笑容里看出来，她真的很幸福。但是，我还是有些不习惯他的存在，我不知道该怎么跟继父相处，也不知道该怎么称呼他。

刚开始生活在一起的时候，也经常会发生矛盾。比如，有一次，他试图让我做一些家务，但我拒绝了。

“小如，你这个年龄的孩子该做点家务活了。”

“我才不要呢，你现在正好有时间，你怎么不做？”

我反问他一句，他一时有点语塞，表情充满了纠结，犹如一颗缩水的苹果蔫了下去。

其实是我心里对他的存在感到一丝不满，“他只是一个陌生人，有什么资格代替我的亲生父亲？”或许，他也感到很困惑，不知道如何与我相处，如何赢得我的信任。

——14 岁女孩小如

一 爱屋及乌，妈妈开心全家开心

从小如的描述中，可以看出她妈妈婚后是幸福的，继父人也还不错。小如之所以感觉不满，是因为心中还想着亲生父亲。

没有人能取代你的亲生父亲，相信这一点你的继父也是清楚的。心中永远想着父亲，但这并不妨碍有更多的人来爱你，比如你的继父，对吗？

这些年妈妈抚养你长大，你对她充满了爱与理解，如果你和继父相处不好，最伤心难过的人会是谁？

答案无疑是妈妈。

既然以后的朝夕相处不可避免，何不转换自己的想法？

有一个成语是“爱屋及乌”，“爱人者，兼其屋上之乌。”

说的是武王伐纣后，武王并不感觉到安宁，他觉得天下还没有安定。于是，他召见了很有智慧的姜太公，问道：“对旧王朝的士众应该怎么处置呢？”“我听说过这样的话：如果喜爱那个人，就连同他屋上的乌鸦也喜爱；如果不喜欢那个人，就连带厌恶他家的墙壁篱笆。这意思就是杀尽全部敌对分子，一个也不留下。大王你看怎么样？”姜太公说。

武王认为不能这样。这时周公上前说道：“我看应当让

各人都回到自己的家里，各自耕种自己的田地。君王应不偏爱自己旧时的朋友和亲属，而应该用仁政来感化普天下的人。”武王听了非常高兴，心中豁然开朗。后来，武王就照周公说的办，天下果然很快安定下来，民心归附，西周也更强大了。

后来“爱屋及乌”这个成语用来比喻爱一个人而连带地关爱与他有关系的人或物。

仅凭个人的喜好而判定一件事物或一个人的好坏，是错误的、不公正的。

因为关爱妈妈，顺道关爱继父，有何不可呢？妈妈开心，全家就开心。

美国前总统乔治·华盛顿，他父亲在他还很小的时候就去世了。后来，他母亲再婚了，他的继父对他非常好，给他提供了良好的教育和生活条件。乔治·华盛顿非常感激他的继父，他说：“我永远不会忘记他对我的恩情。”

有句话说：“没有血缘关系，都愿意对你好的人，是上天送给你的礼物。”为何不珍惜这份礼物呢？

心理学研究发现，要想和人关系好，可以在心理想象和他相处得很好，接下来会发现，关系真的在变好。小如也可以在以后的时间与继父相处时试试这种办法。

二 用尊重、理解和包容，构筑爱的城堡

“你养我小，我养你老。”

你能想象，这是一个女儿对她的继父说出的话吗？

在节目《我家那闺女》中，其乐融融一家，尤其是小阚和其父亲的相处模式，让不少观看节目的观众十分羡慕。

但是鲜少有人知道，这位男士并不是小阚的亲生父亲。

可在小阚心里，养育之恩比生育之恩还要重要。

人与人之间的关系，最关键的是什么？

不是血缘，不是过往的经历，而是在眼前。

“珍惜眼前人”，不仅是一句劝人的话，它背后最重要的是去落实行动。

彼此熟悉的人相处也会有矛盾，更何况小如和继父还不熟悉，有冲突和摩擦也是正常的。

小如有小如的个性，继父有继父的个性。

每个人都有自己的个性和行为方式，珍惜眼前人我们需要怎么做？

（1）尊重和包容继父的个性和行为，而不是试图改变他、对抗他。

（2）尝试去理解继父的处境和感受，作为继父，他有没有可能感到被排斥或者不被接纳？这会不会让他感到不安和无助？

（3）主动接收对方的好意，给彼此机会。

在电视剧《家有儿女》中，刚刚重组家庭的刘梅为了拉近和夏雪的关系，主动去了解她的爱好，她表现出来的笨拙的母爱，最终让夏雪接受了“另一个母亲”的事实。

最终，两人的相处真得比亲母女还亲。

三 真情流露，建立良好的沟通和信任

对于称呼问题，小如可以跟妈妈聊聊。或许妈妈会说，“你可以叫他爸爸，如果你觉得不习惯，也可以叫他名字”，不管怎样称呼，当有了妈妈的话做支持，你会感到更加释然。

建立良好的沟通和信任是接纳继父的关键。

如何可以让两个人的沟通更深入呢？有一个关键是适当地暴露自己的弱点，这会快速增加亲密感。

因为如果两个人沟通的话题仅限于事实，比如，继父的兴趣爱好、工作经历等，那么谈话结束了也就结束了，并没有亲密关系。但，如果话题中包括感情问题，有自我感情揭露，比如各自成长中最高兴和最难过的经历是什么，那么，即使是两个陌生人也会迅速建立亲密关系。

适当地暴露自己的弱点，其实对别人是一种邀请，“邀请你可以进入我的生活”。

另外，如果刚开始还不好意思直接表达，也可以采用书写的形式，比如，用一首诗来表达自己的感受：

“爸爸，你是我的家人，

你的存在让我感到温暖。

虽然我们没有血缘关系，

但我们的心已经连在了一起。

谢谢你对我的关心和照顾，

我会一直珍惜这份感情。”

想象一下，继父看了你的诗，脸上会不会露出欣慰的笑容？会不会对你和妈妈更好呢？

接受继父的存在，敞开心扉学会跟他交流，开始跟他一起做事情，正向循环会让你们的关系越来越好。

19 我是奶奶带大的，妈妈回来后无法亲近怎么办？

我从小就是奶奶带大的，因为我父母工作忙，没有时间照顾我。奶奶对我非常好，从小到大都是她照顾我，我和她的感情非常深厚。但是，当我妈妈回来后，我发现我和妈妈之间的亲情变得越来越淡，甚至有些陌生，这让我感到很难过，不知道该怎么办。

我记得小时候，奶奶总是陪我玩耍，教我唱歌、跳舞、做手工，等等。每当我做错事情，奶奶总是耐心地教育我，让我明白对错，她还总是为我做好吃的，给我讲故事，让我感到无比温暖。我和奶奶的感情越来越深，我觉得奶奶就像我的亲妈妈一样。

但是，当我上了小学后，妈妈就回来了。一开始我很高兴，以为可以和妈妈一起玩耍、学习。可是，我很快发现，我和妈妈之间变得越来越陌生。妈妈总是在忙工作，没有时间陪我。我也不知道该和她说些什么，只能默默地看着她，心里感到无比失落。

——13岁女孩妮妮

一 母爱的形式，多种多样

天下之大，各种父母都有，但我们与父母的关系其实主要分成两种。

一种是过分亲密、没有界限感——父母对孩子过度关心、过度控制，导致孩子长大之后，觉得自己没有权利去决定自己的人生，也无法对自己的人生负责，因此不得不与父母牵绊在一起。

另一种是父母可能在孩子小的时候失职，没有尽到父母该尽的责任，同时也不会表达爱意，让孩子觉得很没有安全感，甚至受到很大的伤害。

妮妮和妈妈的关系属于哪种呢？从妮妮的描述中，妮妮疑惑，和妈妈生疏就是妈妈不爱自己吗？

高尔基说过，母爱是世间最伟大的力量。没有无私的、自我牺牲的母爱的帮助，孩子的心灵将是一片荒漠。

作家史铁生笔下的母爱是这样的：

“一个幸运者的母亲必然是一个幸运的母亲，一个明智的母亲，一个天才的母亲，她自打当了母亲她就得到了灵感，她教育你的方法不是来自教育学，而是来自她对一切生灵乃至天地万物由衷的爱，由衷的战栗与祈祷，由衷的镇定和激情。”

所以，无数的人都帮助我们验证过了，天下没有一个母亲不爱自己的孩子。也许只是妮妮的母亲工作忙或者性格内向不擅长表达，但妮妮要知道，她是爱你的。

有的母爱如明亮的太阳，让孩子看到光明；

有的母爱像参天的大树，让孩子感觉凉爽；

有的母爱如遮风挡雨的纸伞，呵护孩子幼小的生命；

还有的母爱如鼓起的航帆，帮助孩子乘风破浪；

……

母亲与子女的关系，是生命在子宫里就赋予双方的关系，妈妈是家庭的根，是每个人的根。

仔细观察，妮妮妈妈对她的爱体现在哪里呢？这需要妮妮细心品味。

二 孩子对妈妈的亲近，是融入血液里的爱

在节目《妈妈是超人》中，有位演员黄圣依和她的儿子表现出来的感情也比较疏远。从小被奶奶带大的安迪，也直言最喜欢的是奶奶。

安迪在节目中强调，不喜欢和妈妈单独待在一起，可是，你觉得这句话是真的吗？其实，正是因为从小被奶奶带大，在他内心深处，是渴望母亲的陪伴和关爱的，只是相处时间太少，内心敏感而又缺乏安全感，才会说出这样的话来表达自己的不满。

孩子和父母之间有着天然的亲情纽带，因为有血缘的关系，只要给双方充足的时间和爱，关系是可以修复的。节目中，安迪和母亲的关系也在一点点变得亲密。

而且，如果我们认为孩子和妈妈的亲近程度，单靠平时的相处时间来判断，那么山区地方的留守儿童，一年中几乎都见不到妈妈几次，即使是妈妈回家，孩子见到妈妈也会有些生分。

但这丝毫不会影响他们对妈妈的思念和渴望，而且这种思念和渴望是一直在他们内心深处的，妮妮对妈妈的感情也是如此，对吗？

认清这一点后，我们就可以主动去做些事情，来拉近与妈妈的距离。

三 尝试和妈妈沟通，共同创造亲情空间

妮妮可以尝试和妈妈沟通，告诉她自己的感受。“妈妈，其实，我也想靠近您，渴望和您一起玩，一起聊天，可是每次靠近您，我刚要开口，话到嘴边时，您就去忙别的了，这时候，我是又气自己又气您，心里就觉得难过。几次下来，我感觉妈妈和我不亲，我也就不那么主动了。妈妈，您能理解我吗？”

沟通心灵的桥是理解。

爱是理解的别名。

当得到妈妈的理解后，妈妈也会表达出自己的感受，双方的互相理解，会重新让母女之间的爱散发出光芒。这时，妮妮还可以尝试用其他的方法来加强和妈妈之间的关系，比如：

（1）定期约定时间聊天。每周或每月固定约定时间，和妈妈视频或电话聊天，分享彼此的近况和心情。

（2）一起下厨。在假期或双方都有时间的时候，和妈妈一起做饭，学习家庭菜谱，增进亲情。

（3）一起看电影或剧集。找一些妈妈喜欢的电影或剧集，和她一起观看，分享彼此的看法和感受。

（4）陪伴妈妈散步。和妈妈一起散步，享受大自然的美景，同时也可以和妈妈聊聊天，增进感情。

这些方法都可以让妮妮和妈妈之间的关系变得更加亲密，何不试试呢？

爱，在一点一滴的行动中！

第5部分

CHAPTER 5.

妈妈唠叨的背后是爱

20 妈妈天天在家骂失业的爸爸，不喜欢父母怎么办？

父母充满矛盾和冲突的婚姻，对我而言，就是一场无形的折磨，我家的情况可能和很多人家一样，父母经常会因为一些小事而吵架。

最近我发现，妈妈经常在家里骂爸爸，而且骂得越来越凶了。原因是爸爸失业了，家里的经济压力越来越大，妈妈觉得爸爸没有找到工作是因为他不努力，所以就开始了这样的骂战。

我在房间里，从外面飘进来的争吵声中不时夹杂着钱、累、苦这样的字眼，我不记得有多少次，半夜时我躲在被子里独自一人流眼泪。

我不喜欢这样的氛围，因为我觉得这样的争吵不仅没有解决问题，反而会让家庭气氛变得更加紧张。我知道父母都很辛苦，但是他们的争吵让我感到很无助，我甚至有点不喜欢他们，我不知道该怎么办才能让他们停止争吵？

——14岁女孩楠楠

一 理解父母的处境，学做情绪的管道

面对父母的争吵，首先，我们需要理解父母的处境。失业对于一个人来说是一件非常痛苦的事情，尤其是对于一个家庭的经济支柱来说更是如此。父母的争吵可能是因为他们都很焦虑和担心，而这种焦虑和担心反过来又会影响他们的情绪和行为。

所以，我们需要理解他们的处境，尽量不要把他们的争吵当成是针对我们的，而是把它看成他们自己的问题。

人生有三件事：自己的事，他人的事和老天的事。

对于自己的事情，我们要全力以赴，他人的事情，要尊重理解，老天的事情，要无条件接纳。

面对父母的争吵，这是自己的事情，除了烦恼，还能怎么办呢?

我们要学做情绪的管道而不是容器。

你知道管道和容器的区别吗?一盆水倒入容器里，水没有减少，被储存在了容器里，可是，一盆水倒入一段管道会怎样?水顺着管道流走了，管道还在，依然是空的。

下一次，面对争吵，楠楠可以试一下这样做：

(1) 让自己坐下来，深呼吸，放松身体，让内心保持平静。

(2) 把自己想象成一个开放式的管道，爸妈的行为或语

言从他们那里来，经过我，再自然地流淌出去，自己并不是一个容器，而是一个通路。

（3）多次反复练习，直到成为一种条件反射。在很多情况下，照此方法我们就能接纳长辈的一些行为了。

二 主动沟通，做力所能及的事情

面对问题，学会主动沟通。

一方面，我们需要和父母好好地沟通，让他们知道我们的感受和想法。

（1）表达自己的感受。“我知道吵架你们也很不开心，我听了也是很难过。”

（2）稳定彼此的情绪。“我觉得家里眼下有困难，爸妈你们的压力一定很大，可不可以我们先安静地坐下来？”

（3）表达自己的愿望。“我不喜欢你们争吵，我希望你们能够和平相处，共同面对困难。”

（4）倾听父母的心声，深入了解他们的想法和意见。

另一方面，我们可以做些力所能及的事情，让父母感到开心。比如，主动给父母写封信，表达自己的感恩之心，“感谢爸妈这些年含辛茹苦地把我养大，你们辛苦了。也许现实中你们面临很大压力，但我知道，困难是有期限的，总会过去的，所以，爸爸妈妈，你们也要像对我有信心一样，对自己要有信心，只要我们家人协力齐心，困难总会过去的”。

主动的沟通和温暖的书信，或许可以抚慰父母疲惫的心。

莎士比亚说：爱是一种力量，它可以让困难变得容易。

三 如果无法改变，那就选择接纳

也许楠楠不喜欢父母，是不喜欢父母的争吵，因为争吵给人带来了压力。

神经学研究发现，当一个孩子听见吼叫、怒骂声时，他们的压力激素就会飙升。

世上极少有不吵架的父母，再恩爱的夫妻也难免会遇到矛盾，发生激烈的争吵。

正如古希腊哲学家赫拉克利特说的，“想要摒弃一切冲突是愚者的行为……和谐正是从紧张的对立中而生”。

曾经，北京市抽样调查了 3000 多名中学生的心理状况数据，其中“对待父母的态度”一项，有 56.28% 的中学生极度反感或痛恨父母。

也就是说，没有家庭是完美的，没有父母是完美的。

一位女咨询师小珊，曾说过她小时候父母吵架她的心理成长历程：

"刚开始，我很害怕，我该选择站在父亲或母亲的哪一方？我该如何劝说他们？我该如何改变他们？如果他们无法停止争吵，我该怎么办？我深深地陷入害怕、自责与内疚中。

后来，有段时间，我就像是他们之间的审判官，承担起了他们的痛苦，试图从中调解、讲和，我以为我做好了，能减轻他们的痛苦，可结果却是我改变不了什么。

再后来，我发现，吵架过后，父母很快就因为其他事情和好了，他们好像有他们相处的方式，也许吵架是他们交流的一种模式，不是我能改变的。

当我接纳了现状后，我发现自己轻松了很多。"

也许问题不出在父母身上，而在于我们用怎样的视角来对待。

如果无法改变，那就选择接纳。

伊丽莎白·吉尔伯特说：接纳是一种力量，它可以让我们更加坚强。

人生道路上，改变那些能够改变的。也接受那些不能改变的。

接纳自己不能改变的更是一种智慧，它可以让我们更加成熟，从而会逐渐从一个内心紧绷的人变成一个柔软、放松、舒展的人。

21 妈妈总唠叨我越来越胖了，怎么办？

“你怎么又胖了？”妈妈总抱怨我越来越胖了，这是我最近最常听到的话。每次听到这句话，我都会感到很不舒服。

有一天，我和妈妈一起去逛街。我们走了很长时间，有些累了，于是我提议去吃点东西。妈妈点了一份沙拉，而我点了一份汉堡和薯条。当我开始大快朵颐的时候，妈妈看着我，皱起了眉头。

“你知道吗，你已经吃了很多了，再吃下去就会变得更胖。”妈妈特别生气地说道。

我瞬间感到特别烦躁，因为我觉得妈妈总是在管我。

“妈妈，我真的很饿。我知道你是为了我的健康着想，但是我觉得你总是在责备我。”我说道。

妈妈看着我，深深地叹了口气。“我知道你很难控制你的饮食和运动，但是你必须要做出改变。你的健康是最重要的。”

听着妈妈的唠叨，我真的很难过，我胖了该怎么办？

——13 岁女孩张芙蓉

一 名人也曾胖过

温斯顿·丘吉尔（Winston Churchill）是英国二战时期著名的政治家和首相，他的胖一度也成了他的标志之一。

据传，丘吉尔小时候就是一个瘦小的男孩，但随着年龄增长，他的体重不断增加。他自称从自己 21 岁开始就患有“肥胖症”，体重一度超过 300 磅（约为 225 斤）。

丘吉尔的肥胖可能与他的饮食和生活习惯有关。根据历史记载，丘吉尔喜欢喝酒和吃肉，并常常在午夜后吃夜宵。他的工作和身份也让他过于繁忙和紧张，这在很大程度上导致了他缺少运动和不健康的生活方式。

然而，对自己肥胖的认识并没有就此使丘吉尔采取任何行动。直到 1939 年，二战即将爆发，他的身体状况才引起了他的注意。丘吉尔感到自己的肥胖会阻碍他在国防方面的职责履行。他采取了一系列的措施来减肥，包括用不含热量及营养的白色果冻当成点心，严格限制自己的酒精和肉类摄入量，同时增加了运动量。据说，他还进行了三个月的断食，只食用低热量蔬菜和水果。

丘吉尔的努力终于取得了成功，两年内，他就减掉了约 60 磅体重。他的身材和健康得到了极大的改善，这为他成为英国最伟大的政治家之一奠定了基础。

玛丽莲·梦露（Marilyn Monroe）在她的职业生涯中

一直以其美貌和性感的形象为人们所喜爱。然而，事实上，她也曾经深受肥胖问题困扰。

据悉，玛丽莲·梦露在青少年时期就曾经胖过，她经常被其他孩子嘲笑。在成为一名演员后，她经常因为身材过胖而受到制片公司、导演和其他演员的批评。而这些指责也使玛丽莲陷入了心理困境中。

为了减肥，玛丽莲·梦露采取了许多饮食和锻炼的方式。她常常施行低热量饮食，例如，生吃生菜和豆芽，同时通过定期的运动和舞蹈来保持身材。但是，在经历长期的饮食压力和减肥过程中，玛丽莲开始出现了压力和饮食障碍。她开始吃更少的食物，并依赖药物和饼干来控制自己的身体状况和体重。这种方法并没有带来她想要的效果，反而导致了一系列身体和情绪问题。

尽管玛丽莲的肥胖问题取得了一定的成果，但她也始终难以摆脱饮食障碍的困扰。她最终因药物过量而去世，年仅 36 岁。虽然玛丽莲很难克服心理和食物障碍，但她对于减肥和健康的探索也提醒人们，减肥不应该是一种过度的压力和追求外表，而是要有健康的方法和心态来保持身体健康。

二 全面认识肥胖

光明网公布的 2020 年中小学生生理期健康状况调查报

告显示，13~15岁女生的肥胖率累计为20.3%，中小学生的肥胖率呈现上升趋势。肥胖问题不仅会影响学生的身体健康，还可能对学生的心理及学业造成负面影响，应引起我们的重视。

肥胖是一个复杂的问题，它涉及遗传、生活方式、环境和心理因素等多个方面。对于那些受到家人或朋友唠叨的人来说，这种压力可能会导致情绪问题、自尊心下降和饮食障碍等问题。因此，我们需要采取一些措施来缓解这种压力。

首先，我们需要了解肥胖的原因。肥胖可能是由基因、代谢率、饮食和运动等多个因素所导致的。如果你的体重问题是由基因所致，那么你可能需要更多的时间和努力来控制体重。但是，如果你的体重问题是由生活方式或饮食习惯所致，那么你可以通过改变这些习惯来控制体重。

其次，我们需要采取积极的态度来面对体重问题。如果你一直被家人或朋友唠叨体重问题，那么你可能会感到很沮丧和无助。但是，你需要明白，这些人并不是故意要伤害你，他们只是关心你的健康。因此，你需要采取积极的态度来面对这些唠叨。你可以告诉他们你正在采取措施来控制体重，或者你可以寻求专业的帮助来解决这个问题。

肥胖是一种身体状况，但它有时也与心理因素有关。

（1）情绪饮食。许多人在情绪低落或焦虑时会寻求食物的安慰。这种情况下，人们往往会选择高热量、高脂肪的食物，而这些高脂肪、高热量的食物特别容易导致肥胖。

（2）自我价值感。肥胖可能会影响一个人的自我价值感。许多人会感到自卑、羞耻和沮丧，这可能导致他们进一步增加体重。

（3）学业压力。繁重的学业肥胖者可能感到被排斥和孤立。这种学业压力也容易导致他们的体重进一步增加。

最后，我们需要采取健康的生活方式来控制体重。这包括健康的饮食和适当的运动，还可以咨询营养师或健身教练来获取更多的建议。

三 寻求家人理解和支持，共克难题

歌德说：“无论是国王还是农夫，只要家庭和睦，他便是最幸福的人。”

芙蓉可以尝试按照下面的步骤，来更好地面对妈妈唠叨自己减肥的事情，或许能有不错的效果。

步骤1：表达自己的感受。

首先，你需要坦诚地表达自己对于妈妈总是唠叨你胖的感受。你可以说：“妈妈，我知道你关心我的健康，但是总是说我胖的话，我感觉不好受。我希望你能注意到这个问题。”

步骤2：理解妈妈的动机。

你需要理解妈妈对你身体健康的关注，这才是她唠叨的动机。你可以说："我明白你很关心我的健康，但我不希望你变得太过于焦虑和担心我的身体。"这不仅会影响我的心情，也会影响您的心情。

步骤3：找出解决方案。

最后，你可以和妈妈共同讨论如何解决这个问题。你可以提出一些替代方案，例如更换健康的食物，增加运动量，监督你的饮食，等等。你可以说："我们可以制订健康的饮食计划，并找到一些适合自己的运动方式来保持身体健康。"

综上所述，通过表达自己的感受，理解妈妈的动机，找到解决问题的方案，你与妈妈之间的沟通将变得更加通顺畅和有效，也相信在减肥问题上你能收获来自家庭的支持。

家庭不是战场，家人不是敌人。家庭是我们的港湾，是我们的归宿，在我们面对挑战和艰难时刻，家庭的鼓励和支持可以为我们带来信心和力量，让我们继续前行。

22 喜欢听着歌做题，妈妈不允许，怎么办？

有天晚上，我正在写语文作业，同时听着舒缓的轻音乐。我喜欢这样的感觉，因为音乐可以让我更加专注，写作业也不会感到枯燥无味。但是，我妈妈突然走进了我的房间，看到我正在听音乐，她很生气地说：“你怎么能这样做？一心不能二用，这是最简单的道理！”

我感到很困惑，因为我认为这样做并没有什么不好。我试图解释，但是妈妈并不听。她说：“你应该把注意力集中在作业的高效完成上，而不是分散注意力。难道以后你上考场的时候也有人给你放音乐吗？”

我感到很沮丧，因为我觉得妈妈并没有理解我的想法。我知道她是为了我的学习好，但是我认为她过于大惊小怪了。我试图说服她，但是她并不听。最后，我只能无奈地默默接受她的批评。

在这个过程中，我感到很烦恼和无奈。我也知道妈妈是为了我好，她希望我能够更加专注地学习。但是我觉得自己也没有做错什么，因为写作业时听歌可以让大脑更加放松，反而能提高我写作业的效率，可妈妈非常固执，完全不接纳我的意见。我不知道该怎么办。

——13 岁女孩牟小慧

一 人的不同学习特点和类型

人们接受信息、进行学习，要借助不同的感觉器官，如凭耳朵听，用眼睛看，用手摸等。不同的人对不同的感觉器官和感知通道有不同的偏爱，有些人更喜欢通过视觉的方式接收信息，也有一些人更喜欢通过听觉了解外在世界，还有一些人更习惯通过动手（或身体运动）来探索外部世界，从而掌握有关信息。

美国成长发育心理学家和教育研究员霍华德·加德纳（Howard Gardner）经过多年的观察和研究，在20世纪80年代提出了多元智能理论。一些教育学家将这个模型简化，最后得出三种不同的学习风格。每个人天生有自己喜好的学习风格，大致可以分成以下三种：视觉型（Visual）、听觉型（Auditory）和动觉型（Kinesthetic）。

（1）视觉型。视觉型学习者善于通过接受视觉刺激来学习。喜欢通过图片、图表、录像、影片等各种视觉刺激手段接受信息、表达信息。他们将所听到的事情想象成图像，将所要说的话以形象来取代。他们通过观察所学到的，往往比从交谈、聆听或是实际习作中所学到的东西还要多。

（2）听觉型。听觉型学习者善于通过接受听觉刺激进行学习。喜欢通过讲授、讨论、听磁带录音等口头语言的方式接收信息。

这种类型的学生上课一般都能认真听讲，能够按时完成老师布置的作业，但是他们的劣势在于过多地注意原有的知识，有时可能会影响他们潜力的充分发挥。

（3）动觉型。动觉型学习者喜欢通过双手和整个身体运动进行学习，如通过做笔记、在课本上画线、亲自动手操作等来学习。他们不喜欢老师整堂课的讲解和板书，也不擅长言语表达。他们往往在体育、自然、课外活动等需要他们动手操作、实验的学科中表现得较为突出。

这三种学习风格没有对错之分，不管我们是哪种类型，哪种感觉通道偏好，对学习来讲都是有利的，我们应该多了解自己的学习方式偏好。

二 交替使用大脑让学习效率提升

对我们来说，提高学习效率的一个方法就是交替使用大脑。从生理学和心理学角度看，人的本性是好逸恶劳、见异思迁的，我们的大脑受“快乐原则”支配。逃避痛苦、紧张，不断追求新的刺激，是人类最根深蒂固的本能。

英国著名作家毛姆读书会随自己的兴趣而定，不一定读完一本，再读另一本。马克思也是这样，他钻研哲学或政治经济学久而疲劳时，便演算起数学题，或躺在沙发

上读小说、诗歌，而且间或两三本小说同时打开，轮流阅读。

由于各种不同信息刺激的是大脑皮层的不同部位，读这一类书使这一部分的大脑皮层劳累了，而换读另一本书时，这一部分大脑皮层就获得了休息，这样轮换使用大脑皮层的不同部位，就减少了大脑的劳累，自然而然也就提高了学习效率。

对小慧来说，一边听音乐，一边做作业，也是如此。有很多名人在工作时喜欢听音乐，并且取得了巨大的成就。其中一个著名的案例是美国作家斯蒂芬·金（Stephen King）。

斯蒂芬·金是一位著名的恐怖小说作家，他的作品被翻译成了多种语言，并被改编成了电影和电视剧。他的作品风格独特，深受读者喜爱。

斯蒂芬·金在写作时喜欢听音乐，他认为音乐可以帮助他进入创作状态，提高创作效率。他的音乐品味非常广泛，包括摇滚、流行、古典等多种类型的音乐。

斯蒂芬·金的音乐爱好不仅帮助他进入创作状态，还让他取得了巨大的成就。他的作品被翻译成了多种语言，并被改编成了电影和电视剧。他的作品不仅在文学界获得了广泛的认可，还成了流行文化的一部分。

三 尝试和妈妈沟通，助力成长

在对写作业时听音乐这件事上，小慧和妈妈的出发点肯定都是好的，只是两人对这件事的理解和看法可能存在差异。最好的方式其实就是两个人能坐下来心平气和地好好沟通一下。可以借鉴以下的方法步骤:

（1）充分了解妈妈的想法。在跟妈妈沟通之前，先了解她的想法和担忧。了解她的想法可以帮助你更好地理解她的立场，从而更好地沟通。

（2）选择合适的时间沟通。选择适当的时间跟妈妈沟通，比如在她心情愉快的时候或者临睡前比较放松的时候。

（3）清晰地表达自己的想法。在跟妈妈沟通时，要清楚地表达自己的想法和理由。告诉她听音乐可以帮你更好地集中注意力，提高学习效率。当然最好能在最终学习成绩上体现出音乐对你是有帮助的，这样可以大大打消妈妈的顾虑。

（4）尊重妈妈的意见。即使你的想法和妈妈的想法不同，也要尊重她的意见。试着理解她的担忧，并提出解决方案，比如只在写作业时听轻音乐或者在完成作业后再听音乐。

（5）建立双向信任。通过沟通和尊重，建立起妈妈对你

的信任。这样，她会更愿意听取你的想法，并给予你更多的自由和支持。

相信经过这件事以后，不仅妈妈增加了对你的了解，而且你也提升了学习动力，更重要的是亲子关系变得更加融洽。

23 我不喜欢吃蛋黄，但妈妈非要我吃怎么办？

“女儿，吃下这个蛋黄吧。对你的身体好处多多。”

“妈妈，我真的不想吃蛋黄。我还是喜欢吃蛋白。”

这几乎是我们家每次吃鸡蛋都会发生的争吵。我不太喜欢吃蛋黄，但是我妈妈几乎每次都叮嘱我在吃鸡蛋时吃下蛋黄。

每当这种情况发生时，我总会感到非常困惑。我不想让妈妈失望，但我也不想勉强自己。

虽然我常常试图说服她，但妈妈总是坚持己见。

有一天早晨，我和妈妈坐在餐桌前，看着面前的蛋黄和蛋白，我犹豫了一会儿，最终决定直接向妈妈说出心里的想法。

“妈妈，我真的不想吃这个蛋黄。我感觉很不舒服。”

我看到妈妈的脸色瞬间变了。

“那你想吃什么？你这个孩子，怎么这么难伺候？你是我的孩子，我知道什么对你好。你不吃蛋黄，那就别吃饭了。马上就要期中考试了，最近是需要冲刺的时候，营养务必要跟上。”

我当时真的很难过，因为我觉得妈妈不理解我。我并不是故意浪费食物，我只是不喜欢吃蛋黄。我觉得这是我的个人喜好，应该得到尊重。

——12 岁女孩张梓欣

一 如何面对自己不喜欢的事物

爱因斯坦的父亲是一名小提琴教师，因此从小就强制爱因斯坦学习小提琴。虽然爱因斯坦表现出了一定的音乐天赋，但他对学习小提琴并没有太大的兴趣。相反，他更喜欢进行自学和研究。

在学校里，爱因斯坦表现出了对自然科学和数学的浓厚兴趣和天赋。因此，当他得到一份巨额的遗产时，他便决定离开家乡并继续深入学习科学和数学。

尽管如此，爱因斯坦依然对音乐保持了兴趣，并认为音乐和科学有着共通之处。他曾经说过："音乐和物理学有许多相似之处。它们都涉及以形式化的方法展示问题。"因此，在他的一生中，他仍旧继续坚持学习和演奏小提琴。

总的来说，爱因斯坦的天赋和兴趣驱动他查找心中的热情，并成了一位著名的科学家和发明家。在这个过程中，虽然父亲曾强迫他学习小提琴，但是他最终还是找到了自己的志向，并积极去追求自己的理想。

莎士比亚曾说过："人们要顺应环境，而不是去改变它们。"面对自己不喜欢的事物，可以从以下几个角度考虑。

（1）接受现实。如果不喜欢的事物无法改变，接受它并学会适应是一个很好的方法。这需要我们认真思考并决定如何处理这种不喜欢的东西。因为逃避和反抗通常不会让我们更加愉快或成功。例如，在班级里不喜欢某一科目老师。但如果没有办法改变这种局面，我们可以尝试想办法处理，向家长或者班主任寻求帮助等，从而达到更好的结果。

（2）寻找共鸣点。在不喜欢的事物中，可能还有一些是我们感兴趣或乐于从事的，而这些可以成为我们自己的突破口。例如，对于不喜欢的科目，我们可以为自己找到更多的兴趣点，了解自己更感兴趣的领域并尝试将其与喜欢的科目紧密结合。

（3）开发自己。无论如何，我们都可以从不喜欢的事物中学到很多东西，帮助自己不断成长和发展。不断提升自己，开发更多与自己喜欢的事物相关的能力和技能会让我们更加自信和成功。

二 蛋黄可以被替代吗

鸡蛋黄是一种营养非常丰富的食物，含有蛋白质、脂肪、维生素和矿物质等多种营养成分。如果想要在饮食中替代或类比鸡蛋黄的营养成分，可以选择以下食品。

（1）坚果类。坚果类食品与鸡蛋黄一样，都含有较高的蛋白质和脂肪，同时富含多种矿物质和维生素。尤其是

杏仁、花生、核桃、榛子等坚果，可以作为鸡蛋的良好替代品。

（2）鱼类。鱼类也是一种富含蛋白质、脂肪和多种营养成分的食品。例如鲑鱼、沙丁鱼、金枪鱼和鳕鱼都是优质蛋白质的来源，尤其是富含 Omega-3 脂肪酸。

（3）黄油。虽然黄油也是一种高脂肪食品，但它与鸡蛋黄相似，含有丰富的维生素 A 和维生素 D。不过，应该注意其摄入量，不可超标。

（4）奶酪。奶酪作为乳制品，富含蛋白质、钙、维生素 B12 和其他营养素，可以作为类似鸡蛋黄的营养来源之一。

综上，如果梓欣希望在找到替代或类比鸡蛋黄的营养成分，可以选择坚果、鱼类、黄油和奶酪等食品。但注意应根据个人情况和饮食需要适当选择，以保持营养搭配的均衡。

除此之外，如果实在要吃鸡蛋，也可以选择做成蛋羹的形式，这样蒸出来之后再吃不但没有了蛋黄的味道和难以下咽的感觉，而且能最大限度保留蛋黄的营养价值。

三 沟通让家庭更加融洽

家庭沟通好比是一座桥梁，如果缺乏维护和修整，它们很容易被汹涌的洪水冲走。

所以梓欣，在遇到和妈妈意见不同时，应该尽情大胆地想办法和妈妈沟通，可以借鉴以下步骤。

步骤 1：表达自己的意愿。

坦诚地表达自己对吃蛋黄的态度，你可以说：“妈妈，我真的不喜欢吃蛋黄，我尝试过好几次，但还是无法接受它的味道。我希望你能理解我。”

步骤 2：理解母亲的关心。

在表达自己的感受之后，你也需要理解母亲为什么非要让你吃蛋黄。可能是因为她认为蛋黄含有丰富的营养，对身体健康有益。你可以说：“我知道蛋黄是很有营养的，但是我想坚持自己的喜好。我们可以通过其他途径来确保足量蛋白质的摄入。”

步骤 3：找出解决方案。

最后，你可以和妈妈一起讨论如何解决这个问题。你可以提出替代方案，如吃其他富含优质蛋白质的食物。你可以说：“我们可以一起找出别的食物来取代蛋黄。我也很乐意接受其他的营养补充，来确保我的健康。”

总之，通过这样的方式，你可以坦诚地表达自己的想法，理解母亲的关心，同时也找到一种合适的解决方案，让你和家人都感到满意。

24 妈妈天天让我整理房间，我就不想做，怎么办？

不知道从什么时候开始，妈妈天天就盯着我，让我收拾书桌。老妈成天跟在我后面讲道理："做人最起码的就是要有一个整洁的环境，书桌干净也是对别人有礼貌的表现，我的办公桌都收拾得很干净。"

书桌很乱？我觉得还可以吧！我想要的东西都能找到，也没让我妈帮我找。我也跟同学讨论过，说我们的妈妈现在都到了更年期，就喜欢唠叨，我想我就忍忍吧！

其实，如果我妈不这样天天讲大道理的话，我还是可以收拾一下的，但是现在她不仅唠叨，还动不动就发火："你这样脏乱差的书桌，是我不能容忍的，你每天必须收拾干净！"

我现在去收拾，不就让我妈得逞了吗？为什么非要我这样那样？我现在一本书都不想收拾了，不然我妈会觉得她唠唠叨叨起作用了。有些事情我准备去做，但是每次我妈一叫我去做，我瞬间就不想做了。甚至妈妈让我吃的我都不想吃，妈妈让我穿的我也不想穿。

我真希望我妈离我远一点，我想清净，但我妈是我最爱的人，我很纠结，怎么办？

——14岁女孩小丽

一 书桌保持干净整洁有什么好处

如果想要学习时思维更敏捷，我们首先要减少信息的摄取量，让视线没有太多干扰，大脑就不必承受太多的负担，而可以处于一个平静、舒适的状态。

如果我们的房间乱七八糟，不仅会让我们找东西时浪费时间和精力，甚至会因为找不到急需的东西而气急败坏，耽误进程，少了娱乐休息的时间。

“一屋不扫何以扫天下。”一个人如果长期生活在整洁美好的环境中，他面对事情也更可能从容不迫、思路清晰，内心更安宁、幸福。

小明是初二的一名男生，是学校的风云人物，学习优异，长得也非常帅气，每年都是学校文艺晚会的主持人，台上落落大方，赢得众人好评。有一天同学们去他家借一套书籍，一进门，同学都傻眼了，原来他的房间这么乱，书架上全是灰尘，书籍横七竖八地躺在上面，各类小物件还挤在缝隙里，被子皱成一团，一个角还掉在地上，所有的凳子上、书桌上都堆着各种各样的东西，有的抽屉半拉着，里面杂乱无章。

“他在学校表现那么优秀，自己的房间居然这么乱！”同学们觉得真不可思议。小明听到别人的议论后心情低落，学习受到了影响。

所以，如果小闹能保持自己的环境清爽干净，不仅能使

自己的心情愉悦，还能受到他人的欣赏和赞叹；不仅有利于提高学习效率，还有利于人际关系的发展。

二 凡事只听自己的有什么坏处

你有没有这样的感受？以前就觉得父母说什么就是什么，哪怕经常把你说哭。渐渐长大后我们就不愿意了，变得不太想听从别人的要求，即使那个人是妈妈。

是我们没有耐心了吗？其实不然，根本的原因还是我们长大了，有个叫“自我意识”的东西越来越强。什么是“自我意识”？就是我们开始渴望能够独立自主，渐渐有了自己的想法，讨厌别人给自己做决定。

当我们一味地反对妈妈的唠叨时，会不会错过一些真正能让自己变得更好的机会呢？

“我是谁？”“我为什么来到这个世界？”“我属于哪个地方？”和“我该和谁在一起？”这一系列的问题，会在10~18岁进入我们的内心。我们越过度关注自己，越容易变得不顾及其他人，渴望摆脱束缚。例如，一位卫冕棋手在寂静的对弈场上听到并感受到自己的心跳时，那一刻他是绝对的中心，仿佛整个世界只剩下他自己。

新闻里曾报道过一件事情。一名苏州的女孩，独生女，小学时成绩特别好，是父母的掌上明珠，老师的宠儿。可是等到初三时，她的成绩断崖式下降，她渴望成为“焦点”的心理与外界对她的评判存在了明显反差。她无法忍受，拿着积攒的 5 600 元压岁钱离家出走，父母心急如焚，报了警，最终在警察的协助下在火车站被找到，手机和钱已被偷，这真的是太危险了！这就是以自我为中心的思想过强带来的后果。

扭曲的自我，要么自傲自大，要么自卑自弃，甚至有时会让我们走向错误的道路。

三 怎样既能独立思考，也能虚心听取意见

我们自己的感觉控制着我们的各种思想和行为，如果我们能独立思考并能虚心听取意见，并且有能力去分辨这些意见，那我们一定能探索更广的天地、实现更大的价值。

我们不用做 100% 听话的孩子，但我们也不能完全屏蔽别人的意见，一味反对，一意孤行。

青春期的我们，在面对许多复杂的矛盾和困惑时，依然希望得到爸爸妈妈的理解、支持和保护。如果凡事都和父母对着干，会失去很多家人支持的机会，甚至倍感孤独和寂寞。

当别人提出意见，而我们又极度厌烦时，我们可以先试着去接受自己的这种情绪，同时还可以用“提三个问题”的

方法来应对。

（1）别人的意见有没有可能是有道理的？

（2）如果有道理，对我最有帮助的是什么方面呢？

（3）我怎么开始让自己变得更好，第一步要做什么？

当我们面对问题积极、谦虚地听取他人的意见，再加上自己的思考后，我们会形成自己对事物新的观点或想法。

有一句话说的是，信念决定成果，在虚心听取他人意见时，我们不自觉地会提高自己的认知和想法，这也会让我们收获新的成果。

带着思考，提高认知，快乐地行动起来吧！

25 刚上初中，妈妈就老拿我和同学比，怎么办?

初中是一个人生的重要阶段，尤其是对于我这样的学生。我一直觉得自己并不算太优秀，但我的妈妈却总是拿我和同学们作比较。每到考试之后，她都会问：“你考了多少分？那个谁谁考了多少？”或者是：“你们班谁考第一？第二？”“你就是没有出息，就不能争口气，考个最高分也让我高兴一回？”我听了感觉非常烦恼和厌烦，有时候甚至觉得无法呼吸。

我记得有一次，我回家告诉妈妈我考了80分，她的第一反应就是问班里谁考得更高，并且还对我进行了一番评价，指出我哪些地方需要努力，好像只要稍稍努力一下就能轻松超越那些“聪明的孩子”。我在这种情况下感觉毫无自信。

这样的事情并不是偶然发生的，我感觉我的妈妈总是在刻意地寻找跟他人比较的机会，即使在一些根本不重要的事情上也会这样。我不知道为什么她要这样做，但随着时间的推移我越来越难以承受。

我曾试过跟她谈这个问题，告诉她我不喜欢被和别人比较。她听了我的话，但似乎并没有理解我在说什么。我感到很绝望，无法忍受这样的生活。

我该怎么办呢？每次面对这样的局面时，我都会感到沮丧烦躁。我需要一些方法来处理这个问题，以减轻自己的心理负担。最重要的是，我需要找到一种方式跟妈妈沟通，并让她明白我的立场。

无论如何，我知道我必须寻找出路，否则我将无法承受这样的生活。

——13岁女孩萌萌

一 过度比较，影响学习和生活

一项调查显示，有超过 70% 的青少年表示曾经被家长或老师过度比较，这种比较会导致他们产生自卑、焦虑等负面情绪，甚至影响他们的学习和生活。

从小到大我们都会有一个比较对象，那就是“别人家的孩子”。无论是上学还是工作之后，父母、朋友总会拿我们与其他人进行比较；与此同时，我们也会不自觉地将对方与其他人进行比较。比如，妈妈用她的价值观认为 ×× 比你好。而她不知道她说的只是她的观点，而绝非事实。因为人无完人，我不可能事事都比 ×× 差，×× 也不可能事事都比我强！

“进行比较”这种沟通方式的不恰当之处在于，让对方觉得自己一无是处，进而产生自卑心理，同时，对他们的自信心进行打击和造成感情上的伤害，让对方下意识地产生防备和反击心理。

而人们“热衷”使用它的真正原因则是：通过将对方与别人进行比较，来评价对方的行为和地位，让自己具有说服力，从而让对方更容易接受自己的要求。被持续比较的人往往会出现自卑、焦虑、抑郁等心理问题。

二 行为背后的原因，值得探讨

（1）妈妈为什么会经常说这样类似暴力的语言？

语言暴力也是一种暴力，更大范围上属于一种攻击性。攻击性的发展是早期的亲子关系和经历决定的，然后通过移情等方式持续存在。比如妈妈早期和自己父母的关系并不是很好，且她的安全感不高，所以会有攻击性。

妈妈小时候也许会因为自己弱小而压抑了攻击性，当她自己成为妈妈，好像成为强者后，就容易把攻击性移情到孩子身上，也许老公也不能幸免。

（2）我又为什么如此“受伤”？

我们知道，早期的亲子关系和经历决定了攻击性的发展。妈妈的语言暴力绝对不是朝夕间突然出现的，一定是在你小时候就这样了。长期在这样的语言暴力下，你处于被动攻击的状态中，表现为安全感不足，自我认知偏负面，特别在意别人的评价，特别是妈妈的评价，好像妈妈说自己不好，自己就真的不好了。

三 真挚的沟通和转念，化解困境

不妨试着和妈妈沟通，并让她停止经常拿自己和别人比

较的习惯并不一定是一件容易的事情，但以下步骤可能有助于你更好地应对这种情况：

（1）确定你要谈话的时间和地点。

选择一个安静、舒适的地方，例如你家里的客厅或卧室。关于时间，可以选择一个相对平静的时刻，比如在妈妈工作结束之后或是晚饭后的时间，确保不会被外界打扰。

（2）把你的感受说出来。

在开始沟通之前，你需要先想清楚自己的感受，回想你感受到的压力、挫折、烦躁等。接下来，告诉妈妈你确实很感激她时时刻刻的关心和帮助，但是有一个她经常拿自己和别人比较的问题，让你心情沮丧。

（3）学会依据事实进行沟通。

当你与妈妈进行这一步骤时，确保使用实际情况作为支撑。适当地讲述一些具体的例子，比如："妈妈，我上次数学进步了15分，可你还是问谁考了第一，我感觉很难过。"

（4）冷静地表达自己的想法。

告诉妈妈，自己不想再接受这样的比较，希望妈妈能够理解你的感受并停止这种行为。你可以说："每个人都是独一无二的，妈妈请不要总是拿我和别人做比较，这很伤害我的自尊心和自信心。"

（5）提供解决方案。

在表达自己的想法和感受后，你可以提出一些解决方案，这样有助于加强对话的效果。你可以告诉妈妈，你现在比较缺乏鼓励和支持，希望她能给予你肯定和助力，而不是不断地拿你和别人做比较。

总之，这个过程需要耐心和理解，不要急于求成，不要带着怨气和愤怒去沟通，尊重彼此的想法，保持冷静，有意义的、长期的解决方案需要耐心的沟通和时间。

当然在非常伤心、实在没有办法的情况下，也可以尝试转念走出受害者的状态。所以，不妨想着妈妈说得跟别人比较的话，问自己下面这四句话。

（1）妈妈刚说的拿我和别人做比较的话是真的吗？

（2）你能百分百肯定那是真的吗？有什么证据表明呢？有没有例外情况呢？

（3）当你抱有那个想法时，你会如何反应？

（4）没有那个想法时，你会是怎样的人？

（5）带着转念后的能量，去做更多增加自信的事情，运动、阅读、音乐、美食……在每一件小事中去感知自己的正向能量，一点点让自己从“受害者”的泥淖中走出来。